KB201362

네 개의 시선으로 본
예수의 생애

네 개의 시선으로 본

예수의 생애

- 초판 1쇄 인쇄 2024년 12월 23일
- 초판 1쇄 발행 2024년 12월 30일

- 지은이 임광진
- 펴낸이 조유선
- 펴낸곳 누가출판사
- 등록번호 제315-2013-000030호
- 등록일자 2013. 5. 7
- 주소 서울시 강서구 공항대로 59다길 276(염창동)
- Tel 02-826-8802, Fax 02-6455-8805
- 정가 35,000원
- ISBN 979-11-85677-88-0 03230

네 개의 시선으로 본

예수의 생애

임광진 지음

Jesus' Careers
through the eyes of the Gospel Authors

출판사

누가

신앙생활의 성장을 위한 안내서

김상식 성결대학교 총장

복음서는 기독교 신앙의 기초이자 정점을 이루는 중요한 하나님의 말씀이다. 예수 그리스도의 생애에 관해 기록한 사복음서는 각 기록자들의 관점과 특징을 가지며 이것을 한눈에 보기란 쉽지 않은 일이 된다. 그런 이유로 복음서를 읽는 독자들은 한쪽으로 치우친 예수의 상을 가지게 될 수 있을 가능성이 상당히 높다. 저자는 한 사건 혹은 주제에 대한 네 복음서의 시선을 균형 있게 안내하여 예수의 생애와 복음서에 대한 이해가 한 방향으로 기울어지지 않도록 돕는다. 각 복음서가 공통적으로 가지는 예수 그리스도의 생애와 가르침을 제시하고, 그 후 각 복음서에 나타난 공통된 내용을 어떻게 독특하게 묘사하고 있는지 그리고 그 사회적 배경과 역사적 맥락을 체계적으로 설명한다.

복음서에 관한 수많은 책이 이미 출판되었지만 이 책만이 가지는 고유함은 복음서의 신학적, 역사적 내용으로 그치지 않고 동방박사, 성탄절, 안식일 규례 등 신앙생활과 관련된 기독교적 교양과 상식에 관한 내용을 함께 담고 있으며, 일반적으로 알고 통용되는 성서적 지식뿐만 아니라 성서 원어를 비롯하여 신구약 중간사, 외경 등 이해하기 어려운 내용에 대해 친절하게 소개한다. 또한 신학적 논의와 관련해서도 다양하고 폭넓게 다루며 복음서를 대하는 우리의 자세를 한층 더 진지하게 만든다.

이 책은 복음서 안에 들어있는 기독교의 기초적인 지식을 쉽고 명확하게 전달하면서도 신학적인 깊이를 놓치지 않고 전달한다. 복음서의 주요 주제와 이야기를 통해 예수의 가르침을 일상 속에서 어떻게 실천할 수 있을지를 구체적으로 안내하며, 복음서 내용에 대한 명확한 설명과 해석을 통해 독자들이 복음서의 내용을 현실 생활에서 적용할 수 있도록 돕는다. 특히 신앙의 성장기를 지나고 있는 그리스도인들에게 신약성서와 복음서를 구성하는 세계와 역사에 대한 전반적인 이해와 그 안에 담겨 있는 신학적 주제 그리고 각 복음서가 가지는 독특성과 함께 그 안에 담겨 있는 예수 그리스도 그 자체를 총체적으로 볼 수 있는 안목을 길러준다. 표면적으로 보이던 예수의 상을 입체적으로 구성하게 하며 그의 삶과 가르침이 독자의 삶에 적용되게 인도한다.

『네 개의 시선으로 본 예수의 생애』를 통해 복음서에 담긴 신학적 깊이와 너비를 발견하고 기독교의 기초적인 지식을 쉽게 습득할 수 있을 것이며, 신앙생활의 시작을 넘어 성숙해지고자 하는 성장의 기로에 서 있는 이들 모두를 위한 신앙의 여정에 귀중한 안내서가 될 것이다.

예수가 꿈 꾼 세상을 볼 수 있기를

신동욱 협성대학교 총장 대리

오늘을 살아가는 우리의 젊은이들을 보면 본질적인 질문 없이 삶의 방향과 목적을 상실한 채 살아간다는 생각이 든다. 특히 인터넷이나 영상 문화에 중독되다시피 하여 살아가는 이들 세대를 바라보면서 이들에게 어떻게 하면 예수를 알게 할까, 복음의 진리를 깨닫게 할까 하는 질문을 하게 된다.

저자는 예수의 삶의 궤적에 대해 깊은 관심을 갖고 있는 기독교인들, 그리고 나아가 자신의 삶과 예수를 연결시켜 보려는 청소년들을 위해 이 책을 쓴 것으로 보인다. 우리는 세상을 살아가면서 가끔 "예수라면 어떻게 하실까?"라는 질문을 할 때가 있다. 그런데 이 책을 읽는 독자라면 구체적으로 그 대답을 찾게 될 것이고 또한 '나의 예수님'을 만날 수 있을 것이며, 또한 더 풍성하고 묵직한 삶의 지침들을 얻을 수 있을 것이다.

네 명의 복음서 저자들이 각각 본 예수의 일생을 함께 소개하고 있는 저자는 복음서의 리크리에이터로서 거시적인 시각으로 예수 그리스도의 동정녀 출생으로부터 부활 승천에 이르기까지 전 생애를 다루고 있다. 이 책에 있는 50가지 주제 중에서 독자는 예수와 유대 지도자들 간의 여러 가지 갈등뿐 아니라 수난을 위해 예루살렘을 향해가는 예수의 모습, 그리고 우리에게 일러준 유언과 같은 말씀, 예수가 꿈꾼 세상을 볼 수 있을 것이다. 이 책은 한마디로 예수님의 참모습을 보여주기 위해서 사복음서를 통시적으로 연결시킨 엄청난 신학적 작업의 결과물이라 하겠다. 그런데 저자는 특별히 내가 보고 싶어 하는 예수님의 모습만을 보고자 하는 '무주의 맹시'를 경고하고 있다.

『네 개의 시선으로 본 예수의 생애』라는 이 책을 통해서 예수의 숨결을 느끼고 예수의 손짓, 몸짓을 상상하실 수 있기를 바란다. 예수만이 우리의 희망이고 기쁨인 것을 알게 되기를 바란다. 부디 이 책이 이 땅에 살고 있지만 하늘에 속한 그리스도인들과 청소년들을 예수에게로 인도하는 지침서가 될 것이라 확신하면서, 이 책을 추천한다.

　　　　　　　　　　　　　　　　　　-봉담 최루백로 협성대학교 집무실에서

예수를 이해하는 새로운 시도

남부원 아시아태평양 YMCA 연맹 사무총장

마틴 루터가 종교개혁을 한 이후 얼마 지나지 않아 누구나 성경을 읽을 수 있게 되었고, 성서를 읽기 시작하면서 성서의 가르침대로 살아가는 것을 삶의 목표로 하는 경건주의와 복음주의 운동들이 여러 곳에서 우후죽순처럼 솟아 났다. YMCA 운동 역시 그중 하나로서 1844년 영국 런던에서 당시 산업화 과정에서 힘들어하는 청년들의 신앙과 정신적 향상을 목적으로 소그룹 중심의 성서연구와 기도 모임으로 시작했다. 우리나라 역시 YMCA가 시작되면서 월남 이상재, 삼성 김정식, 다석 류영모, 오방 최흥종뿐 아니라 김천배 선생 등 많은 지도자들이 성서연구에 앞장서 왔다. YMCA에서 오래 활동을 한 저자가 이 책을 쓴 것은 아마도 오늘의 젊은이들에게 성경에 있는 예수의 모습을 더 잘 볼 수 있게 하기 위해서였을 것이리라.

제목에서 짐작할 수 있듯이 이 책은 신약의 사복음서를 꼼꼼히 대조하며 저자가 심혈을 기울여 이름 붙인 50개의 주제마다 네 복음서의 저자들이 어떻게 각 주제들을 묘사하고, 설명하고, 증언하는지를 '따로 또 같이'의 방식으로 서술하고 있다. 이 책은 소설처럼 쉽고 매끄럽게 읽히지 않는다. 왜냐하면, '믿음의 시금석인 동정녀 수태'로부터 '예수의 마지막 명령'과 '승천'에 이르기까지 각각의 주제 꼭지 꼭지마다 네 개의 복음서 기자가 어떤 신앙 전승의 흐름에서 그 주제를 이해하고 증거 하는지를 자못 지루할 정도로 상세히 비교해서 설명하고 있으며, 또한, 이와 연관된 구약성서의 증언들은 물론 중요한 성서학자들의 해설을 자세히 인용함으로써, 독자들이 '여러 가지 음식을 다양하게 섭취한 후 그 종합적이고 깊은 맛을 되씹으면서 음미하도록' 안내하고 있기 때문이다.

사실 비기독교인들을 포함해서 이른바 '독실한' 기독교인들 가운데 예수와 하나님 나라 그리고 성서와 신앙(믿음) 등 기독교의 핵심 개념들에 대해 이미 굳어진 자기 이해의 틀에 갇혀있는 사람들을 만나는 경우가 종종 있다. 아마도 이 책은 그렇게 굳어진 이해의 틀을 깨고 예수와 복음서에 대한 새로운 배움과 이해를 향해 우리 자신의 '영적인 문'을 활짝 열라는 부름이요 초대라고 말해도 좋을 것 같다. 혼인 잔치에 초대받은 사람들이 그 귀한 하나님 나라에의 초대를 거절해 버린다는 예수의 비유처럼, 이 책 '네 개의 시선으로 본 예수의 생애'는 우리가 여러 가지 핑계로 놓치지 말아야 할, 하나님 나라에 대해 새로운 배움에 이를 수 있는 또 하나의 귀한 초대라고 감히 생각하면서, 이 책의 일독을 추천하고 싶다.

사복음서의 나침판

권장희 놀이 미디어교육센터 소장

그리스도인들은 마태, 마가, 누가, 요한이라고 부르는 네 개에 다른 모양의 산봉우리가 있는 하나의 복음서라는 큰 산을 늘 마주하게 된다. 그런데 복음서를 읽다 보면 산속을 여기저기 헤매듯이, 나왔던 사건이 또 나오고, 순서나 위치가 다르고, 비슷한 것 같지만 다른 것 같은 이야기를 만나면서 당혹스러워한다. 왜 한 사건에 대해 서로 다른 이야기를 하는지, 왜 이 시점에서 이 이야기가 나오는지 궁금증은 계속 일어나지만, 그저 읽기만을 통해서는 그 내용을 속 시원하게 가늠해 보기 어려운 경우가 있다.

그도 그럴 것이, 네 개에 복음서가 비록 헬라어라는 한 가지 언어로 쓰여있다고는 하지만 그 쓴 시기가 다르고 각 복음서의 배경이 되는 신앙공동체 구성원의 비율이 다르고, 지리적 위치와 그 문화가 다르다. 무엇보다도 각각의 신앙공동체가 갖고 있는 긴급한 문제가 다를 뿐 아니라 예수에 대해서도 각기 다른 전승을 가지고 있다. 그래서 복음서를 읽는다고 해서 쉽게 이해하기 어려울 때가 있다.

『네 개의 시선으로 본 예수의 생애』라는 이 책은 바로 모든 그리스도인을 위한 일종의 사복음서 안내서라 하겠다. 이 책은 복음서를 읽을 때, 혼란하지 않도록 좋은 나침판 역할을 한다. 저자는 먼저 독자들에게 누구든지 산에 들어가 산세와 지형과 생태계를 한 번에 살펴볼 수 있도록 먼저 주제에 대한 전체적인 개요를 설명한다. 그리고 이 책에서 복음서의 네 명의 저자들의 시각에서 각각의 사건들을 일일이 대조 비교하고, 그 메시지의 차이를 찾아내 보여주고 있다. 주제에 따라 복음서 간에 유사한 부분, 차이 나는 부분, 순서와 배경, 왜 이 사건이 이 순간에 중요한지에 대한 역사적, 시대적, 문화적, 종교적 의미를 함께 설명한다. 또한 세계사적, 문화인류학적, 종교적 배경, 신학적 견해들까지 꼼꼼히 챙겨 소개하고, 특별히 구약성경과의 연관 관계를 일일이 찾아내어 연결하고 있다.

『네 개의 시선으로 본 예수의 생애』는 2천 년 전의 중동지역 대제국 로마의 작은 식민지 이스라엘 땅에서 살았던 예수의 일생이 오늘을 사는 나에게 어떤 의미인지 궁금해하는 분들에게 일종의 성경 교사가 되는 유익한 책이라고 생각한다. 끝으로, 많은 시간과 에너지가 들어가는 거대한 연구 작업을 진행한 저자에게 존경의 마음을 갖게 된다.

　지금 우리가 아는 예수의 모습은 어떤 모습인가. 흔히 볼 수 있는 성화에 그려 있는 예수의 모습이란 그 화가의 마음속에 있는 예수의 초상일 것이다. 그러면 내가 생각하는 예수의 모습 즉 내가 고백하는 예수의 모습은 어떤 모습일까. 그러기 위해서 먼저 나는 나의 참모습을 살펴보고 이런저런 때 내게 다가오신 그분 바로 예수에 대한 기억과 감동을 되살려 보도록 해야 할 것이다. 그리고 도마가 "나의 주요 나의 하나님"이라고 한 고백처럼 예수에 대해 내 나름대로의 고백을 절절하게 해보면 그 밑그림이 그려질 것이다. 초상화까지는 아니어도 예수의 캐리커처 하나쯤 마음속에 있다면 얼마나 좋을까. 그러기 위해서는 우선 복음서가 전하는 예수의 모습을 잘 알아야 하겠다.

　텔레비전을 보면 기상 캐스터, 뉴스 캐스터, 시사 캐스터, 스포츠 캐스터와 같은 직업을 가진 분들이 나온다. 이들은 주로 현재 전개되고 있는 상황을 자세히 소개하고 아울러 앞으로 전개될 추이에 대한 정보도 제공한다. 한마디로 전체 흐름을 알게 하는 이들이고 흐름을 읽어주는 분들이라 하겠다. 바라기는 이 책이 복음서의 캐스터Gospels Caster가 되어 네 개의 복음서가 전하는 예수의 모습을 상상해 볼 수 있기를 기대해 본다.

이솝 우화에 외눈박이 사슴 이야기가 있다. 사냥꾼에게 한쪽 눈을 잃은 사슴이 외눈이지만 최선을 다해 숲을 경계하며 풀을 먹는데 엉뚱하게도 바다에서 낚시하던 낚시꾼들에게 잡아먹힌다는 얘기다. '무주의 맹시'inattentional blindness라는 현상이 있다. 크리스토퍼 차브리스와 대니얼 사이언스라는 두 심리학자가 1997년 '보이지 않는 고릴라'라는 실험을 통해 사람은 자신이 보고 싶어 하는 것만 본다는 것을 증명하였다.

예수의 생애에 관한 우리의 지식도 외눈 사슴과 같아 복음서 중 한쪽 중심으로 보고 있는 경향이 있다. 그리고 '무주의 맹시'처럼 예수의 참모습보다는 자기가 보고 싶어 하는, 그리고 자기가 아는 부분만 보기도 한다. 어떤 학자들은 자기의 주장을 하려고 복음서의 특정 부분을 강조하기도 한다. 그래서 사람들이 예수의 전체 모습을 보기가 쉽지 않다. 예수에 대한 모습을 볼 수 있어야 바른 믿음을 가질 수 있을 것이다. 이 책은 복음서들이 전하는 사복음서 저자들의 네 개의 시선으로 예수의 생애를 전체적으로 볼 수 있도록 하였다. 또한 사람들이 예수에 대해 호기심을 가질 수 있도록 세계사의 관점에서 성경의 문화 사회적 배경을 보완 설명하였다. 그리고 좀 더 쉽게 성경 본문을 이해할 수 있도록 새번역과 공동번역을 사용하였다.

네 개의 시선으로 예수를 볼 때 더 입체적이고 실감 나게 읽을 수 있을 것이고 참 예수의 모습에 좀 더 가까이 다가갈 수 있을 것이다. 그래서 예수의 말씀을 텍스트의 관점에서, 또한 당시 사회적 상황과 현대에까지 우리가 갖고 있는 문제들을 콘택스트라는 관점에서 접근하였다. 이 책은 예수의 생애를 거시적인 시각에서 사복음서를 통합적이고, 합리적으로 연결해서 전체적으로 읽으려고 하였다. 그래서 먼저 복음서들을 하늘에서 내려다보는 것처럼 읽으려 하였다. 어디에 숲이 있고, 강 모양이 어떻게 다른지, 실개천과는 어떻게 연결되는지, 호수는 있는지 등을 살펴보려 하였다.

복음서를 큰 틀 안에서 그 흐름과 네트워크를 찾아 서로 연결하려고 노력하였다. 네 개의 복음서는 상호 보완적이다. 이 복음서에서 던진 질문의 답이 다른 복음서에 있는 경우가 있다. 무엇보다 성경에는 중요한 내용이나 말씀, 단어들이 반복되어 있는데 이 점에도 주의를 기울였다. 그리고 각각의 신앙공동체가 갖고 있는 전승이 들어 있다. 특별히 예수 수난의 경우 사복음서가 자신들이 속해 있는 신앙공동체의 전승을 적극 소개하고 있기 때문에 예수의 수난에 대해 풍부한 지식을 갖게 한다. 그래서 이 네 개의 전승을 종합 정리하여 예수의 얼굴이 보이도록 노력해 보았다.

무엇보다도 예수의 말씀에 참 의미를 찾으려고 미시적으로 접근하여 네 복음서가 갖고 있는 미묘한 차이나 서로 다른 입장을 찾아내 설명하려 하였다. 그래서 예수의 말씀에 진정한 의미를 찾기 위해 헬라어 단어들이 갖고 있는 의미들을 찾아내서 함께 소개하기도 하였다. 항상 본문의 행간을 읽으려고 했고 믿음의 상상력으로 읽으려고 하였다. 부디 예수의 모습과 생애에 대한 큰 그림을 그릴 수 있기를 바란다.

예수의 생애를 읽는 분들을 어떻게 표현하면 좋을까. 동로마 제국은 문장으로 검은 쌍두 독수리 문양을 사용했다. 본래 예루살렘 왕국의 검은 독수리에다 머리를 하나 더 넣은 것이라고 한다. 몸 하나에 머리가 두 개인데 서로 반대편을 보고 있다. 동로마 제국을 계승한다고 자부하

네 개의 시선으로 본 예수의 생애

던 신성 로마제국, 세르비아 대공국, 합스부르크 가문, 독일, 러시아 제국 등도 자신들의 상징으로 이 쌍두 독수리를 사용했다.

쌍두 독수리의 두 머리는 비잔티움 제국의 영적 힘과 세속의 힘을 의미했다. 문장 속에 독수리는 발이 두 개인데 각각 성서와 왕관을 쥐고 있다. 적절하지는 않지만, 한 손에는 성경, 다른 한 손에는 신문을 읽으라고 하던 칼 바르트Karl Barth가 생각난다. 신약의 네 권의 복음서는 네 명의 저자가 쌍두 독수리처럼 네 개의 시각으로 예수의 일생을 이야기하고 있다. 예수의 생애를 읽는 사람은 마치 쌍두 독수리의 네 개의 시선을 가지고 네 개의 발에 각각 네 권의 복음서를 움켜쥐고 있는 자세로 읽으면 좋을 것이라는 생각이 든다.

숲도 보고 나무도 보려고 하였는데 욕심만 앞세운 것 같다. 부족하기 짝이 없는 글이지만 바라기는 이 책을 통해 각자 자신만의 예수의 모습을 그려보는 계기가 되면 좋겠다. 끝으로 이 책을 추천해 주신 성결대 김상식 총장님, 협성대 신동욱 총장님, YMCA 아시아 태평양 연맹 남부원 사무총장님, 놀이 미디어 교육센터 권장희 소장님에게 감사를 드린다. 또한 바쁜 가운데에도 내용을 감수해 주신 서중석 교수, 엄현섭 교수, 최재건 교수, 임평구 목사 그리고 열정을 다해 교정해 주신 이성규 교수, 손재완 교보문고 전사장께 감사를 드린다.

- 겨울 양천 서실에서

1. 이 책은 사복음서가 전하는 예수의 모습을 한 눈으로 보기 원하는 분들을 위한 책이다. 책의 제목이 '네 개의 시선으로 본 예수의 생애'라고 했지만 네 개의 복음서에서 한 사건을 모두 다루고 있는 경우도 있으나 세 개 또는 두 개의 복음서에서만 다루는 사건도 있다. 승천의 경우는 몇 개의 복음서에서 다루고 있지만 크게 보면 누가복음과 사도행전의 저자인 누가의 시선이 중심이라 하겠다. 요한복음의 경우는 대부분 독자적인 자료를 사용하기 때문에 하나의 시선만이 있을 수밖에 없다.

2. 예수의 일생을 다루기 위해서는 세례 요한의 등장에 대한 설명을 해야 했다. 세례 요한의 등장을 말하기 위해서는 먼저 세례 운동의 배경 즉 세례 운동 자체의 흐름과 유대교 내에서 세례 운동이 시작될 수밖에 없는 원인을 찾아야 했다. 다행히 마카비 왕조 전후의 역사와 유대교 내의 하시딤의 상황, 그리고 광야에 있던 신앙공동체를 통해서 세례 운동의 뿌리를 짐작할 수 있었다. 이 내용은 '5. 세례 요한이 나타나다'에 있다.

3. 예수의 청년기에 대해 그리고 영적 성장의 배경에 대한 자료는 찾을 수가 없다. 다행히 마가에서 예수가 성전 정화 후 '아무나 물건을 가지고 성전 안으로 지나다니는 것을 허락하지 아니했다'(막 11:16)는 기사를 단서로 청년 예수의 모습을 추적해 보았다. 그래서 그와 같은 주장을 하던 에세네인들의 사해공동체에서 예수가 영적으로 성장했다고 가정

했다. 그러나 예수는 그들의 믿음에 한계를 보고 광야를 떠나 세례 요한에게로 가는 것으로 설정하고 그 내용은 '4. 광야를 떠나는 예수'에서 정리해 보았다. 한마디로 이런 부분들은 중간사를 배경으로 하고 있다고 하겠다.

4. 이 책은
- 무엇보다도 성경에 구체적으로 관심을 갖도록 하기 위해 필요로 하는 부분에 성구를 넣었다.
- 성경의 본문을 포함하여 전체적으로 한글 맞춤법 통일안을 기준으로 표기하였다.
- 성경은 개역개정을 중심으로 하였으나 이해가 쉽게 되지 않은 부분은 새번역과 공동번역 그리고 NIV를 사용하기도 하였다.
- 성경의 원문은 헬라어 성경 2016 Berean Greek New Testament 를 참고 했는데 헬라어 표기에 부호 없이 표시했음을 양해해 주시기를 바란다.

5. 사복음서에 관심이 있는 분들에게는 졸저 '복음서 가로 읽기'(누가출판, 서울, 2023)의 일독을 권한다.

목 차

1. 믿음의 시금석인 동정녀 수태

⚬⚬✧⚬⚬

1-1 예수는 동정녀 마리아에게서 태어났다. 동정녀 잉태는 초대교회 때부터 전승으로 전해져 오던 것이 보편적인 신앙이 되어 기독교 공동체의 신앙고백인 사도신경이 되었다. 예수의 동정녀 수태는 기독교의 중요한 교리이면서 또한 가장 걸림돌이 되는 교리이다. 기독교 신앙의 시금석이라 하겠다. 예수 탄생에 대해 성경에는 두 가지 이야기가 있는데 각각 다른 자료를 이용한 것으로 보인다. 마태의 이야기는 요셉이 중심이다. 마리아에 대한 언급이 전혀 없다. 마리아가 어떤 생각을 했고 어떻게 성령 잉태를 받아들였는지에 대해 침묵하고 있다. 요셉의 꿈에 나타난 주의 사자는 계속해서 요셉에게 마리아의 성령 잉태를 말한다. 누가의 이야기는 마리아가 중심이다. 약혼한 요셉이 어떤 생각을 했고 어떻게 하나님의 역사를 이해했는지 말이 없다. 천사 가브리엘이 나사렛이라는 동네에 가서 요셉이라는 사람과 약혼한 처녀 마리아를 찾아간다.

1-2 마태, 누가 모두 처녀가 잉태하였다고 하고 하나님의 뜻에 의해 잉태된 것이라고 한다. 마태는 주께서 선지자로 하신 말씀을 이루려 하심이라고 하며 성령으로 잉태되었다고 이사야를 인용한다. 누가는 이사야에 대한 언급이 없이 하나님의 은혜를 입어서 아들을 낳게 되는데 예수라 하라고 한다. 마리아가 나는 남자를 모른다고 하자 성령이 네게 임

　　　　　　　　　　　네 개의 시선으로 본 예수의 생애

하고 지극히 높으신 이의 능력이 너를 감싸면 가능하다고 한다.

혹자는 이사야에 나오는 히브리어가 '젊은 여자'를 의미하는 '알마'alma인데 칠십인역에서는 '처녀'를 말하는 '파르테노스'parthenos로 되었다고 하며 마태가 칠십인역을 기준으로 했다고 주장한다. 아마도 이런 오해를 피하기 위해서인지 마태는 약혼하고 동침하기 전이라고 하고, 성령으로 잉태했다고 서두에 말하고 있다. 누가에는 '약혼한 처녀', '처녀의 이름은', '처녀가 놀라' 등 처녀라는 단어가 세 번 나온다. 마리아가 처녀임을 강조하고 있다.

마태는 요셉을 '의로운 사람이라'고 하고 마리아를 '예수의 어머니', '요셉의 약혼녀', '그 아내'라고 한다. 누가는 마리아를 '요셉의 약혼한 처녀'라고 하고 마리아는 스스로 '주의 여종'이라고 한다. 마태에서 주의 천사는 요셉을 '다윗의 자손 요셉'이라고 하고 누가 역시 마리아의 약혼자를 '다윗의 자손'이라고 한다.

요셉은 약혼하고 같이 살기 전에 약혼녀인 마리아가 잉태한 사실을 알았으나 의로운 사람이어서 약혼녀에게 부끄러움을 주지 않으려고 가만히 파혼하려 했다. 요셉이 이런 생각을 하는데 주의 사자가 꿈에 나타나서 "다윗의 자손 요셉아 네 아내 마리아 데려오기를 두려워 말라 그 몸에 잉태된 아기는 성령으로 말미암은 것이라, 아들을 낳으리니 이름을 예수라 하라"(마 1:20-21)고 한다. 요셉이 의로운 사람인 이유는 신명기에 처녀가 처녀의 표적이 없으면 돌로 쳐 죽이라(신 22:20-24)고 하였는데 조용히 파혼을 하려 했었기 때문이고 주의 천사의 말에 순종했기 때문이다. 요셉은 잠에서 깨어나 주의 사자의 분부대로 그의 아내를 데려왔다.

누가에서 마리아는 천사가 한 "두려워 말아라 하나님의 은혜를 입은 자여"라는 인사말에 놀라 이런 인사가 어찌함인가 생각한다. 마리아가

의아해하는 헬라어 '에이에'eie는 의역하면 '어머나 무슨 인사가 이럴까', '난 어쩌면 좋아'하며 얼굴을 붉히고 당황해하는 처녀의 모습을 표현 (I.B)한 것이라 하겠다. 천사는 계속해서 "보라 네가 아들을 낳으리니 그 이름을 예수라 하라"(눅 1:30-31)고 하자 마리아는 "나는 남자를 알지 못하는데 어찌 이 일이 있으리이까"라고 대답한다. 급기야 천사는 "네 친족 엘리사벳을 보라 늙어서 임신하지 못한다고 했지만 지금 임신 육 개월째라 하나님의 말씀은 능치 못함이 없다"(눅 1:36-37)고 한다. 마리아는 "주의 여종이오니 말씀대로 내게 이루어지이다"라고 순종했다. 누가에서 마리아가 잉태했다는 언급은 요셉이 약혼한 마리아와 호적하러 베들레헴에 올라갈 때 나온다.

1-3 마태, 누가 공히 아기 이름을 예수라고 한다. 마태에는 이름이 두 번 언급되어 있고 누가는 한 번이다. 예수라는 이름의 의미는 '하나님은 구원이시다'라는 의미로 히브리어로는 '예슈아yeshuah, 요쉬아'이고 셈어로는 여호수아이며 예수는 헬라식 이름이다. 이사야는 하나님은 나의 구원yesuati(사 12:2) 이라고 했다. 마태는 이사야의 예언을 인용하여 아기의 또 다른 이름은 임마누엘이라고 하며 그 뜻이 '하나님이 우리와 함께 계시다'라고 한다. 이사야는 아하스 왕에게 왕이 원하건 원하지 아니하건 간에 하나님께서 징조를 보여 주실 터인데 처녀가 잉태하여 아들을 낳을 것이라고 하고 그 이름을 임마누엘이라고 하며 다시 한번 임마누엘을 언급(사 7:14, 8:8)한다. 이것은 대의적으로 민족을 구원하신 하나님에 대한 신앙고백(윤웅진)이라 하겠다.

요한복음에는 보혜사 성령이 '너희와 함께 거하고 너희 속에 계시다'고 하며 '내가 너희를 고아와 같이 버려두지 아니하고 너희에게 오겠다'(요 14:17-18)고 한다. 시편에도 여호와가 우리와 함께 계신다고 노래

네 개의 시선으로 본 예수의 생애

(시 46:7)하고 있다. 마태에서 부활하신 예수는 모든 민족을 제자로 삼으라는 마지막 명령을 한 후에 "내가 세상 끝날까지 너희와 함께 있으리라"고 한다. 마태는 예수의 탄생 시부터 대위 명령을 할 때(마 28:20)까지 예수가 우리와 함께 있다는 것을 말하고 있다.

누가에는 천사 가브리엘이 요셉의 약혼녀를 찾아가 "주께서 너와 함께 하시도다"라고 한다. ho Kyrios meta sou 는 Lord with you라는 인사다. 유대인들의 샬롬이나 헬라인들의 카이레와 같지만 조금 더 종교적인 인사다.

구약에는 이런 인사가 여러 곳에 나온다. 창세기(21:22)에는 아비멜렉과 그 군대장관 비골이 아브라함에게 '네가 무슨 일을 하든지 하나님이 너와 함께 계시도다'라고 한다. 기드온을 찾아온 여호와의 사자가 "여호와께서 너와 함께 하시도다"라고 하고 룻기에는 보아스가 밭에서 베는 자들에게 즉 추수하는 자들에게 "여호와께서 너와 함께 하시기를 원하노라"(룻 2:4)고 한다.

수태고지에서 마태는 예수의 정체성에 대해 '그가 자기 백성을 죄에서 구원할 자'(마 1:19)라고 한다. 누가는 '그가 큰 자가 되고 지극히 높으신 이의 아들이라 일컬어질 것이요 주 하나님께서 그 조상 다윗의 왕위를 그에게 주시리니 영원히 야곱의 집을 왕으로 다스릴 것이며 그 나라가 무궁하리라'(눅 1:32-33)고 한다. 누가는 다시 한번 결론적으로 '나실 바 거룩한 이는 하나님의 아들이라 일컬어지리라'(눅 1:35)고 한다.

누가는 야곱과 다윗을 언급하면서 예수가 유대 역사와 연결된 인물일 뿐 아니라 그의 사역 역시 무궁한 나라의 건설 즉 메시아 왕국의 건설이라고 한다. 그리고 한마디로 '하나님의 아들'이라고 한다. 수태고지에서 '지극히 높으신 이의 아들'이라는 말도 하나님의 아들이라는 말이다. 다윗의 왕위를 이어받는 것이나 야곱의 집을 왕으로 다스린다는 것도 예수가 메시아라는 은유적 표현이라 하겠다. '유대인의 왕'이란 말은 동방 박사들이 헤롯에게 나신 이가 어디 계시냐고 물을 때 한 말이기도 하다.

1-4 사도신경은 대다수의 기독교 교단들이 사용하는 신앙고백이다. 주기도문과는 달리 성경에는 없다. 종교 개혁가 마르틴 루터의 말처럼 '사도들의 가르침의 요약'이다. 초기 교회에서 '성령으로 잉태하사 동정녀 마리아에게서 나시고'는 명백한 믿음이었다. 순교자 유스티누스는 유대인들과 이교도들에게 동정녀 수태 교리를 충분히 옹호하였다. 안디옥의 이그나티우스는 예수의 육체를 부정하는 가현설 신봉자들에게 예수의 탄생뿐 아니라 그 탄생이 동정녀 수태임을 주장하였다. 사도신경은 신앙 공동체인 교회의 전통적이고 공식적이며 성서적인 신앙고백이라 하겠다.

성경에는 하나님의 능력으로 수태하였거나 수태를 통해 하나님의 축복을 받은 이들의 이야기가 있다. 아브라함의 여종 하갈이 여주인 사래를 피해 도망하는데 여호와의 사자가 나타나 돌아가라고 하며 "네가 아들을 낳으리니 이스마엘이라 하고 네 씨가 크게 번성하여 셀 수가 없을 것이라"(창 16:8-11)고 한다. 아브라함의 아내 사라 즉 이삭의 어머니도 구십 세라서 출산할 수 없었다. 하나님이 "사라를 축복하여 아들을 낳게 하고 여러 민족의 어머니가 되게 하고 백성을 다스리는 왕들이 그에게서 나오게 하겠다"고 하지만 아브라함과 사라는 속으로 웃었다. 그러나 사라는 임신했고 아들을 낳았는데 그 이름을 이삭이라(창 17:15-19)고 했다. 이삭의 아내 리브가 역시 임신을 하지 못하자 이삭이 여호와께 간구하니 여호와께서 그의 간구를 들어 주었다(창 25:20-21)고 한다. 사사기에는 마노아라고 이름하는 자가 있었는데 그의 아내는 임신하지 못하여 출산하지 못했다. 그런데 주의 사자가 나타나 이제 임신하여 아들을 낳으리라(삿 13:2-4)고 하는데 그가 삼손이다. 또한 엘가나의 아내 한나는 여호와께 통곡하고 서원하여 아들을 낳게 되는데 그가 곧 사무엘이다 (삼상 1:10-12, 20). 하나님은 이사야의 둘째 아들의 이름도 지어주었고(사 8:1-3) 또한 사가랴의 아내 엘리사벳이 나이가 많은데도 불구하고 아들 요한을 낳게 하였다.

1-5 동정녀 수태 이야기는 예수 탄생의 신비를 말하고 있는데 하나 님의 아들인 예수가 인간이라는 생물학적 아버지와 관계없이 이 세상에 왔다는 것을 강조하고 있는 것이다. 고대 사회의 위대한 사람들이 아버 지 없이 태어났다고 하는 이야기들이 있다.

동정녀 수태 이야기는 인간의 이성으로는 믿을 수 없다. 그러나 기독 교의 중요한 믿음이면서 동시에 가장 걸림돌이 되는 믿음이기도 하다. 교회는 처음부터 지금까지 이 믿음을 강력하게 주장해 왔다. 합리적인 타협과 중재가 들어와도 모두 거부하였다. 초대교회 교인들에게는 하나 님이 하시는 일이기에 의심이나 문제가 있을 수 없었다. 하나님 아들의 탄생이 신비하고 초월적인 사건이라는 것은 너무나 당연하다고 보았다.

동정녀 수태를 받아들이느냐, 부정하느냐 하는 것은 신앙의 시금석이 라 하겠다. 예수가 동정녀 마리아에게서 태어났다는 것을 믿지 못하면 서 예수의 말씀과 기적, 고난과 부활 등을 믿는다는 것은 어불성설이다. 믿고 싶은 것만 믿는 것이 기독교의 신앙이 아니다. 창세기에 첫 인간인 아담은 부모 없이 하나님에 의해 생겨났다. 하와 역시 부모 없이 아담에 의해 생겨났다. 그리고 하늘로 올라간 엘리야의 부모와 조상에 대해서 성경은 침묵하고 있다.

동정녀 수태를 신화로 이해하려 해서는 안 된다. 우리나라 고대 시조 탄생 이야기에는 알에서 나왔다고 하는 난생설화가 많다. 중근동 지역에도 유사한 이야기가 있다. 애굽에는 이시스 신이 죽은 남편 오시리스와 교감하여 임신하였다고 하고 조로아스터교의 조로아스터는 마지막 때 15세 처녀의 몸에서 잉태되어 사오샨트Saoshyant라는 세계의 구세주로 온다고 한다. 1928년 우가리트에서 설형문자로 된 점토판 기록문 즉 토판문이 수천 점 발견되었다. 소위 우가리트 문서 중에는 달의 여신 니칼의 시가 있는데 '한 처녀가 아이를 낳을 것이다. 보라 젊은 여자가 아들을 잉태한다'는 내용이 있다고 한다. 그러나 이 시는 성령 잉태의 시도 아니고 수태에 있어서 하나님의 섭리하심을 말하고 있지도 않고 있다.

1-6 동정녀 수태는 예수의 생물학적 출생을 밝히려는 것이 아니라 예수의 기원은 생물학적 가능성 너머에 있다는 것을 말하고 있다. 예수의 탄생은 성령의 인도로 하나님의 역사하심으로 일어난 일로서 인간의 생식 활동의 결과로 일어난 일이 아니라는 것이다. 예수의 탄생을 생물학적으로 해석하려는 위험성을 차단하기 위해 마태, 누가는 마리아의 수태 경위를 자세히 말하고 있다. 예수의 기원은 신학적 질문의 대상이지 결코 생물학적 질문의 대상이 아니다. 마태는 성령 잉태를 말하고 있고 누가는 하나님의 개입을 강조하며 하나님의 아들이라고 한다.

동정녀 수태는 예수가 세상에 오신 방법이고 성육신이 이루어진 특별한 방식이다. 하나님의 아들이기에 가능한 것이었다. 동정녀에게서 태어난 예수는 요셉과 생물학적으로 연결되어 있지 아니하다. 그러나 요셉의 아들로서 법적으로나 혈통적으로 연관되어 있다. 예수가 성령으로 태어나지 아니하였으면 예수 역시 아담의 후손이고 죄인일 수밖에 없으며 우리를 구원할 수 없었을 것이다. 동정녀에게서 나신 예수이기에 바울은 '예수가 죄를 알지도 못하신 이'(고후 5:21)라고 하고 살려주는 영, 신령한 사람, 하늘에서 나셨다(고전 15:45-47)고 한다. 히브리서는 예수가

'거룩하고 악이 없고 더러움이 없고 죄인에게서 떠나 계신 이'(7:26)라고
한다.

예수의 초자연적인 출생은 그가 그리스도이고 하나님의 아들이며 또
한 죄 없는 분이고 아담과 단절된 분이며 하나님과 직접적인 관계를 가
진 분임을 증거하고 있다.

2. 동방박사와 목자들

⊙⌒⊙⌒⊙

2-1 마태와 누가는 서로 다른 자료를 사용하여 예수 탄생의 시기와 장소, 경배한 이들에 대해서 그리고 예수의 탄생 후 있었던 일들에 대해서도 전혀 다른 이야기를 하고 있다. 예수 탄생 시 경배를 받는 중 아버지 요셉과 어머니 마리아의 목소리는 나오지 않는다. 마태, 누가 모두 예수가 베들레헴에서 났다는 것과 나사렛 사람이라는 것을 강조하고 있다.

마태는 당시 지역 내 최고 지성인 그룹인 동방박사들이 예수를 경배했다는 것이고 누가는 구세주의 탄생에 대한 믿음과 기쁨을 최하위 직업에 종사하는 목자들이 찬송했다는 것이다. 마태는 별을 따라온 동방박사들이 예수 나신 곳을 어떻게 알게 되어서 찾아갔는지 그리고 어떻게 경배하였는지를 소개하고 있다. 물론 헤롯 대왕에 대한 언급도 있다. 마태는 예수가 베들레헴 요셉의 집에서 태어난 것으로 보인다(마 2:11). 마태는 동방박사가 다녀간 후 계속해서 예수의 가족이 애굽으로 피신을 하고 다시 이스라엘의 나사렛으로 오게 된 이유와 경위를 자세히 말하고 있다.

누가는 예수가 태어났을 때의 지역 정치 상황을 먼저 언급하고 나사렛 사람인 요셉과 마리아가 베들레헴으로 가서 예수를 낳게 된 이유와 경위를 말한다. 누가는 예수가 베들레헴의 여관집 구유에서 태어났다고 한다(눅 2:7). 그리고 어떻게 지역의 목자들이 예수 나신 곳을 찾아가서 영광을 돌리고 찬송하였는지 이야기하고 있다. 예수의 부모는 예루살렘 성전에 가서 아기 예수의 정결 예식을 치르는데 시므온의 축복을 받고 성전에서 주야로 기도하던 여선지자 안나를 만난 후 고향인 갈릴리 나사렛으로 돌아왔다고 한다(눅 2:39).

점성술에 대한 기독교의 입장은 무엇인가. 민수기는 해나 달이나 모든 천체에 엎드려 절하는 것을 가증스럽게 여기고(민 17:3-4) 이사야는 하늘을 살피는 자들, 별을 보고 점을 치는 자들에게 너를 구원하라(사 47:13)고 하며 예레미야는 이방 사람이 하늘의 온갖 징조를 보고 두려워하더라도 너희는 그러지 말라(렘 10:2)고 한다.

2-2 마태는 예수 탄생의 시기와 장소에 대해서 예수가 헤롯 왕 때에 유대 베들레헴에서 나셨다(마 2:1-2)고 한다. 그리고 장소 이야기는 별을 보고 따라온 동방박사들이 예루살렘에 도착했을 때부터 시작된다. 그들은 '유대인의 왕으로 나신 이가 어디 계시느냐 우리가 동방에서 그 별을 보고 그에게 경배하러 왔다'고 한다. 그들은 '이미 태어나신' 유대인의 왕을 찾아온 것이다. 이 말을 들은 헤롯왕과 예루살렘 사람들은 당황했다. 왕은 대제사장과 서기관들을 다 모아 놓고 그리스도가 어디에서 나겠느냐고 묻는다. 그들은 선지자의 기록에 베들레헴이라고 한다. 그때 헤롯은 박사들을 몰래 불러 별이 나타난 때를 캐묻고 가서 찾거든 내게도 알려주면 나도 가서 그에게 경배하려고 한다(:7-8)고 말한다.

마태는 동방박사들이 어떻게 찾아가서 무엇으로 경배했는지에 대해 말하고 있다. 박사들은 왕의 말을 듣고 길을 떠났다. 그때 동방에서 본 그 별이 그들을 앞서가다가 아기가 있는 곳 위에 이르러 멈추었다. 그들은 그 별을 보고 기뻐하였다. 그 집에 들어가서 어머니 마리아와 함께 있는 아기를 보고 엎드려 경배하였다. 그리고 보배함을 열어 황금과 유향과 몰약을 예물로 바쳤다. 그들은 꿈에 헤롯에게 가지 말라는 지시를 받고 다른 길로 자기 나라에 돌아갔다고 한다.

누가 역시 예수 탄생의 시기와 장소에 대해서 먼저 말한다. 그 무렵 로마 황제 아우구스투스가 칙령을 내려 온 천하가 호적등록을 하게 되었는데 이 첫 번째 호적등록은 구레뇨Quirinius가 시리아의 총독으로 있을 때 시행되었다. 모든 사람이 호적등록을 하러 저마다 자기 동네로 갔는데 요셉도 베들레헴이라는 곳으로 갔다. 그곳은 다윗 왕이 난 동네이고 요셉은 다윗의 후손이기 때문이다. 요셉은 자기 약혼자 마리아와 함께 등록하러 갔는데 그때 마리아는 임신 중이었다. 그들이 베들레헴에 머물러 있는 동안 마리아가 달이 차서 드디어 첫아들을 낳았다. 여관에는 그들이 머무를 방이 없었기 때문에 아기를 포대기에 싸서 말구유에 눕혔다.

누가는 어느 누가 어떻게 말구유에 찾아와 찬송하게 되었는지에 대해 말한다. 그 근방 들에는 밤을 새워 양 떼를 지키는 목자들이 있었는데 주님의 영광의 빛이 두루 비치면서 주의 천사가 나타났다. 그들이 겁에 질려 있는 것을 보고 천사는 "두려워하지 말라 나는 너희에게 기쁜 소식을 전하러 왔다. 모든 백성에게 기쁨이 될 소식이다. 오늘 밤 너희의 구세주께서 다윗의 동네에 나셨다. 그는 바로 주님이신 그리스도시다. 너희는 한 갓난아기가 포대기에 싸여 구유에 누워있는 것을 보게 될 터인데 그것이 바로 그분을 알아보는 표라"(눅 2:9-12)고 한다. 이때 갑자기 수많은 하늘의 군대가 나타나 그 천사와 함께 하나님을 찬양하였다. 천사들이 하늘로 돌아간 후 목자들은 서로 어서 베들레헴으로 가서 주께서 알려주신 그 일을 보려고 급히 달려가 보니 마리아와 요셉이 있었고 아기는 구유에 누워 있었다. 목자들은 이 아기에 관하여 들은 말을 전해주는데 사람들은 신기하게 생각하였고 마리아는 이 모든 일을 마음속

깊이 새겨 간직하였다. 목자들은 자기들이 보고 듣고 한 것이 천사들에게 들은 바와 같았기에 하나님께 영광을 돌리고 찬송하며 돌아갔다.

2-3 예수가 태어난 때는 언제인가. 누가는 세계사적 차원에서 접근하고 있다. 가이샤 아우구스도는 로마 황제 카이사르 아우구스투스를 말한다. 누가는 예수 탄생의 배경으로 로마의 인구조사를 언급함으로 예수와 로마제국과의 관계를 암묵적으로 드러내고 있다. 누가에 '너희를 위하여 구주$_{soter}$가 나셨다'고 한다. 이사야는 '하나님을 구원자'(43:3, 45:15)라고 했고 마리아 찬가에서도 하나님을 구원자$_{soter}$(눅 1:47)라고 한다. 누가는 하나님과 예수 모두 구원자라고 한다. 복음서에서 예수를 구주라고 한 곳은 여기와 요한복음에서 사마리아 사람들의 '세상의 구주'(4:42)라는 고백에서 나온다. 천사의 선포는 황제의 선포를 모방하고 있다. 누가는 예수의 탄생이 이스라엘의 역사와 로마 황제와 관련이 있는 역사적 사건이라고 말하고 싶어 한다.

헬라인들은 왕을 구주라고 했다. 그리고 스스로 구주, 즉 소테르라고 한 왕들이 있다. 프톨로미 1세 소테르, 안티오커스 1세 소테르, 셀류커스 3세 소테르 등이다. 그리고 스스로 신의 현현이라고 한 왕도 있었는데 안티오커스 4세 에피파네스다. B.C. 49 카이사르가 종신 독재관으로 권력의 정점에 오르자 에베소인들은 '인간의 생명을 위해 오신 구세주'라고 그를 불렀다. 그 후 로마 황제를 구세주$_{Savior}$ 또는 은인, 은혜를 베푸는 이 Benefactor라고 불렀다.

누가의 기록이 역사적 사실이 아니라는 주장이 있다. '구레뇨가 수리아 총독이 되었을 때'라는 기사를 ( )안에 넣은 성경도 있다. ( )안에 있는 기사란 그만큼 신뢰도가 떨어지는 기사라 하겠다. 아우구스투스의 인구조사 칙령에 대해 로마 역사가들의 언급이 없고 인구조사를 위해 각자

고향으로 돌아갔다면 상당한 규모의 인구 이동이 있었을 것인데 그런 기록이 없다는 것이다. 또한, 구레뇨가 총독이 된 것은 A.D. 6년으로 이 때는 예수가 이미 10세 정도가 되었을 때라는 것이다.

그런데도 누가의 기록이 맞다는 주장도 있다. 본문에 '그가 총독이 처음 되었을 때'라는 구절에서 '처음'이라는 헬라어 prote를 '전에'의 뜻으로 바꾸면 된다는 것이다. 구레뇨가 A.D. 6년에 수리아 총독이 되었으나 '전에' 즉 수리아 총독 바루스 아래에서 지방 장관이었던 당시 B.C. 10년에 그가 처음 호적을 하게 한 것이라는 설명이다. 그러나 여기서 분명한 것은 메시아의 탄생을 황제의 인구조사와 연결시키려고 한 것은 누가 공동체가 갖고 있던 전승이라 하겠다.

2-4 2012년 교황 베네딕토 16세는 예수의 탄생 연도가 서기 1년이 아니라고 공식으로 인정했다. 과거 연도법을 급하게 바꾸다가 나온 실수라는 것이다. 아르메니아 출신 디오니시우스 엑시Dionisius Exiguus는 B.C.와 A.D.를 구분한 사람이다. A.D. 526년 당시 교황 요한 1세(재위 522-526)로부터 부활절의 정확한 날짜 확인을 지시받고 조사하던 그는 로마 건국(AUC, 라틴어 au urbe condita, 영어로 From the Founding of the City) 753년을 예수 탄생의 해로 보았고 그해를 A.D. 1년으로 삼았다. 그런데 역사적 고증 등을 통해 AUC 750년에 예수가 탄생한 것으로 밝혀졌다. 그래서 현재는 대체로 A.D. 1년이 아니라 B.C. 3년으로 보고 있다. 2024년은 로마력으로 2777년이다.

호적은 라틴어로 센서스다. 호적등록과 인구조사는 목적이 같다고 하겠다. 호적을 하라는 것은 조세나 징병 등의 목적이 있다. 센서스의 원뜻은 '세금을 물리다'라고 한다. 구약에서는 인구조사를 죄로 단정한다. 다윗 왕이 인구조사를 하려 하자 요압 장군이 말린다. 성경은 '사탄이 일어나 이스라엘을 대적하고 다윗을 충동하여 이스라엘을 계수하게 하니라'(대상 21:1)고 한다. 그래도 인구조사를 하자 흑사병이 퍼진다. 백성을 착취하기 위한 조사가 될 가능성이 크기 때문에 죄가 되는 것이다.

마태, 누가는 예수의 탄생지가 예루살렘이라고 한다. 누가에서의 요셉은 호적을 하기 위해서 원적지인 베들레헴으로 간다. 베들레헴은 다윗 가문의 원적지이다. 다윗의 아버지 이새의 고향이고 다윗이 태어나고 양을 치던 곳이다. 천사는 다윗의 동네라고 하는데 목자들은 그곳이 어디인지 알아듣고 베들레헴으로 간다. 베들레헴은 다윗의 동네로 이미 잘 알려져 있었던 곳이다. 예수의 부모는 여관이 없어 아기를 낳아 강보에 싸서 구유에 누인다. 누가는 '첫아들'(2:23)을 언급함으로 예수가 장남이고 다른 형제가 있을 것이라는 느낌이 들게 한다.

구약은 메시아가 다윗의 가문에서 나온다고 했다. 다윗이 이새의 혈통에서 나온 왕인 것처럼 이사야는 메시아도 '이새의 줄기에서'(11:1), '이새의 뿌리에서'(11:10) 나온다고 하고 예레미야는 "다윗에게서 한 공의로운 가지가 나게 한다"(33:15)고 했다. 예수가 베들레헴에서 태어났다는 것은 예수가 다윗의 자손이라는 것을 더욱 분명히 하고 있다.

마태에서의 요셉과 마리아는 베들레헴 사람들이다. 그리고 아기 예수도 베들레헴 부모의 집에 있었다. 그러나 애굽으로 피난 갔다가 귀국하면서 꿈의 지시에 따라 갈릴리 나사렛이라는 동네에 가서 산다(마 2:22-23). 대제사장과 서기관들은 선지자의 기록이 베들레헴이라고 헤롯에게 보고하는데 미가의 인용이다. "베들레헴 에브라다야 너는 유대 족속 중에 작을지라도 이스라엘을 다스릴 자가 네게서 나올 것이라"(미 5:2). 마태는 "네게서 한 다스리는 자가 나온다"라고 미가를 인용한 다음 "내 백성 이스라엘의 목자가 되리라"(마 2:6)고 한다. 여기서 '내 백성 이스라엘'은 미래의 그리스도 신앙공동체를 의미하고 '목자가 된다'는 것은 메시아라는 것이다.

2-5 밤을 새워 양떼를 지키는 목자들에게 천사가 나타나 온 백성에게 미칠 큰 기쁜 소식을 전해준다. 수태고지에서 목자로서 왕이 된 '다윗의 왕위를 받게 될' 분이라고 한 예수가 태어날 때, 천사가 그 지역 목자들에게 맨 처음 소식을 전하게 한 것은 전적으로 하나님의 계획이었다. 예수는 목자로서의 역할을 자각한 분으로 자신을 '선한 목자'(요 10:11)라고 하고 또 '양의 문'(요 10:7)이라고 했다. 제자들을 파송하면서 이스라엘 집에 잃어버린 양에게로 가라고 하고 요한복음의 끝에서 예수는 베드로에게 내 양을 먹이라고 세 번이나 다짐한다.

오늘 밤 다윗의 동네에 너희를 위해 구세주가 나셨는데 그가 곧 그리스도 주라고 하며 포대기에 싸여 구유에 누워 있는 한 갓난아기를 보게 될 터인데 그것이 바로 그분을 알아보는 표라고 한다. 아기 그리스도를 알아보는 표식이 '구유'라는 것이다. '구유에 뉘어 있는 아기'라고 두 번(2:7, 12) 말한다. 마리아는 구유를 요람으로 사용했는데, 유대인들이 키우지 않는 말이 아니라 유용하게 사용했던 나귀의 구유로 보인다. '누울 자리가 없어 구유에 뉘었다'는 것은 사람들이 상상할 수 있는 가장 열악한 환경에서 태어나 그곳에서 삶을 시작했다는 것을 말한다.

여기서 '너희'는 목자들로서 천한 사람들을 가리킨다. 마리아의 찬가에 있듯이 하나님은 구원자 즉 구주로서 비천한 자, 주린 자에게 관심이 있는 분(눅 1:52-53)이고 예수 또한 가장 낮은 자를 위한 구세주로 왔다는 것이다. 누가는 예수가 세상을 역전시키는 분이라고 한다. 평지설교에서 예수는 가난한 자, 주린 자, 우는 자는 복이 있다고 하고 부요한 자, 배부른 자, 지금 웃는 자에게는 화가 있으라고 한다. 예수는 구주를 필요로 하는 사람을 위해 왔다. 지금 가장 구주를 필요로 하는 사람은 우

네 개의 시선으로 본 예수의 생애

리 자신일 것이다. 예수는 재산의 유무, 사회적 지위의 고하를 막론하고 우리 모두를 위해 오신 구원자, 구주, 구세주이다.

예수 부모는 여관이 없어 구유에 아기를 뉘였다고 한다. 그런데 여기에서 여관은 사마리아인의 비유에 나오는 여관ₚₐₙdₒcₕₑᵢₒₙ(눅 10:34)이 아니라 개인 집에 손님용 방ₖₐₜₐₗᵤₘₐ(눅 2:7) 즉 '게스트룸'(NIV) 같은 것을 말한다. 베들레헴은 작은 마을이라 제대로 된 여행객을 위한 시설이 있을 수 없었을 것이다.

누가에는 갑자기 수많은 하늘의 군대가 나타나 그 천사와 함께 하나님을 찬양한다. "하늘 높은 곳에는 하나님께 영광, 땅에는 그가 사랑하는 사람들에게 평화." 천사들은 예수의 탄생이 우주적 사건이라 말하고 있다. 지극히 높은 곳은 땅에 대비된다. 장소를 말하는 것도 아니다. 하나님이 계신 곳, 하늘을 말한다. 하나님 계신 곳에 영광이라고 한다. 땅에는 평화라고 했는데 역시 장소를 가리키는 말이 아니다. 세상 사람들 사는 곳에 평화라고 한다. 누가에는 예수가 예루살렘에 입성할 때 '하늘에는 평화, 가장 높은 곳에는 영광'이라고 한다. 가장 높은 곳 즉 하나님이 계신 곳에 영광이라는 것이다.

천사들이 하늘로 돌아간 후 목자들은 서로 베들레헴으로 어서 가서 천사들이 알려준 그 일을 보자고 하고 급히 달려가 구유에 누인 아기 예수를 본다. 목자는 아기 예수를 처음 방문한 손님들이고 마리아가 낳은 예수를 본 증인들이다. 신약에서 예수가 육신으로 온 것을 직접 보고 찬양한 이들은 목자들뿐이다. 목자들은 천사가 이 아기에 대해 말한 것을 전한다. 그런데 듣는 자들이 놀랍게 여긴다. 그들은 메시지 전달자로서의 사명도 다하였다.

2-6 동방박사들은 유대인의 왕으로 '나신 이'를 찾고 있었다. 이들

은 페르시아에서 온 조로아스터교의 사제로 보인다. 그들이 페르시아에서 왔다면 거리는 1600km 정도 된다. 당시 열악한 교통 상황과 날씨를 고려한다면 상당한 시간이 걸렸을 것이다. 헤롯은 그들에게 별이 나타난 때를 묻는다. 별이 나타난 때를 묻는 것은 언제 출생했는가를 묻는 말로 보인다. 그들은 이미 태어난 아기 유대인의 왕을 찾고 있었다. 그들이 별을 보고 여행 준비를 하고 예루살렘까지 이동한 시간을 고려한다면 태어난 아기는 어느 정도 자랐을 것이다. 동방박사들이 꿈의 지시에 따라 곧장 귀국하고 헤롯은 박사들에게 속은 것을 알고 심히 노하여 박사들에게 알아본 때를 기준으로 하여 그 지역 두 살 이하 아이들을 다 죽인다. 이것으로 미루어 보아 동방박사들이 예수를 만났을 때의 나이가 두 살이 안 되었을 것으로 보인다. 또한, 박사들이 여행을 준비해서 베들레헴까지 오는데 최대 2년이 걸렸다는 것이기도 하다.

동방박사는 예수에게 찾아온 이방인을 대표한다. 동방박사는 마기magi(복수 magos)라고 하는데 점성술사, 마술사를 말하며 메대(메디아), 바사(페르시아), 갈대아 등지에서 천문학을 연구하던 사제계급이었다. 이들 마기는 천문학은 물론 의학, 과학 등에 대해서도 해박한 지식을 갖고 있었고 신분이 높았으며 당시 사회의 지혜자 집단이고 동시에 예언자 집단이었는데 아마도 지금의 미래 학자들이라고 하겠다. 특별히 마기는 별을 보고 위대한 인물의 탄생이나 죽음을 알았다고 한다. 다니엘은 다리오 1세Darius 때 재상이 되는데 다리오는 메디아의 마기인 가우마타Gamauta(?-BC 521)를 물리치고 왕이 되었다. 신약에도 마기가 나온다. 사도행전에는 마술사 시몬이 나오는데 마술사의 어원은 마고스다. 그는 돈으로 성령을 사려했다가 베드로의 저주(행 8:18-20)를 받는다.

동방박사의 수는 성경에 나와 있지 않으나 예물로 보아 세 명으로 보고 있다. 그리고 동방박사를 왕으로 보기도 하였는데 그 근거는 시편에 다시스(스페인), 스바(아라비아), 시바(에티오피아)의 왕들이 예물을 드렸다 (시 72:10)는 것과 이사야에 이방 나라들이 너의 광명을 보고 너에게로 올 것(사 60:3)이라고 하며 금과 유황을 가지고 온다(사 60:6)고 했기 때문이다. 가톨릭은 동방박사들이 아기 예수를 찾아와 경배한 날을 기념하여 '주현절, 주님 공현 대축일'을 지키는데 성탄절 후 13일째 되는 날을 기준으로 한다. 예수의 공적 출현을 축하하는 이 날을 과거에는 세 명의 왕이 조정에 찾아왔다는 뜻으로 '삼왕래조축일'이라고 했다. 그러나 동방교회는 열두 명이라고 한다. 루터교회는 초기부터 1월 6일을 주현절로 지키고 있다.

마태는 별을 네 번 말했다. 별이 나타났고, 별이 나타난 때를 묻고, 별이 인도하였으며, 별이 머물러 서기도 했다고 한다. 그들이 별을 보고 매우 크게 기뻐하고 기뻐하더라고 하는데 그들이 천문학자였기 때문일 것이다. 이 별의 정체에 대해 유명한 독일의 천문학자로서 행성의 법칙을 밝혀낸 요한네스 키플러(1571-1630)는 별의 폭발인 신성이거나 초신성이 있을 수 있다고 하고, B.C. 7년에 목성과 토성이 하나로 보였던 현상이 있었다고 한다. 중국의 천문학자들도 B.C. 5 또는 4년에 신성을 보았다는 기록이 있다고 한다. 하나님은 초자연적인 천문현상들을 통해 계시하는 분이다. 하나님은 예수의 탄생을 온 세상에 알리기 위해 우주적인 천문 쇼를 일으키시고 당대 최고의 지식인들을 불러들여 예수에게 경배하게 하였다.

황금, 몰약, 유황은 고대로부터 아라비아의 귀중한 생산품이다. 몰약은 몰약 나무에 상처를 내서 나온 수액을 건조해 만드는데 시체의 부패를 막는 방부제로 쓰인다. 유황은 유황 나무에서 나온 액체를 고체로 굳힌 것인데 방향제로 제사에 쓰인다. 선물의 의미에 대해 왕으로 오신 예수를 위해 황금을, 대제사장으로 오신 예수를 위해 유황을, 세상 구원을 위해 죽어야 하는 구세주로 오신 예수를 위해 몰약을 드렸다는 것이다.

동방박사들은 어떻게 예수의 탄생을 알았을까. 바벨론에 포로로 잡혀간 포로들을 통해 특별히 네 명의 통치자 아래에서 재상으로 일한 다니엘을 통해 유일신인 여호와 하나님을 알게 되었을 것이다. 다니엘은 '지극히 거룩한 이가 기름 부음을 받으리라'(단 9:24)고 했는데 아마도 이들은 거룩한 이의 출현을 알고 있었을 것이라고 짐작이 된다.

지식에 호기심이 많았던 이들은 '발람의 예언'에 대해서도 알고 있었을 것이다. 발람은 모압 왕 발락에게 고용이 되어 이스라엘을 저주하기를 세 차례 하였으나 그때마다 하나님은 저주를 바꾸어 축복을 하게 한다(민 22-24장). 그런데 마지막 예언으로 '한 별이 야곱에게서 나온다'(민 24:17)고 했다. 별에 대해 관심이 많은 그들이 별을 보고 경배하러 온 것은 당연하다 하겠다.

2-7 요한복음에는 예수가 세상에 오신 것에 대해 '세상이 그를 알지 못하였고 자기 땅에 오매 자기 백성들이 영접하지 아니하였다'고 한다 (1:10-11). 목자들을 제외한 이스라엘 백성들은 그가 오는 것을 알지 못했고 찬양하지 못했다. 이방인인 동방박사들이 메시아의 탄생 소식을 예루살렘 사람들에게 가져 온 것이다. 동방박사들로 인하여 예수의 대적자들이 누구인지 분명해진다. 그들은 바로 헤롯, 대제사장들, 서기관들이었다.

이사야는 '너를 이방의 빛이 되게 하겠다'(42:6)고 하고 예루살렘 성전에서 아기 예수를 본 시므온은 '이방을 비추는 빛'(눅 2:32)이라고 했다. 사가랴는 찬가에서 예수를 '돋는 해' 헬라어로 anatole, rising sun 이라고 하며 '위로부터 우리에게 임하여 어둠과 그늘에 있는 자에게 비춰주는' 분(눅 1:78-79)이라고 한다. 이런 예수의 사명을 아는 듯이 동방

네 개의 시선으로 본 예수의 생애

박사들이 모든 민족과 이방인들을 대표하여 그 먼 곳에서 빛을 따라 예수를 경배하러 온 것이다. 예수는 '이 천국 복음이 온 세상에 전파되어 모든 민족에게 증언될 것이라'(마 24:14)고 하고 '너희는 가서 모든 민족을 제자 삼으라'(마 28:19)고 하는데 동방박사들의 경배가 그 명분도 되고 본보기도 될 수 있었을 것이다.

2-8 성탄절의 기원에 대해

크리스마스는 크리스트와 미사가 합쳐진 말이다. 2세기 후반 알렉산드리아의 클레멘스는 1월 6일이나 10일, 4월 19일이나 20일, 5월 20일, 11월 28일 등에 예수 탄생을 기념했다고 한다. 성탄절이

- 12월 24일부터 1월 6일까지 열렸던 고대 로마의 동지절이나
- 12월 17일에서 3-7일간 열리던 농경신 사투르날리아Saturnalia 축제,
- 12월 25일 즉 태양신이자 창조신, 군신으로 추앙받던 미트라 탄생 축제일의 기독교적인 변형이라고 주장하는 이들이 있다(G. J. Laing).
- 12월 25일 성탄절에 대한 가장 오랜 기록은 로마교회 감독인 다마수스Damasus(재위 366-384)의 친구이고 달력을 편집했던 필로칼루스Furius Filocalus의 편찬 연대기(A.D. 354)에 나온다. 그는 예수 탄생일을 12월 25일로 표시했고 모든 순교자의 축일 앞에 두었다. 이때 로마는 이날을 일 년의 시작으로 삼았다고 한다. 동방교회는 A.D. 380년부터 성탄절이자 주현절을 1월 6일로 지키고 있다.

3. 두 개의 족보와 생명책

3-1 예수의 족보가 성경에 두 개가 있다. 마태의 예수 족보는 신약성경을 처음 읽는 기독교의 새 신도들을 당황하게 한다. 이게 왜 앞에 나와 있는지 그리고 알지 못하는 사람들의 이름을 왜 읽어야 하는지 의아하게 한다. 그러나 마태 공동체에게 족보는 중요한 것이어서 앞에 놓을 수밖에 없었을 것이다. 누가의 족보는 예수의 탄생, 세례 요한의 등장, 그리고 예수의 세례 다음에 공생애를 시작하기 직전에 있다. 주의 깊게 읽지 않으면 족보인지도 모르고 사람들의 이름을 읽게 된다. 이 두 개의 족보는 목적이나 구조나 내용도 다르고 배치의 위치도 다르다. 그건 그렇다 치더라도 그러면 우리는 왜 예수의 족보를 알아야 하는 것일까.

마가에는 예수의 족보가 나오지 않는다. '하나님의 아들 예수 그리스도의 복음의 시작이라'는 선언과 함께 세례 요한의 등장에 이어 예수의 세례 이야기가 나온다. 마가에는 '즉시' '곧바로' '단번에'와 같은 단어들이 자주 나온다. 마가의 특징의 하나는 긴박성이다. 긴급하게 일해야 하는 예수를 강조하고 있는 마가임을 기억해야 할 것이다. 요한복음에도 마태, 누가와 같은 족보는 없다. 요한복음은 예수 탄생 이전의 족보를 설명함으로 복음서를 시작하고 있다. 요한복음은 '그가 태초에 하나님과 함께 계셨다'고 하고 '만물이 그로 말미암아 지음을 지은 바 되었다'고 한다. 요한복음에서의 예수의 족보는 하나님의 족보인 셈이다.

족보는 생물학적으로 존재하였던 한 인간의 혈연 또는 혈통의 서열이라 하겠다. 그래서 족보에 이름이 있는 사람은 실제로 태어나고 죽은 사람이다. 족보는 개인이 속한 사회의 구조와 그 속에서의 신분이나 지위를 짐작하게 하며 나아가 한 개인의 정체성 확증의 역할도 한다. 창세기에는 노아의 등장을 위한 아담의 계보, 아브라함의 등장을 위한 노아의 족보, 야곱의 족보, 에서의 족보, 애굽으로 간 야곱의 후손 등이 있다. 창세기 이외에도 역대상 1-9장, 에스라 (스 2:1-63, 8:1-20), 그리고 느헤미야 (느 7:7-63), 열왕기 상하 등에 계보가 나온다. 예수 승천 이후 예수의 역사적 실존을 의심하는 가현설docetism이 있었고 최근에도 그리스도 신화론이 제기되었다. 예수의 계보가 있으므로 예수가 실존 인물이라는 것과 역사적 사실 위에 기독교가 서 있는 종교라는 것을 보여 주고 있다.

3-2 마태복음은 아브라함과 다윗의 자손 예수 그리스도의 계보라고 하고 복음서를 시작한다. 마태에서 계보라고 한 것을 새번역이나 공동번역은 족보라고 한다. 계보는 히브리어로 세페르seper인데 책 두루마리를 가리키지만 의미상으로 족보(창 5:1)를 말한다. 마태의 계보genesis는 문자적으로는 기원의 책, 또는 출생기록이라는 뜻이다. 의역해 보면 예수 그리스도의 족보라기보다는 탄생에 대한 기원, 또는 조상에 대한 기록이라 하겠다. 마태가 예수의 족보를 '그의 근원에 관한 책'이라고 한 것은 새로운 시작으로 이제까지 없었던 창조임을 알린다는 의미가 있다고 하겠다.

예수가 아브라함과 다윗의 자손이라고 한다. 아브라함은 유대 민족의 시조인 동시에 모든 인류의 복에 근원(창 22:18)이다. 그런데 여호수아에 의하면 그의 아버지 데라Terah는 유프라테스강 건너에 거주하였고 다른 신을 섬겼으며(수 24:2) 미드쉬라에 의하면 아브라함의 아버지와 그의 형제 나홀은 우상을 만들어 파는 가게를 했다고 한다. 아브라함은 75세에 하나님의 명령에 따라 고향과 아비 집을 떠난다(창 12:1). 그는 이방인으로서 자기 조상과 달리 유일신 하나님을 믿었다. 아브라함은 유대교, 기독교, 이슬람교의 공통에 조상이다. 아브라함의 자손이란 그의 믿음을 이어받은 자라는 말이다.

다윗은 다윗 왕조의 시조이고 유대민족의 표상이다. 다윗의 자손이란 다윗의 혈통이라는 말인데 다윗에게서 공의로운 가지가 난다고 메시아가 나올 것을 암시했다. 다윗의 자손 예수란 예수가 메시아라는 말이기도 하다. 예수 그리스도의 그리스도는 메시아라는 말의 헬라어이다. 안디옥에서 바울은 설교를 통해 예수가 하나님이 약속한 다윗의 후손으로 이스라엘을 위한 구주soter(행 13:23)라고 한다.

마태의 족보는 '낳고', '낳고'라고 하는데 낳다geonao는 누구의 '아버지가 되다'라는 뜻이다. 창세기에 아담의 족보는 '살고 죽었다'고 한다. 또한, 마태의 족보는 계보 축약의 족보로서 예수의 조상을 역사적 사건을 중심으로 세 시기로 나누어 열네 대씩 소개하고 있다. 14는 7의 배수로서 완전수이다. 14의 세 배수인 42에 맞춘 계보이다. 세 시기란 믿음의 조상 아브라함으로부터 유대민족이 성장하여 다윗 왕국을 이루기까지, 정치적 발전 이후 오히려 민족의 분열과 패망을 당하기까지, 메시아 출현을 대망하는 기간으로 다윗의 자손이 이 세상에 오기까지이다.

이 계보는 숫자 상징주의인 게마트리아gematria를 계보 구성의 원리로 사용하였다. 히브리어는 본래 자음만 있고 자음 알파벳 23자는 각각의 숫자를 갖고 있다. 처음 열자는 1에서 10을, 다음 여덟 자는 20에서 90을, 나머지 네 자는 100에서 400까지 나타낸다. 다윗David의 숫자의 값을 계산해 보자. D는 달렙으로 4이고 V는 바우로 6이며 D는 달렙으로 4이다. 이 숫자 값을 합치면 14가 된다. 요한 계시록의 13:18의 666은 로마 황제의 히브리어 자음의 값을 합한 것이다. 마태의 족보에

네 개의 시선으로 본 예수의 생애

나오는 14라는 수는 바로 다윗이라는 이름에 숫자의 값이다.

마태는 14대, 14대, 14대라(마 1:17)고 하는데 바벨론 이후의 대수는 '여고냐'가 중복(마 1:11,12)되어 있어 13대가 된다. 요셉과 예수까지 넣어서 13대다. '여고냐'는 여호와김의 아들(대상 3:16-17)로서, 여호와긴 또는 '여고니야'(렘 27:20), 고니야(렘 22:24,28)로 불린 왕이지만 저주(렘 22:28-30)를 받았을 뿐 아니라 바벨론 느브갓네살에게 포로로 잡혀갔다. 그러나 중요한 시기의 왕이어서 두 번 나온 것 같다. 그렇다고 두 대로 칠 수는 없는 것이다.

마태의 족보는 맏아들 중심이 아니다. 아브라함의 맏아들 이스마엘이 아니라 이삭이 나오고 또한 에서가 아닌 야곱이 나온다. 예수는 야곱의 열두 아들 중 넷째인 유다, 즉 영원한 왕권을 약속받은 유다 지파의 자손이다.

마태의 족보에는 누락이 많다. 14대에 맞추기 위해서라 하겠다. 열왕기 상하와 비교하면 다윗에서 시드기야 사이에 7명의 왕이 누락되었고 역대상(3:10-19)과 비교하면 7대가 누락되었다. 사울 왕(삼상 10-15장)은 없고 악한 왕의 대명사인 므낫세(마 1:10, 왕하 21:1-9))가 들어가 있다.

마태의 족보에는 네 여자가 들어 있다. 족보는 통상 부계 혈통 중심의 기록인데 마태의 의도라 하겠다. 다말, 라합, 룻, 우리야의 아내로서 이들을 내 세우기에는 적절하지 않지만 그들이 중대하고도 특별한 역할을 했다고 마태는 말하고 있다. 루터는 예수가 이방인들을 포용한다는 것을 보여 주기 위해 네 명의 여자 이름이 들어갔다고 한다. 즉, 다말은 아람 여자, 라합은 가나안 여자, 룻은 모압 여자, 우리야의 아내 밧세바는 햇 사람이라는 것이다.

다말은 남편에게서도 시동생에게서도 후사가 없자 시아버지 유다를 속여 동침한 후 쌍둥이를 낳았다. 라합은 여호수아가 보낸 두 정탐꾼을 숨겨 보호해 주었고 살몬의 아내가 되어 보아스를 낳았다(룻 4:21). 룻은 남편과 두 아들을 잃고 시어머니인 나오미를 따라 베들레헴으로 돌아와서 친척 보아스를 만나 오벳을 낳았는데 그가 이새의 아버지이고 다윗의 할아버지이다. 우리야의 아내 밧세바는 이방인 장수 우리아의 아내이었으나 다윗이 우리아를 전장에 보내 죽게 하고 그 아내를 취해서 솔로몬을 낳았다.

이들은 패륜녀, 기생, 이방녀, 간통녀들이지만 혈통을 잇게 하여 민족의 성장에 기여한 공로가 있다고 하는 여자들이다. 하나님께서 자신의 계획을 이루기 위해 어떻게 개입하는지 보여주기 위한 본보기가 네 여자라 하겠다. B.C. 1세기 다윗과 같은 메시아를 기다리던 바리새인들에게 이 여자들은 칭송의 대상이었다고 한다. 그런데 마리아의 이름이 다섯 번째로 등장한다. 앞에 네 여자를 언급한 이유는 마리아를 소개하기 위해서라고 볼 수 있을 것이다. 마리아는 다른 여자들보다 특별하다.

이 족보에서 여자 이름으로 마리아가 두 번 나온다. 요셉 앞에 '마리아의 남편 요셉'이라고 하고 '마리아에게서 그리스도라 칭하는 예수가 났다'(마 1:16)고 한다. '낳고 낳고'로 계속되는 마태의 족보에 마리아가 예수를 낳았다는 것이다. 그리스도의 어머니인 마리아가 족보에 들어가는 것은 당연하다. 하나님의 메시아 계획에 있어서 중요한 성령 잉태로 예수를 낳았기 때문이다. 마리아가 들어가면 바벨론 후의 대수도 14대가 된다.

3-3 누가는 예수의 공생애 전에 족보를 언급하였는데 출애굽기에서 모세의 사명인 '애굽 땅으로 인도하라'(출 6:13)고 한 다음 모세와 아론의 조상이 나오는 것과 비슷하다. 예수의 자기소개서 같은 성격을 갖고 있다고 하겠다. 누가의 족보는 일반 족보와 달리 상향식이다. 에스라의 혈

통을 소개하는 족보(에 7:1-5)와 같은 형식이다. "너는 내 사랑하는 아들이라 내가 너를 기뻐하노라"라는 하나님의 선포에 이어 나오는 족보의 맨 위는 하나님이다. 하나님과 예수를 연결해 주는 족보라 하겠다. 창세기의 족보는 아담에서 시작된다. 예수는 마지막 아담으로 이 세상에 왔다. 누가에서 천사는 예수 탄생을 전하면서 세상을 위한 구세주이고 그리스도 즉 메시아라고 한다.

누가의 족보는 하나님으로부터 시작되는 역사, 그 역사의 연속선상에서 예수를 통한 하나님의 구원을 말씀하기 위한 족보라 하겠다. 역사의 주권자인 하나님은 족보의 주권자이기도 하다. 그리고 이 족보의 완성자는 예수 그리스도인 것이다.

누가는 예수의 족보를 말하면서 '사람들이 아는 대로'라고 한다. 요셉의 아들인 예수의 계보로 요셉 위의 조상들을 열거하고 있다. 요셉의 실제 육친의 혈통을 열거한 것일 수 있다. 성경에서 확인되지 않는 사람 42명이 조상으로 나오는데 평범한 사람들로 보인다. 누가는 요셉이 다윗의 혈통이라고 하며 이 족보에서는 요셉의 아버지를 헬리라고 하는데 마리아의 아버지가 제사장 헬리이기 때문에 마리아의 족보로 보기도 한다. 요셉은 두 가문의 혈통을 이어받을 수 있었을 것이다.

이 족보는 예수를 제외하고 모두 77대이다. 포로기 이후 21대, 왕족시대 21대, 왕국 이전 시대 14대, 아브라함 이전 21대다. 7의 배수 또는 3배수로 되어 있어 예수 족보의 완전성을 말하고 있다. 마태와 누가의 족보를 비교해 보면 다윗에서 바빌론 유수까지 중 다윗까지만 같다. 마태는 왕의 계보를 따르지만 누가는 다윗에서 나단으로 이어지는 계보를 따른다. 다윗에서부터 요셉에 이르는 이름들은 솔로몬의 후손이 아니라 나단의 후손들이다. 하늘로 들려 올라간 에녹이 마태의 족보에는 없고 누가에는 있다.

3-4 예수의 족보는 출생증명서가 아니다. 예수의 계보는 인간의 생물학적인 축적의 기록이 아니라 신의 섭리에 대한 논증이다. 마태의 족보는 신구약의 징검다리이고 신약의 관문이다. 두 족보 모두 유대 역사의 축소판으로 하나님에 대한 믿음 위에 기독교가 서 있음을 말하고 있다. 만약 족보 없이 예수를 소개한다면 예수는 신화적, 가상적 존재가 되어 버릴 수 있다. 예수의 족보는 예수를 당당한 유대인이라 말하고 있다.

바울은 디모데에게 "족보에 몰두하지 말라"(딤전 1:4)고 하고 디도에게는 "족보 이야기에 대한 다툼은 피하라 이것은 무익한 것이요 헛된 것이라"(딛 3:9)고 했다. 바울은 하나님의 아들에 대해 말하기를 육신으로는 다윗의 자손으로 나셨고 거룩한 신성으로는 죽은 자들 가운데서 부활하심으로 하나님의 권능을 나타내어 하나님의 아들로 확인된 분이다. 그분이 곧 예수 그리스도다(롬 1:4)라고 한다.

3-5 생명책은 시편(69:28)에 나온다. 바울은 자신의 동역자를 부탁하며 그들의 이름이 생명책에 있다(빌 4:3)고 한다. 계시록(3:5)에는 "이기는 자의 이름을 생명책에서 결코 지우지 않는다"고 했고 또한 '어린 양의 생명책(13:8)에 이름이 기록된 자는 구원을 받으나 여기에 기록되지 못하는 자는 영원한 심판 형벌을 받게 된다'(20:12,15, 21:27)고 했다. 생명책이란 예수 그리스도를 믿음으로 구원을 약속받은 하나님의 자녀들의 이름을 기록한 책이라 하겠다.

이제 우리는 족보가 아니라 생명책에 이름을 남겨야 한다. 말라기에는 주를 경외하는 자와 주의 이름을 존중하는 사람들을 여호와 앞에 있는 기념책(말 3:16)에 기록하였다고 한다. 출애굽기에는 모세가 하나님에게 백성들이 금송아지를 만든 죄를 용서하여 달라고 하며 그렇게 하지 않으시려면 "주께서 기록하신 책에서 저의 이름을 지워주십시오"라고 한다. 여호와께서는 모세에게 "누구든지 나에게 죄를 지으면 내가 내 책에서 그를 지운다"(출 32:32-33)고 했다.

예수는 칠십 인이 돌아와 하는 보고를 받고 "귀신들이 너희에게 항복한 것으로 기뻐하지 말고 너희 이름이 하늘에 기록된 것으로 기뻐하라"(눅 10:20)고 했다. 히브리서에는 '하늘에 기록된 장자들의 모임'(12:23)에 대한 언급도 있다.

호랑이는 죽어서 가죽을 남기고 사람은 죽어서 이름을 남긴다고 한다. 사람은 살아있는 동안 훌륭한 일을 하여 후세에 이름을 남겨야 한다는 뜻이다. 이 지구상에는 수많은 사람이 태어나서 살다가 죽는다. 그러나 그들의 이름이 모두 기억되는 것은 아니다. 혹 이미 죽었으나 지금까지도 그의 삶이 우리의 심금을 울리고 있고 멘토가 되어주며 우리에게 본이 되는 분들이 있기는 하다.

우리 모두 지상에 있는 족보에 이름을 남길 수는 있다. 그렇지만 우리는 세상에서 평범하게 살아간다 하더라도 믿음의 생활로 그리고 그 결실로 우리의 이름이 '하나님의 책'에 기록되고 '예수의 생명책'에 남겨지도록 해야 할 것이다.

4. 광야를 떠나는 예수

❦

4-1 예수는 그동안 자신이 머물렀던 황무지 같은 광야를 바라보았다. 메마르고 황량한 모래언덕, 석회암층들로 이루어진 계곡, 그리고 계곡 속에 있는 동굴들, 어쩌다 내리는 폭우 덕분에 겨우 뿌리를 내리고 자라고 있는 잡목들. 이 모두를 뒤로하고 예수는 길을 나섰다. 해 뜨는 시간에 드리는 기도를 마치고 난 후였다.

광야는 히브리 백성을 단련시킨 훈련의 장이다. 광야는 히브리어로 미드바르라 하는데 말씀하시는 곳이라는 의미가 있다. 출애굽 당시 하나님은 구름 기둥, 불기둥으로 그들을 인도하고 만나를 먹여 주며 친히 말씀하고 동행해 준 곳이다. 히브리인들이 약속의 땅을 찾아 헤매며 시련을 받은 곳이기는 하지만 하나님이 자기를 나타내 보이신 곳이고 수많은 기적이 일어난 곳이며 계시를 받을 수 있던 곳이었다. 예수 당시에도 어떤 이들은 메시아가 광야에 나타난다고 믿었다. 어려서부터 성경 읽기를 좋아하던 예수는 늘 거룩한 생활을 동경하였으나 세속적인 삶을 살면서 경건한 생활을 한다는 것이 쉽지 않았다.

예수는 사무엘같이 잘 자라 강해지고 지혜가 충만하여 하나님의 은혜가 그의 위에 있었다(눅 2:40). 열두 살 때 이야기다. 열두 살 된 남자아이는 성년이 되어 율법에 구속을 받게 되어 있다. 그런데 예루살렘 인근 30킬로 거리에 사는 장년 남자는 다 삼대 절기인 유월절, 칠칠절, 초막절에 참여(신 16:16, 출 23:17)해야 했다. 성년이 된 예수는 부모를 따라 예

네 개의 시선으로 본 예수의 생애

루살렘에 올라가서 부모와 떨어져 그곳에 머물렀다. 성전 건물에는 서기관들이 가르치고 토론하는 장소가 있었다. 예수의 부모는 예수를 찾아 다시 예루살렘에 올라가 사흘 후 성전에서 만났다. 예수의 어머니가 네 아버지와 내가 근심하여 너를 찾았다고 하자 예수는 "내가 내 아버지의 집에 있어야 될 줄을 알지 못하셨나이까"(눅 2:49)라고 대답했다. 예수는 육친의 어머니 앞에서 하나님을 나의 아버지라고 불렀던 것이다. 이 이야기를 보면 유월절 절기에 여자도 참석할 수 있었던 것 같다(삼상 2:19).

예수 탄생 후 결례를 위해 성전을 찾은 예수의 부모에게 시므온은 주의 그리스도 즉 메시아를 보기 전에는 죽지 않는다고 했는데 이제 평안하게 죽을 수 있게 되었다(눅 2:27,29)고 말함으로 예수를 그리스도라고 간접적으로 표현하였다. 예수 자신도 성장하면서 자신과 하나님과의 관계가 특별하다고 생각했던 것 같다. 그러나 예수를 하나님의 아들로 처음 고백한 이는 요한(요 1:34)이었다.

4-2 예수는 태어나 살던 나사렛을 떠나 꽤 오래전 이곳 광야에 있는 거룩한 사람들이 사는 집단으로 왔다. 그때 유대 내에는 함께 모여 신앙생활을 하는 공동체들이 여러 곳에 있었다. 그런데 예수는 이곳 광야로 온 것이다. 어느 공동체라 하더라도 쉽게 들어갈 수는 없었고 더욱이 비교적 상류층이었던 이 집단에 들어가기는 더 까다로웠다.

예수가 처음 이리로 왔을 때 그들은 예수에게 삽 한 자루와 허리에 걸치는 옷과 하얀 겉옷 한 벌을 주었다. 그리고 일 년 동안 규율교육을 하며 절제와 금욕에 대해 시험을 했고 이어지는 이 년 동안에는 그의 품성을 시험했다. 예수는 처음 일 년이 지나서야 정결한 성수를 나누어 받아 몸을 씻을 수 있었고 삼 년이 지나 서약을 하고 입회한 후 비로소 공동

모임에 참석할 수 있게 되었다. 예수는 믿음의 자세나 태도로 보아 입회하기에 충분한 자격을 갖춘 사람이었지만 공동체의 절차에 따랐다.

이 공동체의 생활 원칙은 하나님 경외와 인간에 대한 의로운 행위를 하는 것이라서 동료들과 모든 빛의 자녀들을 사랑하며 악의 자녀와 불의한 자, 불의한 행위를 미워하는 것이었다. 입회 시 선서 역시 이런 내용들이었다. 즉, 무엇보다도 하나님 앞에서 경건한 생활을 할 것, 그리고 사람들에게 의로운 행동을 할 것, 어떤 경우에든지 불의를 행치 말 것, 모든 권세자들은 하나님의 뜻에 따른 것임으로 현재 권력자들에게 충의를 지킬 것, 권력을 갖게 되더라도 행동으로나 의상 등으로 스스로 돋보이게 하지 말 것, 진리를 사랑하는 자가 되고 거짓을 폭로할 것, 아무것도 숨기지 아니하며 목숨으로 공동체의 비밀을 지킬 것 등이었다. 이 원칙에서 볼 때 에세네인들과 달리 세례 요한은 현세 권력자에게 충성하지 못하고 헤롯 안티파스를 직접적으로 공격함으로 죽임을 당했다고 하겠다.

공동체에서의 생활은 금욕적이었고 수도원 같았다. 공동체의 일과는 단순하고 반복적이었다. 해 뜰 때 기도로 시작하여 함께 공부하고 예배하며 공동으로 일을 하고 공동으로 식사를 했는데 음식은 소박하였으나 소중하게 대했고 거룩한 예복인 겉옷을 입고 식사를 하였다. 또한, 이들은 모든 것이 하나님의 것이라는 믿음을 가지고 있어서 개인들은 그 소유를 바쳤는데 모든 재산과 물품들은 공동으로 관리되었다. 이들은 옷도 공동으로 입었다. 병이 나면 서로 돌보아 주고 배려해 주며 공동 경비로 치료해 주었다. 일의 결과로 얻어진 소득은 청지기라고 부르는 사람이 일괄 관리했고 그는 공동체에 필요한 물품들을 조달하고 지출했다.

공동 작업이라고는 하지만 농사를 짓는 일, 목축을 하는 일, 벌을 기르는 일, 그리고 성서를 공부하거나 필경하는 일까지 다양하였다. 한 마디로 공동체를 위해 각자에게 맡겨진 일을 하는 것이었다. 공동체 구성원들은 자급자족을 위해 애썼다. 그래서 이들은 엔게디에서 농사를 짓거나 풀이 자라는 지역에서 가축을 기르거나 도시 지역에서 수공업을 하며 작은 집단을 이뤄 살았다. 필로에 의하면 작게는 열 명 단위로 살았고 전체는 사천 명에 달했다고 한다.

전체적으로 볼 때 이 공동체는 검소하고 고결한 생활을 했으며 자신들의 정결을 유지하려 했다. 이들은 불결한 이들을 배제하기 위해 외부와의 접촉을 최대한 금했고 레위기의 정결법을 엄격히 고수하여 모든 부정한 것을 피하려 했다. 처음에 받은 옷의 하나가 아마포로 된 앞치마같이 허리에 두르는 옷인데 이 옷은 정결을 위해 하루에 한 번 오전 일과 후 미크베mikevh라는 물통에서 찬물로 씻을 때 입었다. 깨끗한 몸과 마음을 가지고 하나님을 맞이할 준비를 하기 위해서였다.

예수도 일을 했다. 아버지의 직업을 이어받은 예수는 여기서도 목수 일을 했다. 광야에 있는 공동체에는 동굴에서 경건한 생활을 하는 이들도 있었다. 이들에게는 나무뿐 아니라 돌을 다루는 당시의 목수가 필요했다. 동굴이라 하더라도 확장이나 붕괴를 막기 위해 해야 하는 일 등이 늘 있었다.

4-3 예수가 속해 있는 이 공동체는 그동안 좌절과 실망과 시련의 시기를 여러 차례 겪었다. 셀류쿠스 왕조의 안티오커스 4세 에피파네스는 헬라화 정책의 일환으로 B.C. 168년 포고령을 내려 유대인들에게 성소에서의 각종 제사를 금지하고 안식일과 축일들을 지키지 못하게 하며 할례를 중단하라고 명령했다. 이에 제사장 맛다디야는 이를 거부하고 아들들과 함께 헬라에 대한 저항운동으로 싸움을 시작했는데 이것이

유대의 독립전쟁이 되었다. 역사는 이를 마카비 전쟁이라고 부른다. 전쟁 중 두 번이나 예루살렘을 회복하였던 유다가 전사(B.C. 161)하자 그의 아우인 요나단이 지도자가 되었다. 헬라 역시 안티오커스 4세가 죽고 그 후계자를 자처하는 두 아들이 서로 요나단을 포섭하려 했는데 요나단은 자신에게 대제사장직을 제안한 알렉산더 발라스와 손을 잡고 대제사장직을 수행(B.C. 152)했다.

이 전쟁에 참가한 중추 세력에 하나이었던 하시딤은 요나단의 대제사장직에 대해 문제를 제기하였으나 정치 논리가 현실을 지배하였다. 요나단의 뒤를 이은 동생 시몬은 대제사장직을 더 공고히 하였고 왕권도 거머쥐게 되었는데 이를 하스모니안 왕조라고 부른다. 그런데 과거 왕조 시대에는 한 사람이 왕과 대제사장을 겸하지 않았다. 후에 에세네인들은 시몬을 두고 '악한 제사장'이라 불렀다.

마카비 혁명 이후 하시딤은 바리새파와 에세네파로 갈라졌다. 에세네는 시리아어로 '에세노이'에서 나온 말로 '거룩한 사람'이라는 말이라고 하는데 하시딤 역시 '경건한 사람들'이라고 한다. 그러나 에세네 사람들은 자신들을 한 종파로 보지 않았다. 더욱이 쿰란 사람들은 자신들을 '에다' 즉 공동체 또는 '야하드' 즉 연합이라고 불렀다. 요한 힐카누스 1세가 자신들의 스승을 처형하자 이들은 다마스쿠스로 피난했다가 B.C. 63년 폼페이우스가 팔레스티나를 점령하자 쿰란으로 돌아왔다. 그러다가 하스모니안 왕조를 무너뜨린 헤롯의 배려로 그들에게 내려졌던 억압적인 조치들이 풀리고 정결하지 못한 성전 의식을 염려하지 않게 되자 다시 예루살렘으로 돌아왔다. 이때 에세네인들은 열정적으로 선교를 하여 마을과 도시에 많은 공동체를 세웠다. 그러나 헤롯이 죽자 자신들만의 신앙생활을 위해 다시 쿰란으로 돌아가야 했다. 이들은 A.D. 68년 디도 휘하의 로마 10군단에 의해 유린될 때까지 쿰란에 있었다.

마카비 혁명은 헬레니즘 문명과 종교적인 탄압을 하는 시리아의 셀류쿠스 왕조와 싸워 유대교를 회복하고 독립을 쟁취한 전쟁이었다. 그러나 요한 힐카누스의 후손들은 헬라 문명을 너무 좋아해서 히브리어 이름을 헬라 이름으로 바꾸고 헬라 문명을 탐닉했다. 유대인들 가운데에도 헬라파들이 존재했다.

4-4 이 공동체는 예루살렘을 부패한 곳이라고 보고 성전 세력들을 비판하였으며 성전 제사가 정결하지 않다고 하며 성전 중심주의 사고에서 벗어나려 하였다. 그리고 이들은 당시 사두개파나 바리새파들보다 성서를 더 많이 읽고 공부했으며 율법의 계명들을 충실히 지키려 하였다. 무엇보다도 그들은 하나님의 말씀을 지키고 보존하는 것이 중요하다고 생각하여 성서를 양피지에 필경하여 두루마리 성서를 만드는 일에 최선을 다했다. 그뿐만 아니라 페쉐르peshers라는 주석서를 상당히 많이 기록하였는데 주로 예언서에 관한 것들이었다.

이들은 예루살렘 성전 뜰을 지나가는 일을 몹시 두려워하였다. 새로 짓고 있는 큰 예루살렘 성전을 구경하려고 온 많은 이방인 가운데를 지나가야 하는데 지나가는 도중에 어떤 불경한 물건들이나 불결한 사람들과 접촉하게 될지 알 수 없었기 때문이다. 더욱이 희생제물의 정결에 대해서도 의심하지 않을 수 없었다. 고고학자들이 그릇에 담겨 조심스럽게 땅에 묻혀 있는 양과 염소의 뼈들을 사해 근처 에세네 본거지가 있었던 지역에서 발견했다. 이들은 자신들의 성소에서 희생 제사를 드렸던 것이다.

나중에 일어난 일이기는 하지만 예수가 성전 정화를 한 후 아무나 물건을 가지고 성전 안으로 지나다님을 허락하지 않았다고 마가(11:16)는 기록하고 있는데 바로 이런 이유에서였다. 후에 쓰인 탈무드 역시 성전 예배와 제사 준비에 방해가 되는 행위들을 엄격히 금했다. 에세네인들은 바리새파와 사두개파 그리고 예루살렘 성전에 대한 비판을 점점 더 강하게 하면서 성전과 성전 제사에 대한 이해를 영적으로 하기 시작하게 되었다.

이 공동체는 안식일도 다른 유대인들보다 더 철저히 지켰다. 함께 모여 성서를 낭독하고 말씀을 들으며 종일 기도하고 묵상했다. 그리고 불을 피우지 않았고 미리 음식을 준비하는 등 많은 금기 사항들을 거스르지 않았다. 이들이 율법 준수에 최선을 다한 것 역시 하나님의 도래가 가까웠다는 종말론적 희망을 갖고 있어서였다.

'광야에 있는 거룩한 사람들'이라는 이들은 '메시아를 기다리는 사람들'이었다. 식사는 메시아 향연을 대망하여 메시아와 함께할 잔치를 예비하는 것처럼 몸을 정결히 하고 예복으로 갈아입고 음식을 들었으며 식사 후에는 다시 평상복을 입었다. 하루 두 차례의 공동 식사는 제사장 같은 이 즉 '의의 교사'(정의의 스승)가 하나님께 감사하는 기도로 시작하고 엄숙한 분위기 가운데 식사를 하였으며 같은 이의 기도로 끝이 났다.

4-5 무엇보다도 이 공동체는 자신들이 '새 계약의 백성'이라고 믿었으며 '새 계약'은 '갱신된 옛 계약'renewed old covenant인 동시에 '영원한 계약'eternal covenant이라고 이해했다. 이들은 자신들을 구별하여 하나님께 드리는 것이 가장 의로운 삶이라고 생각했고 자신들 스스로 '참 이스라엘'이며 '참 빛의 자녀'라고 믿었다. 그래서 도시와 마을에 흩어져 있던 모든 구성원들이 오순절에 모두 쿰란에 모여 '새 계약 갱신 축하 축제'를 가졌다.

마지막 때의 심판을 기다리는 이들이어서 공동체 내에 결혼한 이들이 많지 않았다. 그렇다고 해서 결혼 자체를 금한 것은 아니었으나 예수는 결혼하지 않았다. 사해 두루마리에서 볼 수 있듯이 이들의 독신생활은 어디까지나 소명적 독신주의였다. 그러나 사해 근처에 있는 본거지에서는 결혼이나 가정생활을 장려하지 않았다. 이들이 금욕생활을 한 이유 역시 이 세상 삶을 일종의 종말론적인 전쟁으로 보았기 때문이었다.

이 공동체에도 어린이들이 있었다. 다른 사람의 자녀를 유순한 나이에 양자로 데려오거나 좋은 집안에서 갑작스레 고아가 된 아이들을 데려다가 친자식처럼 길렀다. 그 아이 중 하나가 당시 세례 운동의 지도자이었던 요한이다. 요한의 아버지는 제사장인 사가랴이고 어머니 엘리사벳은 예수의 어머니 마리아의 친족이었고 아론의 자손이었다. 요한의 부모는 주의 모든 계명과 규례를 책망받을 것이 없도록 행한 모범적인 제사장 가문의 사람들이었다. 늙고 나이 많은 부모에게서 아들 요한은 태어났다. 천사 가브리엘이 성전에서 제사장의 직무를 보고 있는 사가랴에게 수태고지를 하지만 사가랴는 이를 믿지 못하다가 벙어리가 되었다. 그는 석판에 아들 이름을 요한이라고 쓰고 나서야 혀가 풀려났다. 요한은 흔한 이름이었으나 하나님의 은혜를 입은 자라는 뜻이다.

4-6 예수는 이제 힘들고 외로웠던 수도 생활, 구도 생활을 마치고 새로운 인류 구원의 비전을 갖고 광야를 떠났다. 예수에게도 에세네 공동체에서의 경건하고 금욕적인 신앙생활이나 메시아 대망의 자세들, 그리고 예언자들에 대해 공부하는 것들이 좋았다. 그러나 그들은 자기들만 정결하면 되고 스스로 정결하다고 하며 자신들만 구원받으면 된다고 하는 폐쇄적인 공동체였다. 그들은 예언자들이 목쉬게 외친 '새 하늘과 새 땅'에 대한 비전 즉 '하나님 나라의 비전'을 보지 못하였다. 예수는 세상 사람들에게 새로운 구원의 빛을 보여주기 위해 이곳을 떠나기로 한 것이다.

5. 세례 요한이 나타나다

⤳⤳⤳

5-1 세례 요한은 당대에 큰 영향을 미친 인물이다. 세례 요한이 죽임을 당한 것도 그의 영향력이 너무 컸기 때문이라 하겠다. 그리고 그는 오랫동안 존경받고 기억되었을 뿐 아니라 오늘에 이르기까지 그를 존경하는 사람들이 만다야교Mandaeism 라고 하는 신앙공동체를 이루고 있다. 마가복음에는 예수의 탄생이나 족보 이야기는 없다. 그러나 요한의 출현과 사역을 소개함으로 예수의 공생애를 시작한다. 마태, 누가에는 예수가 세례 요한을 높이 평가하는 얘기가 길게 소개(마 7:12-19, 눅 7:24-28)되어 있다. 특별히 누가에는 세례 요한의 탄생 예고(1:5-25)에 이어 예수의 탄생 예고(1:26-38)가 나오고 두 집안 즉 사가랴와 마리아의 가문을 연결하는 이야기로 이어진다. 마리아가 요한의 어머니 엘리사벳을 방문하고 엘리사벳은 마리아를 축복하는 찬가를 하며 마리아는 엘리사벳의 찬가에 대한 화답으로 자신의 믿음을 드러내는 찬가를 한다. 또한, 요한의 아버지 사가랴가 예수 탄생을 전제로 하나님을 찬양한다. 누가는 세례 요한의 탄생에서부터 그리고 그의 처음 사역에 대해 자세히 말하고 있다. 그러나 어느 복음서에도 요한의 탄생 이후 그가 어떻게 성장했고 어떻게 세례 운동을 시작하게 되었는지에 대해서는 침묵하고 있다.

여기서 인간이 물로 정화될 수 있다고 믿었던 고대 종교들과 유대교 내에서 물로 씻는 의식, 나아가서 세례 운동이 폭발력을 갖게 된 유대 역사의 배경에 대해서도 함께 생각해 보아야 할 것이다.

네 개의 시선으로 본 예수의 생애

5-2 예수는 요한을 찾아갔다. 요한과 예수는 육촌지간이었다. 요한이 예수보다 육 개월 먼저 태어났다. "그는 자라며 심령이 강하여졌으며 이스라엘에 나타나는 날까지 빈들에 있었다"(눅 1:80)고 하는데 빈들 에레모스는 광야이다. 요한은 연로한 부모가 일찍이 세상을 떠난 후 광야에 있는 공동체에서 자랐고 그 공동체에서 큰 영향을 받았다. 요한은 제사장의 아들로서 제사장이 될 수 있었고 요한 역시 아버지 같은 제사장이 되기를 바랐을지도 모른다. 그러나 당시의 제사장들은 부패하고 부정한 자들이 많았다. 요한은 이런 실상을 보며 크게 실망했다. 그는 마지막 때에 자신이 해야 할 일이 무엇인지 고민했다. 당시 에세네인들은 '너희는 광야에서 여호와의 길을 예비하라'(사 40:3)는 이사야의 말씀을 따랐는데 요한 역시 이 말씀을 따라 '메시아의 길을 준비'하기로 한다(마, 눅 3:3, 막 1:3).

요한은 이스라엘이 하나님의 진노를 피하기 어렵다고 보았다. 그는 광야에서 은둔생활을 하며 빈 들에서 자기 정결이나 율법 준수에 열중할 때가 아니라는 것 즉 자신의 신앙생활에 만족하고 있을 때가 아니라고 생각하게 되었다. 요한은 사람들 속에 들어가서 유대 백성들을 회개시키고 말세가 되었다는 것을 알려야 한다고 확신했다. 즉 지금은 죄인을 회개시켜야 할 때이고 구원을 선포해야 할 때였다. 하나님의 말씀이 빈들에 있는 사가랴의 아들 요한에게 임했던 것이다. 요한은 자신의 사명을 깨닫고 빈들을 떠났다.

5-3 요한은 요단강에 있었다. 요한은 늘 사람들에게 둘러싸여 있었다. 요한은 요단강 동남부 지역 즉 헤롯 안티파스의 경계지에 살고 있었다. 그는 낙타털 옷을 입고 있었고 허리에 가죽 띠를 띠고 있었는데 몸에 털이 많았고 허리에 가죽띠를 띠었던 예언자 엘리야처럼 보였다. 그

는 메뚜기와 석청을 먹었다. 그런데 메뚜기는 메뚜기 나무라고 부르는 쥐엄나무의 열매이고 석청은 꿀 같은 즙이 나오는 대추야자의 열매로 보는 이들도 있다. 레위기는 먹을 수 있는 곤충(11:22)으로 메뚜기, 방아깨비, 누리, 귀뚜라미를 말하고 있는 것을 보면 요한은 금욕주의자라기보다는 율법주의자 같기도 하다. 아무튼, 요한은 광야에서 쉽게 구할 수 있는 음식을 먹었다고 하겠다. 요한의 옷과 먹는 음식 때문에 사람들은 요한은 쿰란 공동체 출신이 아니라고 하는데 그 이유는, 에세네 사람들은 흰옷을 입었고 음식도 다르다는 것이다. 전체적으로 볼 때 요한은 먹거리나 외관뿐 아니라 그의 메시지를 통해 소명을 받은 종말론적인 예언자 엘리야를 방불케 한 사람이었다.

당시 사람들은 엘리야가 다시 오기를 기다리고 있었다. 예언자 말라기가 '여호와의 크고 두려운 날이 오기 전에 내가 엘리야를 너희에게 보내겠다'(말 4:5)는 말씀을 하였기 때문이다. 천사 가브리엘은 요한의 아버지에게 한 수태고지에서 네 아들은 '엘리야의 심령과 능력으로 주 앞에 먼저 온다'(눅 1:17)고 했다. 요한은 엘리야의 심령과 능력으로 산 사람이지만 다시 태어난 엘리야는 아니었다. 예수의 산상에서 변화 후, 산을 내려온 제자들이 예수에게 왜 엘리야가 먼저 와야 하느냐는 질문을 하였을 때 예수는 엘리야가 이미 왔고 사람들이 그를 알지 못하고 함부로 대하였다(막 9:13)고 했다. 또한 오리라 한 엘리야가 곧 이 사람이라(마 11:14)고도 했다. 이 말은 비유적 의미에서 요한이 엘리야였다는 것이다. 요한이 메시아에 앞서 보내심을 받은 사람으로서 그 역할을 수행했기 때문이리라.

요한이 나실인이라는 얘기는 진작부터 있었다. 요한이 철저하게 음주를 하지 않았기 때문이었다. 나실인이란 자기 몸을 구별하여 여호와께 자신을 드린 사람을 말한다. 잘 알려진 이로는 삼손이나 사무엘 같은

네 개의 시선으로 본 예수의 생애

이들이다. 하나님의 사자가 삼손의 어머니에게 한 당부처럼 천사 가브리엘이 요한의 아버지 사가랴에게 수태고지를 할 때에도 포도주나 독한 술을 마시지 말게 하라고 했던 것이다. 예수는 "요한이 와서 먹지도 않고 마시지도 아니하매 그들이 말하기를 귀신들렸다고 하더니 인자는 먹고 마시며 먹기를 탐하고 포도주를 즐기는 사람이라"(마 11:18-19)고 한다. 예수는 요한과 자신이 비난당하고 거부당하는 시대적 상황은 물론, 사람들의 이중성을 자조적으로 말하고 있다.

5-4 세례를 베푸는 요한은 누구일까. 사람들은 메시아를 고대하고 있던 터였으므로 요한을 보고 모두들 마음속으로 그가 혹시 그리스도가 아닐까(눅 3:15) 하고 생각하였다. 백성들은 그의 경건한 생활과 종말론적인 메시지를 보고 그가 그리스도라고 생각할 수 있었다. 요한복음에서 유대인들은 제사장과 레위인들을 보내 네가 누구냐고 묻는데 그는 자신을 그리스도도 아니고 엘리야도 아니고 그 선지자도 아니라(요 1:20-21)고 했다. 그리고 요한은 제자들에게도 "나는 그리스도가 아니요 그의 앞에 보내심을 받은 자라고 한 것을 증언할 자는 너희라"(요 3:28)고 했다. 요한은 예수를 증언하며 외쳤다. "이 분이 내가 말씀드린 바로 그분이다"(요 1:15).

요한은 스스로 하나님으로부터 보냄을 받은 종말의 선지자이며 또한 메시아의 오심을 준비하는 사람이라는 자각이 있었다. 예수도 요한에 대해 내가 너희에게 이르노니 선지자보다 더 나은 자니라(마 11:9, 눅 7:26)고 하고 여자가 낳은 자 중에 세례 요한보다 큰 이가 없다(마 11:11)고도 했다. 예수 역시 그를 위대한 선지자로 본 것이다.

요한은 나타날 때까지 빈 들에 있었고 빈 들에서 하나님의 말씀이 그에게 임했다고 한다. 그가 광야에서 소명을 받았다는 것이다. 광야는 마을이나 성읍과 달리 부정한 것을 접촉할 수 없는 곳이고 부정한 생각에 물들지 않고 지낼 수 있는 곳이다. 요한은 에세네인들 처럼 자신을 '광야에서 외치는 이의 소리'(사 40:3, 막 1:3, 요 1:23)라고 했다. 당시 광야에는 많은 자들이 모여 엄격하고 금욕적인 신앙생활을 하고 있었다. 요한이 등장한 시기는 로마의 티베리우스 황제의 재위 15년 즉 A.D. 28년이었다. 그때 대제사장은 가야바(A.D. 18-36)였는데 로마가 임명한 사람이었다. 요한은 유대 광야 즉, 사해 서쪽에서 전파하였고 요단강 부근에서 세례를 주었다. 예수는 요한이 유대인들에게 회개하라고 외치는 곳으로 요한을 찾아갔다.

5-5 인간이 물로 정화될 수 있고 정결케 될 수 있다는 믿음은 고대 고등종교에서 볼 수 있는 현상이다. 조로아스터교 즉 배화교에서의 정화의식은 수세자에게 고메즈라는 일종의 약물을 뿌리고 이를 물로 씻기는 과정이었는데 이 의식 후 비로소 나바자드로 불리고 배화교 공동체의 일원이 되었다. 부라만에서도 입교의식을 거행할 때 교리 선생인 구루가 소년의 이름을 묻고 그의 양손에 물을 세 번 뿌렸다. 두 번째 태어난 자, 거듭난 자라는 의미를 가진 이 의식을 행한 후에야 브라만으로 불리고 종교의식에 참여할 수 있게 된다. 고대 헬라에는 엘류시스eleusis라는 축제가 있었는데 여기에 참석하기 위해서는 통과제의로서 정화의식을 해야 했다. 새로운 탄생의 의미로서 물로 목욕을 한 후 새 이름을 부여받고 새사람으로 간주하였다. 알렉산드리아의 클레멘스는 이 의식이 기독교의 세례 의식과 비슷하다고 말했다.

발칸지역에도 이런 의식이 있었던 것 같다. 그리스 희극작가인 유폴리스Eupolis(B.C. 445-410)는 트라키아의 여신 코티토를 숭배하는 집단을 밥타이baptai라고 지칭하였다고 하는데 이 명칭을 통해 그들이 물을 사용하여 정화의식을 하였음을 알 수 있다.

그러나 물로 씻어 몸과 마음을 깨끗이 하고 이를 회개와 연결해서 실행하기 시작한 것은 에세네 공동체가 형성된 B.C. 2세기로 보인다. 쿰란 동굴에서 발견된 사해문서 중 하나인 공동체의 규칙이라는 책에는 율법에 순종하겠다는 증거로 물을 뿌려 육신을 정결하게 해야 하고 회개의 물로 거룩하게 되어야 한다는 규칙이 있었다. 요한이 세상에서 외친 것은 바로 회개하라는 것이었고 회개의 표시로 세례를 주었던 것이다.

5-6 물로 죄를 씻는다는 생각은 구약시대부터 있었다. 시편 51편은 다윗의 시로 우슬초로 나의 죄를 씻어 정결하게 해 달라는 내용이다. B.C. 8세기에 활동했던 이사야는 "주께서 딸 시온의 부정을 씻어주시고 심판의 영과 불의 영을 보내셔서 예루살렘의 피를 말끔히 닦아 주실 것"(사 4:4)이라고 했다. B.C. 6세기에 활동했던 에스겔은 "내가 너희에게 맑은 물을 뿌려서 너희로 정결하게 하며 너희의 온갖 더러움과 너희가 우상을 섬긴 모든 더러움을 씻어"(겔 36:25) 준다고 했다. 비슷한 시기의 스가랴 역시 "그날이 오면 샘 하나가 터져서 다윗 집안과 예루살렘에 사는 사람들의 죄와 더러움을 씻어 줄 것이다"(슥 13:1)라고 했다. 이처럼 물로 씻는 외적 정결은 내적 정결과 관계가 있다고 보았다.

누구나 사람들은 죄에 대해 고민하며 속죄함을 받아 죄인이라는 굴레를 벗어 버리고 싶어 한다. 그래서 고등종교들은 입교 때에 부정한 것을 버리고 깨끗한 새사람으로 출발할 것을 요구한다. 구약시대에는 죄를 사하기 위해서는 하나님께 지은 죄를 속하는 속죄제와 이웃에 지은 죄를 속하는 속건제를 드려야 했다. 그런데 이 제사는 제사장들의 고유 권한이었다.

모세는 제사장들을 레위 지파 사람(출 27:21)들에게 맡겼다. 제사장들은 성결과 순결의 상징이었는데 기름 부음을 받은 제사장을 대제사장(레 21:10)으로 불렀다. 그들은 하나님 앞에서 이스라엘을 대리하여 하나님과의 온전한 관계를 유지하게 하는 것이 임무였다. 최초의 대제사장은 아론(민 3:6)이었고 이후 아론의 직계가 그 직무를 계승했으며 율법상 결격사유가 없으면 장자가 대를 이어 평생토록 사역하였다. 즉 아론 혈통으로 승계된 종신 세습직(레 21:16-23)이었다. 대제사장은 일 년에 한 번 속죄일에 희생 제사를 지내기 위해 지성소에 들어가는 특권과 의무가 있었는데 이것은 하나님 백성의 거룩함을 유지시키기 위해서라고 하겠다. 또한, 제사장들은 병역의무가 면제되었다(민 1:49, 2:23). 포로기 이후 성전은 국민 생활의 가시적 중심이 되었고 제사장들은 민족의 지도자들이 되었으며 대제사장은 원로원의 우두머리가 되었다.

5-7 마카비하서 4장에서 잘 볼 수 있듯이 헬라가 유대를 지배할 때 제사장들은 대제사장이 되기 위해 민족을 배반하고 헬라화 정책에 앞장섰다. 안티오커스 셀류쿠스가 죽고 에피파네스(재위 B.C. 175-164)가 등극하자 B.C. 174 대제사장인 형 오니아스를 몰아낸 야손(오니아스 3세)은 부정한 방법 즉 헬라에게 조세를 더 많이 부담하겠다는 약속을 하고 대제사장이 되었다. 그는 은 삼백육십 달라트와 금 팔십 달란트를 추가로 더 바치기로 한 것이다. 야손은 직권을 쥐자마자 유대인들의 생활방식을 헬라식으로 바꾸어 놓았고 율법에 맞지 않는 새로운 생활양식을 도입하였다. 그래서 제사장들은 제단을 돌보는 일에는 열성이 없어져 희생 제사를 바치는 일에는 관심이 없고 율법에 어긋나는 레슬링 경기에 다른 사람들과 함께 휩쓸렸다(마하 4:7-10). 야손은 성 밑에 체육관을 세우고 가장 뛰어난 청년들에게는 헬라식 모자를 쓰게 하는 등 헬라화 운동을 적극 전개하여 이국의 풍습이 물밀듯이 쏟아져 들어오게 했다(마하 4:12-

네 개의 시선으로 본 예수의 생애

13). 사람들은 헬라식 생활방식을 추구하여 모방하지만 헬라인들은 그들을 적대시 하였다(마하 4:16)고 한다.

삼 년 후 메넬라오스는 헬라왕을 만나서 은 삼백 달란트를 더 바치겠다고 하고 대제사장직을 차지하였다. 대제사장직이 사독 계열의 계승직에서 매매가 가능한 상태가 되었다. 그런데 그는 잔인한 폭군의 기질과 야수같이 포악한 성격을 지닌 자였다(마하 4:24-25). 돈이 필요할 때 성전 기물들을 팔아먹은 그를 맹렬히 비난하는 오니아스를 헬라인 안드로니쿠스를 시켜 죽였다(마하 4:32-34). 대제사장인 메넬라오스는 권력자들의 탐욕을 이용하여 자리를 유지하였고 더욱더 나쁜 짓을 하여 동포를 배반하는 원흉이었다(마하 4:50). 이 당시 거룩한 사람들이라는 뜻의 하시딤은 헬라화에 대항하여 세속을 멀리하고 경건한 율법주의적 생활을 했다.

5-8 세례 운동의 싹은 대제사장이 이스라엘을 배반하기 시작할 때부터 그리고 대제사장들이 세상 권력들보다 더 부패하였던 B.C. 2세기부터 자라기 시작했다고 보아야 할 것이다. 헬라인에 의해 유대의 헬라화 정책이 시행될 때 이에 가장 반대해야 할 대제사장들이 오히려 앞장섰고 더 큰 권력에 잘 보이기 위하여 이스라엘 백성을 갈취하는데 경쟁적이고 적극적이었다. 마카비 시대에도 대제사장은 평생직도 세습직도 아니었고 경질될 수 있었다.

독립전쟁의 주축이었던 하시딤은 마카비 형제들에게 전쟁 후 대제사장직에 대해 문제를 제기했다가 결별하고 광야로 갔다. 이때부터 유대인들은 제사장직에 대해서나 성전의 기능에 대해 실망하게 되었고 그 권위나 거룩함과 순결에 대해서도 회의하기 시작한 것으로 보인다.

유대를 지배했던 헬라나 로마는 대제사장직을 관직의 하나로 보고 그들의 입맛에 맞는 사람을 임명하거나 그렇지 않으면 해임하였다. 그래서 대제사장이 자주 바뀌는 경우가 생겼다. 유대인들이 추락한 제사장의 권위나 성전의 역할에 대해 실망하고 의문을 갖기 시작하고 죄 사함에 대해 깊이 고민하고 있을 때 세례 운동이 시작된 것은 아닐까.

유대인 역사가인 요세푸스는 유대 율법을 연구하다가 16세쯤 되었을 때 유대 종교 지파들 즉, 바리새파와 사두개파 그리고 에세네파에 대해 철저히 조사했다. 최종적으로는 바리새파를 선택했지만 그 전에 그는 광야에 나가 바누스bannus 라는 선생을 3년 정도 따라다녔다. 바누스 역시 광야에 거하면서 나무로 만든 옷을 입고 저절로 자라는 것들을 먹으며 정결함을 유지하기 위해 밤낮으로 찬물로 몸을 씻었다고 한다. 이들 무리 역시 광야에서 세례 운동을 한 것으로 보인다. 요한의 시대에는 많은 세례 운동들이 있었던 것 같다.

네 개의 시선으로 본 예수의 생애

6. 예수 세례를 받다

〰️🍃〰️

6-1 "회개하라 천국이 가까웠느니라." 요한은 광야에서 절박하게 외치기 시작하였다. 그리고 요단강 부근에서 회개의 세례를 전파하였다. 그러자 온 유대 지방과 예루살렘 사람들이 다 그에게 나아가 자기 죄를 자복하고 요단강에서 세례를 받았다. 그는 세례를 받으러 오는 무리에게 독사의 자식들아 즉 독사의 피를 이어받은 세대들아, 어둠의 세대들아 라고 하며 비난했다. 그리고 어느 누가 너희에게 일러 장차 올 진노, 임박한 심판을 피하라 하였느냐고 했다. 장차 오실 이는 손에 키를 들고 타작마당을 깨끗하게 하여 알곡은 받아들이고 쭉정이는 꺼지지 않는 불에 태운다고 했다. 그리고 이미 도끼가 나무뿌리에 놓였으니 좋은 열매를 맺지 아니하는 나무마다 찍혀 불에 던져진다고도 했다.

요한의 메시지는 진노의 날, 여호와의 날을 선포하는 예언자의 메시지이었다. 요한은 마지막 때에 대한 경고 즉 예언자로서의 질타뿐 아니라 회개와 회개의 결실을 요구했다. 요한의 수태고지에서 천사는 사가랴에게 '성령 충만함을 받아 이스라엘 자손을 주 곧 그들의 하나님에게로 많이 돌아오게 하겠다'(눅 1:16)고 했다. 사가랴 역시 그의 찬가에서 '주의 백성에게 그 죄 사함으로 말미암아 구원을 알게 하겠다'(눅 1:77)고 했다. 요한의 사명은 이처럼 유대 백성들이 회개하여 하나님 앞에 나오게 하는 것이었고 동시에 죄 사함을 통한 구원을 주의 백성에게 알게 하는 것이었다.

아모스 선지자는 이스라엘을 꾸짖기를 "은을 받고 의인을 팔며 신 한 켤레를 받고 가난한 자를 팔고"(암 2:6) "힘없는 자를 밟고 그에게서 밀의 부당한 세를 거두었다"(암 5:11)고 했다. 또한 그는 "여호와를 찾으라, 정의를 강물같이 흐르게 하라"(암 5:24)고 했다. 요한 역시 아모스같이 백성들을 심하게 야단은 쳤으나 회개하고 회개의 열매를 맺으라고 했다.

6-2 요한이 세례 베푸는 곳으로 많은 바리새인들과 사두개인들이 찾아왔다(마 3:7). 평소에 바리새인들과 사두개인들은 상종하지 않고 다른 주장을 하기 때문에 그런 그들이 온 것은 그만큼 그들 모두 요한의 세례에 대해 공통으로 궁금했기 때문이었다. 바리새인들이나 사두개인들은 하나님의 백성인 유대인들에게 세례가 필요한 것인지 궁금했을 것이다. 이들은 이미 선민인 유대인에게 세례를 주는 요한을 이해할 수 없었다. 그런데 요한은 유대인들의 선민의식을 질타한다. '아브라함이 너희 조상이라고 생각하지 말라'고 한다. '하나님은 이 돌들로도 아브라함의 자손이 되게 할 수 있다'(마 3:9, 눅 3:8)고 한다. 요한은 유대인들의 상속권이 박탈당했다고 선언한 것이다. 혈통적으로 유대인이라고 해서 자동으로 누구나 구원받는 것은 아니고 회개의 합당한 열매를 맺어야 한다는 것이다. 요한은 유대인이라도 하나님 나라에 가기 위해서는 유대민족 차원에서의 회개가 아니라 한 사람 한 사람의 회개가 있어야 하고 이에 수반되는 삶의 변화가 선결되어야 한다는 것을 주창했다.

무리는 요한에게 "그러면 우리가 무엇을 하리이까"(눅 3:10)라고 물었다. 요한은 옷 두 벌 있는 자는 없는 자에게 나누어 주라고 한다. 옷은 두 벌이 있어야 한 벌은 빨고 한 벌은 입을 수 있는데 옷 없는 자에게 나눠 주라고 한다. 옷 없는 자는 알몸을 가릴 옷이 없는 자(출 22:27)를 말한다.

그리고 요한은 먹을 것도 그렇게 하라고 한다. 가진 것의 절반을 주라는 것이 아니다. 이웃의 난처한 경우나 어려움을 모른척하지 말고 이웃을 돕는 데 최선을 다하라는 것이었다. 옷 없는 자에게 옷을 주라는 말씀은 율법이고 선지자의 지적(신 24:13, 겔 18:7)이었다.

세리에게는 부과된 것 이외에는 거두지 말라고 했다. 세리들은 거의 합법적으로 부과된 것에 어느 정도 덧붙여 세금을 물릴 수 있었다. 요한은 불의한 방법으로 수입을 가지지 말라고 한다. 백성들의 원성을 듣고 세금에 시달리다가 '자식까지 종으로 파는 이들'(느 5:5)의 고통을 생각해서라도 탐욕과 부정을 그만두라는 것이다. 요한은 세리들에게도 이웃들의 형편을 생각해서 최소한의 것으로 살라고 요구했다. 군인들에게는 부당하게 강탈하지 말고 거짓으로 고발하지 말며 받은 급여로 족한 줄 알라고 한다. 정복자의 편에 있는 군인들이 정해진 급료에 만족하기는 어려운 일이다. 그러나 요한은 부를 모으기 위해 무력을 이용하여 공갈, 사기, 폭력을 하지 말라는 것이다. 요한은 세금을 거두는 세리나 공권력을 가진 군인이 죄인은 아니라고 보았다.

요한은 해오던 대로 살지 말고 각자 자신의 처지에서 남에게 피해를 주는 행동을 하지 말며 이웃을 적극 돌보는 회개한 사람으로 변화되라고 요구했다. 요한에게, 이스라엘 민족 전체의 회개를 바라기에는 시간이 없었다. 요한은 세례받은 사람들에게 구체적이고 실천적인 윤리적인 삶의 원칙을 제시하며 한 사람 한 사람의 변화를 요구했다. 즉 각자 각자가 종말론적인 시기에 맞는 윤리적 삶을 살라는 것이었다.

6-3 대제사장이 물로 씻는 의식이 있고 속죄제도 있다. 하나님은 모세에게 이스라엘의 성막 안에 성소와 제단 사이에 큰 물두멍을 놓고 제사장들이 성소에 들어가기 전에 항상 그 물두멍에서 수족을 씻으라고

했다(출 30:18-20). 유대인들에게 가장 중요한 날은 욤 키푸르라고 부르는 '대속죄'인데 히브리력 7월 10일이다. 유대인들은 지금도 이날을 금식하며 참회하는 날로 지키고 있다.

1973년에는 이날 아랍연합군이 이스라엘을 기습 공격하여 제4차 중동전쟁, 욤 키푸르 전쟁이 발발했다.

이때 대제사장은 지성소에 들어가기 전 물로 몸을 씻고 세마포를 입은 다음 들어갔고 지성소에서 나와서 다시 물로 몸을 씻고 대제사장복으로 갈아입은 후에 자기 자신과 백성을 위하여 속죄의 제사를 드렸다(레 16:4,23-24). 이날은 유대인 전체가 하나님께 죄를 회개하여 하나님과의 관계를 회복시키는 날이다. 지금도 유대교에서 교리문답을 할 때 '일 중에 가장 중요한 일이 무엇이냐'고 물으면 '죄 사함 받는 일'이라고 대답한다(강문호).

죄 사함 받기 위해 하나님께 희생물을 드리는 제사가 속죄제이다. 이 제사는 구체적인 죄뿐 아니라 잠재해 있는 죄의 오염을 없애는 의식으로 절기 때와 대제사장의 위임식에서는 물론이고 여자의 출산(레 12:6)이나 나병(레 14:4) 또는 성병과 유사한 유출병(레 15:15,30)에 의한 부정을 정결케 하기 위해서 행해졌다. 예수의 어머니 마리아도 출산 후 예수를 데리고 예루살렘에 올라가 제물을 드렸다. 번제물로는 일 년 된 어린양을 그리고 속죄물로 집비둘기 새끼나 산비둘기(레 12:6)를 바쳐야 했는데 여자의 경우 비둘기 두 마리(눅 2:24)를 가지고 갔다. 한 마리는 번제물로, 다른 한 마리는 속죄물(레 12:8)의 용도였다. 속죄물을 드리는 데에 힘이 미치지 못하는 가난한 사람을 위한 예외가 있었다.

누가는 앞 기사에는 '주의 율법에 따라 첫 태(처음에 태어난)에 난 남자마다 주의 거룩한 자라 하여 아기를 주께 드리라'(눅 2:23)고 했다는 것이다. 율법에는 처음 난 수컷은 구별하여 여호와께 돌리라고 했고 또한 네 아들 중 처음 난 자는 대속하라(출 13:13)고 했다. 아기 예수는 '처음에 태어난 남자' 즉 장자라서 대속해야 했다. 이때 대속의 값으로 성소에 속전redemption price, ransom money으로 다섯 세겔(민 18:16)을 드려야 했다. 속전이란 죽임을 당해야 하지만 죽임을 면하기 위해 또는 자유를 찾기 위한 배상법을 근거로 규례에 따라 내야 하는 돈이다. 예수의 부모가 대속하기 위해 속전을 냈다는 이야기가 없는 것으로 보아 아마도 가난한 자에게는 면제했던 것 같다. 성소에 내는 이 돈은 제사장의 몫이었다. 여호와께서 제사장이나 레위인이 받아야 할 몫에 대해 아론에게 한 말씀이 민수기 18장에 자세히 나와 있다. 그러나 요한 당시 제사장들은 그들의 성결에 대한 불신과 권위 추락으로 말미암아 영적으로는 더이상 속전 받을 자격을 상실하였다고 하겠다. 바리새인들이나 사두개인들은 세례를 받은 이들이 번제물을 드리지 않거나 속전을 내지 않을 것을 우려하여 와 보았을지도 모른다.

6-4 요한이 많은 사람에게 영향을 준 것은 그동안 보이지 않던 선지자로 나타나서 회개하지 않으면 하나님의 무서운 진노가 임하게 된다는 강력한 경고를 했기 때문이다. 그리고 특별히 삶의 본질적 변화를 가져오는 회개의 세례를 요구했기 때문이었다. 죄의 회개를 촉구하는 요한에 대해 그를 죽인 헤롯까지도 "요한을 의롭고 거룩한 사람으로 알고, 두려워하면서도 달갑게 들었다"(막 6:20)고 한다.

요한에게 있어서 하나님의 나라는 유대민족이라 하여 단체로 무임승차하여 갈 수 있는 곳이 아니고 모세 율법의 결례를 잘 지킨다고 해서 갈 수 있는 곳이 아니었다. 요한은 세례를 받는 사람들에게 전혀 새로운 요구, 즉 다가오는 하나님 나라에 들어갈 준비를 위한 윤리적 행동을 요구했다. 그에게 있어 죄로부터의 마음의 청결은 세례의 예비적 조건일 뿐 아니라 지속적인 목표와 목적(이환봉, Lambert)이었다. 요한의 세례는 스가랴가 기다린 바로 '그날에 죄와 부정함을 씻기 위해 열리는 샘'으로서의 의식이었다. 요한은 세례받는 이 한 사람 한 사람의 삶 속에서 변화가 일어나야 한다고 했다. 요한의 회개가 일회적인 까닭은 마지막 때의 회개가 결코 되풀이될 수 없는 오직 한 번밖에 할 수 없는 것이었기 때문이라 하겠다. 요한에게 있어서 세례 의식은 자신의 사명을 극명하게 보여 줄 수 있는 이상적인 방법이었다.

요세푸스에 의하면 요한은 하나님을 경외하는 유대인들에게 영혼과 몸의 정화를 위해 세례 의식을 행하였다고 한다. 그런데 요한의 세례에 대해 그 기원이 유대인의 개종자 세례라고 하면서 '레위 성약서'라는 문서에서 연대를 찾아 그 시기를 B.C. 1세기로 보고 기독교 세례와의 연관성을 말하고 있는 이들이 있다(Jeremias). 또한, 개종자 세례는 영적 은혜의 방편으로 성례적 성격을 가진다고 주장하는 이들도 있다.

유대교의 개종자 세례는 할례를 받기 전에 물로 몸을 씻는 의식으로 오늘까지도 중요하게 행해지고 있는 것이 사실이다. '개종자 세례 의식'은 모세 율법하에서 새로운 신분을 획득하는 것이고 이스라엘 선민 속에 속하게 된다는 상징이다. 개종자는 이방인들이다. 그런데 당시 유대교는 이방인들에게 전도하지 않았다. 이스라엘은 하나님의 선택을 받은 민족이라는 자부심 때문이었다. 개종자가 거의 없는 당시에 유대교에 '개종자 세례' 관습이 있었는지 지극히 의심된다. 요한에게 세례를 받기 위해 그렇게 각처에서 많이 몰려오고 또한 바리새인들이나 사두개인이 세례의 현장까지 찾아온 데에는 유대인이 다시 진정한 유대인이 되게 하기 위한 의식 때문이 아니고 요한의 세례가 갖는 특별한 의미 때문이라 하겠다.

요한의 세례가 당시 쿰란의 결례lustrations에서 왔다고 말하는 이들도

네 개의 시선으로 본 예수의 생애

있다. 광야 생활을 한 요한이라는 점을 생각하면 당연히 그럴 수 있을 것 같다. 그러나 쿰란에서의 매일 반복적으로 행해졌던 결례와는 달리 요한의 세례는 처음부터 일회적이었고 의식 그 이상의 영적인 의미를 부여하였다. 요한은 에세네인들 보다 더 절박했기 때문에 제대로 된 회개라면 한 번에 세례이지만 영적으로 영원한 세례가 된다고 본 것이다.

6-5 예수가 요한에게 세례를 받으러 요단강으로 나갔을 때 요한은 놀랐다. 요한은 예수를 알아본 것이다. 요한은 예수를 말렸다(마 3:14). 죄 없는 이가 왜 세례를 받으려 하느냐는 것이다. 그리고 요한은 제가 당신에게서 세례를 받아야 할 터인데 어떻게 당신이 제게로 왔냐고 하지만 예수는 허락하라(:15)고 한다. 죄 많은 이스라엘을 대신하여 세례를 받겠다는 의미였을까. 예수는 '우리가 이와 같이 하여 모든 의를 이루는 것이 합당하다'(:15)고 한다. 그래서 요한은 예수에게 세례를 베풀었다. 예수가 요한에게 말한 '의'란 무엇이었을까. 여기에서 '의'는 아모스가 말하는 '공의'(암 5:24), 의에 주리고 목마른 자(마 5:6)의 의, 먼저 구해야 할 의(마 6:33), 하나님 말씀에 합당한 삶을 사는 사람들의 의를 말한다. 바울은 그리스도는 모든 믿는 자에게 의를 이루기 위하여 율법의 마침이 되었다(롬 10:4)고 했다.

예수는 '우리가 이와 같이 하여'라고 하는데 이 말은 세례를 통해 유대인들에게 회개를 넘어 곧 다가올 천국, 하나님의 나라를 함께 보여 주자고 한 것이었다. 예수가 요한의 세례를 받음으로 예수는 요한에게 공동으로 사역하자는 제안을 했고 또한 이것이 받아들여졌다고 하겠다.

예수가 물에서 올라올 때 '하늘이 열리고 성령이 비둘기같이 하늘로부터 내려왔다'(마 3:16, 막 1:10, 눅 3:21)고 하고 요한은 "성령이 내려오는 것을 보고 예수가 하나님의 아들이라"(요 1:32)고 증언했다. 예수 자신도 하늘이 열리고 성령이 비둘기같이 자기에게 내려옴을 보았고 하늘로부터 나는 소리를 들었다. '너는 내 사랑하는 아들이라 내가 너를 기뻐하노라'.

에스겔은 하늘이 열리며 하나님의 모습이 내게 보였다(겔 1:1)고 했다. 하늘이 갈라지는 전 우주적인 사건을 통해 예수는 하나님과 직접 소통할 수 있게 된 것이다. 예수는 성령이 비둘기같이 자기에게 내려옴을 보고 자신이 메시아 소명을 받았다고 확신했다. 후에 예수는 '성령이 내게 임한 것은 내게 기름을 부으신 것이라'(눅 4:18)고 이사야의 말씀(사 61:1)을 인용했다. 슈바이처는 역사적 예수의 탐구에서 예수는 세례를 받을 때 자신이 하나님 나라를 가져올 메시아라고 믿게 되었다고 한다.

6-6 하늘의 소리는 하나님의 현현으로 하나님께서 예수에게 직접 말씀한 것이다. 하늘의 소리는 시편 말씀(2:7), "내가 여호와의 명령을 전하노라 여호와께서 내게 이르기를 너는 내 아들이라"는 것과 이사야의 말씀(사 42:1), "그리고 내 마음에 기뻐하는 자 곧 내가 택한 사람을 보라"는 것이 합쳐진 것이었다. 유대인들은 하늘의 소리를 바트 콜bat kol, divine voice, daughter of the voice이라 한다. 엘리야는 지진이나 불 가운데에도 여호와가 계시지 아니하더니 불 다음에 세미한 소리(왕상 19:12)가 있었는데 하나님은 그에게 '네가 어찌하여 여기 있느냐'고 말씀한다. 여기서 세미한 소리가 바트 콜이다.

요한복음에는 한 알의 밀알이 땅에 떨어져 죽어야 많은 열매를 맺는다는 예수의 수난 예고 기사가 있다. 예수는 '나를 구원하여 이때를 면하게 해 달라'는 기도를 하나님께 하는데 그때 '하늘에서 소리'(요 12:28)가 났다. 그러나 예수 주위의 무리는 천둥소리가 울렸다고 하거나 천사가 예수에게 말했다고 한다. 세례 때 하늘의 소리는 예수와 예수 주위의

네 개의 시선으로 본 예수의 생애

사람들만이 들을 수 있었을 것이지만 예수 이외에 다른 누가 들었는지는 알 수 없다.

그런데 여기서 '내 사랑하는 아들'이란 하늘의 소리는 '하나님의 일을 하는 신적인 권위와 지위를 갖고 있는 사람'이라는 계시 즉 '예수의 메시아 등극 선포'였다. 마가는 복음서 첫 구절에 "하나님의 아들 그리스도 즉 메시아 복음의 시작이라"고 한다. 예수의 세례는 '메시아로서의 임직식'이었고 메시아로서의 '사역 출발 선포식'이었다. 장교 임관식 때 초임 장교들은 조국의 아들로서 조국을 위해 조국의 부름에 응하겠다고 선서한다. 예수의 세례는 하나님이 예수를 '하나님을 위해 일하는 하나님의 아들'로 임명하는 식이었다. 선지자와 율법이 예언한 요한에 의한 세례 의식을 통해 예수는 '메시아의 소명'을 받은 것이다.

그러나 '내 사랑하는 자'라는 말에는 희생제물의 냄새가 묻어 있다. 여호와께서 아브라함을 시험하려고 모리아 땅에 가서 아들을 번제로 드리라고 할 때 여호와는 '네 아들, 네 사랑하는 독자 이삭'이라고 한다. 변화산에서 예수는 엘리야, 모세와 함께 예루살렘에서 별세할 것을 말했다. 예수가 변화산에서 수난을 각오했을 때에도 구름 속에서 소리가 나서 "이는 내 사랑하는 아들이고 내가 기뻐하는 자라"고 했다. 여기서 구름 속에서의 소리 역시 메시아로서 등극한 예수가 사명을 감당할 수 있도록 힘을 실어 주는 하늘의 계시 즉 메시아 사명 실행을 응원하는 세상에 대한 선포였다.

6-7 앞에서 마태가 전하는 예수의 세례 광경을 중심으로 살펴보았다. 마태는 예수가 세례 요한에게 세례를 받으러 오자 세례 요한은 "내가 당신에게 세례를 받아야 하는데 당신이 내게 오시나이까"라고 하고 예수는 "허락하라 이같이 하여 모든 의를 이루는 것이 합당하느니라"

한 후 세례를 받았다고 했다.

그러나 누가는 조금 다른 이야기를 한다. 예수의 세례 기사 앞에 분봉 왕 헤롯은 요한에게 책망을 받고 세례 요한을 옥에 가두었다(눅 3:19-20)고 하고 이어서 다음 절에 '백성이 다 세례를 받을 때 예수도 세례를 받았다'(:21)고 한다. 예수가 요한에게 세례를 받았을 것이 확실하지만 누가는 의도적으로 구체적인 이야기를 피하는 듯하다.

요한복음에는 요한이 예수에게 직접 세례를 주었다는 기사가 없다. 다만 "내가 보니"라는 말을 두 번(요 1:32,34)이나 한다. 공동번역은 '요한은 또 증언하였다. 나는 성령이 비둘기 모양으로 내려와 이분 위에 머무르는 것을 보았다'고 한다.

늦게 기록된 복음서일수록 마가처럼 간결하게 '예수가 요단강에서 요한에게 세례를 받았다'(마 1:9)고 하지 않고 있다. 아마도 신앙 공동체 별로 하나님의 아들 예수가 어떻게 인간 세례 요한에게 세례를 받을 수 있을까 라는 생각을 하게 되었던 것은 아닐까.

7. 예수 시험을 받다

7-1 성령 충만함을 입은 예수는 요단강에서 돌아와 광야로 가서 사십일 동안 아무것도 먹지 않고 금식을 했다(마 4:1-2, 눅 4:1-2). 사십일은 이스라엘 백성이 애굽에서 나와 약속의 땅에 들어가기 전 광야에서 헤맨 사십 년을 상징하는 수다. 예수는 광야에서 마귀에게 시험을 받았다. 마귀는 가정법으로 세 가지 시험을 하는데 두 가지는 '하나님의 아들이거든'이라는 가정하에서 이고 다른 하나는 '내게 엎드려 절하면'이라는 가정의 시험이었다. 처음 두 가지는 하나님의 아들이라면 돌들로 떡이 되게 하라는 것과 성전 꼭대기에 세우고 여기서 뛰어내리라는 것이었다. 세 번째는 아주 높은 산으로 데려가서 천하만국을 보이며 모든 권위와 그 영광을 네게 줄 수 있다는 전제 아래에 절하라는 것이었다.

예수는 세례를 통해 하나님의 아들로서 선언되었다. 처음 인간인 아담은 시험을 이기지 못했다. 하나님의 장자(출 4:22)인 이스라엘 백성도 광야에서의 시험에 실패했다. 그런데 이제 예수가 광야에서 시험을 받게 되었다. 예수의 시험은 메시아적 전승과 이스라엘 백성의 광야에서의 시험을 배경으로 하고 있어, 다양한 시각과 입장에서 우리에게 시사하는 바가 크다. 예수의 시험을 바로 이해할 수 있다면 현대를 살아가는 우리는 구원의 빛을 볼 수 있을 것이다.

7-2 무엇보다도 예수의 시험은 〈메시아 전승을 기반으로 한 하나님

아들에 관한 시험)이라고 할 수 있다. 예수 당시 유대인들은 오실 메시아에 대해 큰 기대를 갖고 있었는데 그들에게 가장 우선되는 문제는 먹거리 문제였다.

첫 번째 시험은 돌떡 시험으로 먹거리에 관한 것이었다. 마리아 찬가에는 예수가 '주리는 자에게 좋은 것으로 배불릴 것이라'(눅 1:53)고 했다. 이사야도 주리거나 목마르지 않는 세상(사 49:10)을 말했다. 예수가 오병이어의 표적을 행하자 무리들은 참으로 세상에 오실 그 선지자라(요 6:14)고 하며 예수를 억지로 붙들어 임금으로 삼으려고(:15) 했다. 그 후 가버나움으로 찾아온 무리에게 예수는 너희가 나를 찾는 것은 표적을 본 까닭이 아니요 떡을 먹고 배부른 까닭이라(:26)고 했다. 이어서 생명의 떡에 대해 말할 때 유대인들은 우리 조상들은 광야에서 만나를 먹었다(요 6:31)고 했다. 마귀는 광야에서 사십일을 금식한 예수에게 새로 올 메시아처럼 이 돌들로 떡덩이가 되게 하라고 요구한다. 예수는 사람이 떡으로만 살 것이 아니요 하나님 말씀으로 산다(마 4:4, 눅 4:4)고 하며 거절한다.

두 번째 시험은 뛰어내리라라는 것으로 메시아가 어디서 그리고 어떻게 나타나느냐는 것과 관련이 있다. 말라기에는 주가 갑자기 주의 성전에 임한다(말 3:1)고 했다. 마귀 시험의 배경에는 메시아가 자신이 성전 맨 위에 서 있는 모습으로 나타낼 것이라는 유대인들의 믿음(Pesigta Rabatti 162 a)이 있었다. 즉 마귀는 예수에게 사람들의 메시아 출현 모습을 기적적으로 실현해 보이라는 것이었다. 마귀는 예수를 성전 꼭대기로 데려가서 하나님의 아들이면 뛰어내리라고 요구한다. 하루아침에 혜성처럼 나타나는 메시아처럼 하라는 것이었다. 그리고 마귀는 첫 시험과 달리 시편(시 9:11-12)을 인용하여 그의 사자들이 너를 지켜 다치지 않게 할 것이라고 한다. 예수에게 성경 말씀을 믿지 못하느냐고 하며 메시

네 개의 시선으로 본 예수의 생애

아 현현의 기적을 보이라고 요구한다. 그렇지만 예수는 마귀인 너에게도 하나님인 '주 너의 하나님을 시험하지 말라'(마 4:7, 눅 4:12)고 하며 이를 거부한다.

세 번째 시험은 절하라는 것으로 그 배경은 시편 2편이다. '여호와는 내가 나의 거룩한 산 시온에 나의 왕을 세웠다'(시 2:6)고 하며, '너는 내 아들이라 오늘 내가 너를 낳았다고 하고, 내게 청하여라 뭇 나라를 유산으로 주리니 네 소유가 땅끝까지 이르리라'(시 2:7-9)고 한다.

마귀는 하나님 흉내를 냈다. 예수를 거룩한 시온산 즉 가장 높다고 알려진 헤르몬산(신 4:48)에 데려갔다. 마귀는 높은 곳에서 천하만국을 보이며 예수에게 내게 경배하면, 절하면, 이 모든 권위와 그 영광을 네게 주겠다고 하고 내게 넘겨준 것이므로 내가 원하는 사람에게 줄 수 있다고 한다. 즉 내가 가진 이것은 원래 마귀 자신의 것은 아니고 넘겨받은 것이라는 말이다. 마귀는 자신을 경배하고 절하면 즉 충성하겠다고 하면 비록 받은 것이라 하여도 이 모두가 너의 것이 될 것이라고 한다. 하나님은 자기가 낳은 자, 자기 아들이 청하면, 즉 부탁하면 직접 모든 것을 주겠다(시 2:8)고 말씀했다. 예수는 어린아이들에 대한 감사기도에서 내 아버지께서 모든 것을 내게 주셨다(마 11:27, 눅 10:22)고 했다. 마귀는 하나님처럼 모든 권위가 있는 듯이 사기를 친다. 자기 것도 아닌 받은 것을 주겠다고 유혹하여 하나님의 아들인 예수를 자기 종으로 만들려 했다. 그래서 예수는 "사탄아 물러가라"고 외치며 마귀에게도 하나님인 "주 너의 하나님께 경배하고 다만 그를 섬기라"(마 4:10, 눅 4:8)고 강하게 요구한다.

7-3 특별히 예수의 시험이 〈유대인들이 애굽에서 나와 광야에서 받은 시험〉과 같다는 것에 주목해야 한다. 돌로 떡이 되게 하라는 첫 번째

시험은 광야에서의 만나를 배경으로 하고 있다. 하나님이 광야에서 이스라엘 백성들에게 만나를 공급해 주지만 또다시 만나 이외에 먹을 것이 없다고 불평한다. 애굽에 있을 때에는 값없이 생선과 오이와 참외와 부추와 파와 마늘을 먹은 것이 생각난다(민 11:5)고도 했다. 시편 기자는 그들이 그들의 탐욕대로 음식을 구하여 그들의 심중에 하나님을 시험하였다(시 78:18)고 한다. 하나님은 우리를 낮추기도 하고 주리게도 하는 분이다. 예수는 이스라엘 백성의 실패는 하나님에 대한 믿음의 실패라고 보았다. 인간은 빵만으로 살 수는 없고 먹거리 문제가 해결된다고 해도 영적으로 충만함을 느끼지 못하면 안 되는 존재다. 예수는 '사람이 떡으로만 살 것이 아니요, 하나님 입에서 나오는 모든 말씀으로 살아야 한다'고 신명기 말씀으로 마귀의 시험을 물리쳤다.

두 번째 뛰어내리라 시험 역시 광야에서의 물 고통을 배경으로 하고 있다. 물 때문에 백성들은 모세와 다툰다. 물을 달라는 것이다. 모세는 너희가 어찌하여 여호와를 시험하느냐고 한다. 결국, 하나님의 지시에 따라 모세는 나일강을 쳤던 지팡이로 호렙산 반석을 쳐서 물을 공급한다. 그리고 그 지역 이름을 맛사 또는 므리바라 불렀는데 그 의미는 '하나님이 계신가 안 계신가' 여호와를 시험(출 17:7)했기 때문이라고 한다.

하나님은 자기 백성을 눈동자와 같이 독수리가 날개로 새끼를 보호함같이 지키겠다고 했다(신 32:10-11). 마귀는 시편 말씀을 인용하여 네가 하나님의 아들이라면 성전 꼭대기에서 뛰어내려도 그의 사자들이 너를 받들어 너를 돌에 부딪치지 않게 한다고 말했다. 예수에게 뛰어내리는 것은 대단한 일이 아니었다. 시험 같지도 않은 시험이었다. 그러나 하나님의 능력을 보려고 하나님을 시험하기 위해 마귀의 제안을 받아들인다는 것은 있을 수 없는 일이었다. 물 문제와 마찬가지로 성전 꼭대기에서 뛰어내려 다치는지 안 다치는지를 보려는 것은 근본적으로 하나님을 시

네 개의 시선으로 본 예수의 생애

험하는 것이다. 그래서 신명기 말씀으로 너의 하나님을 시험하지 말라고 거부했다.

세 번째 절하라 시험은 광야에서의 금송아지 소동을 기억하게 한다. 아론은 금을 모아 애굽의 우상 중의 하나인 아피스 Apis, 황소를 택해 송아지 형상을 만들고 너희를 애굽 땅에서 인도하여 낸 너희의 신이라(출 32:4)고 한다. 시편(시 106:19-22)은 그들이 호렙에서 송아지를 부어 만든 우상을 경배하며 애굽과 홍해에서 기적을 일으킨 구원자 하나님을 잊었다고 한다. 세상 사람들에게는 보이지 않는 신보다 보이는 신이 가깝다. 근본적인 문제보다는 현실적인 문제가 우선이다. 만약 사람들에게 세상의 힘을 가질 기회가 온다면 마귀에게라고 절을 못 할 이유가 없을 것이다.

실제로 하나님은 모든 기적을 일으키시고 필요한 것을 주시지만 보이지 않는다. 이스라엘 백성은 하나님의 존재 자체에 대해 의문을 가졌던 것이다. 하나님에 대한 믿음이 중요했다. 세상 역사를 주관하는 분이 누구인지 바로 알아야 한다. 예수는 하나님의 아들이다. 마귀의 정체를 까발린다. "사탄아 물러가라."

7-4 당시 〈유대 지도자들의 요구를 반영한 마귀 시험〉에 대한 해석이 가능하다. 유대 지도자들 즉 사두개인들, 바리새인들, 헤롯당의 요구를 받은 마귀가 그들을 대신해서 한 시험이라고 볼 수 있다.

돌떡 시험은 마귀로 분장한 사두개인의 시험이라고 할 수 있다. 권력과 부를 가진 사두개인들은 사제직을 독점한 성전 권력자이고 물질주의자들로서 성전과 관련된 이권을 독차지하고 있었다. 그들에게는 빵이 먼저였다. 빵의 문제를 해결하는 자는 지금도 그렇지만 세상 권력을 장악할 수 있기 때문이었다. 그런데 만약, 마귀가 아닌 사두개인들이 예수에게 하나님의 아들이라면 돌로 떡을 만들라고 요구했다면 예수보다 먼저 세례 요한에게서 '하나님은 이 돌들로도 아브라함의 자손을 만들 수 있다'는 힐난을 받았을 것이다. 그리고 예수로부터는 '내 집을 장사꾼의 집으로 만들지 말고 강도의 소굴로도 만들지 말라'는 대답을 들었을 것이다.

뛰어내리라는 시험은 바리새인의 부탁을 들은 마귀가 대신했다고 볼 수 있다. 바리새인들은 유대인들이 메시아에 대해 궁금해하는 것을 익히 알고 있었고 그리고 성경을 잘 알고 있어서 시편을 인용하여 메시아처럼 예수가 나타나 성전에서 뛰어내려 다치지 않은 모습 즉 기적을 보이라고 요구했을 수 있다. 그런데 만약, 마귀가 아닌 바리새인들이 직접 이런 요구를 예수에게 했다면 수많은 기적을 보인 예수이기는 하지만 그럼에도 불구하고 '악하고 음란한 세대가 표적을 구하나 선지자 요나의 표적밖에 보일 표적이 없다'는 대답을 들었을 것이다.

절하라 시험은 헤롯당이 마귀를 통해 했음직하다. 헤롯당은 헤롯 왕가와 로마를 지지하고 있었다. 정치적으로는 반대파인 바리새인들이지만 이들과 함께 예수를 죽이려고도 의논(막 3:6)을 했던 헤롯당이다. 이들은 예수가 자신들의 기득권에 도전하는 메시아인지 궁금했을 것이다. 목적을 위해 수단과 방법을 가리지 않는 헤롯당은 마귀를 통해 어떤 정치적 조건이면 예수가 자신들과 협력할 수 있는지 그리고 자신들에게 경배할 수 있는지 알아보고 싶었을 것이다. 그런데 만약, 마귀가 아닌 헤롯당이 혹시 이런 제안을 했다면 예수로부터 하나님의 포도원을 허무는 자라는 말과 함께 사탄아 물러가라는 질타를 당했을 것이다.

7-5 무엇보다도 세 가지 마귀 시험에 대한 또 다른 해석은 〈인간 욕구에 대한 시험〉이라는 것이다. 생존의 욕구, 기적의 욕구, 정치적 욕구

네 개의 시선으로 본 예수의 생애

라는 시각에서 마귀의 시험을 볼 수 있다는 것이다.

돌이 떡이 되게 하라는 시험은 '생존의 욕구'에 대한 시험으로서 세상에서 가장 중요하고 우선되는 것인 먹는 문제를 해결하라는 것이 마귀의 요구였다. 사실 생존경쟁이 치열한 이 사회에서 먹거리를 보장받는다는 것이 쉬운 일이 아니다. 그래서 사람들은 기초생활보장 제도를 시행하거나 연금제도 등을 시행하고 있는 것이다. 예수는 마귀의 요구에 대해 인간은 동물이 아니기 때문에 생존 욕구가 기본적인 욕구가 아니라는 것이다. 사람은 소유나 명예 그리고 이타 등 여러 가지 욕구를 갖고 있어 명예 때문에 죽기도 하고 남을 구하고 죽기도 하고 선교를 위해 순교하기도 한다. 결국 인간 삶의 중심에는 하나님의 말씀이 기준이 되어야 한다고 하며 마귀의 시험을 물리친다.

뛰어내리라는 시험은 '기적의 욕구'에 대한 시험으로서 기계적으로 빈틈없이 돌아가는 세상에서 기적을 실행해 보라는 것이 마귀의 시험이다. 사람들은 자기가 하는 사업 또는 자기가 구입한 부동산이나 주식이나 복권을 통해서 요행을 바라며 기적이 일어나기를 바란다. 또한 인간은 자기 자신을 믿고 자기가 결정하고 일을 하면서 하나님이 기뻐하실 것이고 큰 축복을 주실 것이라고 확신한다. 이에 대해 예수는 문제 처리의 원칙이 하나님을 시험하는 것이라며 이를 거절한다.

경배하라는 시험은 '정치적 욕구'에 대한 시험으로 약육강식의 사회에서 조건과 관계없이 약자, 루저$_{loser}$가 아닌 강자, 승자가 되어보라는 것이 마귀의 요구이다. 인간은 남을 지배하고 모든 권리와 영광을 누리고 싶어 한다. 그러나 거저 얻어지는 것은 없다. 그래서 남과 타협하거나 경우에 따라 남의 밑에 들어가서 복종하거나 굴복의 대가로 권력이나 영광 같은 것들을 얻는다. 예수는 하나님이 역사의 주관자시고 섭리하는 분이라는 것을 분명히 알아야 하고 세상 권력에 대한 하나님의 절대 파워를 인정하지 않는 자를 마귀로 보고 사탄아 물러가라고 한다.

7-6 이외에도 세 가지 마귀 시험에 대해 여러 가지로 해석해 볼 수 있다. 예수 시험을 〈현재의 기독교에 대한 시험〉으로도 본다. 돌떡 시험은 떡의 문제에 관심에 집중하고 있는 사람이나 이런 문제에 관심이 많은 교회 다시 말해 하나님 말씀보다 세상일을 우선시하는 기독교에 대한 시험이다. 뛰어내리라 시험은 기적이나 이적이 나 자신과 우리 교회에 끊임없이 일어나기를 요구하는 기독교에 대한 시험이다. 경배하라 시험은 오늘의 교회가 비록 아세라 신상이나 금송아지를 세우려고 하지는 않으나 여론이나 미디어나 시대사조와 유행, 돈을 중요시하는 기독교에 대한 시험이라고 하겠다.

예수의 시험을 〈나와 물질, 나와 하나님, 나와 공동체와의 관계〉에 관한 것으로 보기도 한다. 여기서 돌떡 시험은 기독교적인 경제생활 즉 나와 물질의 문제를 제기하며 하나님 말씀 실천의 과제를 가진다. 뛰어내리라 시험은 나와 하나님에 관한 것으로서 하나님과의 관계 설정의 문제를 제기하며 하나님 중심 신앙생활의 과제를 가진다. 경배하라 시험은 나와 공동체, 내가 속한 집단이나 국가에 관한 것으로서 권력 추구를 넘어서 인류 전체가 함께 추구해야 할 공동의 이념 즉 평화, 자유, 인권, 평등, 차별금지, 환경, 기회균등 등의 문제를 제기하며 하나님 나라의 구현이라는 과제를 가진다.

예수의 마귀 시험을 〈지금의 교회와 하나님 나라와 관련〉지어 볼 수도 있다. 현대 교회 안에 하나님보다 세상적인 방법을 주장하는지, 하나님 말씀에 따른 평강과 희락이 있는지, 하나님 주권이 의심받고 상대화되어 있지는 않은지 등을 확인할 수 있는 시험이라 하겠다.

네 개의 시선으로 본 예수의 생애

7-7 예수의 마귀 시험이 상상이나 환상이라고 한다. 그런데 하나님의 아들로 사명 받은 이가 그 사명을 감당할 수 있도록 특별한 영적 시험을 받는 것은 당연한 것이 아닐까. 예수는 성령이 충만해서 성령에 이끌리어 광야로 갔다. 마귀 시험의 핵심은 하나님의 아들로서 진정으로 하나님에게 순종하는가였다. 임관식을 마친 장교가 사관학교를 4년이나 다녔는데도 임관 후 또 다른 특별 훈련을 받아야 한다. 기독교인으로 살아가는 우리에게도 자주 마귀 시험이 일어난다. 우리 신앙생활 가운데 마귀 시험은 실제로 존재하고 있다. 단지 우리는 마귀를 보지 못하고 마귀의 시험이라는 것을 알지 못할 뿐이다. 그래서 바울은 하나님의 전신 갑주(엡 6:11)를 입으라고 했다.

예수는 광야에서의 시험을 이겨냈다. 아담은 하나님의 형상대로 만들어졌으나 선악과를 따먹음으로 하나님의 명령에 불순종하여 죽을 수밖에 없는 존재가 되었다. 아담은 순종치 않아 인류를 죄와 사망 아래 놓이게 하였으나 그리스도는 하나님에게 순종하므로 마귀의 시험을 이겨냈다. 그리고 마지막에는 십자가에서 순종으로 이김으로 마지막 아담이 되었고 하늘에서 난 둘째 사람이 되었다(고전 15:45,47). 이로 인해 타락한 인류는 새로운 출애굽을 시작할 수 있게 되었던 것이다(게리 윌스).

마귀의 시험을 이기자 마귀는 물러가고 예수는 천사의 수종을 받았고 비로소 공적 사역을 시작했다. 그런데 마가는 예수가 광야에서 들짐승과 함께 있었다(막 1:13)고 한다. 구약 외경인 아담과 하와의 책에는 사람들이 짐승들과 화해하고 이사야에는 아이와 짐승이 함께 있는 장면(사 11:6-9, 65:25) 즉 미래의 메시아 왕국 모습이 소개되어 있다. 예수가 마귀 시험 후 천사의 수종을 받는 것이나 들짐승과 함께 있는 광경은 종말론적 세상에서의 예수의 승리를 엿보게 하는 것이라 하겠다.

8. 제자들을 부르다

〰️〰️〰️

8-1 예수가 제자들을 부름으로 예수를 믿는 최초의 신앙공동체가 탄생하게 되었다. 예수가 제자들을 부른 이야기에는 세 가지 버전이 있다. 마태, 마가에서 예수는 제자들을 따라오라고 한다. 그러나 누가에서는 제자들이 스스로 따라갔다는 하고 요한복음은 요한의 제자들이 예수를 찾아가기도 하고 예수가 제자를 부르기도 한다. 늦게 기록된 복음서일수록 예수가 제자들을 불렀다는 내용이 약해지는 느낌이다.

제자라는 말은 학습자라는 의미와 함께 지지자를 가리키는 말로도 사용되었다. 복음서에는 여러 제자들이 언급되어 있는데 세례 요한의 제자들(막 2:18, 요 3:25 등), 바리새인의 제자들(마 22:15-16), 모세의 제자들(요 9:28)이 나온다.

마태, 마가는 잘 알려진 대로 예수가 갈릴리 물가를 걷다가 어부들을 만나서 나를 따르라고 하니 그들이 모든 것을 다 버려두고 예수를 따랐다고 한다. 누가는 예수가 갈릴리가 아니고 게네사렛 호숫가에 서 있다가 한 배에 올랐다는 이야기로 시작된다. 그러나 마태, 마가는 처음 제자가 시몬과 그의 형제 안드레 그리고 세베대의 아들 야고보와 요한, 이렇게 네 명인데 모두 어부였다고 한다. 누가는 시몬의 형제 안드레에 대한 언급이 없다. 요한복음은 요한이 예수에 대해 말하는 것을 듣고 제자 중에 두 사람이 예수를 찾아가는 데 그중 하나가 안드레이고 안드레가 형제 시몬을 데리고 예수께 간다.

갈리리는 바다 또는 호수로 불린다. 게네사렛은 갈리리의 다른 이름으로 게네사렛 지역 앞에 있는 호수를 말한다. 디베랴 호수 역시 갈릴리의 다른 이름으로 디베랴라는 도시 앞의 호수를 말하는데 이 도시는 갈릴리 서쪽에 있다. 부활한 예수가 여기서 고기잡이하는 제자들을 찾아온다(요 21:1). 로마 황제 티베리우스(A.D. 14-37)의 이름을 따서 명명된 도시다.

8-2 마태, 마가는 예수가 제자들을 찾아 나섰다(마 4:18-22, 막1:16-20)고 하는데 그러나 당시에는 제자들이 선생을 찾아다녔다고 한다. 예수가 제자들을 부른 이유는 종말의 급박성 때문이라 하겠다. 예수는 물에 그물을 던지는 두 형제, 베드로와 안드레가 그물을 던지고 있는 것을 보고 "나를 따라오라. 내가 너희를 사람 낚는 어부가 되게 하리라"고 하자 그들은 그물과 배와 아버지(마태, 마가) 그리고 품꾼(마가)까지 버리고 곧 예수를 따라갔다. 예수는 조금 더 가다가 세베대의 아들 형제인 야고보와 요한이 아버지와 함께 그물을 깁다가 예수가 부르니 배와 아버지(마태, 마가) 그리고 품꾼들(마가)을 버려두고 예수를 따라갔다고 한다. 처음 제자들은 부르심을 받고 생업을 포기하고 즉시 예수를 따른다.

예수가 사람을 낚는 어부라고 한 것은 그들이 모두 어부였기 때문에 그들의 사명을 쉽게 이해하도록 한 표현이라 하겠다. 요한복음에서의 안드레, 베드로와 함께 한 동네 벳세다 사람(1:44, 12:21)이라고 하는데 그도 어부로 보인다. 그리고 요한복음에서는 예수가 빌립에게만 나를 따르라고 했다.

'사람을 낚는 어부'(마 4:19, 막 1:17)는 사람들을 위한 어부라는 말이다. 사람을 낚는 어부는 사람의 영혼을 구원하는 것이 그의 임무라 하겠다. 구약의 전승에서 사람을 건져 올린다는 것은 구원이 아니라 심판의 맥락에서 사용된 은유인데 부정적 의미의 처벌을 말한다. 예레미야는 여호와께서 말하기를 "내가 많은 어부를 불러 그들을 낚게 하여 악과 죄를 배나 갚게 하겠다"(렘 16:16)고 한다. 아모스에는 '너희를 갈고리로 꿰어 끌고 갈 날, 너희 남은 사람들까지도 낚시로 꿰어 잡아갈 것이라'(암 4:2)고 한다. 그러나 초기 교회는 물고기를 건져 올리는 것을 죽음과 죄악에 빠져 있는 사람들을 구하는 행동으로 보고 또한 선교활동으로 이해했다. 그래서 사람을 낚는 어부는 구원의 활동과 함께 심판의 경고에 의미라 하겠다.

어부가 건져 올리는 것은 물고기이다. 예수 그리스도가 하나님의 아들이라는 헬라어의 머리글자를 모으면 익투스, 또는 이키티스가 되는데 그것을 형상화하면 물고기가 된다. 초기 기독교에서 물고기는 주요한 상징이었다. 로마 박해 시대에는 신자임을 말하는 상징으로 통했다. 지하 묘지인 카타콤 벽면에는 당시 기독교의 상징인 물고기와 십자가, 닻 등이 프레스코화로 그려져 있다.

제자들은 '나를 따르라'는 말씀에 그물과 배, 아버지와 품꾼까지도 버려두고 예수를 따른다. 누가에서는 제자들이 예수가 누구인지 알고, 따르라는 말씀이 없어도 모든 것을 버려두고 예수를 따른다. 예수는 첫 번째 수난 예고 후 제자도에 관해 말씀하는데 자기를 부인하고 자기 십자가를 지고 '나를 따르라'는 것이었다.

세상과 같이 가면서 예수를 따를 수는 없다. 예수를 따른다는 것은 세상적인 상식이나 생활, 기존의 태도와 관점, 나아가서 관계나 소유까지도 버리고 예수가 제시하는 새로운 가치와 기준을 받아들인다는 것이다. 누가에서 예수는 다시 한번 '나를 따르라'(눅 9:59)고 하는데 '죽은 자의 장사는 죽은 자에게 맡기고 너는 나를 따르라'(마 8:22, 눅 9:60)고 한다.

네 개의 시선으로 본 예수의 생애

8-3 누가의 이야기는 조금 다르다(눅 5:1-11). 무리가 하나님의 말씀을 들으려고 예수에게 몰려왔을 때 예수는 게네사렛 호숫가에 서 있었다. 예수가 보니 배 두 척이 있고 어부들은 배에서 내려 그물을 씻고 있었다. 예수는 그중 하나인 시몬의 배에 올라서 배를 뭍에서 조금 떼어 놓으라고 한 후 배에 앉아 무리를 가르쳤다. 말씀을 마친 예수는 시몬에게 깊은 데로 가서 그물을 내려 고기를 잡으라고 한다. 시몬은 '선생님, 우리가 밤새 애를 썼으나 아무것도 잡지 못했지만 선생님의 말씀대로 그물을 내리겠다'(눅 5:4-5)고 한다. 말씀대로 하니 많은 고기가 걸려들어 그물이 찢어질 지경이 되어 다른 배에 있는 동료들에게 손짓해서 도와달라고 했다. 그들이 와서 두 배에 채우니 배가 가라앉을 지경이 되었다. 시몬 베드로가 이것을 보고 예수의 무릎 앞에 엎드려 "주여 저는 죄인입니다. 저에게서 떠나 주십시오"(:8)라고 한다. 주위 사람들은 많은 고기가 잡힌 것을 보고 놀랐다. 또한 시몬의 동료인 야고보와 요한도 놀랐다.

예수는 시몬에게 "두려워 말라. 이제 너는 사람을 취하리라"(:10)고 한다. 예수가 두려워 말라고 하는데 두려워하다는 신의 현현을 경험하는 경우에 쓰는 표현에 하나다. 시몬은 예수를 보고 두려웠던 것이다. 그들은 배를 뭍에 대고서 모든 것을 버려두고 예수를 따라갔다.

누가는 처음부터 예수가 가르쳤다고 한다. 누가는 가르치는 예수를 강조한다. 누가에서의 예수는 마귀의 시험을 받고 나서 여러 회당에서 가르쳤다(4:15)고 하는데 공생애를 시작하며 한 첫 사역이었다. 성전 정화 후에도 예수는 성전에서 가르치고 있었다. 하나님에 대한 말씀을 들으려고 몰려온 사람들을 예수는 배를 뭍에서 떼어 놓으라고 하고 배에 앉아 가르쳤다(눅 5:3). 아마도 무리들이 말씀에 집중하도록 하기 위해 그렇게 한 것이리라. 여기서 무리가 하나님에 대한 말씀을 들으러 몰려

왔다고 하는데 '하나님 나라의 복음'(눅 4:43)을 들었을 것이다.

말씀이 끝난 후 베드로에게 깊은 데에 가서 그물을 내리라고 하는데 밤새 헛그물질을 했다고 하면서도 그대로 순종한다. 고기를 한 마리도 잡지 못한 이야기는 요한복음에도 나온다. 요한복음에는 디베랴 호숫가에 있던 부활한 예수가 제자들에게 무얼 좀 잡았느냐고 하자 못 잡았다고 하니 그물을 오른쪽으로 던지라고 한다. 고기가 많았으나 그물은 찢어지지 않았다. 누가에서도 배 두 척에 고기를 채우지만 배는 가라앉지 않았다. 이 이야기는 예수의 말씀대로 그들이 사람 낚는 어부가 되어 큰 성과를 거둔다는 것을 상징적으로 보여준 일이라 하겠다.

시몬은 물고기를 아무것도 잡지 못했다고 하는데 여기에서 '잡다'는 포획하는 과정에 초점이 있다. 마태, 마가는 사람을 낚는 어부가 되라고 하지만 누가는 "사람을 취하리라"(5:10), 즉 사람을 낚으라고 한다. '취하다'는 헬라어 zogreo로서 칠십인 역에서는 살아있는 채로 잡는 것을 의미하는데 살려내는 행위가 중심이라서 살 수 있게끔 잡으라는 것이다. 예수는 시몬에게 '사람을 살리는, 다시 살게 하는, 새로운 생명을 갖게 하는' 역할을 주었다고 하겠다. 누가는 이 장면에서 예수의 말씀으로 제자들에 의해 열리는 새로운 세상을 상상하게 하고 있다.

8-4 누가에서의 베드로는 제자도의 전범이라 하겠다. 마태는 제자 명단에서 베드로를 첫째(마 10:2)라고 하는데 우리 성경에는 그 말이 없다. 헬라어 성경에는 protos Simon, first Simon이라고 한다. KJV에도 첫째 베드로라고 한다. 베드로가 예수를 대하는 태도를 보자.

• 그는 자기 배를 예수에게 내주어 예수가 하나님의 말씀을 전하게 했다.

• 본인이 어부임에도 자기 경험보다는 예수의 말을 믿고 그물을 깊

은 곳에 가서 내리라는 예수의 말씀에 순종한다.

• 시몬은 예수를 선생님이라고 부르다가 놀라운 일을 경험하고는 "주여"라고 한다. 누가에서의 제자들은 예수를 부를 때 선생님(8:24, 9:33, 17:13)이라고 부른다. 그런데 베드로는 예수를 바로 알고 곧 호칭을 바꾼 것이다.

• 시몬이 돌출 행동을 한다. 우물쭈물하지 않고 예수의 무릎 앞에 바로 엎드린다. 이러기가 쉽지 않다.

• 시몬은 예수의 무릎 아래 엎드려, 주여 내게서 떠나시라고 하며 자기는 죄인이라고 한다. 구약은 하나님의 부재를 가장 두려워한다. 시편에는 하나님께서 나를 떠나지 말아 달라고 하는 애원의 시가 여러 편 (27:9, 38:1, 71:9 등) 있다. 시몬은 예수가 자기 같은 죄인과 함께해서는 안되는 분이라는 것을 알았기 때문에 내게서 떠나달라고 한 것이다. 누가에 나오는 향유를 부은 여자의 이야기에서 바리새인 시몬처럼 우리는 자신이 죄인이라는 것을 알기가 쉽지 않다. 더구나 죄인이라고 고백하기는 더더욱 어렵다. 그런데 예수는 자신을 죄인이라고 고백하는 사람으로 세리(눅 18:13)를 말씀했다. 어쩌면 베드로는 예수를 '죄를 용서하는 분'으로 알았을지도 모른다. 그래서 따르라는 말씀이 없는데도 동료들과 함께 스스로 따라나선 것인지도 모른다.

예수를 만난 시몬은 이름이 바뀐다. 마태는 처음부터 베드로라 하는 시몬(마 4:18)이라고 하다가 주는 그리스도요 살아계신 하나님의 아들이라고 했을 때 너는 베드로라고 한다. 누가에서는 예수의 무릎 아래 엎드릴 때 이름이 시몬 베드로(눅 5:8)로 바뀐다. 누가는 베드로라고 이름을 받은 시몬(6:14)이라고 한다. 요한복음에서는 안드레가 데려온 시몬을 보고 예수가 "네가 요한의 아들 시몬이냐"고 하고 "게바 즉 베드로"라고 부르겠다(1:42)고 한다.

8-5 요한복음은 예수가 제자를 부르는 이야기를 공관복음과 전혀 다르게 말하고 있다. 요한 공동체가 갖고 있는 전승이 달랐기 때문이리라.

예수의 수세 현장에 있던 요한이 예수를 하나님의 아들이라고 증언한다. 그리고 다음 날 예수가 지나가는 것을 보고 요한은 "보라 하나님의 어린 양"이라고 한다. 함께 있던 요한의 두 제자는 요한의 말을 듣고 예수를 따라가서 예수가 묵고 있는 곳을 보고 그날 예수와 함께 지냈는데 때는 열 시 즉 오후 네 시쯤이었다고 한다. 예수를 따라간 둘 중 하나가 안드레였는데 형제 시몬에게 '우리가 메시아를 만났다'고 하고 시몬을 예수에게 데려간다. 다음 날 예수가 갈릴리로 가려다가 빌립을 만나서 '나를 따르라'고 한다. 빌립은 나다나엘을 만나서 모세가 율법 책에 기록했고 여러 선지자들이 기록한 그분을 만났다고 하자 나다나엘은 '나사렛에서 무슨 선한 것이 나오겠느냐'고 한다. 예수는 나다나엘이 오는 것을 보고 '저 사람이야말로 참 이스라엘 사람이라 그에게는 거짓이 없다'고 한다. 나다나엘은 예수에게 어떻게 나를 아시느냐고 물으니 '빌립이 너를 부르기 전에 네가 무화과나무 아래에 있는 것을 내가 보았다'고 한다. '무화과나무 아래'는 구약의 표현으로 '제 집에 있다'(미 4:4, 왕상 4:25)는 속언이기도 하지만 메시아를 고대하는 이상적인 이스라엘인의 생활을 말하기도 한다. 다시 말해 나다나엘은 메시아를 대망하며 경건한 생활을 한 사람으로 보인다.

요한복음은 처음 제자로 안드레, 시몬, 빌립, 나다나엘 등 네 명을 말한다. 나다나엘은 갈릴리 가나(21:2) 사람이다. 열두 제자 중 하나임에 틀림없다. 공관복음에는 그의 이름이 없고 빌립과 바돌로매(마 10:3, 막 3:18, 눅 6:14)가 붙어 다닌다. 그래서 바돌로매와 동일인으로 본다. 공관복음에 나오는 네 명과 요한복음에 나오는 네 명 중 중복되는 시몬과 안드레를 빼면 여섯 명 모두 갈릴리 사람들이다. 예수는 공생애 초기 갈릴리에서 사역을 시작하였기 때문에 제자 중 다수가 이 지역 사람들로 동업자나 이웃이나 지인들이었다.

요한복음은 초기 제자로 요한의 제자 중 두 명이 예수를 따라가 그날을 예수와 함께 지냈다고 한다. 그런데 안드레만 이름이 나오고 다른 한 사람의 이름은 나오지 않는데 그는 예수의 제자가 되지 않은 것으로 보인다. 안드레가 형제 시몬을 예수에게 데려오고 빌립은 예수가 직접 부른다. 나다나엘은 빌립에게 예수에 대해 말하지만, 예수가 나사렛 출신이라고 하자 나사렛이라는 지명에 의문을 갖는다. 빌립이 나다나엘을 예수에게 데려간다.

요한복음은 제자들의 말을 통해서 예수가 누구인지를 말하고 있다. 안드레는 형제 시몬에게 "메시아"를 만났다고 하고 빌립은 성경에 대한 해박한 지식을 가진 사람으로 나다나엘에게 '모세와 선지자가 말한 이'라고 하며 나사렛 사람 예수라고 한다. 나다나엘은 예수를 만난 후 '하나님의 아들이요 이스라엘의 임금'이라고 한다.

8-6 제자들의 이름은 마태, 마가, 누가, 사도행전에 있다. 마태, 마가는 제자가 열둘이라고 한다. 열둘은 구약의 열두 지파를 상징한다. 그래서 유다로 인해서 결원이 생겼을 때 맛디아를 다시 뽑아 열둘을 유지했다. 그런데 마태에서는 제자이며 사도이다. 누가는 열둘을 사도(6:13)라고 하고 부르며 다른 제자들과 구분하는데 열두 제자와 함께 예수를 따르는 여자들(8:2-3)이 있고 칠십 인(10:1,17)이 있다.

제자들의 명단을 보면 네 명씩 세 그룹으로 구성되어 있다. 각 그룹의 팀장으로 보이는 첫 번째 제자의 이름은 모두 같은데 구성원의 이름의 순서는 복음서에 따라 조금씩 다르다. 세 그룹의 팀장은 시몬 베드로, 빌립, 알페오의 아들 야고보이다.

- 베드로의 팀에는 안드레, 야고보, 요한이 있다.
- 빌립의 팀에는 바들로메, 마태, 도마가 있다.
- 알페오의 아들 야고보의 팀에는 셀롯인 시몬, 야고보의 아들 유다, 가룟 유다가 있다.

첫째 그룹은 두 집안의 형제들 즉 베드로와 그 형제 안드레, 그리고 세베대의 두 아들인 야고보와 요한으로 되어 있다. 이들은 중요한 일이 있을 때 예수를 직접 수행한다. 예수는 베드로와 요한을 보내 유월절 만찬을 준비하게 했다(눅 22:8). 베드로, 야고보, 요한은 야이로의 딸을 살릴 때나 변화산에 갔을 때, 그리고 겟세마네에서 기도하실 때는 다른 제자들보다 지근거리에서 예수를 보좌하였다. 예수가 올리브 산에서 종말에 대해 말씀할 때에는 베드로, 안드레, 야고보, 요한이 있었다(막 13:3).

마태에서 세리 마태는 마태이지만, 그러나 마가, 누가에서는 레위라고 한다. 이름을 두 개 가진 것으로 보인다. 야고보의 아들 유다는 다대오와 동일 인물로 보인다. 그런데 가룟 유다와 구별하기 위해 요한복음은 가룟인 아닌 유다(14:22)라고 한다.

야고보는 세베대의 아들 야고보와, 알페오의 아들 야고보가 있는데 알페오의 아들 야고보를 작은 야고보라고도 불렀던 것 같다. 이외에 예수의 형제 야고보도 있는데 제자는 아니다.

시몬으로는 베드로 시몬과 가나안인 시몬이 있다. 가나안인 시몬과 셀롯인 시몬 또는 셀롯이라는 시몬은 모두 동일인이다. 가나안인의 가나안은 열정, 열심이라는 아람어 케나나에 대한 헬라어의 음역으로 셀롯 즉 Zealot을 말한다. 그가 열광적인 민족주의자임을 암시하고 있다.

예수의 제자들은 제자인 동시에 사도이었고 하나님 나라 선포를 위한 동역자이었다.

9. 하나님 나라를 선포하다

❦

9-1 예수와 요한의 사역은 공동의 목표를 향하고 있었다. 예수는 세례 때 요한에게 '함께 의를 이루자'고 했고 첫 외침이 모두 "회개하라 천국이 가까이 왔다"(마 3:1-2, 4:17, 막 1:4,15)는 것이었다. 그러나 두 사람의 사역은 궁극의 목적이나 사역의 강조점이나 그리고 그 방법이 같지 않았다.

요한과 예수의 사역에 차이는 메시아를 준비하는 사역과 메시아로서의 사역이었고 물의 세례와 성령 세례의 차이였다. 요한은 사역 초창기부터 예수가 성령과 불(마 3:11, 눅 3:16), 또는 성령으로 세례(요 1:33)를 베푼다고 했다. 후에 베드로는 요한은 물로 세례를 주었으나 너희는 성령으로 세례를 받을 것이라고 한 예수의 말씀이 생각났다(행 11:16)고 했다.

9-2 예수는 마귀의 시험을 받은 후 갈릴리에서 제자들을 모았다. 공생애 초기 갈릴리에서 사역을 하는데 그 제자 대부분은 갈릴리 사람들이었다. 예수가 제자들을 직접 부른 이유는 종말의 급박성 때문이었다. 그런데 자발적으로 따라온 제자도 있다. 요한의 제자들이 예수를 따라왔다. 요한이 예수에 대해 증언한 말씀이 그들의 호기심을 자극하지 않았을까. 무엇보다도 요한이 '나는 물로 세례를 베풀었으나 그는 성령으로 세례를 베푼다'(막 1:8)고 해서였을까.

마가는 요한이 잡힌 후 예수가 사역을 시작(막 1:14)했다고 한다. 마태는 예수가 요한이 잡혔다는 소식을 듣고 나사렛을 떠나 스불론과 납달리 지역 바닷가에 있는 가버나움으로 가서 살았는데 사람들은 이곳을 이방의 갈릴리라고 불렀다고 한다. 예수는 이곳에서 비로소 천국을 전파한다(마 4:12-17).

'요한이 잡힌 후'라는 것은 요한의 사역이 중단되지 않고 계속되었다는 의미를 갖기도 하지만 새로운 사람에 의한 새 사역이 시작되었다는 의미도 갖는 것이다. 베드로는 '요한의 세례 활동이 끝난 뒤에 갈릴리에서 시작하여 온 유대 지방에서' 예수가 사역을 시작했다고 한다(행 10:37). 요한의 체포와 처형은 예수의 사역에 큰 영향을 미쳤다.

마태, 누가는 요한이 예수의 사역 의도와 목표에 관심을 두었고 예수도 요한의 관심을 염두에 두고 있었다고 한다. 요한은 감옥에 있으면서도 예수의 사역에 관해 관심을 두고 제자들을 예수에게 보내 '오실 그이'가 당신이냐(마 11:3, 눅 7:19)고 물었다. 요한이 보낸 자가 떠난 다음 예수는 무리들과 대화했다. "너희가 무엇을 보려고 광야에 나갔더냐. 바람에 흔들리는 갈대냐 아니면 무엇을 보러 나갔더냐. 예언자를 보러 나갔더냐. 그렇다. 내가 너희에게 말한다. 그는 예언자보다 더 위대한 인물이다"(눅 7:24,26). 요한의 메시지를 들으려고 광야에 나갔던 무리들은 요한이 체포됨으로 이제는 더 이상 광야에서 그를 볼 수 없게 되었다. 예수는 한 번 더 '여자가 낳은 사람 중에 세례 요한보다 더 큰 인물이 없다'(마 11:11, 눅 7:28)고 칭송했다.

헤롯은 세례 요한을 사람들과 격리시키고 메시아 운동을 중단시키려고 감옥에 넣었다. 그런데 요세푸스는 베레아의 최남단에 있는 마카이루스 요새라고 한다. 요한의 처형은, 선지자의 죽음으로 오실 메시아를 위한 순교였다. 요한은 유대에서 일어난 메시아 운동의 큰 지도자였다. 요한의 영향력이 점점 커지자 이에 불안을 느낀 헤롯은 정치적으로 그를 제거했던 것이다. 요한의 죽음으로 사람들은 메시아를 더욱 갈망하게 되었다. 요한이 죽은 후 헤롯뿐 아니라 사람들은 예수를 죽은 자 가운데 살아난 요한(마 14:2, 막 6:14, 눅 9:7)으로 보기도 하였다.

9-3 요한복음은 공관복음과 달리 예수의 사역이 요한이 옥에 갇히기 전(요 3:24)에 시작되었다고 한다. 예수는 제자들과 함께 유대 지방으로 가서 거기에서 유하면서 세례를 베풀었다(요 3:22)고 한다. 요한도 살렘 가까운 애논에서 세례를 베풀었는데 거기에는 물이 많아서 사람들이 와서 세례를 받았다고 한다. 애논은 샘들이라는 뜻으로 파라의 상류 지방으로 보이고 야곱의 우물로부터 불과 수 킬로미터밖에 떨어져 있지 않는 곳이었다. 그 후 사마리아 여자와 말씀하신 것으로 보면 아마도 사마리아 가까운 동북방 변두리였을 것이다.

그런데 요한의 제자들이 요한에게 가서 '선생님과 함께 요단강 저편에 있던 이가 세례를 베푸는데 사람들이 다 그리로 간다'(:25)고 보고했다. 예수의 명성이 널리 퍼지기 시작한 것이다. 요한의 제자는 자기 스승보다 예수에게 더 많은 사람들이 세례받으러 가는 것이 샘이 났던 모양이다. 예수와 요한의 제자들은 메시아적 공동체로서 경쟁이나 라이벌 관계는 아니었다. 여기서 요한은 '그는 흥해야 하겠고 나는 쇠해야 한다'(:30)고 대답했다. 그런데 예수가 친히 세례를 준 것이 아니라 제자들이 베푼 것이라(요 4:2)는 말씀이 있는 것으로 보아 요한이 체포되기 전까지 예수는 앞에 나서지 않았던 것 같다. 예수는 요한을 환하게 타오르는 등불이라(요 5:35)고 한다.

사람들로부터 큰 존경을 받았으나 정치적으로 처형된 요한의 죽음은 예수의 죽음의 선례였다. 예수는 요한의 죽음을 보고 메시아로서의 자신의 죽음을 예상했을 것이다. 예수는 요한이 처음 세례를 주던 요단 동

편으로 돌아왔고 그곳에서 많은 사람이 예수를 믿었다(요 10:40-42)고 한
다. 많은 사람들이 그를 요한의 후계자로 인정했다는 것이다.

9-4 요한은 자신의 세례를 물의 세례라고 했는데 그가 죽은 후 물의
세례가 사라진 것은 아니었다. 회개의 세례에 중점을 둔 요한의 사역은
그의 제자들에 의해 그가 죽은 후에도 오랫동안 널리 퍼져 계속되었다.

사도행전에 아굴라와 브리스길라에게서 기독교 신앙에 대해 배운 알
렉산드리아에서 난 아볼로라는 유대인은 세례 요한이 죽은 지 오래되었
는데도 요한의 세례만 알고 있었다고 한다. 바울이 에베소에서 어떤 제
자들을 만나 너희가 믿을 때 성령을 받았느냐고 물으니 성령이 계심도
듣지 못하였다(행 19:2)고 한다. 그래서 바울이 너희가 무슨 세례를 받았
느냐고 다시 물으니 요한의 세례(:3)라고 한다. 바울이 요한은 회개의 세
례를 베풀며 내 뒤에 오시는 이 즉 예수를 믿으라고 했다고 가르치니 그
들이 예수의 이름으로 세례를 받았는데 열두 사람쯤 되었다(:7)고 한다.
이처럼 요한의 세례는 애굽으로 소아시아로 퍼져 나갔던 것이다.

요한은 당대에 큰 영향을 미친 인물이다. 마태는 예수 탄생과 애굽으
로의 피신, 나사렛에서의 정착을 다룬 후 요한의 사역을 선포하고 마가
와 함께 요한의 죽음을 다루었다. 마가는 요한의 출현과 그 사역으로 복
음서를 시작할 정도였다. 누가는 예수의 수태고지 이전에 세례 요한의
수태고지를 다루고 있고, 예수의 탄생 이전에 요한의 탄생을 다루고 있
으며 예수의 어머니 마리아가 요한의 어머니 엘리사벳을 방문한 이야기
와 사가랴 찬가 등이 나온다. 특별히 누가는 다른 복음서들보다 요한의
사명과 메시지를 자세히 소개하고 있고 요한의 제자들과의 대화도 소개
하고 있으나, 그의 죽음에 대해서는 거의 침묵했다.

마태, 마가는 세례 요한이 죽임을 당하는 과정을 자세히 소개(마 14:3-

네 개의 시선으로 본 예수의 생애

11, 막 14:3-12))하고 있을 뿐 아니라 요한이 죽은 후 그 제자들이 가서 시체를 거두어 묻고 예수에게 알렸다(마 14:12, 막 14:12)고 하며 예수는 그 말을 듣고 거기에서 배를 타고 따로 외딴곳으로 떠났다(마 14:13, 막 14:13)고 한다. 누가는 단지 그의 죽음에 대해 아주 간략하게 간접적으로 언급(눅 9:9)하고 있을 뿐이다.

복음서뿐 아니라 터툴리안, 오리게네스, 히폴리투스와 같은 초기 교부들의 저서에도 세례 요한이 언급되어 있고 히브리인들의 복음서나 야고보 원복음서 등에도 세례 요한이 등장한다. 요한은 그 시대 사람들에게 아주 강하고 깊은 영향을 끼친 선지자였다. 심지어 오늘에 이르기까지 요한이 시작한 운동은 그대로 지속되어 요한을 존경하고 맑은 물에서 침례를 하고 있는 만다야교라고 불리는 종파가 있을 정도이다.

9-5 예수의 공생애의 일성은 '때가 찼다'(막 1:15)는 것이다. 세례 요한의 투옥으로 예수는 새로운 언약의 시대를 열 결정적인 때를 맞이하게 되었다. 여기서 때는 하나님께서 예정한 시간을 말한다. 구약에는 때에 대한 여러 말이 있다. 심판의 때, 구원의 때, 여호와의 때, 은혜의 때, 마지막 때, 여호와를 찾을 때, 여호와께서 일하실 때 등이다. 때가 찼다는 것은 에스겔이 말한 '때가 이르렀고 날이 가까웠다'(겔 7:7)는 말이다. 이 말은 이 세상의 시간은 끝나고 새로운 역사가 도래하고 있다는 것을 의미한다. 하나님이 세상 구원을 위해 이제껏 역사 가운데 드러내지 않던 하나님의 통치가 급박하게 올 것이라는 뜻이다. 예수의 때가 찼다는 말은 이스라엘은 회개해야 할 때이고 하나님과 구원의 소식을 기다려야 하는 때라는 것이고 예수의 전체 사역이 하나님 나라의 계시임을 말해 주고 있다. '때가 찼다'의 실천적 요청은 회개와 믿음이다.

예수는 '때가 찼고 하나님 나라가 가까이 왔다'고 했다. 하나님께서 역사의 현장에 와서 자신의 주권적 통치를 시작했다는 것으로 이미 역사 속에 하나님 나라가 들어와 있음을 말하고 있다. 하나님의 약속된 구원의 통치는 이제 현재인 동시에 미래인 것이다.

하나님은 이스라엘에게 통치를 당하지 않는다(신 15:6)는 정치적 주권을 허락했고 '나는 너희의 하나님이 되고 너희는 내 백성이 되리라'(레 26:12-13))는 계약을 했다. 그러나 유대 땅은 로마의 지배 아래 있고 예수의 재판 때 대제사장들은 '가이사 외에는 우리에게 왕이 없다'(요 19:15)고 했다. 가이사는 하나님이 세우신 왕이 아니다. 이스라엘에게는 하나님만이 왕이시다(사 24:23, 43:15). 하나님과의 계약에 충실한 의로운 사람들의 입장에서 보면 헤롯당이나 제사장들은 이방 국가에 붙어사는 자들 즉 팥죽 한 그릇에 장자권을 넘긴 자들이고 독사의 자식들이었다. 이제 이스라엘은 더이상 하나님의 장자(출 4:22)가 아닌 것이다. 진노의 날이 오면 그들은 불로 멸망 당할 존재들이었다. 의로운 자들은 '참으로 너를 도와주겠다. 참으로 나의 의로운 오른손으로 너를 붙들겠다'(사 41:10)는 이사야의 말씀으로 위안을 받을 것이다. 그들은 '종 된 것을 면하게 하고 너희의 멍에의 빗장을 부수어 줄'(레 26:13) 하나님의 심판의 날을 기다리고 있었다. 그들은 하나님의 약속이 성취될 것으로 보고 하나님 왕국이 올 것을 고대했다.

구약시대에, 하나님의 나라라는 직접적인 표현은 없었다. 그러나 세상을 창조하신 하나님이 세상에 대한 주권을 가지고 통치한다는 정통 신정주의 사상이 있었다. 시편에는 나라는 '주님의 것, 주님은 만국을 다스리는 분'(시 22:28)이라고 하고 '주의 나라는 영원한 나라이니 주의 통치는 대대에 이른다'(시 145:13)고 했다. 예수 당시 로마 지배 하에서의 유대인들은 하나님이 메시아를 보내 심판하고 하나님이 완전히 통치하는 나라를 꿈꾸었다.

네 개의 시선으로 본 예수의 생애

하나님의 아들임을 자각한 예수가 하나님 나라의 임박을 외치는 것은 당연한 것이다. 갈릴리에서의 전도할 때의 일이다. 무리가 예수를 찾아다니다가 예수에게 와서 자기들에게서 떠나가지 못하게 자기들 곁에 모시려고 했다. 그러자 예수는 '나는 다른 동네에서도 하나님 나라의 복음을 전해야 한다. 나는 이 일을 하라고 보내심을 받았다'(눅 4:42-43)고 했다.

9-6 예수가 선포한 하나님의 나라는 하나님의 왕권 통치 또는 하나님의 우주적 지배를 의미하며 영토적인 국가를 말하는 것이 아니다. 그의 통치 영역은 하나님의 피조물 전체와 우주 삼라만상 그리고 인간의 영적 영역까지이다. 그래서 예수는 '너희는 먼저 하나님의 나라와 그의 의를 구하라'(마 6:33)고 했다. 또한 '그의 나라 즉 아버지의 나라가 오게 하시며 그의 뜻 즉 아버지의 뜻이 하늘에서와 같이 땅에서도 이루어지게 하소서'(마 6:10)라고 기도하라고 가르쳤다.

예수가 예루살렘에서 두 아들의 비유를 마치며 '세리와 창녀들이 오히려 너희보다 하나님 나라에 먼저 들어간다'고 했다. 그러면서 '요한이 너희에게 와서 의의 도, 즉 올바른 길을 보여 주었으나 너희는 그를 믿지 않았고 세리와 창녀들은 믿었다. 너희는 끝내 뉘우치지 않았으며 그를 믿지 않았다'(마 21:31-32)고 대제사장과 서기관들과 장로들을 꾸짖었다. 사실 요한의 선포를 들은 모든 백성은 물론 세리들까지도 요한의 세례를 받고서 하나님은 의로우시다고 했지만 요한에게서 세례를 받지 않은 바리새파 사람들과 율법 학자들은 자기들을 향한 하나님의 계획을 물리쳤던 것이다(눅 7:29-30).

이런 바리새인들이 예수에게 와서 하나님의 나라가 어느 때에 임하느냐고 물으니 예수는 '하나님 나라는 볼 수 있게 임하는 것이 아니요 또 여기 있다 저기 있다고도 못하는데 그 까닭은 하나님 나라가 이미 너희 안에 있기 때문이라'(눅 17:20-21)고 했다. 이 말은 하나님 나라는 공간적 개념이 아니라서 도래의 징표는 있을 수 없는데 그러나 이미 너희 안에 즉 너희 삶 속에 하나님의 통치 원리가 현재에도 작동하고 있다고 이해할 수 있다. 예수는 빌라도에게서 심문을 받을 때 '내 나라는 이 세상에 속한 것이 아니라'(18:36)고 했다. 바울은 '하나님 나라는 먹고 마시는 것이 아니며 오직 성령 안에 있는 의와 평강과 희락이라'(롬 14:17)고 했고 또한 고린도 교회에 보낸 편지에서 '혈과 육은 하나님 나라를 유업으로 받지 못한다'(고전 15:50)고 했다.

9-7 예수에게 있어 하나님의 나라는 그의 공생애 활동의 총괄 개념인 동시에 주개념이고 핵심 개념이라 하겠다. 그러나 예수 자신이 하나님 나라에 대해 명확하게 말씀하고 있지는 않다. 그래서 여러 학자들이 나름대로 하나님 나라에 대해 다양하게 견해를 피력하고 있다(노평구).

칸트는 하나님 나라를 '도덕적 최고의 선'이고 '인류 역사의 최고 목표'로 이해했다. 그의 제자 리츨은 하나님 나라란 '사랑의 공동체'로서 '인간 역사 속에서 점진적으로 발전하는' 것으로 보았다. 또한, 바이스는 '예수의 도덕적, 윤리적 요구는 하나님 나라에 들어가기 위한 조건'이라고 했다.

슈바이처는 하나님 나라를 인간의 내적, 도덕적 노력으로 이 세상 역사 내에서 점진적으로 성취할 수 있거나 도달할 수 있는 이념으로 보지 않고 예수의 하나님 나라를 미래의 종말론으로 파악하였다. 반대로 찰스 도드는 예수의 하나님 나라는 철저히 현존하는 나라로 선포되었다고 주장한다. 예수로 인해 하나님의 영원한 통치가 이미 시작되었다고 본다. 즉 실현된 종말론이라 하겠다.

불투만은 하나님 나라의 미래성을 견지하면서도 미래란 시간의 연장으로 인한 차후의 시점을 의미하는 것이 아니라 인간이 실존적 결단을 통해 '오늘 여기에서' 세상에 대한 종말을 고하고 그리고 '하나님의 미래로부터 자기의 존재 가능성을 확인시키는' 시점이라는 실존적 종말론을 주장했다.

예수의 활동과 함께 하나님 나라는 이미 도래했지만, 그 궁극적 완성은 여전히 미래에 실현될 것이기 때문에 하나님 나라는 이미 already 와 아직 yet 사이에 있다고 하겠다. 이것은 또한 D day 작전개시일과 V day 승리의 날 사이에 있는 것이기도 하다.

10. 귀신을 쫓아내다

❧

10-1 갈릴리에서 복음을 전파하던 예수는 안식일에 가버나움 회당에 들어가서 가르쳤다. 사람들은 그의 가르침에 놀랐다. 귀신을 쫓아내는 일과 병 고침 그리고 가르침은 예수 공생애 초창기의 중점 사역이었다. 축귀와 치유는 하나님의 통치에서 나타나는 예수의 능력과 권세라 하겠다. 회당에서의 예수의 가르침은 서기관 즉 율법 학자들과 달랐다. 그런데 그 내용은 없다. 서기관은 당시 성서에 관한 한 최고의 권위를 가지고 있었다. 그들은 지식의 열쇠(눅 11:52)를 가진 자들로 성서의 해석자이고 전승의 수호자였다.

예수는 성경을 그들과 다르게 해석하여 새로운 의미를 찾고 이를 가르친 것이다. 산상수훈의 끝에서도 '무리들이 예수의 가르침에 놀랐다'(마 7:29)고 했다. 그러면서 가버나움 회당에 있던 사람들과 똑같이 놀랐다고 했다. '이는 그 가르치시는 것이 권위 있는 자와 같고 그들의 서기관과 같지 아니하였다'(막 1:22, 마 7:29)는 것이다.

마귀의 시험을 통해서 사탄의 세력과 함께 할 수 없다는 것을 분명히 한 예수가 마귀의 세력인 귀신을 축출하는 것은 당연한 일이다. 복음서에서 예수가 귀신을 쫓아내는 일은, 귀신은 물론 사람의 행동까지도 통제할 수 있는 신적인 권능을 가진 예수인 것을 보여주는 사건이다. 요한일서는 '하나님의 아들이 나타난 것은 마귀의 일을 멸하려 하심이라'(3:8)고 했다. 그러나 탈무드는 나사렛 예수는 마법을 부리고 속이고

네 개의 시선으로 본 예수의 생애

이스라엘을 그릇된 길로 이끌었다고 한다.

예수가 귀신을 쫓아낸 일은 여러 번 있었다. 가버나움 회당의 귀신 들린 자, 거라사에 귀신 들린 자, 수로보니게 여인의 딸, 귀신 들린 아이, 귀신 들려 말 못 하는 자 등 공관복음에만 22회가 나온다. 심지어 일곱 귀신에 시달리다가 예수에게서 고침을 받은 막달라 마리아는 예수를 섬기는 여자가 되었다.

예수가 열두 제자를 가까이 부르셔서 그들에게 악한 귀신을 제어하는 권능을 주고 귀신을 내쫓고 온갖 질병과 모든 허약함을 고쳐 주게 하였다(마 10:1). 실제로 제자들을 파송할 때 예수는 더러운 귀신을 제어하는 권능과 병을 고치는 능력을 주었고(눅 9:1) 그리고 회개하라고 하며 하나님 나라를 전파하라고 했다. 그런데 파송에서 돌아온 제자가 주님, 주님의 이름을 대면 귀신들까지도 우리에게 복종하더라(눅 10:17)고 한다. 예수가 실제로 제자들에게 귀신을 쫓아내는 권능을 위임했다는 증거이다.

예수에게 있어서 귀신 축출 사역은 하나님 나라의 준비 단계도 아니고 그 나라의 상징도 아니고 그 나라 도래의 암시도 아니다. 귀신 축출은 하나님 나라에서 일어나는 일이다. 귀신 축출은 사탄 결박의 첫 단계이다.

10-2 회당은 기도와 교육 또는 집회의 장소다. 예수는 여러 회당에서 가르쳤는데 모든 사람으로부터 칭송을 받았다. 나사렛에서 예수는 안식일이 되어 회당에 들어가서 이사야의 글을 읽고 가르쳤다. 회당이라고 귀신이 없을 수 없다. 실제로 누가 귀신 들린 자인지 아닌지 구별하기 어렵다. 회당의 귀신 들린 자는 안식일에 회당에 있었고 보통 사람처럼 신앙생활을 하는 사람이었다. 가버나움 사람들이 귀신 들린 사람을 알 수 없었을 것이다. 그런데 그가 소리를 질렀다. 영적 절대자가 나타났을 때 귀신은 자기 모습을 드러낼 수밖에 없다. 권위와 능력의 말씀

이 있는 곳에 그들은 함께 있을 수가 없는 것이다. 하나님을 경외하고 하나님의 말씀을 공부하는 장소인 회당에서 예수가 귀신을 쫓아내는 것은 당연한 일이었다. 예수는 씨 뿌리는 비유를 들 때 길가에 뿌려지는 것이란 그들이 말씀을 듣기는 하지만 바로 사탄이 와서 그들 속에 뿌려진 말씀을 빼앗아 가는 것이라(막 4:15)고 했다. 예수는 사탄이 뿌려진 말씀을 빼앗지 못하도록 회당 귀신 들린 자에게서 더러운 귀신을 쫓아내야 했다.

그때 회당에 악한 귀신 들린 사람이 있었는데 그가 큰 소리로 "나사렛 예수여 우리가 당신과 무슨 상관이 있습니까. 우리를 없애려 오셨습니까. 나는 당신이 누군지 압니다. 하나님께서 보내신 거룩한 분입니다." 예수가 그를 꾸짖어 입을 다물고 이 사람에게서 나가라고 말했다. 그러자 악한 귀신은 그에게 경련을 일으켜 놓고는 큰 소리를 지르며 떠나갔다. 사람들이 모두 놀라서 "이게 어찌된 일이냐 그가 악한 귀신에게 명하니 그들도 복종하는구나"라고 했다(막 1:23-28, 눅 4:33-37). 예수의 소문이 곧 갈릴리 주위의 온 지역에 두루 퍼졌다. 회당에서 나온 예수는 시몬의 집에 가서 베드로 장모의 열병을 고쳤다.

거라사의 귀신도 '나와 당신이 무슨 상관이 있느냐'(마 8:29, 막 5:7, 눅 8:28)고 했다. 우리와 무슨 상관이 있느냐는 말은 우리와 당신은 영역이 다르다는 것으로 각자 자기 일을 하자는 것이다. 남의 일에 간섭하지 말고 방해하지 말라는 것이다. 귀신에게는 예수의 존재 자체가 자신들의 일과 영역에 대한 침범이고 위협인 것이다. 귀신은 예수를 보며 우리를 없애려 왔냐고 말함으로 예수가 귀신을 멸할 수 있는 분이라는 것을 귀신 스스로 말하였다. 예수는 아직까지 아무 말도 하지 않았다. 귀신이 예수의 존재를 보고 선재 공격을 한 것이다.

10-3 귀신은 예수를 가리켜 '하나님의 거룩한 자'(막 1:24, 눅 4:34)라고 한다. 구약에서 '거룩한 이'라는 말은 하나님을 가리키지만(사 40:25, 57:15) 때로는 '하나님의 일을 하는 선지자나 제사장 또는 왕'을 가리킨다. 하나님의 사람으로 불린 사람은 모세, 다윗, 엘리사 등이 있다. 수태고지에서 천사 가브리엘은 '나실 바 거룩한 이는 하나님의 아들'(눅 1:35)이라고 한다.

요한복음과 사도행전에서 베드로는 예수를 '거룩한 자'(요 6:69) 또는 '거룩하고 의로운 이'(행 3:14) 또는 '하나님께서 기름 부으신 거룩한 종'(4:27)이라고 했으며 베드로전서(1:16)에서는 '너희를 부르신 거룩한 이'라고 했다. 베드로의 예수에 대한 고백에는 늘 이처럼 '거룩한' 이 들어 있다.

귀신은 예수를 나사렛 예수라고 부르고 '하나님의 거룩한 자'라고 한다. 귀신도 하나님에 속한 사람을 알아보는 정도의 능력이 있는 것이다. 나사렛 예수는 나사렛 사람 예수라는 말이다. 사람들이나 귀신들은 예수를 나사렛 예수라고 불렀다(막 1:24, 눅 4:34). 예수가 달린 십자가의 죄패에도 나사렛 예수 유대인의 왕이라고 쓰여 있었다. 예수는 자기를 알아본 귀신들에게 말을 못하게 했고 기적으로 치유된 이들이나 제자들에게도 함구령을 내렸었던 것이 사실이다. 아마도 예수는 메시아로서의 자신의 신분을 비밀에 부치고 싶어 했는지도 모른다. 그러나 가버나움의 회당 귀신 들린 자의 경우는 다르다. 당시 '하나님의 거룩한 자'라는 칭호는 유대교에서 메시아에게 붙이는 호칭도 아니고 초대교회가 예수에게 붙이던 호칭도 아니었기 때문이다.

귀신이 예수의 신원을 공개한 것은 결코 신앙고백이 아니다. 귀신이 예수 너를 안다고 한 것이다. 예수와 대적하려는 태도다. 싸울 때 상대가 나를 안다는 것은 큰 위협이다. 적장의 이름은 군사 기밀이다. 거라사 귀신의 경우 예수가 "네 이름이 무엇이냐"고 묻는다. 회당 귀신은 네가 누구인지 나는 알고 있다고 한다. 회당 귀신도 만만치 않았다. 예수의 정체를 폭로하고 예수와 맞서보겠다는 것이다. 호칭이란 베드로의 경우처럼 부르는 사람이 호칭에 맞는 예의를 갖추고 진심일 때에만 존칭이 되는 것이다.

예수는 귀신 들린 자에게 꾸짖으며 말하기를 '잠잠하라'고 한다. '잠잠하라'는 말은 가축 입에 물리는 재갈을 채워 소리를 못 내게 하라는 말이다. 그날 해가 져서 날이 저물 때 사람들이 모든 병자와 귀신 들린 사람을 예수에게 데려왔다. 그는 온갖 병에 걸린 사람들을 고쳐 주고 많은 귀신을 내쫓았다. 예수는 귀신들에게 말하는 것을 허락하지 않았다. 그들이 예수가 누구인지 알기 때문이었다(막 1:32,34). 그런데 더러운 귀신들은 어느 때든지 예수를 보면 그 앞에 엎드려 부르짖기를 당신은 '하나님의 아들'(막 3:11)이라고 한다. 그러면 예수는 자기를 드러내지 말라고 경고했다. 귀신이 하나님의 거룩한 자 또는 하나님의 아들이라고 해서 사람들이 그대로 믿는 것도 아니다.

10-4 이 사람에게서 나가라고 예수가 꾸짖자 악한 귀신이 그에게 발작을 일으켜 놓고는 큰소리를 지르며 떠나갔다. 어떤 이는 귀신이 그를 사람들 한가운데다가 쓰러뜨려 놓고 그에게서 떠나갔는데 상처는 입히지 않았다(눅 4:35)고 했다. 사람들은 모두 놀라서 '이게 어찌된 일이냐 그가 악한 귀신에게 명령하니 그들도 복종하는구나'라고 했다. 가버나움 회당의 귀신 들린 자에게서 귀신을 쫓아낸 것은 마가의 경우 공생애 기간 중 처음 사역이었다. 마귀 사탄은 하나님 나라 건설에 가장 큰 적이었다.

예수가 악한 귀신을 쫓아낸 방법은 '잠잠하고 이 사람에게서 나가

네 개의 시선으로 본 예수의 생애

라'(막 1:25, 눅 4:35)는 것이었다. 예수는 다른 곳에서도 귀신들에게 나오라고 명령했다. 예수 당시 유대인들은 귀신을 쫓아내기 위해 여러 가지 방법을 썼다. 퇴마사들은 약초, 약, 마술 도구, 주문, 의식 등을 사용하기도 하고 어느 특정 신에게 빌기도 했다. 예수는 기구나 약품, 주문, 특별한 의식을 쓰지 않았으며 누구의 이름도 빌리지 않았고 심지어는 귀신을 쫓아내기 위한 기도도 하지 않았다.

하루는 '말을 못하게 하는 귀신이 들린 아이'의 아버지가 제자들에게 고쳐 달라고 했는데 제자들이 그 귀신을 내쫓지 못해서 예수에게 나와 직접 고쳐 달라고 한다. 아버지는 아들의 귀신 들린 모습을 설명한다. 귀신이 아이를 사로잡으면, 한번 발작하면 아이가 거꾸러져 거품을 흘리며 이를 갈고 파리해진다는 것이다. 예수는 아이를 데려오라(마 17:17, 막 9:19, 눅 9:41)고 한다. 그러자 귀신이 예수를 보고 곧 그 아이로 심한 경련을 일으키게 하고 땅에 엎드러져 구르며 거품을 흘리게 했다. 예수는 말 못하게 하는 귀신을 향해서 '내가 네게 명하노니 그 아이에게서 나오라'(막 9:25)고 했다. 예수는 자신의 명령으로 귀신을 내쫓았다. 유대인들은 이제껏 말로 귀신을 쫓아내는 경우를 보지 못했다. 그들이 예수를 메시아로 알았다고 한다면 아마도 하나님의 이름으로 귀신을 쫓아낸 것으로 생각했을 것이다(시 118:12). 가버나움 회당의 신자들도 인정했듯이 예수의 말씀은 권위와 능력의 말씀이어서 귀신들이 복종하지 않을 수 없었다.

개신교와 유대교에서는 인정받지 못하고 가톨릭만이 외경으로 인정하는 토비트서를 보면 귀신을 쫓아내기 위해 만든 약 이야기가 나온다.

"그때 토비트가 천사에게 아지리아 형님 이 물고기의 염통과 간과 날개는 도대체 무슨 약으로 쓰입니까 하고 묻자 천사는 이렇게 대답했다. 이 물고기의 염통과 간은 악마를 퇴치하는데 쓰는 것이다. 악한 귀신이

나 악령에 사로잡힌 남자 또는 여자 앞에서 그것들을 태워 연기를 피우면 그 악한 것들이 주던 괴로움이 깨끗이 사라지고 다시는 그 괴로움이 그 사람에게 돌아오지 않는다"(토비트서 8:6,8).

희년서에도 악령이 노아의 아들들에게서 떠나가는 얘기가 있다. 후대에 정리된 바벨로니아 탈무드에는 부적, 나무 가시, 재, 송진 등을 이용하여 귀신을 축출하는 방법이 기록되어 있다. 가톨릭에는 퇴마 신부가 있다. 로마 교황청은 사제의 퇴마 행위를 공식으로 인정하여 약 250여 명의 사제가 국제 퇴마협회에 가입되어 있다고 한다. 프란치스코 교황(재위 2013-)은 퇴마에 관심이 많다고 알려져 있다.

마귀는 인간의 의지를 약하게 하고 번뇌하게 하며 충동하고 생명을 위태롭게 하지만 여호와의 부림을 받는 존재다. 그런데도 유대인들은 하나님의 권능으로 사탄, 마귀를 쫓아내려 하지 않고 이상한 약이나 사술적인 의식이나 이교적인 방법으로 축출하려 했다.

하나님의 아들인 예수는 간단한 명령으로 귀신을 몰아냈다. 예수의 공생애의 초기에 귀신 축출이 많았던 것은 하나님 나라를 위해 먼저 해야 할 메시아적인 사역이기 때문이다. 마태는 예수가 마귀를 쫓아내고 병을 고치는 이유에 대해 '이사야(53:4)를 통해 하신 말씀을 이루려 함이라'고 하며 '우리의 연약한 것을 전혀 담당하시고 병을 짊어지셨도다'(마 8:17)라고 한다. 우리의 연약함을 파고드는 마귀를 물리쳐야 만이 하나님 나라의 기초를 세울 수 있었을 것이기 때문이라 하겠다. 마귀의 시험을 이긴 예수지만 마귀들은 잠시 그를 떠나 있었을 뿐이다(눅 4:13). 마귀는 가룟 유다가 예수를 배반하게 하는 일과 같은 일들을 끊임없이 꾸몄다.

10-5 갈릴리 건너편 거라사에서 있었던 일이다. 더러운 귀신 들린 자가 무덤 사이에서 나와 예수를 만났다. 밤낮 무덤이나 산에서 늘 소리

지르며 자기 몸을 해치는 자이고 여러 번 쇠사슬을 끊고 고랑을 깨뜨린 자로서 아무도 그를 제어할 수가 없었다. 예수는 군대라는 이름을 가진 귀신에게 그 사람에게서 나오라고 명하고 쫓아낸 귀신들을 돼지 떼에게 들어가게 하였다. 그러나 그를 보러온 사람들이 군대 귀신 들렸던 자가 옷을 입고 정신이 온전하여 앉은 것을 보고 두려워했다. 그들은 예수에게 그 지방에서 떠나기를 간구했다고 하는데 어떤 이는 거라사인의 땅 근방 모든 백성들이 크게 두려워하여 예수에게 떠나기를 구했다(마 8:34, 눅 8:37)고 한다.

유대인들은 예수의 귀신 축출을 보고 유대인들은 예수의 권능을 인정했을까? 신명기에는 '이적과 기사를 보이고 이루어지더라도 그 말을 청종하지 말며 그런 선지자나 꿈꾸는 자는 죽이라'(신 13:1-5)고 했다. 그러므로 귀신 축출이 예수를 하나님의 아들로 인정하는 증거가 될 수는 없었을 것이다. 요한이 와서 먹지도 않고 마시지도 아니하매 그들이 '그가 귀신 들렸다'(마 11:18)고 했다. 예수 역시 미쳤다는 소문을 듣고 예수의 친족들이 그를 붙잡으러 나서기도 했다(막 3:21). 그리고 예루살렘에서 내려온 서기관들은 예수가 바알세불이 들렸다고 하고 그가 귀신 두목의 힘을 빌어 귀신을 내쫓는다(마 12:24, 막 3:22, 눅 11:15)고도 했다. 사람들은 예수를 시험하느라고 하늘로부터 내리는 또 다른 표적을 요구하기도 했다. 이때 예수는 '내가 하나님의 능력으로 귀신을 내쫓는 것이면 하나님의 나라가 이미 너희에게 왔다'(마 12:28, 눅 11:20)고 한다.

이처럼 예수가 누구인지 모르는 사람들 그리고 현세적인 영광의 메시아를 기대하던 유대인들이 오실 메시아가 귀신을 축출한다는 것을 전혀 이해할 수 없었다. 이것은 당대 유대인들이 갖고 있던 메시아 상과는 전혀 다르기 때문이리라.

가버나움 회당에서 예수가 더러운 귀신 들린 자에게서 귀신을 쫓아낸 날은 안식일이었다. 그리고 회당에서 나와 시몬의 집에 들어가서 베드로의 장모를 치유하였는데 당연히 안식일이었다. 귀신 축출 자체가 전대미문의 사건이어서 그런지 유대인들이 아무 생각도 못 한 것 같다. 안식일의 귀신 축출과 치유 사역을 전혀 문제 삼지 않았다.

11. 안식일 문제로 갈등이 시작되다

⚜

11-1 예수가 안식일을 위반했다고 해서 유대 지도자들이 예수를 어떻게 할까 어떻게 죽일까 의논한다. 유대인인 예수가 안식일이 어떤 날인지 몰라서 안식일을 위반했을까. 사복음서를 보면 공관복음서 공통으로 4건, 누가에만 있는 것이 2건, 요한복음에 있는 것이 2건 등 모두 8건인데 공관복음의 사건으로 유대인들이 문제 삼지 않은 가버나움 회당 귀신 축출과 베드로의 장모 치유를 빼면 갈등을 일으킨 건수는 6건이 된다. 이 중 요한복음의 2건은 세 번째 표적이고 여섯 번째 표적이기는 하지만 안식일 위반 사건이었다.

공관복음들은 예수가 서기관들이나 바리새인들과 갈등을 일으키는 네 가지 사건을 먼저 소개하고 있다.

첫 번째는 중풍 병자를 고치면서 예수가 네 죄 사함을 받았다고 해서 서기관들이 신성모독이라고 생각한 일이다(마 9:2, 막 2:5, 눅 5:20).

두 번째는 예수가 레위를 부르고 함께 식사하는 것을 보고 바리새인들이 죄인과 세리와 함께 식사한다고 비방한 일이다(마 9:11, 막 2:16, 눅 5:30).

세 번째는 안식일에 예수 일행이 밀 이삭을 자르는 것을 보고 바리새인들이 문제를 제기한 일이다(마 12:1-8, 막 2:23-28, 눅 6:1-5).

네 번째 역시 안식일에 회당에서 예수가 손 마른 사람을 치유했다(마 12:9-14, 막 3:1-6, 눅 6:6-11)고 해서 문제를 삼았는데 사람들과 서기관, 바리새인들이 안식일 위반 증거를 잡으려고 주시했었다. 이일을 문제 삼아 바리새인들과 헤롯당까지 나서 예수를 죽이려 했다.

누가에만 있는 두 사건은 18년 동안 꼬부라져 펴지 못하는 여자(13:10-11)와 수종병 든 사람(14:1-6)을 예수가 안식일에 고친 일이고 요한복음의 두 사건은 표적 사건들로서 안식일에 베데스다 못가에서 38년 된 병자(5:1-18)를 고친 일과 날 때부터 맹인인 사람(9:1-17)을 고친 일이다.

예수는 왜 안식일에 일을 벌여 유대 지도자들과의 갈등을 일으켰을까. 예수는 안식일 위반 사건들을 통해 무엇을 말하려 했던 것인가. 예수가 지금 21세기에 재림한다면 기독교 지도자들에게 지금의 안식일 제도에 대해서 무어라 하실까. 아니면 어느 점을 지적하실까. 어느 나라는 노동시간 주4일제 도입을 추진하고 있다. 노동이 사라져 가는 세상에서, 노동을 하려고 발버둥치는 현대인들이다. 고정 임금은 없어도 소득은 있어야 산다. 로봇과 인공지능의 발달로 강제로 쉬어야 하는 사람들이 늘고 있다. 이렇게 쉬는 이들에게 안식이란 무엇인가. 예수는 지금도 안식일에 대해 말씀하고 있다. 들을 수 있는 자는 들을 수 있을 것이다.

11-2 19세기 바빌로니아에서 설형문자 토석판들이 대량으로 발견되었는데 여기에서 샤바툼shabatum이라는 단어가 나왔다. 이 말은 히브리어의 안식일sabbath의 동의어다. 그런데 이 말은 신과의 화해의 날 또는 마음을 달래는 달이라는 의미로 해석되었다. 또 다른 서판들에 의하면 7일, 14일, 21일, 28일이 불행한 날, 또는 악운의 날로 지켜졌다고 한다. 이날에 왕은 전차를 타거나 옷을 갈아입거나 국사를 논하지 않았고 사제들은 신탁을 물을 수 없고 의사들은 환자를 대할 수 없었다. 이날은 악령이 지배하는 날로 인간의 수고가 결실을 맺을 수 없고 오히려 그것은 악령들을 분노케 하여 공동체에까지 불행을 가져올지 모르는 날이었다. 바

빌로니아인에게나 히브리인에게 이날은 모두 그 이름이 뜻하는 것처럼 근본적으로 모든 종류의 노동을 전적으로 금지하는 날이었다.

히브리인들이 가나안에 들어가기 전부터 가나안 족속들도 이미 제7일 안식일 제도를 지켰다는 얘기도 있다. 그들이 지킨 이날은 악하고 불길하고 불운이 숨겨있는, 그래서 철저히 기피하는 악한 날이고 노동을 금지하는 날이었다.

안식일의 원뜻은 그치다, 쉬다, 끝내다 등이다. 하나님은 세상을 창조하시고 일곱째 날에 안식하고 일곱째 날을 복되게 하고 거룩하게 하였다. 그래서 유대인들은 안식일을 계명으로 지킨다. 모세와 아론은 바로를 만나 "하나님의 말씀이니 내 백성을 보내라 그들이 광야에서 나의 절기를 지켜야 한다"(출 5:1)고 말했다. 여기서 절기는 출애굽 전이라 유월절이나 무교절, 초막절 등을 말하는 것이 아니다. 그때 바로는 "너희는 어찌하여 백성이 일을 못하게 하느냐, 그들이 하는 일을 중단시키려 하느냐"(출 5:4)고 대답했다. 모세와 아론은 바로에게 안식일을 말했던 것이다.

안식일이 실제로 시행된 것은 광야에서의 만나 사건 때였다. 하나님은 "여섯째 날에 만나를 곱절로 주리니 안식일에는 아무도 처소에서 나오지 말라"(출 16:29)고 철저한 안식을 명령했다. 안식일이 십계명에 들어간 것은 그 후의 일이었다. 구약 외경인 유디트에는 적들이 안식일에 공격하려 하지만 유대인들은 안식일을 더럽힐 수 없다고 방어를 포기하여 천 명이 죽임을 당했다. 그러나 그 이후로는 안식일이라도 맞서 싸우기로 한다.

이스라엘 백성들은 이날을 하나님과의 관계를 나타내는 표징으로 삼았다. 광야에서 여호와는 모세에게 안식일을 지켜야 하는 이유에 대해 '이것은 너희 대대로 나와 너희 사이에 세워진 표징이 되어 너희를 거룩하게 구별한 이가 나 여호와임을 알게 하려는 것이다'(출 31:13)라고 했다. 그리고 안식일은 거룩한 날이니 지켜야 하고 그날을 더럽히는 자는 반드시 죽여야 한다고도 했다.

그러나 유대인들은 바빌로니아 신들에 의해 부정된 이 날을 하나님을 기쁘시게 하는 예배의 날로 그리고 점차 영적 희락의, 긍정의 날로 바꾸었다. 같은 날에 쉬어야 했던 것은 사실이지만 그렇지만 한쪽은 부정적인 분위기에서 음울하게 쉬어야 했고 다른 한쪽은 영적으로 밝은 희망의 분위기에서 지낼 수 있었다. 그러므로 유대교의 안식일 제도가 다른 종교에 뿌리를 두고 있다거나 유사하다고 결코 말할 수 없을 것이다. 세상에 비슷한 배경을 갖고 있거나 유사한 금기를 가진 종교들이 얼마나 많은가.

고등종교가 하등종교와 다른 것은 고등종교는 계속 변화해서 인간 안에 도덕과 윤리를 고양하고 이타심을 배양시킨다는 점이라 하겠다. 고대의 다른 문명 지역과 비교해 보라. 인류가 농경사회로 진입할수록 사람의 인력은 더욱 많이 필요하고 중요해졌다. 현재 도시 비정규직 노동자 중에는 비 오는 날은 무조건 쉬어야 하는 이들이 있다. 고대 사회에서 농민들은 비 오는 날에도 일해야 했다. 그래서 평소에 날을 정해 놓고 쉬는 것은 생각할 수 없었고 모두 함께 쉬기 위해 여러 절기들을 만들었다. 그런데 유대인들은 하나님의 이름을 빌어 하나님을 더 잘 경배할 수 있도록 안식일을 더 철저히 발전시켰다. 유대인은 물론 주위 사람들도 쉬게 하며 사람들과 함께 살아가는 가축들, 그리고 땅까지도 쉬게 하는 인류 최초의 생명공동체 휴식제도를 만든 것이다.

11-3 안식일에 예수가 밀밭 사이를 지나가는데 그의 제자들이 길을 열며 지나가면서 이삭을 잘라 먹는데 바리새인들이 보고 어찌하여 저들

네 개의 시선으로 본 예수의 생애

이 안식일에 해서는 안 되는 일을 하느냐고 했다. 예수는 "다윗과 그 일행이 굶주렸을 때 어떻게 했는지 읽지 않았느냐"고 하며 "다윗이 하나님에 집에 들어가 제사장만이 먹을 수 있는 제단 빵을 먹고 그 일행에게도 주지 않았느냐"(마 12:3-4, 막 2:25-26, 눅 6:3-4)고 대꾸했다.

바리새인들은 안식일에 밀밭을 지나가며 시장했던 제자들이 밀을 잘라 손으로 비벼 먹은 것을 안식일에 해서는 안 되는 일이라고 지적한 것이다. 모세 오경은 굶주린 자를 위해 밭에 떨어진 이삭을 줍지 말라(레 23:22)고 한다. 그러나 안식일 규례에 의하면 먹기 위해 자른 것이나 밀이삭을 비빈 것은 추수 금지와 타작 금지에 해당된다. 서기관들은 안식일을 지키기 위한 제한들을 정리한 문서를 만들었는데 여기에는 노동을 금하는 조항이 39개가 있다.

공관복음은 예수는 다윗이 안식일이 아닌 날이기는 하지만 제단 빵을 먹은 것을 예로 들어 제자들을 변호하려 한다. 얼른 보면 이해가 안 간다. 다윗은 사울의 분노를 피하려고 놉에 있던 성소로 도망가서 제사장에게 배가 고프다고 한다. 그런데 제사장만이 먹을 수 있는 진설병(출 25:30, 40:23) 밖에 없다고 하자, 다윗은 적당히 꾸며대고 무리들과 성별된 떡을 먹었다(삼상 21:1-6).

마가에는 그 제사장이 아비아달(막 12:26)이라고 하는데 사무엘상에는 아히둡의 아들 아히멜렉으로 나와 있고 아비아달은 아히멜렉의 아들이라고 한다. 사울은 아히멜렉이 다윗에게 떡과 칼을 주었다고 하여 아히멜렉과 그 성읍 사람을 다 죽이는데 그때 그의 아들인 아비아달 만이 도망쳐서 다윗에게로 갔다(삼상 21,22장). 마태, 누가에는 제사장의 이름이 없다.

예수는 다윗이 모세 오경의 율법을 어겼으나 굶주림으로 인한 경우에는 제의법 위반이 되지 않는다는 것이다. 모세의 율법은 가난한 자를 위한 여러 예외 조항들이 있다. 하나님은 약한 사람들을 보호하는 분 즉 고아의 아버지이고 과부의 재판장이며 가난한 자를 위해 은혜를 준비하는 분(시 68:3,5,10)이다. 그러나 당연히 바리새인들을 납득시킬 수는 없었을 것이다. 안식일 규례는 모세 율법이 아니고 서기관들이 만들었는데 이들 대부분은 바리새인이고 그 바리새인들이 문제를 제기한 것이다.

예수는 보충 설명을 하기 위해 자신이 누구인지 밝히고 안식일에 우선해야 할 일이 무엇인지 말한 다음 안식일 제정의 근본정신에 대해 언급한다. 마태는 예수가 제사장들이 성전 안에서 안식을 범하여도 죄가 없다는 것을 알지 못하느냐고 하고 '성전보다 더 큰 이'(마 12:6)가 여기 있다고 하며 이어서 '하나님은 자비를 원하고 제사를 원하지 않는다'(:7)고도 말했다고 한다.

제사장들은 안식일에 불을 피우고 제물을 준비하고 올려야 했는데 안식일 법 자체로 보면 위반이지만 예외다. 안식일이 태어난 지 팔 일이 되는 날이면 안식일이라 해도 할례를 해야 했다. 이처럼 제의법은 안식일 규례보다 우선했다. 여기서 예수는 자신을 하나님의 아들이라는 직접적인 표현을 하지 않고 겸손하게 '성전보다 더 큰 이'라고 하며 자신도 안식일에 예외라고 한 것은 아닐까. 그리고 내가 하나님을 아는데 하나님은 안식일이라고 해도 제사보다는 자비를 베푸는 것을 좋아하시기 때문에 밀밭에서 이삭을 잘라 비비어 먹었다고 해서 죄 없는 사람들 즉 제자들을 정죄하지는 않을 것이라고 한다.

또 마가에서 예수는 "안식일이 사람을 위해 있는 것이지 사람이 안식일을 위해 있는 것이 아니라"(막 2:27)고 한다. 이 말씀은 안식일 자체가 아니라 안식일을 지키려고 지나치게 과도하게 만들어진 그 규례들을 강압적으로 시행하는 것을 반대한 말씀이었고 또한 하나님이 자기 백성을 위해 제정한 계명이 오히려 하나님의 백성을 구속하고 억압하는 율법이 된 것을 지적한 말씀이었다.

예수는 자신을 인자라고 하며 '안식일에 주인'(마 12:8, 막 2:28, 눅 6:5)
이라고 한다. 인자는 예수가 자신을 지칭하는 말이다. 안식일의 주인
은 하나님이다. 그런데 예수가 안식일에 주인이라고 선포했다. 하나님
과 동등하다는 것이다. 예수는 소소한 것을 가지고 시비를 거는 바리새
인들 앞에서 자신의 권위를 천명한 것이리라. 안식일을 안식일답게 지
키지 못하는 바리새인들에게 자신의 해석이 하나님의 뜻과 일치한다는
것을 강조한 것이다. 예수는 사람의 계명에 따라 안식일을 지키는 자들
에게 하나님의 뜻에 따라 안식일을 지키라고 말씀하는 자신이 안식일에
주인이라고 한다. 안식일에 관한한 내가 제일 전문가라는 의미도 포함
되어 있는 듯하다.

안식일에 밀밭에서 이삭을 잘라 비벼 먹은 제자들을 변호한 예수는
배고픈 상태에서의 안식은 안식이 될 수 없다고 말하고 있다. 바리새인
들에게 안식일 문제로 시비를 걸어 많은 무고한 자들을 정죄하지 말라
고 하며 하나님은 제사보다 자비를 원하는 분이라고 한다. 하나님은 가
난한 자를 위해 은혜를 준비하는 분이다. 배고픔을 해결해 주는 것이 자
비다. 굶주림은 참을 수 있는 일이 아니다. 안식일이 아닌 날이기는 하
지만 굶주린 다윗 일행이 제의법을 어겨가며 진설병을 먹은 일을 기억
하느냐고 한다.

11-4 병 고침은 귀신 축출과 함께 하나님의 능력을 드러내는 예수의
주된 활동이어서 안식일이라 해도 중단하지는 않았다. 우리는 안식일에
병을 고친 사건들에 주목한다.

공관복음에는 안식일에 예수가 회당에서 가르치는데 거기 한쪽 손이
오그라든 자가 있었다(마 12:9-14, 막 3:1-6, 눅 6:6-11)고 한다. 사람들과 서

기관 그리고 바리새인들이 예수를 고발할 증거를 잡으려 예수를 지켜보고 있었다. 예수는 그들의 생각을 알고 손 마른 사람에게 한가운데 일어서라고 한다. 그리고 사람들에게 안식일에 선을 행하는 것과 악을 행하는 것, 생명을 구하는 것과 죽이는 것, 어느 것이 옳으냐고 묻지만 그들은 잠잠했다. 예수는 그들의 마음이 굳어진 것을 탄식하며 노해서 손이 오그라든 사람에게 손을 내밀라고 하니 그가 손을 내밀자 손이 회복되었다. 다른 손과 같이 회복되어 정상이더라는 것이다. 그러자 바리새인들은 밖으로 나가서 곧바로 헤롯 당원들과 함께 예수를 없앨 모의를 했다.

누가는 예수가 안식일에 사람을 고친 또 다른 두 개의 이야기를 우리에게 해 주고 있다. 첫 번째 이야기(13:10-17)는 예수가 안식일에 한 회당에서 가르치는데 열여덟 해 동안이나 병마에 시달리고 허리가 굽어 몸을 조금도 펼 수 없는 여자가 있었다. 예수는 이 여자를 보고 가까이 불러 너는 병에서 풀려났다고 했다. 그러자 회당장은 화가 나서 사람들에게 "엿새 가운데서 아무 때나 와서 고침을 받으시오. 그러나 안식일에는 그러지 마시오"라고 했다. 예수는 안식일이라 해도 자기 집에 소나 나귀를 풀어내어 물을 먹이지 않느냐고 하며 열여덟 해 동안 사탄에게 매여 있던 아브라함의 딸을 푸는 것이 합당하지 않느냐고 반문한다.

누가의 두 번째 이야기(14:1-6) 역시 안식일에 예수가 한 바리새인의 집에 식사하러 갔는데 거기 몸이 퉁퉁 붓는 수종병, 요즘의 복막염 같은 병이 든 환자가 있었다. 그런데 그들은 예수가 그를 고쳐 주는가 엿보고 있었다. 예수는 안식일에 병 고쳐 주는 것이 합당하지 않느냐고 하면서 그를 고쳐서 보냈다. 그리고 누가 그 아들이나 소가 우물에 빠졌는데 구하지 않겠느냐고 물었다.

요한복음은 예수가 안식일에 사람을 고친 또 다른 두 개의 이야기를 한다. 첫 번째 이야기는 예수가 베데스다(5:1-12)라는 못가에서 누워 있

네 개의 시선으로 본 예수의 생애

는 서른여덟 해 된 병자에게 "네가 낫고자 하느냐"고 묻고 "네 자리를 들고 걸어가라"고 했다는 것이다. 놀라운 장면이었다. 그러나 유대인들은 안식일에 자리를 들고 가는 것이 옳으냐며 따진다. 안식일 위반이라는 것이다(예 17:21-22, 느 13:19, 민 15:32).

두 번째 이야기는 예수가 길을 가다가 날 때부터 맹인 된 사람을 보고 땅에 침을 뱉어 진흙을 이겨 그의 눈에 바르고 실로암 못(9:1-12)에 가서 씻으라고 하니 눈이 떠졌다는 것이다. 예수는 여리고에서도 구걸하는 맹인을 고쳐 주었으나 안식일은 아니었다.

예수가 안식일에 고쳐 준 사람들은 오른손(눅 6:6)이 오그라들어 일을 할 수 없는 생계가 막연한 자이고, 18년 동안이나 병마로 허리를 펴지 못한 여자이고, 수종병으로 고생하는 자이고, 38년이나 베데스다 못 옆에서 누워 있던 자이고, 날 때부터 맹인인 자이다.

11-5 예수는 18년 동안 허리 펴지 못한 여자를 고쳐 주면서 아브라함의 딸이라고 부른다. 여성과 어린이가 인구 통계에도 들어가지 못하던 시절에 아브라함의 딸이라고 불렀다. 아브라함의 딸이란 아브라함의 자손 즉 하나님의 택한 백성이라는 말이고 하나님의 복을 받을 수 있는 사람이라는 것이다. 그래서 하나님 앞에 온전한 인간으로 회복되어야 하는 존재다. 예수는 오그라든 오른손을 회복시켜 주고 18년 동안 구부러져 있던 허리를 회복시켜 주고 수종병을 낫게 하고 38년이나 누워 있던 자를 걸어가게 하고, 닫힌 눈을 열어 뜨게 하였다. 예수는 안식일이라 해서 인간 회복에 주저할 수는 없었다.

회당장의 말처럼 사람들은 안식일이 아닌 날이 엿새나 되는데 왜 하필 안식일에 고침을 받으려 하고 또 왜 고쳐주느냐고 한다. 안식일에 병고치는 것은 규정 위반이다. 생명이 위험하지 않는 한 치료할 수 없다.

최소한의 응급처치만 하고 안식일이 지나간 후에 치료해야 한다. 그래서 그들은 예수가 손 마른 자를 고칠 때나 18년 동안 꼬부라져 펴지 못하는 여자를 고치는 현장을 지키고 있었던 것이다.

안식일에 가축에게 물을 먹이기 위해 풀어주는 것을 예로 들어 예수는 18년 동안이나 고생하는 여자를 돌보아야 한다고 했다. 유대인들은 안식일에 가축에게 물 먹이는 노동을 피하려고 가축을 풀어준다. 그런데 예수는 아브라함의 딸인 이 여자가 아직까지 사탄에게 매여 있다는 것이다. 예수는 이 여자의 고통을 외면하는 그들을 외식하는 자들이라고 했다. 그래서 안식일이기는 하지만 이 매임에서 풀어주었던 것이다. 이 세상에는 각종 병으로 인해 그리고 태어날 때부터 가진 질병이나 불구로 인해 고통에 매여 있는 이들이 있다. 예수는 안식일이라 하여도 그들에게 자유와 해방을 주어야 한다고 했다.

수종병 걸린 사람 이야기에서 예수는 아들이나 소가 우물에 빠지면 곧 끌어내야 하지 않느냐고 한다. 예수는 수종병 걸린 이와 우물에 빠진 아들이나 소를 대비시킨다. 마태는 예수가 손이 오그라진 자를 고칠 때 안식일에 구덩이에 빠진 양을 끌어내지 않겠느냐고 말했다고 한다. 규례에 의하면 안식일에 구덩이나 우물에 빠진 양이나 소, 나귀는 안식일이 지나갈 때까지 그대로 먹이거나 발판을 만들어 주어 스스로 나오게 해야 했다. 그러나 실제로는 안식일이라 해도 곤경에 처한 동물도 구하는데 하물며 몸이 불편한 이들, 즉 손이 오그라든 자나, 18년 동안 꼬부라져 펴지 못하는 여자, 그리고 수종병 든 자를 회복시키고 자유를 주는 것이 당연하다는 예수의 말씀이다.

예수는 묻는다. 손 마른 자를 고칠 때 안식일에 선을 행하는 것과 악을 행하는 것, 생명을 구하는 것과 죽이는 것 중 무엇이 옳으냐고 한다. 수종병 걸린 자를 고칠 때는 안식일에 병 고쳐 주는 것이 합당하느냐고 질문한다.

이사야는 안식일을 지켜 더럽히지 말고 모든 악을 행하지 않는 사람은 복이 있다(사 56:2)고 했다. 그러나 사람이 선을 행할 줄 알고도 행하지 않는 것은 죄(약 4:17)인 것이다. 예수는 구약의 말씀을 더 적극적으로 해석하여 악을 행하지 않는 것이 아니라 선을 행하는 것이 더 좋다고 말한다.

예수에 대한 반응은 그때그때 달랐다. 밀밭 사이를 지날 때 이삭을 손으로 비벼 먹은 제자들을 변명해 주고 손 마른 자를 고쳤을 때는 예수 공생애 처음으로 바리새인들이 예수를 어떻게 죽일까 의논했다. 18년 동안 꼬부라져 펴지 못하는 여자를 고쳤을 때는 예수를 반대하는 자들이 부끄러워했고 온 무리가 기뻐했다. 수종병 걸린 사람을 고쳤을 때는 잠잠하고 대답하지 못했다. 베데스다 못가에 있던 이를 고쳐 주었을 때에는 안식일에 환자가 자리를 들고 갔다고 해서 예수를 박해하게 된다. 태어날 때부터 맹인인 자를 고쳤을 때는 안식일을 지키지 아니하였으므로 하나님께로부터 온 자가 아니라고 했다.

11-6 구약의 안식일이란 어떤 안식일이었을까. 하나님께서 창조 후에 가졌던 쉼을 우리에게 준 날이다. 샤바트 샤바톤 즉 철저히 안식을 해야 하는 날이다. 안식일에 광야에서 나무하던 이가 회중 앞에 끌려 나와 돌로 맞아 죽은 일도 있다(민 15:32-36). 안식일은 거룩한 날(출 16:23)이고 모든 혈육이 하나님 앞에 나와 예배드리는 날이다(사 66:23). 또한 공평하게 모두가 안식해야 하는 날이다. 내 아들, 내 남종과 여종, 내 문 안에 거하는 객에게도 해당된다(출 20:10, 23:12). 신분, 남녀노소, 상하, 주객과 관계없이 모두 쉬어야 한다. 심지어 성전 출입이 금지된 고자까지도 쉬어야 했고 하나님은 안식일을 지키는 이방인을 나의 성산으로

인도하겠다고 한다(사 56:3,5). 그리고 내 주위의 가축들, 소나 나귀 등 모든 가축(출 23:12, 신 5:14)도 쉬어야 하고 땅은 일곱째 해(레 25:2,4)에 쉬어야 했다.

구약의 안식일은 무엇보다도 하나님의 성일로서 즐겁고 존귀한 날이어야 했다. 예수는 우리가 지키는 안식일도 바로 이런 날들이 되어야 하고 이것이 구약의 안식일을 진정으로 계승하는 것이라고 한다.

예수는 손 씻는 문제를 제기한 바리새인들에게 그러면 너희는 어찌하여 너희의 관습 때문에 하나님의 계명을 어기느냐고 하고 너희는 관습을 빌미로 하여 하나님의 말씀을 헛되게 하였다고 하며 이사야의 예언을 들어 '이 백성은 입술로는 나를 공경해도 마음은 나에게서 멀리 있다 그들은 사람의 훈계를 교리로 가르치며 나를 헛되이 예배한다'(막 7:6)고 했다.

11-7 예수는 안식일 문제에 있어서 사람의 훈계로 된 교리를 제거하려 했고 안식일 제정의 취지와 목적을 다시 살려야 한다고 보았다.

첫째로 예수는 〈무엇보다도 배고픔이 없는 안식일〉을 말하고 있다. 다윗 일행이 한 일을 예로 들어 배고픔은 제의법에서 예외일 뿐 아니라 안식일 규례에서도 예외라는 것이다. 배가 고픈데 어떻게 안식일이 즐거운 날, 여호와의 성일, 존귀한 날(사 58:13)이 되고 거룩한 성회(레 23:3)가 될 수 있겠는가. 안식일이 지날 때를 기다려 이삭을 주워 먹게 할 수는 없다는 것이다. 예수는 안식일은 사람을 위해 있는 것이지 안식일을 위해 생긴 것이 아니라고 말하고 있다. 사람이 만든 규례를 위해 사람이 희생될 수는 없다는 말씀이다. 그리고 안식일이라 해도 선한 일, 생명을 살리는 일 즉 자비를 베풀라고 한다. 배고픈 상태로 안식일을 지나가게 하지 말라고 부탁한다. 예수는 평지 설교에서 네 가지 복 중에 하나가

네 개의 시선으로 본 예수의 생애

주리는 자가 배부름을 얻는 것이라고 했다.

둘째로 예수는 〈하나님의 형상을 회복시키는 안식일〉을 말하고 있다. 인간은 하나님의 형상Imago Dei(창 1:26, 5:1, 9:6)에 따라 지음을 받았다고 하는데 예수는 그 본래의 모습을 지니도록 회복시켜 주는 분이다. 평소에도 수많은 병자와 불구자를 고친 예수가 안식일이라 해서 육체적으로 고통을 받고 있는 이들을 외면했다면 그것이 오히려 이상한 일이다. 안식일에 베데스다 못에서 사람을 치유한 것을 문제 삼는 유대인들에게 예수는 내 아버지께서 이제까지 일하시니 나도 일한다고 했다. 수종병의 고통과 18년 동안 꼬부라져 받은 허리의 고통에서 해방시켜 주려고, 그리고 38년간 누워 있는 사람을 걷게 하고, 마른 손을 정상으로 만들고, 제대로 보지 못하던 눈을 고쳐 주려고 예수는 안식일에도 일을 했다. 한순간이라도 빨리 우리의 본모습으로 회복시켜 하나님이 만들어 준 그 형상으로 회복되어 하나님 안에서 즐거움을 얻는(사 58:14) 안식일이 되기를 바랐다.

셋째로 예수는 〈온몸을 성하게 하는 안식일〉을 말하고 있다. 예수는 "모세의 율법을 범하지 않으려고 안식일에도 할례를 받거든 내가 안식일에 사람의 온몸을 성하게 해 주었다고 해서 어찌하여 나에게 분개하느냐 겉모양으로 판단하지 말고 공정한 판단을 내리라"(요 7:23-24)고 말한다. 할례의 근거는 모세의 율법이 아니고 그보다 훨씬 전 하나님이 아브라함과 맺은 언약의 표시다. 유대인들은 그 언약을 지키기 위해 안식일이라 해도 피를 흘리는 것이다. 그래서 예수는 사람이 제정신이 들게 하고 육체가 고장 나거나 작동이 안 되는 부분을 고쳐주는 일을 하고 있는데 공정한 판단을 해보라는 것이다. 사람들이 육체적으로 정신적으로 병들어 있는 현대 사회를 생각해 보라. 사람을 성하게 하는 일이 얼마나 중요한가.

11-8 우리가 지키는 주일은 히브리인들의 안식일의 기원과 일치한다. 예수가 부활한 날이 안식일 다음날이었다. 기독교는 유대교와 달리 예수의 부활이 핵심이다. 예수가 죽은 후 부활한 예수가 문을 닫고 두려워하는 제자들을 찾아갔는데 그날이 안식 후 첫날(요 20:19)이었다. 주일은 주의 날, 주님께 속한 날이라는 뜻인데 계시록(1:10)의 저자는 '주의 날에 내가 성령에 감동되었다'고 한다. 주의 날은 사도 시대부터 지키고 있는 기독교인의 예배일로 한 주간의 첫날인 일요일을 말한다. 고대 바빌론 사람들은 한 주간을 칠 일로 보고 날마다 별들의 이름을 붙였는데 일요일은 태양의 신을 기리어 붙여진 명칭이다. 그래서 초창기 기독교인들은 일요일이란 이름을 무척 기피했다고 한다. 사도행전이나 고린도전서에는 '그 주간의 첫날'이라는 표현이 나온다.

초대 교부들은 더 이상 안식일을 지키지 말고 주일을 준수하여 새 소망을 가지라고 했다. 일부 교부들은 제8일째 할례 관습이 주일 준수의 예라고 하면서 할례의 참된 구현이 주일이라고도 했다. A.D. 321년 콘스탄티누스 황제가 칙령을 내려 존엄한 태양의 날인 일요일을 휴일로 지정했다. 다행히 일요일인 이날에 기독교인들은 공식적으로 예배를 드릴 수 있게 되었다. 가이사랴의 주교인 유세비우스는 시편 118편 24절의 '이날'을 '주의 날'로 보았다. '이날은 여호와께서 정하신 것이라 이날에 우리가 기뻐하고 즐거워하리라'. 그리고 A.D. 325년에 유대력이 아닌 로마인들이 사용하는 율리우스력을 채택하고 A.D. 343년에 '주의 날'을 '주일'로 명칭을 고쳤다.

그런데 주일이 사라진 사건이 발생했다. 프랑스 혁명으로 수립된 공화 정부는 비가톨릭화와 함께 이성에 기초한 신문화 창조를 목적으로 시간, 공간, 생활습관을 재구성하고 재구축했다. 혁명 정부는 시간 혁명의 일환으로 당시의 그레고리력을 폐지하고 1793년부터 1805년까지

12년 동안 새 달력을 사용했다. 하루를 10시간, 1시간은 100분, 1분은 100초로 하고 한 주간 7일제를 없애고 십진법에 따른 10일을 단위로 하였다. 쉬는 날은 매 5일에 반일 그리고 매 10일에 하루를 쉬어 한 달에 4.5일을 쉴 수 있게 하였다. 365일을 30일로 나누고 5-6일을 축제일로 삼았다. 주일이 사라진 것이다. 주일을 지키는 것이 쉽지가 않았다.

나폴레옹 1세는 황제가 된 후 가톨릭과 화해의 차원에서 1806년 1월 1일 자로 12년간 사용되던 새 달력 소위 공화력을 폐지하고 그레고리력으로 돌아갔다. 그런데 1871년 파리코뮌 당시 잠깐 공화력을 다시 사용하기도 했다.

12. 너희에게 화가 있으라

〜⁓⁕⁓〜

12-1 예수는 유대 지도자들로 인해 야기된 문제들과 그들의 위선에 대해 고발하고 있다. 마태는 서기관과 바리새인들에게 말하고 있고 누가는 율법 교사와 바리새인을 구분해서 각각 세 가지씩을 말하고 있다. 서기관이나 율법 교사는 같은 직업군에 속하고 서기관이나 율법 교사들은 대부분 바리새인들이기 때문에 크게 보면 유대교 지도자들이라 하겠다.

마태는 일곱 가지에 대해(23:13-36), 그리고 누가는 다섯 가지 화에 대해(11:42-52) 말한다. 그중 네 가지는 공통이라서 모두 아홉 가지에 대한 화를 말한 셈이다. 예수는 유대 지도자들과 토론 후 제자들에게 서기관과 바리새인들을 본받지 말라고 하고 이어서 '화있을 진저'라는 말씀을 한다. 그러나 누가는 12장에서 화 있을진저와 관계없이 '바리새인의 외식을 주의하라'는 말씀을 계속하고 있다. 예수 당시 서기관과 바리새인들이 종교적 형식주의에 흐르고 율법 준수에 융통성이 전혀 없고 종교적 허세를 부리며 경건한 위선자 노릇을 했다는 데에는 의심의 여지가 없다. 예수는 바로 이런 그들을 고발하고 있는 것이다.

'화 있을진저'란 무슨 말인가. 화는 헬라어 우아이$_{Ouai}$ 영어로 Woe로 슬픔이나 연민이지만 여기서는 저주에 가까운 악담으로 해석될 수 있다. 화 있을진저는 Woe to you로 분노 섞인 저주의 선언임과 동시에 비통한 심정의 토로라 하겠다. 문장에 따라 조금씩 그 의미가 다르다. 예를 들어 예수가 고라단과 벳새다를 향해 반복해서 화가 있다고 한 것은 탄식보다는 저주에 가깝다고 하겠다. 새번역은 저주라고 한다. 주석서에 따라 책망, 비난, 재앙, 고발 등으로 해석하고 있다.

마태는 서기관과 바리새인들을 외식하는 자들이라고 한다. 외식이라는 헬라어 hypokrite로 가면을 쓰고 자기가 아닌 다른 사람의 모습으로 생각하고 행동하는 연극배우를 말하는데 가장하는 자pretender라는 의미도 있다. 레이몬드 브라운은 여기에는 '불성실한 이'라는 뜻뿐 아니라 '지나치게 세심한 이'라는 뜻도 있다고 한다.

마태는 '화 있을진저'와 관계없이 '외식하는 자' 즉 위선자들에 대한 지적이 많다. 구제(6:2)에 대해, 금식(6:6)에 대해, 판단이나 비판(7:5)에 대해, 부모 공경(15:5-7)에 대해, 하나님 섬김(15:8)에 대해 외식하는 자들을 책망하고 있다. 최근 번역 성경들은 외식하는 자를 위선자라고 한다. 예수의 말씀대로 모두 눈먼 인도자들이었다.

그런데 여기서 우리가 생각해 볼 것은 오늘날 우리 사회 지도자들의 위선을 감히 하나하나 지적하면서 화가 있으라고 말하는 종교 지도자가 있는가 하는 것이다.

12-2 구약의 예언자들 역시 화 있으라는 비난을 하였다. 이사야 30장과 31장은 '화 있으라'로 시작하고 있다. 이사야는 이스라엘을 패역한 자식들이라고 하며 화 있을진저라고 하고 이스라엘이 거룩한 이를 앙모하지 아니하고 여호와를 구하지 아니한다고 화 있으라고 한다. 그리고 구체적으로 땅을 차지하려는 자, 독주와 포도주에 취하는 자, 악을 선하다 하는 자, 스스로 지혜롭다 하는 자, 포도주와 독주를 잘 빚는 자를 지적한다(사 5:8-22). 예레미야는 백성들에게 심판이 임한다고 하며 우리에게 화 있도다(렘 4:13)라고 하고 여호야 김 왕에 대해 화 있을진저

(렘 22:13)라고 하고 내 목장의 양 떼를 멸하며 흩어지게 하는 자는 화 있으라(렘 23:1)고 했다. 또한 바벨론을 심판하면서 그들에게 화 있도다, 벌 받을 때가 이르렀다(렘 50:27)고 했다. 에스겔은 예루살렘을 방자한 음녀라고 하며 너는 화 있을진저, 화 있을진저(겔 16:23)라고 했다. 아모스는 심판에 대해 말하면서 화 있을진저(암 5:18)라고 하고 백성들의 머리인 지도자들에게 화 있을진저(암 6:1)라고 했다. 나훔은 니느웨 성에 대해 화 있을진저(나 3:1)라고 하고 하박국은 자기 소유 아닌 것을 모으는 자라고 하며 화 있을진저 (합 2:6)라고 했다. 이처럼 예언자들은 화 있을진저 라는 말씀을 심판이나 멸망의 시기에 경고하기 위해 또한 잘못을 하나하나 지적할 때 말하고 있다. 예수는 예언자들의 전통을 이어받은 자로서 당시 종교 지도자들을 향해 화가 있으라고 외쳤던 것이다.

12-3 예수의 우선적인 지적은 서기관과 바리새인들 즉 지도자들에게 화가 있다고 한다. 지도자 자신들의 문제를 우선적으로 지적하고 있다. 예수는 그들의 문제를 몇 가지 열거하고 있는데 그들이 사람들 앞에서 천국 문을 닫고 지식의 열쇠를 가져가 버리거나 새 신자를 더 나쁘게 인도하고 또한 남에게 짐을 지게하고는 모른척하기 때문이라고 한다. 무엇보다도 이들은 천국에 가는 것을 가로막거나 하나님에 대한 지식의 열쇠를 가로채는 나쁜 위선자라는 것이다.

(1) 화 있으라: 천국 문을 닫고(마 23:13). 지식의 열쇠를 가져가는 자들아(눅 11:52).

예수는 외식하는 서기관과 바리새인들이 천국 문을 닫아 자기도 들어가지 않고 들어가려고 하는 사람도 들어가지 못하게 한다는 것이다(마 23:13). 그들은 무서운 죄를 짓고 있었다. 천국은 하나님의 뜻이 이루어지는 곳이다. 그들은 복음의 메시지를 방해함으로 자신들은 물론이고 복음을 받아들이려는 자들도 못 들어가게 한다. 율법적인 생활이 하나님 나라와 거리를 멀어지게 한다. 그래서 예수는 천국은 침노하는 자가 빼앗는다(마 11:12)고 했는가. 천국에 대해 적극적인 자가 그들의 방해를 뚫고 천국을 빼앗는 것이라는 말인가. 예수는 천국 열쇠를 베드로에게 주겠다고 했는데 더 이상 서기관과 바리새인들에게 맡길 수 없다는 것이리라.

누가는 '화 있으라 율법 교사여 너희가 지식의 열쇠를 가져가서, 가로채서 너희 스스로도 들어가지 못하고 또 들어가려고 하는 사람도 막았다'(눅 11:52)고 한다. 율법 교사는 지식의 열쇠를 갖고 있다고 하는데 하나님 말씀에 대한 율법 교사의 권위를 말한다. 율법 교사는 자기 역할을 제대로 못해서 비난을 받아야 했다. 여기서 지식은 세상 지식이 아니라 율법에 관한 지식이고 율법에 관한 지식은 하나님을 바로 알아야 얻을 수 있는 것이다. 호세아는 번제보다 하나님 알기를 더 바란다(호 6:6)고 했다. 바울은 '네 지식으로 그 믿음이 약한 자가 멸망하는 것'을 경계하였다(고전 8:10-11).

그런데 그들이 지식의 열쇠를 가져가 버려서 자기들도 못 들어가고 다른 사람이 들어가는 것도 막는다는 것이다. 그들이 가진 지식의 열쇠는 하나님에 관한 지식이 아니라 복잡한 규율과 어려운 지식으로 만들어진 율법의 열쇠다. 누가에는 천국을 가로막고 있다는 말은 없다. 누가는 율법 교사의 문제는 하나님에 대한 지식을 잘 알려주어야 하는 의무가 있음에도 불구하고 그 지식에 접근하지 못하게 한다는 것이다. 지금도 기독교 지도자들 중에 천국 문을 가로막고 있거나 하나님에 대한 지식을 왜곡시키는 자들이 없다고 할 수는 없을 것이다.

(2) 화 있으라: 배나 더 지옥 자식이 되게 하는 자들아(마 23:14).

마태는 계속해서 예수가 외식하는 지도자들을 향해 '너희는 교인 한 사람을 얻기 위하여 바다와 육지를 두루 다니다가 생기면 너희보다 배나 더 지옥 자식이 되게 한다'(마 23:14)고 했다. 마카비 항쟁 이후 하스몬 왕조가 한때 주변 지역으로 영토를 확대하면서 유대교화 정책을 추진하기는 했으나 유대교가 이방인 개종자를 얻기 위한 선교를 적극적으로 했다고 보기는 어렵다. 유대인들은 자신들만이 하나님으로부터 선택받은 백성이라고 믿었다. 그러나 로마제국 내 150여 곳에 이르는 시나고그는 개방되어 있었고 디아스포라 유대인들은 유대교에 관심 있는 이방인들을 환영했다. 아마도 선교 지향적인 디아스포라에 의해 개별적으로 행했다고 보아야 하겠다.

예수는 유대교의 새 신자가 생기면 서기관과 바리새인들보다 배나 더 지옥 자식이 되게 한다고 비난했다. 대체로 개종자는 기존 유대인들보다 열심일 것이다. 그런데 왜 배나 더 지옥 자식이 된다는 것인가. 바울은 율법 안에서 의롭다 함을 얻게 하는 것이 문제라고 했다(갈 5:4). 새 신자는 율법에 더 충실하고 규례에 순종(골 2:20)하며 사람의 명령과 가르침을 따르기 때문에 두 배나 더 지옥 자식이 되어 버리게 된다는 것이다.

(3) 화 있으라: 어려운 짐을 지게 하는 자들아(눅 11:46).

누가도 계속해서 율법 교사들에게 화가 있으라고 한다. 지기 어려운 짐을 사람에게 지우고 너희는 한 손가락도 이 짐에 대지 않는다(눅 11:46)는 것이다. 어려운 짐의 원뜻은 무겁고 어려운 짐이다. 그래서 여기서의 짐은 진짜 짐이라기보다는 율법을 지키기 위해 만든 각종 규정을 말한다고 하겠다. 그런데 율법 교사들이 짐을 지게하고는 그것으로 끝이라는 것이다. 잘 지고 갈 수 있도록 도와주어야 하는데 모른 척 한다는 것

네 개의 시선으로 본 예수의 생애

이다. 사도행전에서 베드로는 율법을 지키는 일을 감당하기 힘든 멍에(15:10)라고 했다. 율법의 무게를 덜어주는 일에 힘을 보태야 하는 그들 아닌가. 예수는 수고하고 짐 진 자들은 다 내게로 오라 내 멍에는 쉽고 내 짐은 가볍다(마 11:28-30)고 한다.

(4) 화 있으라, 회칠한 무덤(마 23:27-28)과 평토장한 무덤(눅 11:44-45) 같은 자들아.

예수는 계속해서 외식하는 서기관이나 바리새인들, 율법 교사들에게 무덤 같은 자들이라고 하며 화가 있으라고 한다. 마태는 회칠한 무덤이라고 하고 누가는 평토장 한 무덤 같다고 하는데 마태와 누가 모두 자신이 속한 공동체의 배경을 반영한 표현으로 보인다. 에스겔은 허탄한 예언을 하는 선지자를 회칠하는 자(겔 13:11)라고 하고 장차 무너질 예루살렘 성을 회칠한 담(:14)이라고 했다. 속이 비고 겉만 뻔지르르하다는 말이다. 예수는 무덤들에 대한 비유와 함께 잔과 접시를 예로 들어 너희의 속도 깨끗해야 함을 말하고 있다.

부림절인 아딤월 15일에 무덤에 회칠을 한다. 무덤을 하얗게 칠함으로 사람들 눈에 띄게 하려는 것이고 혹시라도 무덤인 줄 모르고 접촉하여 부정해지는 것을 막기 위해서다. 민수기에는 시체나 사람의 뼈나 무덤을 만진 자는 이레 동안 부정하다고 한다. 그런데 부정한 자가 만진 것은 무엇이든지 부정하다. 정결 예법에 따라 일곱째 날에 미리 만들어 간직해 둔 부정을 씻는 물, 정결하게 하는 물을 뿌려 정결해질 수 있다.

예수의 말씀처럼 회칠한 무덤은 겉으로는 아름답게 보이나 그 속에는 죽은 사람의 뼈와 모든 더러운 것들이 가득하다. 예수는 서기관과 바리새인들에게 이와 같이 너희도 겉으로는 사람들에게 옳게 보이되 안으로는 외식과 불법이 가득하다고 한다. 그들의 위선과 불법은 죽은 사람의 뼈와 같은 더러운 것들이라고 한다. 예수는 지도자들의 이중성 즉 안과 밖의 다름을 지적하고 있다.

누가에서의 평토장한 무덤은 그 위를 밟는 사람이 알지 못한다. 평토장 한 무덤은 감추어진 듯이 잘 식별할 수 없다. 평토장한 무덤을 밟고 지나간 사람이 접촉한 사람이나 물건 역시 부정해진다. 무덤에 스치거나 무덤을 밟음으로 부정해진 자는 정결해지기 전에는 성전에 들어갈 수 없다. 누가에서의 평토장한 무덤 같은 자들이란 자기도 모르는 사이에 부정을 옮기는 자라고 할 수 있다. 정결해지기는 어렵고 부정해지기는 아주 쉽다. 본인의 부정한 행위와 관계없이 부정해진다. 율법 교사의 가르침이 평토장한 무덤일 수 있다.

예수는 지도자들의 안과 밖이 다른 이중성을 지적하고 또한 부지 중 전파되는 그들의 부정을 지적하고 있다. 예수는 지도자들에게 인간이 추구해야 할 높은 수준의 윤리적 기준을 제시하고 있다. 산상수훈에서 "간음하지 말라 하였으나 나는 너희에게 음욕을 품고 여자를 보는 자마다 마음에 이미 간음하였다"(마 5:27-28)고 한다.

(5) 화 있으라: 너희 속에 탐욕과 방탕(마 23:25-26)이 가득한 자들아.

마태에서 예수는 외식하는 서기관과 바리새인들에게 화 있으라고 하며 "잔과 접시의 겉은 깨끗이 하지만 그 안에는 탐욕과 방종이 가득하다 너희는 먼저 잔 속을 깨끗이 하라 그리하면 겉도 깨끗하게 될 것이다"고 했다.

마태와 마가에서 장로들은 전통에 관한 논쟁의 첫 번째로 손 씻기 문제를 거론하는데 이때에도 서기관들과 바리새인들은 제자들이 식사 때 손 씻지 않은 것을 지적한다(마 15:1-2, 막 7:1-2). 누가에는 같은 말씀이 있으나 '화 있을진저'는 아니다. 한 바리새인이 예수를 점심 식사에 초대하였는데 예수가 잡수시기 전에 손을 씻지 아니하는 것을 보고 이상히 여기자 예수는 "지금 잔과 접시는 깨끗이 하나 너희 속에는 탐욕과 악독이 가득하다"고 하며 "그 속에 있는 것 즉 탐욕과 악독으로 자선을 베풀라"고 했다(눅 11:37-41)고 한다. 한마디로 마음속의 더러움을 지적하면서 먼저 속을 정결하게 하라고 한다. 예수의 말씀을 기억하는 이들이 지도자들의 위선을 말하지만 이야기의 전개가 조금씩 다르다고 하겠다.

예수가 종교의례로서의 정결이 아니라 종교가 추구하는 인간의 진정한 정결의 문제를 유대교와 연결하여 말씀하고 있는 것은 분명하다. 잔과 대접을 깨끗이 하거나 쏜 씻기를 통해 궁극의 정결을 찾을 수 없다는 것이다. 인간의 속마음이 정결해야 한다는 것이 중요함을 지적하고 있다. 산상수훈의 팔복 중에는 "마음이 청결한 자는 복이 있나니 그들이 하나님을 볼 것이라"(마 5:8)고 했다. 시편 기자는 손이 깨끗하며 "마음이 청결한 자는 여호와께 복을 받고 하나님께 의를 얻는다"(24:4-5)고 했다. 구약시대나 그 이후에나 지금도 마찬가지로 마음이 청결한 자는 복을 받을 것이다.

유대 지도자들은 규정에 따라 손 씻기를 철저히 준수하였으나 예수는 그대로 하지 않았다. 손 씻는 문제를 일으킴으로 그들 인격과 신앙생활의 이중성을 폭로하고 있다. 장로들의 유전인 손 씻기에 대해서 예수는 '너희의 계명을 지키느라 하나님의 계명을 잘 저버린다'(막 7:9)고 말했다. 누가에서의 예수는 오히려 너희 탐욕과 악독으로 즉 그와 같은 자세로 욕심내어 악착같이 자선을 베풀면 너희 속이 정결해진다고 한다.

(6) 화 있으라: 선지자들을 박해하는 자들아(마 23:29-34, 눅 11:47-49).
예수는 지도자들의 가장 큰 문제가 선지자들을 박해하고 죽이는 것이라고 한다. 마태와 누가 공히 선지자들을 죽이고 박해하며, 외식하는 서기관들과 바리새인들에게 화가 있으라고 한다. 예수는 '그들이 선지자들의 무덤을 만들고 의인들의 비석을 꾸미며 우리가 그 당시에 살았더라면 선지자가 죽임을 당하지 않았을 것이라'(마 23:29-30)고 한다는 것이다. 그리고 예수는 "내가 선지자들과 지혜 있는 자들과 서기관을 그들에게 보내는데 더러는 죽이고 또 박해하리라"(마 23:33-34, 눅 11:49)고 한다. 마태에서 서기관은 마태 공동체에서 가르치는 사람을 말한다. 마태에서 예수는 천국의 제자 된 서기관에 대해서 말씀(13:52)한다.

누가는 하나님의 지혜를 전하는 사람들로서 선지자와 함께 사도들을 추가(11:49)시킨다. 여기의 사도는 열두 사도라기보다는 보냄을 받은 사람들이고 하나님의 지혜는 예수의 말씀이라 하겠다. 마태는 보다 구체적으로 더러는 죽이거나 십자가에 못 박고 더러는 회당에서 채찍질하고 이 동네에서 저 동네로 따라다니며 박해한다(23:34)고 했다.

마태에서 예수는 '너희 조상의 분량을 채우라'(23:32)고 하는데 죄의 양을 마저 채우라는 것이다. 그리고 '뱀들아 독사의 새끼들아 너희가 어떻게 지옥의 판결을 피하겠느냐'고 했다. 여기서 마태, 마가는 '아벨의 피로부터 사가랴의 피까지라고' 하는데 여기서 사가랴는 '스가랴'의 오기(대하 24:20-22)라고 하겠다.

예수 당시 죽은 세례 요한을 살펴보자. 요세푸스에 의하면 헤롯은 세례 요한이 사람들에게 행사하는 큰 영향이 봉기를 일으킬 수 있는 것을 두려워하여 그래서 죽임을 당한 것이라고 한다. 세례 요한과 같은 선지자가 투옥되고 죽임을 당하는 것을 보고 예수 자신도 그들에 의해 십자가에 못 박혀 죽을 것을 당연히 예상(마 23:34)할 수 있었을 것이다. 그리고 예수 이후 유대인들에 의해 돌에 맞아 죽은 스데반이나 헤롯에 의해 칼로 죽임을 당한 요한의 형제 야고보를 보라. 기독교인에 대한 박해는 로마인들이 아니라 유대인들에 의해 시작된 것이다. 그들은 조상의 죄의 분량을 채우려 했다. 로마인들에 의한 박해는 로마 대화재 이후다.

(7) 화 있으라: 십일조는 드리고 정의, 긍휼, 믿음(마 23:23-24), 공의, 하나님에 대한 사랑(눅 11:42)을 버리는 자들아.

예수의 화 있으라 중에서 우리의 신앙생활과도 관련된 것으로 십일조에 대해 지도자들을 비판한다. 십일조는 유대교의 중요한 규례이다. 예수는 '너희가 박하와 회향과 근채의 십일조는 드리되 율법에 더 중한 바 정의와 긍휼과 믿음은 버렸다. 그러나 이것도 행하고 저것도 버리지 말아야 한다'(마 23:23-24)고 했다. 농산물에 관한 십일조는 신명기에 곡식과 포도주와 기름으로 되어 있다. 박하, 회향, 근채는 포함되어 있지 않다. 여기서 회향은 향신료로 쓰는 풀 시라이고 근채는 미나리과에 속하는 소회향이라고 한다. 예수 당시에는 십일조에 포함되어 있지 않은 것까지도 십일조로 드려야 했다. 지나치게 드리는 십일조다. 서기관과 바리새인들이 성전에서 필요한 물품을 세분하여 규율을 만들어 그렇게 하라고 한 것이다. 미쉬나에는 회향과 근채는 물론이고 땔 나무까지도 십일조로 드려야 한다고 했다.

예수는 규례 자체를 강화한 바리새인들을 비난하며 진짜 해야 할 것들을 잊어버린 그들에게 화를 선포한다. 마태는 그들이 십일조로 버린 것이 정의, 긍휼, 믿음이라고 하고 누가는 공의, 그리고 하나님에 대한 사랑의 소홀이라고 한다. 예수는 율법에서 중요하게 여기는 것들과 하나님이 진정으로 기뻐 받으실 것이 무엇이냐고 묻고 있다. 정의, 긍휼, 믿음, 공의 그리고 나아가 하나님에 대한 사랑을 대수롭지 않게 여겨서는 안 되고 이것도 행하고 저것도 버리지 말아야 한다고 했다.

선지자 미가는 하나님 앞에 가지고 나갈 것은 정의, 사랑, 겸손이라고 한다. 미가는 '내가 무엇을 가지고 여호와 앞에 나아가며 높으신 하나님께 경배할까'라고 자문하다가 '천천의 숫양이나 만만의 강물 같은 기름을 기뻐하실까 아니면 내 몸의 열매를 드릴까'라고도 한다. 그러다가 '여호와께서 네게 구하는 것은 오직 정의를 행하며 인자를 사랑하며 겸손하게 네 하나님과 함께 행하는 것'(미 6:6,8)이라고 한다.

마태에서 예수는 외식하는 서기관들과 바리새인들이라는 말 대신에 '맹인된 인도자'라고 불렀고 하루살이는 걸러 내고 낙타는 삼킨다(마 23:24)고 말씀한다. 이것은 풍자적인 표현으로 하루살이나 낙타 모두 불결한 것들이라고 한다. 그런데 그들은 사소한 불결을 피하기 위해 하루살이를 걸러 내는 노력을 하지만 결국 가장 불결한 낙타에 대해서는 피하지 못하고 삼킨다는 것이다. 십일조를 드리면서 사소한 것에는 민감하고 철저히 지키려 하지만 큰 원칙에 대해서는 무심하다는 말씀이리라. 예수는 지금의 우리 십일조 관행에 대해 무엇이라 말씀할까.

(8) 화 있으라: 맹세를 잘 모르는 자들아(마 23:16-22).

여기서는 외식하는 서기관들과 바리새인들이라는 표현 대신 '눈먼 인도자' 또는 맹인이라고 부른다. 바울은 유대인들이야말로 맹인의 길을 인도하는 자(롬 2:19)라고 한다. 서기관이나 바리새인들은 맹세의 방법과 효능에 대해 말한다. 현대인의 시각으로는 잘 납득할 수 없는 말이다. 성전이나 제단으로 맹세한 것은 안 지켜도 되고 성전의 금으로나 제단의 예물로 맹세한 것은 지켜야 한다는 것이다. 예수는 성전의 금이 중요한 것은 성전이 있기 때문이고 제단의 예물이 중요한 것은 제단이 있기 때문이라고 하며 결국 성전이나 제단, 금이나 예물로 맹세하는 것은 거기에 임재하여 계신 분 즉 하나님께 맹세한 것이고 하늘로 맹세하는 것 역시 하늘 보좌에 계신 하나님에게 맹세하는 것이라고 한다. 결과적으로 맹세는 모두 하나님께 하는 것이다. 맹세는 하나님을 증인으로 세우는 것이다. '내 혀의 말을 알지 못하시는 것이 하나도 없는 여호와이시다'(시 139:4). 하나님께서 하나님 앞에서 하는 맹세를 듣지 아니하실 리가 없다. 맹세를 모르기 때문에 맹세를 한다는 것이다. 그래서 퀘이커나 재세례파 교회는 일반 법정에서의 선서까지 거부하고 있다.

산상수훈에서 예수는 '나는 너희에게 말한다. 아예 맹세하지 말라. 하늘을 두고도 맹세하지 말라. 그것은 하나님의 보좌이기 때문이다. 땅을 두고도 하지 말고 네 머리를 두고도 하지 말라'고 한다. 그리고 이어서 '예'할 때는 예라는 말만 하고 '아니오'할 때는 아니오라는 말만 하라 이보다 지나친 것은 악이라(마 5:34-37)고 말씀했다. 예수는 구약에서는 '맹세한 것은 지켜야 한다고 하지만 나는 너희에게 아예 맹세를 하지 말라'(마 5:33)고 한다. 맹세는 대인관계의 일로서 그 자체가 말로 행하는 죄악이 될 수 있다.

예수는 맹세의 해악을 지적한다. 왜 인간에게 맹세가 필요한 것인가. 불의와 불신이 원인이다. 사람이 성실하고 진실하게 말하면 맹세가 필요 없다. 혹시 옳은 것을 그르다고 하기 위해서나 그른 것을 옳다고 하기 위해 그리고 없는데 있다고 하기 위해서나 있는데 없다고 하기 위해 나아가 사람들은 할 수 있을지 없을지 또는 일어날지 안 일어날지 모르는 일에 신의 이름을 걸고 맹세한다. 예수는 맹세가 부질없고 의미 없다고 한다. 진실이 중요하고 그것은 하나님이 아시기 때문이다.

산상수훈에서 예수는 맹세가 필요 없는 세상을 말하고 있다. 하나님 나라를 대망하고 있는 우리는 신앙인으로서 모든 일에 무슨 거리낌이나 부끄러움이나 두려움이나 욕심이나 꾸밈이나 숨김이 없이 사실대로 있는 그대로 정정당당히 예할 것은 예라고 하고 아니오 할 것은 아니오라고 하면 되는 것이다. 예수의 맹세에 관한 말씀은 기독교인으로서의 삶의 자세를 지적하고 있는 것이리라.

(9) 화 있으라: 거들먹거리기 좋아하는 자들아(눅 11:43).

누가만이 바리새인들에게 화가 있으라고 저주하고 있지만 공관복음서 모두 다루고 있는 예수의 말씀이다. 유대 종교 지도자들은 잘난 체하고 남을 업신여기고 함부로 행동하며 과시하고 거만하게 굴었다. 그들은 모든 행동을 사람에게 보이고자 했다. 당시 거들먹거리기 좋아하는 자들을 살펴보자.

긴 옷을 입고 다니고(막 12:38, 눅 20:46) 검은 띠를 넓게 하며 옷 술을 길게 하고(마 23:5) 시장에서 문안받는 것을 좋아하고(마 23:7, 막 12:38, 눅 20:46) 회당의 높은 자리와 잔치의 윗자리를 원하고(마 23:6, 막 12:39, 눅 20:46) 사람에게 랍비라 칭함을 좋아한다(마 23:7)는 것이다. 오늘날에도 마찬가지다. 종교 지도자는 물론 사회 각계 지도자들이 자신의 지위와 위치를 과시하고 있고 특별히 자신들에 대한 호칭에 신경을 쓰고 있다. 말세를 살아가는 기독교인의 삶의 자세는 어떠해야 할까.

13. 깨어 있어라

13-1 예수의 깨어 있으라는 비유는 크게 두 가지다. 임박한 종말에 대비하는 비유와 지연된 종말에 대비하는 경우라 하겠다. 즉 당장 오늘 밤에 오는 주인을 기다리는 경우와 주인이 장기간 부재했을 때의 경우라고 하겠다. 그런데 주인이 장기간 출타 중일 때 역시 두 가지인데 충성되고 진실한 종의 경우가 있고 악한 종의 경우가 있는 것이다. 예수의 비유처럼 구약의 하박국에는 묵시에 관한 말씀이 있다. "이 묵시는 정한 때가 있나니 그 종말이 속히 이르겠고 결코 거짓되지 아니하리라 비록 더딜지라도 기다리라 지체되지 않고 반드시 응하리라"(합 2:3)고 한다.

깨어 있으라는 비유는 공관복음서 내에 마태에 3개, 마가에 1개, 누가에 4개 등 모두 8개가 있다. 마가는 문지기 종에 관한 비유만 있다. 마태는 집주인과 도둑, 충성되고 지혜 있는 종, 악한 종의 비유 등 세 가지가 있다. 누가는 마가의 문지기 종과 같은 기다리는 종, 집주인과 도둑, 지혜 있고 진실한 청지기, 악한 종의 비유 등 네 가지가 있다.

'깨어 있으라'의 비유 중에 당장 오늘 밤에 오는 주인의 경우에 해당되는 대표적인 것으로는 누가에 있는 '기다리는 종'의 비유가 있다. 그리고 집주인 즉 우리의 책임을 강조한 것으로는 마태와 누가에 나오는 '도둑의 비유'가 있다. 주인이 부재중일 때 경우는 마가의 기다리는 종의 비유가 대표적인 것이라 하겠다. 그리고 마태와 누가에는 '충성된 종의 비유'와 '진실한 청지기의 비유'가 있고 반대로 장기간 출타 중일 때 나쁜 짓을 하는 악한 종의 비유도 있다.

13-2 '깨어 있으라'는 말씀은 공관복음서의 공통 기사이고 종말 강화에 해당하며 예수의 재림을 말하고 있다. 바울은 이 시기를 자다가 깰 때라고 하며 이제 우리의 구원이 처음 믿음 때보다 가까웠다(롬 13:11)고 한다. 그리고 그때를 대비해서 윤리적이고 도덕적인 경고를 한다. '단정히 하라, 방탕하거나 술 취하지 말라, 음란하거나 호색하지 말라, 다투거나 시기하지 말라, 육신의 일을 도모하지 말라'(롬 13:13)고 한다.

종말 강화로서 마태와 마가에서 예수는 '깨어 있으라 어느 날에 너희 주가 임할지(마 24:42), 그때가 언제일지(막 13:33) 알지 못한다'고 한다. 마가는 '주의하라, 깨어 있으라'고 강조한다. 누가에서 '이날'은 인자의 날(21:27)의 날이고 종말의 날이다. 예수는 결론적으로 '항상 기도하며 깨어 있으라'(눅 21:36)고 한다.

누가에서 예수는 '스스로 조심하라'고 하는데 그 이유는 '그날'이 덫과 같이 임하기 때문이고 또한 지구상에 거하는 모든 사람에게 '이날'이 임하기 때문이라고 한다. 디모데후서는 "깨어 마귀의 올무에서 벗어나라"(딤후 2:26)고 한다. 덫은 짐승이 자주 다니는 길에 좋아하는 미끼를 설치하여 걸리게 하는 것이다. 예수는 '뜻밖에 그날이 덫과 같이 너희에게 임한다'(눅 21:34)고 했다. 그래서 평소에 깨어 있는 생활을 유지하도록 하라고 한다. '스스로 조심하라 그렇지 않으면 방탕함과 술 취함과 생활의 염려로 마음이 둔하여진다'고 한다. 여기서 덫이란 우리의 상투적 행위, 습관적 행동, 방심, 유혹, 불필요한 호기심 등이며 이런 것에 조심하지 않으면 그날에 대비할 수 없게 된다는 것이다. 사실 이런 것들은 기독교인으로 종말뿐 아니라 평소에도 지켜야 하는 것들이다.

마가는 종말 강화에서 누가처럼 '너희는 스스로 조심하라'고 하는데 그 이유는 너희를 공회에 넘겨 매질(막 13:9)하려 하기 때문이라고 한다. 그런데 마태에서 '삼가라'(마 10:17)와 누가에서 '조심하라'(눅 21:34)는 헬라어 prosecho로 같은 단어다. 마가에서 '조심하라'(13:9), '삼가라'(막 13:23), '주의하라'(13:33)는 헬라어 blepo로 같은 단어다.

누가에서 예수는 '너희는 장차 올 이 모든 일을 능히 피하고 인자 앞에 서도록 항상 기도하며 깨어 있으라'(12:36)고 한다. 이처럼 시간이 흐르면서 기도를 강조(골 4:2, 엡 6:18))하고 있다. 그리고 신앙생활에 경성을 촉구하는 말 즉 자지 말고 오직 정신을 차리라(살전 5:6-8), 근심하라 깨어라 마귀가 삼킬 자를 찾는다(벧전 5:8)는 말로 바뀌어 가게 된다.

13-3 깨어 기다리는 종에 대해 마가는 지연된 종말론으로 '문지기 종'(막 13:34-37)이 있고 누가는 임박한 종말론으로 '문을 열어 주려고 기다리는 종'(눅 12:35-38)의 비유가 있다.

마가에만 있는 문지기 종의 비유는 주인이 타국에 가 있는 경우다. 지연된 종말에 대해 대비하라는 말씀이기는 하나 예수는 세 번(13:34,35,36) '깨어 있어라'고 당부한다. 예수는 주인이 타국에 가면서 종들에게 권한을 주어 각각 사무를 맡기는데 문지기에게는 깨어 있으라고 당부했다고 한다. 문지기는 집에 들어오고 나가는 사람을 확인하여 공동체의 안전을 지키고 도둑을 예방하며 악한 세력의 침투를 막기 위해 깨어 있어야 하는 것이다. 또한, 문지기는 주인이 언제 돌아올지 모르기 때문에 깨어 있어야 한다. 혹 저물 때인지 밤중일지 닭 울 때일지 새벽일지 너희는 모른다는 것이다. 예수는 그가 홀연히 와서 너희가 자는 것을 보지 않도록 하라고 하며 '깨어 있으라'는 이 말은 '모든 사람에게 하는 말'이라고 한다. 여기서 집주인은 예수다.

누가에는 마가와 비슷한 "문을 열어주려고 기다리는 종"의 비유가 있는데 임박한 종말에 대비하라고 한다. 예수는 '너희는 허리에 띠를 띠고 등불을 켜 놓고 서 있어라. 마치 주인이 혼인 잔치에서 돌아와서 문을 두드릴 때, 곧 열어 주려고 대기하고 있는 사람들과 같이 되어라. 주인이 와서 깨어 있는 것을 보면 그 종들은 복되다. 내가 너희에게 진정으로 말한다. 그 주인이 허리를 동이고 그들을 식탁에 앉히고 곁에 와서 시중을 들 것이라'고 한다.

허리에 띠를 띠고 등불을 켜고 서 있으라는 것은 복장과 장비를 갖추고 대비하라는 것이다. 그런데 이들은 문을 두드리면 곧 열어 주려고 기다리는 사람들이다. 소방관들이나 군대의 5분 대기조, 경비회사 긴급대응팀과 같다. 누가에서 예수는 비상 대기하는 사람들의 모습을 통해 종말의 대비를 강조하고 있다. 이때 우리가 해야 할 일은 주인이 잔치에서 돌아와 문을 두드리면 곧 열어주려고 기다리는 것이다. 초대교회에서 이 장면은 예수의 재림을 말한다. 계시록에는 '보아라 내가 문밖에 서서 문을 두드리고 있다. 누구든지 내 음성을 듣고 문을 열면 나는 그 집에 들어가서 그와 함께 먹고 그는 나와 함께 먹을 것이다'(계 3:20)라고 한다.

누가에서 예수는 '종이 깨어 있는 것을 주인이 보면 그 종들은 복이 있다'고 하는데 그 까닭은 계시록의 말씀보다 더한 역전이 벌어진다는 것이다. 예수는 '주인이 오히려 띠를 띠고 종들을 자리에 앉히고 종들에게 수종을 들기 때문이라'고 한다. 이것은 종말의 때에 오게 될 은총의 질서, 새로운 질서의 도래를 말하고 있다. 베드로 전서에도 예수 재림 때에 받게 될 은혜를 말하고 있다. "그러므로 너희 마음의 허리를 동이고 근신하여 예수 그리스도께서 나타나실 때에 너희에게 가져다줄 은혜를 온전히 바라라"(벧전 1:13)고 한다. 주인이 돌아오는 시간이 이경 혹 삼경이라도 기다리는 종은 복이 있다고 한다. 여기서 이경이나 삼경은 한밤중을 말한다.

네 개의 시선으로 본 예수의 생애

종의 자세에 대한 또 다른 이야기가 누가에 있는데 여기에서 예수는 자신이 한 일들에 대한 보상 받기를 기대하지 말라고 경고한다. "우리는 무익한 종이라 우리가 해야 할 일을 한 것뿐이라"(눅 17:7-10)고 한다.

13-4 마태와 누가에는 깨어 있으라는 주제의 '도둑의 비유'가 각각 하나씩 있다. 집주인과 도둑의 비유는 마태(24:43-44)와 누가(12:39-40) 동일 기사다. 여기서 집주인은 우리다. 여기서 도둑은 우리가 깨어 있지 않은 것을 틈타 우리에게 찾아오는 마귀 사탄으로 보이기도 하고 몰래 오는 예수로 보이기도 한다. 집주인은 도둑이 어느 시각에 올지 몰랐기 때문에 깨어 있지 못했고 도둑이 집을 뚫고 들어오는 것을 막지 못했다. 즉 집주인이 깨어 있다면 도둑을 막을 수 있다는 것이다. 예수는 너희도 준비하고 있으라고 한다. 즉 깨어 있으라는 것이다. 왜냐하면 너희가 생각하지 못한 때, 알지 못한 때 인자가 도둑같이 오기 때문이라 하겠다. 베드로는 예수에게 이 비유를 누구에게 하는 것인지 묻는다. 우리에게 하는 것인지 아니면 모든 사람에게 하는 것인지 예수에게 물으나 그 대답은 없다(눅 12:41). 그런데 우리는 그 대답을 알고 있다. 마가에서 예수는 문지기 종의 비유에서 "깨어 있으라는 이 말은 모든 사람에게 하는 말이라"(막 13:37)고 말씀했기 때문이다.

예수가 도둑같이 온다고 한 표현으로 계시록에 '내가 도둑같이 이르리니 어느 때에 이를지는 알지 못한다'(계 3:3, 6:15)고 하고 베드로후서 (3:10)에는 지구적인 환란과 함께 주의 날이 도둑같이 온다고 했다.

13-5 지연된 종말에 대비하는 착한 종에 대한 두 가지 이야기가 있다. 오늘 밤 당장 깨어 있어야 하는 종의 비유가 아닌 주인이 장기간 출타한 경우 책임을 맡은 종과 청지기에 대한 비유다. 마태는 '충성되고

지혜 있는 종'(마 24:45-47)이라고 하고 누가는 '지혜 있고 진실한 청지기'(눅 12:42-44)라고 하는데 내용은 같다. 여기에서 예수는 질문으로 이야기를 시작하는데 충성되고 지혜 있는 종이 누구이고(마태), 지혜 있고 진실한 종이 누구냐(누가)고 한다.

종이나 청지기는 공동체의 책임을 맡고 있는, 가솔을 거느리고 있는 지도자를 말한다. 그리고 주인은 예수다. 그래서 주인이 올 때는 재림을 말한다. 지혜 있는 지도자들의 임무는 그때까지 때를 따라 양식을 나누어 주는 것이다. 마태에서 양식은 음식물을, 누가에서의 양식은 정량의 곡식 배급을 말한다. 신앙 공동체의 크기와 관계없이 공동체의 유지를 위해서는 먹거리 문제를 해결해야 하는데 이 일은 바로 책임을 맡고 있는 종이나 청지기가 해야 하는 일이다. 예수의 질문은 질문이라기보다는 그렇게 해야 하지 않느냐는 권면의 말씀이다.

예수는 주인이 오면 사명을 잘 감당한 이는 복을 받는다고 한다. 즉 주인의 모든 소유를 그가 맡게 된다(마 24:47, 눅 12:44)는 것이다. 달란트 비유에서 내가 많은 것을 네게 맡기겠다(마 25:23)고 한 것과 같다. 이 비유에서 종말을 기다리고 있는 초기 기독교 공동체의 어려움과 이를 극복해야 하는 당시 지도자들의 역할을 상상할 수 있다.

13-6 지연된 종말에 대처하는 악한 종에 대한 이야기도 두 가지 있다. 예수는 주인이 오래 집을 비웠을 때 충성된 종이나 진실한 청지기만 있는 것은 아니라고 한다. 마태와 누가에서 예수는 악한 행동을 하는 종의 비유를 말한다. 마태에는 '악한 종'이라고 하고 누가는 그냥 '종'이라고 하지만 둘 다 '악한 종'이다. 마태에서 '악한 종'은 앞에서 나온 '충성된 종'과 대비된다. 누가에서 '악한 종'은 앞에서 '진실한 청지기'와 대비된다. 그런데 이 종은 다른 종들보다 높은 지위에 있는 종이다. 누가에

서 악한 종은 '많이 받은 자'라고 비유 끝에서 말한다.

악한 종은 자기 마음대로 주인이 더디 오리라고 생각한다(마 24:48, 눅 12:45). 이 종은 주인이 없는 동안 주인행세를 한다. 다른 종들을 보살피는 책임을 다하기는커녕 오만하고 만용을 부리고 제멋대로 한다. 동료 종, 남녀 종을 때리고 술친구와 함께 먹고 마시고 취한다.

주인이 예상치 못한 날, 생각하지도 않은 날에 돌아왔다. 주인은 악한 종을 엄히 때린다. 혹독하게 처벌하는 것이다. 마태에서 예수는 '외식하는 자가 받는 벌'(24:51)이라고 했고 누가에서는 '신실하지 않은 자의 벌'(12:46)이라고 했다. 마태는 자주 쓰는 문구인 '거기서 슬피 울며 이를 갈리라'고 한다. 재림 시까지 지도자는 지위를 남용해서는 안 되고 신실해야 한다는 것이다.

누가에서 예수는 계속해서 말한다. 주인의 뜻을 알고도 준비하지 아니하고 그 뜻대로 행하지 않은 종은 많이 맞을 것이고 알지 못하고 맞을 짓을 한 자는 적게 맞을 것이라고 한다. 그리고 많이 받은 자 즉 책임을 맡은 악한 종에게는 많이 요구할 것이고 많이 맡은 자에게는 많이 달라고 할 것이라고 한다.

14. 준비하라

～⌘～

14-1 예수께서 한 '준비하라'는 말씀은 대체로 '깨어 있어라'는 말씀과 연결이 된다. 종말 강화로서 예수의 재림을 말하고 있기 때문이다. 준비하라는 말씀의 비유로는 세 개가 있는데 마태에는 '열 처녀 비유'와 '달란트 비유'가 있고 누가에는 '므나의 비유'가 있다. 예수의 이 비유들은 너무나 유명한 말씀이어서 그 내용이 잘 알려져 있다.

열 처녀의 비유(마 25:1-13)는 예수의 재림을 염두에 둔 권면의 말씀이다. 그런데 마태에서 '열 처녀 비유'는 누가에서 임박한 종말에 대비하는 '깨어 있어라'에 나오는 '문을 열어 주려고 기다리는 종'(눅 12:35-38)의 비유와 같다고 하겠다. 예수는 이 비유에서 '너희는 종이 허리에 띠를 매고 등불을 켜고 서서 주인이 문을 두드리면 곧 열어 주려고 기다리라'고 한다. 한밤중이나 새벽에 돌아오는 주인이 와서 종들이 기다리는 것을 보면 반대로 주인이 띠를 띠고 그 종들을 자리에 앉히고 나아와 수종 든다고 했다.

마태의 달란트 비유(25:14-30)는 재림이 오기까지의 기독교인의 삶에 초점이 있는데 하나님의 선물을 선용하여 열매를 맺으라고 한다. 누가의 므나의 비유(눅 19:12-27)는 포악한 왕의 비유라고도 한다. 누가에서 예수는 비유의 목적이 '예루살렘 입성이 하나님 나라의 도래가 아니라는 것'(눅 19:11)을 말씀하기 위해서라고 한다. 누가는 므나의 비유에서 어떤 귀인이 먼 나라로 갈 때라고 하고 마가는 문지기 종의 비유에서 사람이 집을 떠나 타국으로 갈 때 그 종들에게 권한을 주어 각각 사무를 맡긴다. 므나의 비유에서는 귀인이 누구인가 하는 것이 해석의 초점이 된다.

14-2 마태의 열 처녀 비유는 미련한 자와 슬기로운 자가 신랑을 기다리며 어떻게 준비하였고 그 결말이 어떻게 되었는가 하는 것이 내용이다. 이 비유는 '깨어 있으라' 비유에 나오는 '집주인과 도둑의 비유'에 결론인 "너희도 준비하고 있어라 생각하지 않은 때에 인자가 오리라"(마 24:44)는 말씀과 연결이 된다. 열 처녀 비유의 끝에도 "그런즉 깨어 있어라 너희는 그날과 때를 알지 못한다"(마 25:13)고 한다. 그런데 이 말씀은 이미 앞에서 "그날과 그때는 아무도 모르나니 하늘의 천사도 아들도 모르고 오직 아버지만 안다"(24:36)고 한 말씀과도 연결이 된다.

열 처녀의 열이란 충만함이나 완전함을 의미하는 숫자다. 여기서 열 처녀는 신앙 공동체에 속한 사람들을 말한다. 여기서 신랑은 문맥상 메시아로 보이나 예수가 이 비유를 말할 때 자신을 지칭하였는지는 분명하지 않다. 그리고 등을 준비한다고 하는데 여기서 등은 등잔이나 초롱이 아니라 횃불을 말한다. 횃불은 기름을 먹인 헝겊을 막대 끝에 매달고 불을 붙여 사용한다.

마태 산상수훈에는 집을 짓는 사람 이야기에 슬기로운 사람과 어리석은 사람이 나온다. 슬기로운 사람은 반석 위에 집을 짓고 어리석은 사람은 모래 위에 집을 짓는다. 그런데 그들이 그렇게 한 이유는 '슬기로운 사람은 나의 말을 듣고 행한 사람이고 어리석은 사람은 내 말을 듣고 행하지 않은 사람이라'(마 7:24-27)고 예수는 말한다. 열 처녀도 두 부류인데 슬기 있는 처녀 다섯은 그릇에 기름을 담아 등과 함께 가져갔고 미련한 다섯은 등을 가지되 기름은 가져가지 않았다. 신랑이 더디 오기 때문에 기다리다가 모두 다 졸았다. 신랑이 늦게 온 것은 문제가 되지 않는다. 또한, 신부들이 졸은 것도 슬기롭거나 미련한 것과는 관계가 없다.

그런데 한밤중에 소리가 나기를 신랑이 오니 나와서 맞으라고 한다. 이 소리에 처녀들은 모두 일어나 등불을 준비했다. 미련한 처녀들이 슬기로운 처녀들에게 등불이 꺼져가니 기름을 좀 나누어 달라고 한다. 슬기로운 처녀들은 대답하기를 '그렇게 하면 우리에게나 너희에게나 다 모자란다. 차라리 기름 가게에 가서 사서 쓰라'고 했다. 그들이 사러 간 사이에 신랑이 왔다. 준비했던 처녀들은 신랑과 함께 잔치에 들어가고 문은 닫혔다. 그 후에 나머지 처녀들이 와서 "주님, 주님 문을 열어 주십시오"(마 25:10)하고 애원하지만 "진정으로 말하는데 나는 너희를 알지 못한다"고 대답했다.

미련한 처녀들은 횃불에 기름을 적셔 두기는 하였으나 그릇에 기름을 담아 두지는 않았다. 준비는 하였으나 완전한 준비는 아니었다. 그래서 결과적으로 준비를 안 한 것이 되고 말았다. 여기서 기름은 무엇인가. 슬기로운 처녀들은 왜 기름을 빌려주지 않았을까. 다섯 처녀 중에 기름을 나누어 주는 자비를 베풀어 준 처녀가 왜 하나도 없었을까. 이 이야기에서 기름은 빌려줄 수도 없고 빌릴 수도 없는 것인데 이것을 개개인의 선행으로 볼 수도 있고 개개인이 하나님과 관계에서 구축한 믿음으로 볼 수도 있다. 그러나 가장 중요한 것은 이 이야기의 주제가 선행이나 자선이 아니라 임박한 예수의 재림이기 때문에 그 긴박성 때문에 좌고우면할 수 없다는 것이다.

마태 산상수훈 뒷부분에 이런 장면이 있다. '그날에 많은 사람들이 주여, 주여 우리가 주의 이름으로 선지자 노릇하며 주의 이름으로 귀신을 쫓아내며 주의 이름으로 많은 권능을 행하지 않았습니까'라고 하지만 그러나 '그때에 내가 너희를 도무지 알지 못한다 내게서 떠나라고 할 것이라'(마 7:22-23)고 예수는 말했다. 주님의 일을 한 사람들인데도 예수로부터 외면당한다는 것이다. 바로 그 앞 절에서 예수는 열매를 보고 그 사람을 알 수 있다(마 7:15-20)고 했다. 열 처녀 이야기에서는 준비를 제대로 하지 않은 처녀들에게 신랑은 너희를 전혀 알지 못한다고 한다.

14-3 달란트와 므나 비유는 비슷하면서도 다른 이야기다. 달란트는 무게 단위로서 가장 큰 화폐 단위다. 한 달란트는 3500세겔로 약 35kg에 해당한다. 그런데 무엇의 무게인가에 따라 가치는 크게 달라진다. 로마의 은화인 데나리온으로 환산할 경우 대략 6000데나리온이다. 노동자의 하루 일당이 한 데나리온이었으므로 6000일 즉 16년 넘게 모아야 한 달란트가 될 수 있다. 드라코마는 고대 헬라의 은화로 데나리온과 같이 노동자 하루 품삯이다. 포도원 하루 품삯도 한 데나리온(마 20:2)인데 렙돈의 128배. 하루 일당을 10만 원으로 보면 과부의 두 렙돈은 약 1560원 정도 된다.

유대 반란이 일어난 이유에 하나는 A.D. 66년 여름 총독 게시우스 플로루스Florus가 예루살렘 성전 금고에서 17달란트를 탈취하여 속주세 대신 가져갔기 때문이다. 화폐경제가 발달하지 않은 시기에 돈의 가치는 상당하였다. 그런데 달란트 비유에서는 개인으로는 상상할 수 없이 큰 돈인 다섯, 둘, 한 달란트를 종들에게 맡겼다고 한다. 므나의 가치는 정확하지 않은데 대체로 한 달란트는 약 60므나라고 하며 한 므나는 노동자의 넉 달 치 월급에 해당된다고 한다. 므나의 비유에서는 열 종에게 각각 한 므나씩을 맡긴다.

마태는 배분 방식에 대해 '각각 그 재능에 따라' 세 명의 종에게 나누어 주고 떠났다. 즉 재량권을 주었다. 누가는 열 명의 종들에게 열 므나를 나누어 주고 장사를 하라고 용처를 지정했다. 즉 경쟁영역을 제시했다. 마태는 '능력에 따른 배분'이었고 누가는 '기회균등과 동시에 경쟁 유도의 배분'이었다.

주인들은 오랜 후에 돌아온다. 그런데 각각 최고의 실적을 보면 다섯 달란트로 다섯 달란트를 남겼고 한 므나로 열 므나를 남겼다. 다시 말해 달란트 비유에서 '재능에 따른 차이는 두 배'가 최고였고 므나의 비유에서 '기회균등의 따른 차이는 10배'가 최고였다. 물론 여기에는 돈을 굴린 기간의 차이나 재량권을 준 것과 경쟁영역을 제시한 데에서 오는 차이나 돈의 규모에 따른 운영의 어려움 등을 감안하지 않은 단순 비교다. 예수의 말씀에 요지는 종말이라 하여도 재능을 최고로 발휘하고 기회도 최선을 다해 선용해야 한다는 것이다.

마태에는 어떤 사람이 타국에 갈 때 종들에게 돈을 맡겼는데 오랜 후에 돌아온다. 누가에는 어떤 귀인이 왕위를 받아오려고 먼 나라로 갈 때 종들에게 돈을 나눠주고 갔다가 왕위를 받아서 돌아온다. 헤롯 대왕이 죽자 그 아들 헤롯 아켈라오스가 아버지의 왕위를 물려받기 위해 로마에 갔으나 그가 왕이 되는 것을 반대하는 자들이 사절단을 아우구스투스에게 보내는 바람에 결국 그는 유대, 사마리아, 이두매를 관할하는 분봉 왕이 된다. 이러한 사실은 독일 신학자 요아 킴 예레미아스가 밝혀낸 것으로 이 비유에 그 설명이 들어있다는 것이다. "그 백성이 그를 미워하여 사자를 뒤로 보내어 이르되 우리는 이 사람이 우리의 왕 됨을 원하지 아니하나이다 하였더라"(눅 19:14). 마태는 애굽으로 피난 간 예수의 가족이 아켈라오가 무서워 그의 관할 밖인 갈릴리로 갔다(2:22)고 했다.

14-4 돈을 남긴 자들과 돈을 그대로 둔 자들:

달란트 비유에서 남긴 자들은 맡겨진 돈과 똑같이 두 배로 늘렸고 주인이 그들 각자에게 한 칭찬과 보상도 같았다. 그리고 그들에게 더 많은 것을 맡기겠다고 한다. 주인은 그들을 '착하고 충성된 종'이라고 하는데 뜻으로 보면 '착할 뿐만 아니라 믿음이 가는 종'이라는 말이다. 므나의 비유에서 남긴 자들은 한 므나로 열 므나 또는 다섯 므나를 남겼다. 그런데 주인의 칭찬은 같지만 보상은 각자의 실적에 따라 열 므나를 남긴 종에게는 열 고을을, 다섯 므나를 남긴 종에게는 다섯 마을을 차지하라고 한다. 기회는 균등하였으나 '실적에 대해서는 차등 보상'이었다.

마태, 누가 모두 '네가 작은 일에 충성하였다'고 칭찬한다. 누가의 '불의한 청지기의 비유'에서 예수는 "작은 것에 충성된 자는 큰 것에도 충성한다"(눅 16:12)고 했다. 두 비유 모두 남긴 자들은 쉬지 못하고 더 큰 일을 충성으로 수행해야 한다.

돈을 그대로 두고 있었던 자들:

마태에서 주인의 자금 사용에 대한 지시가 없어서 남긴 자들은 그 돈으로 장사를 했다. 누가에서 귀인은 장사하라고 했다. 그러나 마태에서 한 달란트 받은 종과 누가에서의 세 번째 언급된 종은 아무것도 하지 않았다. 마태에서 한 달란트를 받은 종은 주인에게 "주인은 심지 않은 데서 거두시고 뿌리지 않은 데서도 모으시는 무서운 분인 줄로 알고 있어서 두려운 나머지 돈을 땅에 묻어 두었었다"고 하며 여기 그 돈이 있다고 한다.

누가에서 한 므나를 들고 귀인에게 온 종은 주인의 돈이 여기 그대로 있다고 하며 수건에 싸서 보관해 두었다고 한다. 그리고 그는 '주인은 엄하신 분이라 맡기지 않은 것을 찾아가고 심지도 않은 데서 거두시므로 무서워서 이렇게 하였다'고 한다.

마태, 누가에서의 이 종들은 주인에게 손해를 입히지 않았고 자신들은 주인에 대해 잘 알고 있다고 생각한다. 만약 주인들이 실제로 그런 사람이어서 돈을 그대로 보관할 수밖에 없었다고 한다면 돈을 남긴 사람들에게 주인은 다른 사람이었을까. 똑같은 주인이었을 것이다. 주인과 자신과의 관계 설정은 자신에게 달려 있는 것이다. 그리고 주인의 성격이나 과거 행적과는 관계없이 종은 자신이 맡은 일만 하면 되는 것이다. 종말의 때가 다가올수록 종은 주인의 뜻에 따라 최선을 다하지 않으면 안 된다. 아무것도 하지 않고 땅에 묻거나 수건에 싸둔 것은 비난받아야 할 것이다.

14-5 주인은 항변한다. 그리고 심판한다.

달란트 비유에서의 주인은 '악하고 게으른 종이라'고 부른다. 그리고 '네가 나를 심지도 않은 데서 거두고 뿌리지 않은 데서 모으는 줄 알았다면 내 돈을 돈놀이하는 자에게 맡겨 그 돈에 이자를 붙여서 돌려주어야 했다'고 한다. 주인은 그에게서 한 달란트를 빼앗아서 열 달란트 있는 사람에게 주라고 하고 '있는 자는 넘치게 하고 없는 자는 그 있는 것까지 빼앗을 것이라'고 하며 이 '쓸모없는 종'을 바깥 어두운 데로 내쫓아라, 거기서 슬피 울며 이를 갈리라고 한다.

마태는 가버나움에서 일어난 일을 얘기하고 있다. 예수가 백부장의 하인을 고칠 때 백부장의 믿음을 보고 놀라며 그 나라의 본 자손들 즉 이스라엘은 바깥 어두운 데로 쫓겨나 거기서 울며 이를 갈겠다(마 8:12)고 했다. 달란트 비유의 무익한 종과 이스라엘이 같은 신세가 된다는 것이다.

므나의 비유에서의 귀인은 '악한 종'이라고 부르며 네 입에서 나오는 말로 너를 심판하겠다고 한다. "너는 내가 엄한 사람이어서 맡기지 않은 데서 찾아가고 심지 않은 것을 거두어 가는 줄 알았느냐. 그러면 어찌하여 내 돈을 은행에 맡기지 않았느냐. 그랬으면 내가 돌아와서 그 이자와 함께 돌려받을 수 있지 않았겠느냐. 그에게서 한 므나를 빼앗아서 열 므나를 가진 사람에게 주라"고 한다. 그러자 그 옆에 있던 이들이 그에게는 이미 열 므나가 있다고 한다. 주인은 "가진 자는 더 받을 것이고 가지지 않은 자는 그 있는 것도 빼앗길 것이다"라고 하며 내가 왕 됨을 원하지 않았던 저 원수들을 이리로 끌어다가 내 앞에서 죽이라고 한다.

마태, 누가에서의 주인은 모두 '있는 자는 받겠고 없는 자는 그 있는 것까지도 빼앗긴다'고 한다. 마가와 누가에서 예수는 같은 말씀을 주인을 통해 하고 있다. 마가에서 예수는 '들을 귀가 있는 자는 들어라. 새겨들어라. 너희가 남에게 달아 주는 만큼 받을 뿐 아니라 덤까지 얹어 받을 것이다. 누구든지 가진 사람은 더 받을 것이며 가지지 못한 사람은 그 가진 것마저 빼앗길 것이다'(막 4:23-25)라고 한다. 누가에서 예수는 '너희는 명심하여 들어라. 가진 사람은 더 받을 것이요 가지지 못한 사람은 가진 줄로 생각한 것마저 빼앗길 것이라'(눅 8:18)고 한다.

이것은 수수께끼가 아니다. 있으면 좋아지고 없으면 그나마 있는 것마저 빼앗기는 것이 무엇일까. 아마도 건강이리라. 건강을 잘 관리하면 더 좋아지겠고 나쁜 건강 상태는 그 있는 건강 상태마저 빼앗길 수 있다. 그리고 이런 것들로는 사랑이나 자선, 그리고 지식이나 기술 등이 있을 것이다.

'있는 자가 더 받는다'는 말씀은 물질에 관한 것이 아니다. 인생을 살아가는 삶의 자세를 말하는 것이다. 있는 자란 비유를 통해 알 수 있듯이 긍정적이고 적극적이고 진취적이고 실천적인 사람이라 하겠다. 그런 사람들이 더 받는 것은 당연하다 하겠다.

누가의 주인인 귀인은 수건에 싸서 보관해 두었던 한 므나를 가지고 온 종에게 내가 왕 됨을 원하지 않았던 저 원수들이라고 한다. 주인은 '원수들'이라고 한다. 이 이야기에는 한 므나 씩 받은 다른 일곱 명에 대한 언급이 없는데 혹시 그들을 말하는 것일까. 나머지 일곱 종도 모두 각각 받은 한 므나를 수건을 싸놓고 있었다는 것일까. 우리는 알 수 없다. 주인의 입장에서 보면 한 므나를 그대로 가지고 온 것은 고의적인 반항이라고 볼 수 있다. 주인은 '네 입에서 나오는 말로 너를 심판하겠다'고 했다. 종이 주인을 혹독하고 무자비하고 부도덕한 착취자로 보았기 때문에 주인은 종의 말대로 심판하여 무지비하게 죽이라고 했다는 것이다.

14-6 전통적인 해석으로 먼 나라에 가서 왕위를 받아오는 귀인을 '재림 주'로 오시는 예수로 보고, 한 므나를 그대로 가지고 있던 종을 예수의 반대 세력인 유대인들로 보았고 그래서 그들은 심판을 받았다는 것이다. 그러나 당시 정치 상황을 고려해 볼 때 예수의 말씀을 듣는 유대인들은 당연히 왕위를 받으려 먼 나라를 다녀온 사람이 누구라는 것을 다 들어서 알고 있었다. 그가 유대인들과 마찰을 일으키다가 폐위되어 유배를 간 아켈라오라는 것이다. 본문에 나오는 '그를 미워하여'는 경어 없는 '이 자를 미워하여'라는 의미라고 한다. 이런 식으로 호칭되고 있는 귀인을 어떻게 예수와 동일시하겠느냐는 것이다. 그래서 므나의 비유를 포악한 왕의 비유라고 하는 것이다.

한 므나를 들고 온 종이 예수라는 새로운 해석이 있다. 땅에 파묻었다가 도둑을 맞으면 배상을 받지 못하지만 천에 싸 두었다가 도둑을 맞으면 배상을 받을 수 있는 그런 법이 있었다고 한다. 이 종은 주인이 어떤 사람인지 그의 정체를 공개적으로 폭로함으로 백성의 대변자 노릇을 했다는 것이다. 종이 원금을 잃어버린 것이 아니고 이자 정도 손해를 보았는데 주인은 그를 죽이라고 한다. 마태에서처럼 밖으로 쫓아내는 정도면 충분했다는 것이다. 이 종은 이런 이유로 정치적인 죽임을 당했다는 것이다. 예수는 포도원 주인의 아들을 죽인 악한 농부들의 비유에서 주인의 아들은 농부들에 의해 죽임을 당했다고 말한다.

네 개의 시선으로 본 예수의 생애

15. 너희는 나를 누구라 하느냐

✿

15-1 예수가 빌립보 가이사랴 지방에 이르렀다. 빌립보 가이사랴는 어떤 곳인가. 여호수아 시대의 지명은 바알갓(수 11:17)이다. 빌립보 가이사랴는 갈릴리 북방으로 요단강의 수원지인 헬몬산 기슭 동남 경사지에 위치한 지역으로 삼림과 계곡, 동굴이 있는 경승지였다. 토지도 비옥하여 풍요의 신 바알을 숭배하는 중심지로 아모리인들의 신당도 14개가 있었다. 이 지역을 파네아스라고 부른 것은 헬라인들의 목축의 신인 판신을 모신 동굴도 있었기 때문으로 보인다. 그리고 로마 황제를 위한 신전이 있었다.

예수는 이곳에서 제자들에게 사람들이 나를 누구라 하더냐고 묻는다. 예수는 왜 빌립보 가이사랴에 갔을까. 빌립보 가이사랴는 지명은 B.C. 20 헤롯 대왕이 로마의 아우구스투스 황제로부터 이 지역을 하사받은 것을 기념하여 신전을 짓고 황제를 위해 가이사랴 라고 불렀다. 그 후 헤롯의 아들 중 하나인 빌립이 이 도시를 새롭게 정비하고 지중해 연안에 있는 가이사랴와 구분하기 위해 자신의 이름을 넣어 빌립보 가이사랴 라고 한 것이다. 예수 당시에도 가이사랴의 신전과 이방 신들의 신전 유적지가 있었다.

마태, 마가에서 예수는 가이사랴의 여러 마을을 다니다가 길 위에서 제자들에게 질문했다. 그러나 누가에서는 홀로 기도하다가 제자들에게 사람들이 나를 누구라 하더냐고 물었다고 한다. 마태에서 제자들이 처음으로 예수를 하나님의 아들이라고 고백한 것은 예수가 물 위를 걸어오실 때의 일이다. 이때 베드로는 물 위를 걸으려다가 물에 빠져들고 만다. 예수가 배에 오르자 배 안에 있던 사람들은 그 앞에 엎드려 '참으로 하나님의 아들이시라'(마 14:33)고 한다.

마태 마가에서 예수는 갈릴리 호숫가에서 떡 일곱 개와 물고기 두 마리로 사천 명을 먹인다(마 15:32-38, 막 8:1-10). 마가단 지역에서의 일이다. 바리새인들(마태, 마가)과 사두개인들(마태)이 와서 예수에게 와서 하늘로부터 오는 표적을 자기들에게 보여 달라고 한다. 예수는 날씨의 변화는 알아볼 줄 알면서 때의 표적은 알지 못하느냐고 반문한다. 예수는 마음속으로 깊이 탄식한다. 그리고 악하고 배신하는 세대가 표적을 요구하지만, 이 세대는 절대 표적을 받지 못한다(마 16:1-3, 막 8:11-12)고 한다. 그런데 마태만이 이어서 요나의 표적 말고는 받지 못할 것이라(마 16:4)고 한다.

예수는 그들을 놓아두고, 내버려 두고 배에 올라 바다 건너편으로 갔다(막 8:13). 그들로부터 도망치듯이 그 자리를 떠나 버린 것이다. 요한복음도 이와 비슷한 이야기를 한다. 예수가 오병이어로 오천 명을 먹인 다음 사람들이 예수를 세상에 오실 참 선지자라고 하고 그들이 와서 억지로 붙들고 임금으로 삼으려는 것을 알고 다시 혼자 산으로 떠났다(요 6:15).

수난 예고 전에 마태에서 예수는 바리새인과 사두개인의 누룩을 주의하라(마 16:6)고 하고 마가에서는 바리새인과 헤롯의 누룩을 주의하라(막 8:15)고 하는데 마태에서 이 말을 깨닫지 못하는 제자들은 후에 빵의 누룩이 아니라 그들의 가르침을 경계하라는 말씀인 줄 깨닫게 된다(마 16:12).

수난 예고 전 마가에서 예수는 빌립보 가이사랴에 가기 전 벳새다에

네 개의 시선으로 본 예수의 생애

서 맹인을 고친다(막 8:22-26). 사람들이 맹인을 고쳐달라고 데려오자 눈에 침을 뱉으며 안수하고 무엇이 보이느냐고 물으니 나무 같은 것들이 걸어가는 것이 보인다고 하자 이에 다시 안수하니 그가 모든 것을 밝히 보았다고 한다. 예수는 집으로 가라고 하며 마을로는 들어가지 말라고 한다.

15-2 예수는 자신의 갈릴리 전도 성과에 대한 의구심이 들었고 자신의 죽음을 준비해야 한다는 절박감이 있었다. 예수는 갈릴리 전도의 실패와 포기에 따른 심중의 중대한 결심을 하여야 했다. 그리고 안식일 문제에서 보았듯이 자신을 죽이려고 하는 세력들을 보면서 다급한 마음이 들었다. 무엇보다도 그는 사람들에게 실망했다. 제자들은 제대로 알아듣지 못했고 바리새인들은 예수가 수많은 병자들을 고치고 몇천 명을 먹이는 것을 보고도 하늘로부터 오는 표적을 보여 달라고 한다.

예수는 길을 가다가 제자들에게 질문했다. 도대체 사람들이 자신을 누구라고 하는지 궁금하다는 것이다. 제자들의 대답은 세례 요한이라 하거나 더러는 엘리야 또는 선지자 중의 하나라고 하는데 마태는 예레미야라고도 한다.

첫 번째로 제자들은 사람들이 예수가 세례 요한이라고 말했다고 한다. 예수가 많은 귀신을 쫓아내고 많은 병자들을 고치니 예수의 이름이 드러나자 분봉 왕 헤롯은 세례 요한이 살아났다고 하며 예수를 요한의 환생으로 보았다고 마태(14:1-2), 마가(6:14), 누가(9:9)는 말한다. 그러나 어떤 이는 예수가 엘리야, 또 어떤 이는 옛 선지자 중의 하나라고 했다고 마가(6:15), 누가(9:8)는 덧붙여 기록했다.

두 번째로 제자들은 예수가 엘리야라고 사람들이 말한다(막 6:15, 눅 9:8)는 것이다. 엘리야는 최고의 선지자다. 그는 B.C. 9세기 북이스라엘에서 활동한 선지자다. 엘리야는 히브리어로 '나의 하나님은 여호와시다'라는 의미다. 길르앗에 사는 디셉 사람 엘리야(왕상 17:1)라고 한다. 그러나 아버지가 언급되어 있지 않다. 누구의 아들이라는 표현이 나오지 않는다. 몸에는 털이 많고 허리에는 가죽 띠를 띠고 있었다. 그는 하나님의 음성을 듣고 하나님만을 따른 선지자이다. 엘리야가 갈멜 산상에서 바알과 아세라 선지자들 850명과 대결하여 하나님 유일신 신앙을 확립한 이야기는 유명하다. 엘리야는 에녹같이 죽지 않고 불 말들이 끄는 불 수레를 타고 하늘로 들려 올려졌다. 예수 승천의 전례이다. 유대인들은 메시아가 오기 전에 엘리야가 나타날 것으로 믿었다(말 4:5)고 했다. 엘리야는 예수가 산상에서 변화할 때 모세와 함께 있었고 예수와 대화를 나누었다. 그런데 예수는 세례 요한을 엘리야(마 17:13, 막 9:13)라고 했다.

세 번째로 제자들은 예수가 선지자 중의 하나라고 사람들이 말한다는 것이다. 신명기에는 모세가 선지자에 대한 약속을 하는 구절이 있다. '네 하나님께서 너를 위하여 나와 같은 선지자 하나를 일으키겠다고 하면서 그의 말을 들으라'(신 18:22)고 한다. 모세가 말한 '나와 같은 선지자가 그 선지자'이고 그 선지자가 예수라고 사람들이 말했다고 제자들은 전한다. 예수 자신이 선지자가 예루살렘 밖에서 죽는 법이 없다(눅 13:33)고 했고 예수가 예루살렘 입성할 때 이 사람이 누구냐고 하자 무리가 나사렛에서 나온 선지자 예수라고 한다. 자타 공인 선지자인 것이다. 그러나 예수는 하나님이 세상을 사랑하사 이 땅에 보낸 자신의 아들이다.

네 번째로 마태만이 예수가 예레미야라고 사람들이 말한다는 것이다. 엘리야보다는 후대의 선지자이지만 위대한 선지자 중의 하나이다. 예레미야의 활동 말기에 유다 왕국은 바벨론에 의해 멸망 당하고 성전마저 파괴되었다. 회개 이외에는 이런 심판을 피할 수 없었는데 유다 백성은 선지자의 간절한 호소를 외면했다. 전승에 의하면 이스라엘이 포로로 끌려가기 직전에 예레미야가 성전의 법궤와 향단을 느보산에 감추었다고 한다. 메시아가 오기 전에 예레미야가 그 감춘 것들을 다시 가져오면 하나님의 영광이 나타난다는 유대인들의 믿음에 근거한 것이리라. 예레미야는 때가 되면 새 언약을 맺고 다시 이스라엘의 하나님이 되겠다고 했는데 공관복음 기자들은 예수 그리스도로 말미암아 이 예언이 성취되었다(렘 31:31)고 보았다.

15-3 예수는 제자들에게 그러면 "너희는 나를 누구라 하느냐"고 다시 물으니 베드로가 "주는 그리스도요 살아계신 하나님의 아들이라"(마 16:16)고 대답한다. 예수가 메시아이고 하나님의 아들이라는 것이다. 이 고백은 예수가 구원을 이루는 하나님의 대리자임을 확인하는 것이라 하겠다. 마가는 '하나님의 아들 예수 그리스도의 복음'이라고 복음서를 시작하고 요한복음은 맨 끝에 '이것을 기록함은 너희로 예수께서 하나님의 아들 그리스도이심을 믿게 하려 함이라'고 했다. 메시아는 히브리어의 마시아흐mashiach 즉 '기름을 붓다'에서 유래한 단어로 아람어로도 메시아인데 구원자, 또는 해방자를 의미한다. 왕정 시대에는 주로 왕을 가리키는 말이기는 하였지만, 선지자들이나 대제사장들도 기름부음을 받았다. 히브리어를 코이네 헬라어로 번역하는 과정에서 '바르다'의 뜻을 가진 헬라어 크리오에 피동형인 토스가 합해져서 크리스투스가 되었다. 그러니까 메시아와 그리스도는 같은 말이다.

베드로의 대답은 이미 짐작할 수 있었다. 마가는 예수가 빌립보 가이사랴에 오기 전 벳새다에서 맹인을 치유하는 기적을 일으켰다고 하는데 이사야는 '하나님의 종은 눈먼 자들의 눈을 밝혀준다'(42:7,18, 43:8 등)고 했다. 제자들이 이사야의 예언을 기억하였다면 예수가 누구인지 금방 생각했었을 것이다. 예수는 벳새다의 장님을 두 번 안수하여 밝히 보게 하였는데 제자들에게 자신의 정체성에 대해 두 번 질문함으로 제자들에게 자신의 모습을 바로 보이게 한 것은 아닐까.

그리스도는 기름 부음을 받은 자라는 말이고 히브리어로는 메시아인데 하나님과 동의어는 아니다. 하나님의 아들로서 메시아의 출현은 하나님의 작정이었던 것이다. 예수 탄생 이야기에서 동방박사들은 헤롯을 찾아가 유대인의 왕으로 나신 이가 어디 계시냐고 물으니 헤롯은 대제사장들과 서기관들에게 그리스도가 어디에서 나겠느냐고 묻는다. 처음에 헤롯은 유대인의 왕으로 나신 이라는 말이 그리스도의 탄생으로 들렸다. 그래서 동방박사들에게 메시아의 예상 탄생지인 베들레헴을 가르쳐 준다.

구약에서 하나님과 이스라엘의 관계를 부자 관계로 본 경우들이 많다. 출애굽을 할 때 하나님은 이스라엘을 장자(출 4:22)라고 했고 신명기에 너희는 여호와의 자녀(14:1)라고 했다. 호세아에서는 이스라엘을 내 아들이라(호 11:1)고 했고 이사야는 주는 우리 아버지라고 반복(63:16, 64:8)했으며 말라기에 우리는 한 아버지를 가지지 아니하였느냐(2:10)고 말했다. 유대 종교사적 배경을 감안하면 이스라엘 민족과 하나님의 관계에서 하나님의 아들이 새삼스러울 것도 없다.

그러나 예수는 '하나님과 개인으로서 자기 자신과의 관계를 아버지와 아들로 인식'하였는데 예수처럼 실존적 관계에서 하나님과 일체 되는 자각과 거듭남을 한 사람은 없었다. 예수는 자신을 아버지의 사명을 수행하는 특별한 관계를 갖고 있는 아들임을 깨달은 것이다. 예수는 세례를 받을 때(마 3:17, 막 1:11, 눅 3:22)와 산상에서 변화할 때(마 17:5, 막 9:7, 눅 9:35) '너는 내 사랑하는 아들이라 내 기뻐하는 자라'는 하늘로부터 나는 소리를 들었다. 예수는 광야에서 하나님의 아들로서 마귀의 시험을 받았고 예수는 하나님에게만 복종하는 하나님의 아들로서 당당히 시험을 이겼다.

네 개의 시선으로 본 예수의 생애

15-4 마태에만 있는 이야기다. 예수는 베드로를 축복한다. 이와 같은 고백을 들은 예수는 베드로를 '바요나 시몬'이라고 부르며 '너는 복이 있다'(마 16:17)고 한다. 바요나 시몬이란 요나의 아들 시몬이라는 말이다. 평소에는 요한의 아들 시몬이라고 불렀다. 요나는 니느웨로 가라는 하나님의 지시를 거부하고 다시스로 가는 배에 올랐다가 물고기 배속에서 회개한 선지자(욘 1:17-2:2)다. 예수는 베드로의 미래의 모습 즉 세 번 예수를 부인하게 될 베드로를 보고 하나님의 명을 거역한 요나의 아들이라고 부른 것은 아닐까. 아무튼 요나의 아들이란 영적으로 요나의 후계자라는 말이다.

예수는 네가 복이 있다고 한다. 그 이유는 '내가 메시아인 것을 알게 한 분은 혈육이 아니요 하늘에 계신 내 아버지라'(마 16:17)는 것이다. 베드로의 혈육이란 베드로 안에 체화된 그의 경험이나 지식을 말한다. 그러므로 인간으로서 베드로는 내가 메시아인 것을 아는 것이 불가능하기 때문에 네가 알게 된 것은 하나님의 은혜라는 것이다. 예수의 정체성은 인간의 노력으로 고백할 수가 없고 하나님의 은혜에 의해서만이 가능하다는 것이라고 한다.

예수는 베드로에게 특별한 지위를 허락한다. "너는 베드로라 내가 이 반석 위에 내 교회를 세우겠다"(마 16:18)고 한다. 마태에서 예수는 제자들을 부를 때 이미 '베드로라 하는 시몬'(마 4:18)이라고 했다. 요한복음에서 안드레가 시몬을 데리고 예수에게 오니 예수는 "요한의 아들 시몬아 네가 장차 게바라 하리라"(요 1:40)고 한다. 게바는 반석이라는 말이다. 구약에서의 반석은 하나님의 호칭이다. 다윗이나 하박국 선지자는 '하나님을 반석'(시 18:32, 62:6, 합 1:12)이라고 불렀다.

베드로는 바위를 뜻하는 페트라와 어원이 같다. 예수는 네가 고백한 신앙이 반석이라는 것이다. 그래서 이 반석 위에 내 교회를 세운다는 것은 베드로의 신앙고백 위에 교회를 세우겠다는 의미다. 바울은 그리스도가 반석(고전 10:4)이라고 했고 교회의 터는 그리스도(고전 3:10-11)라고 했으며 골로새 교회에 보낸 편지에서 예수는 그의 몸인 교회의 머리(골 1:18)라고 하고 에베소교회에 보낸 편지에서는 교회의 머리 되시는 그리스도(엡 5:23)라고 했다.

어거스틴과 루터는 반석을 예수 그리스도로 보았다. 가톨릭교회는 이 성구를 근거로 베드로가 교회의 기초이고 베드로의 후계자인 교황은 참 권위자라고 한다. 예수는 베드로의 믿음을 가상히 여겨 '요나의 아들 시몬'에게 '베드로의 역할'을 하라고 했다.

예수는 베드로에게 "음부의 권세가 이기지 못한다"(마 16:18)고 했다. 음부의 권세는 교회와 대척점에 있는 세력으로 죽음과 지옥으로 사람들을 끌어들이는 모든 형태의 악과 불의라 하겠다. 여기서 음부 즉 '하데스'는 지옥 또는 죽음의 문이다. 음부의 문도 문이기 때문에 안에 있는 것이 밖으로 나가거나 밖에 있는 것이 안으로 들어가는 것을 통제한다. 이기지 못한다는 것은 통제에 실패한다는 것이다. 교회는 당연히 하데스 밖에 있다. 다시 말해 하데스 안에 있는 사람들이 교회로 이동하는 것을 막는데 실패한다는 것이다. 새로운 공동체로 부르심을 받은 사람들을 가두어 둘 수 없다는 말이다.

예수는 베드로에게 '천국 열쇠를 주겠다'(마 16:19)고 한다. 열쇠는 문에 달린 자물쇠를 여는 것으로 출입을 통제할 수 있는 것이다. 화 있을진저에서 첫 번째가 천국 문을 사람 앞에서 닫아 자기들도 들어가지 않고 들어가려는 자도 들어가지 못하게 하는 외식하는 서기관들과 바리새인들을 예수는 저주했던 것이다. 당시에는 종교지도자들이 천국 문의 개폐 권한을 갖고 있다고 생각했다. 실제로 그들은 종교적 권한뿐 아니라 정치적, 사법적 권한도 갖고 있어서 공회를 열어 사람을 죽일 수도 있고 사면할 수도 있었다. 예수는 그들이 더 이상 천국에 대해 좌지우지할 수 없다고 하며 수제자인 베드로에게 그 권한을 주겠다고 한다.

계속해서 예수는 베드로에게 "네가 땅에서 무엇이든지 매면 하늘에서도 매일 것이요 네가 땅에서 무엇이든지 풀면 하늘에서도 풀리리라"(마 16:19)고 한다. 유대인의 어법에 매는 것은 금지이고 푸는 것은 허락이다. 이사야에는 힐기야의 아들 엘리야김이 다윗의 집에 열쇠를 받는 이야기(사 22:22)가 있다. 그가 열면 닫을 자가 없고 닫으면 열 자가 없다고 한다. 계시록에는 예수가 다윗의 열쇠(계 3:7)를 갖고 있고 또한 사망과 음부의 열쇠(계 1:18)도 가졌다고 한다. 예수는 매고 푸는 권한을 다른 제자들(마 18:18)에게도 주었다. 또한 요한복음도 부활하신 예수가 제자들에게 죄의 사면권까지 주어서 '죄를 사하면 사해질 것이요 그대로 두면 그대로 있겠다'(요 20:23)고 한다.

15-5 예수는 제자들에게 경고하기를 '자기의 일을 아무에게도 말하지 말라'고 한다. 이것을 소위 메시아 비밀이라고 한다. 마태에서 '자기가 그리스도인 것을 말하지 말라'(마 16:20)고 한다. 그러나 마가는 '자기 일에 대해'(막 8:30), 누가는 '이 말을 아무에게도 이르지 말라'(눅 9:21)고 한다. 예수는 자신의 신분이나 메시아 기적의 사건들 그리고 베드로의 고백 자체를 아무에게도 이르지 말라고 한 것이다. 예수가 비밀을 지키라고 한 것은 때가 이르지 아니하였기 때문이고 현세적인 영광의 메시아를 기대하던 유대인들의 오해를 피하기 위하여 메시아로서의 신분을 수난 때까지 비밀로 하길 원하였으리라.

16. 세 번의 수난 예고, 고난을 받고 죽임을 당한다

❦

16-1 베드로로부터 '주는 그리스도요 살아계신 하나님의 아들'이라는 위대한 신앙고백을 들은 예수는 그의 고백 위에 자신의 교회 에클레시아를 세우겠다고 하고 베드로를 크게 축복했다. 공관복음서들은 베드로의 고백을 받은 예수는 자신이 예루살렘에 올라가 종교지도자들로부터 박해를 받아 죽은 후 삼 일 만에 다시 살아날 것이라고 말씀한다. 예수는 이 수난 예고를 세 번이나 했다. 첫 번째가 빌립보 가이사랴에서, 두 번째는 갈릴리에서, 세 번째는 예루살렘 상경 도중에 말씀한다.

16-2 첫 번째 수난 예고(마 16:21-18, 막 8:31-9:1, 눅 9:22-27)는 가이사랴 빌립보에서 말씀하는데 '인자가 장로들과 대제사장들과 서기관들에게 버린 바 되어 많은 고난을 받고 죽임을 당하고 제삼 일에 살아난다'고 한다. 그런데 마태는 고난의 장소가 예루살렘이라고 한다.

예수는 '비로소 말씀했다'거나 '비로소 드러내놓고 이 말씀을 하셨다'고 한다. 여기서 '드러내다'라는 것은 묵시적 표현(계 22:8)이다. 하나님의 의중이 분명히 밝혀졌다는 것이고 하나님의 구원에 계획이 드러났다는 것이다. 그리고 예수의 수난은 하나님의 의중이었다고 한다.

마태는 '이때로부터' 헬라어 apo tote인데 '고난을 받고 죽임을 당하고 제삼 일에 살아난다'(마 16:21)고 했다. '이때로부터'는 예수의 갈릴리 출발에서도 사용된 말이다(마 4:17). 예수의 갈릴리 전도는 하늘나라 선

네 개의 시선으로 본 예수의 생애

포와 함께 회개를 촉구한 것이었다. 그러나 수난 예고에서 '이때'는 갈릴리 전도를 정리하고 제자들로부터 자신의 정체성을 확인받은 때이고 죽음의 예루살렘행이 시작되는 때라고 하겠다. 요한복음에서 예수는 가나의 혼인 잔치에서 '나의 때가 아직 오지 않았다'고 했다.

마태에서 예수는 자신이 예루살렘에 가야 한다(16:21)고 했다. 헬라어 본문에는 dei가 있는데 '꼭 필요한', '해야 할' 일이라는 것이다. 예수는 자신의 고난과 죽음이 꼭 필요한 일이라고 본 것이리라. 예수는 자신의 수난 예고를 담담하게 말했고 제자들은 무겁게 받아들였다.

베드로는 이 말씀을 듣고 깜짝 놀랐다. '이에 베드로가 예수를 꼭 붙들고 주님 안 됩니다. 절대로 이런 일이 주님께 일어나서는 안 됩니다라고 하면서 예수께 항의했다'(마 16:22, 막 8:32)고 한다. 베드로의 신앙고백을 받은 예수는 자신에 관한 것을 아무에게도 말하지 말라고 했다. 찜찜하기는 하지만 그런대로 이해할 수는 있었다. 그런데 하나님의 아들 메시아가 사람들에게 죽임을 당한다니 있을 수 없는 일이다. 베드로가 아는 메시아는 당연히 그의 대적자들을 굴복시키고 하나님 나라를 세워야 하는 분이다. 베드로가 생각하기에 예수는 하나님 아들 이전에 세상을 구원하려고 애쓰는 죄 없는 분인데 어떻게 그런 일이 일어날 수 있겠느냐는 것이다.

얼마나 답답했으면 베드로가 예수를 꼭 잡고 항변했을까. 그런데 항변이라는 헬라어 에피티마오epitimao는 꾸짖는다, 질책한다는 말이다. 베드로가 화를 내며 안 된다고 말했다는 것이다. 베드로는 아마도 선교활동의 결과로 위축되고 주위에 적들은 늘어나는 상황에 처한 예수가 마음 약한 소리를 한 것으로 간주하고 강한 의지를 가지라고 독려한 것으로 볼 수도 있지 않을까. 마태에서 베드로는 '안 됩니다. 결코, 그런 일이 있어서는 안 됩니다'(16:22)라고 한다. 역사 사극에서 신하가 왕에게 '이러시면 아니 되옵니다'라고 하는 장면이 떠오른다. 베드로는 예수가 하나님의 아들이고 메시아라고 믿고 있는데 예수가 세상 지도자들로부터 고난을 받고 죽는 일이 있어서도 안 되고 더구나 그렇게 죽게 해서도 안 된다는 것이다.

16-3 예수는 돌아보면서 베드로에게 사탄아 내 뒤로 물러가라(마 16:23, 막 8:33)고 하고 이어서 '너는 나를 넘어지게 하는 자'라고 말한다. 자기를 위해 강한 충성심을 보여준 베드로를 사탄이라고 한다. 사탄아 내 뒤로 물러가라는 셈족의 관용적 표현은 '없어져, 가버려, 물러가'라는 말이라고 한다. 마태에서 예수는 조금 전만 해도 베드로에게 분에 넘치는 축복을 한 분이었는데 마태에서 만이 예수는 '사탄아 물러가라'는 말에 덧붙여서 '너는 나의 걸림돌이라'는 충격의 발언을 한다. 베드로가 사탄인 이유는 무엇보다도 예수의 걸림돌이기 때문이라는 것이다. 걸림돌의 헬라어 스칸달온skandalon은 덫을 물고 있는 작대기로서 의미상으로 '덫이나 그 올가미 그리고 발부리에 걸리는 덩어리'(바이블 허브)를 말한다.

충격의 연속이었다. 어디에서도 볼 수 없는 사제지간의 막장 드라마다. 예수의 수난 예고가 제자들에게 충격이었고 예수는 신앙고백을 한 바로 그 제자를 사탄이라고 했는데 바로 그 제자는 예수에게 항변을 한 것이다. 마가에서 예수 역시 베드로를 꾸짖었다(막 8:33)고 한다.

예수는 베드로가 사탄인 두 번째의 이유는 '너는 하나님의 일을 생각하지 않고 사람의 일만 생각'(마 16:23, 막 8:33)하기 때문이라고 한다. 하나님의 아들이 하나님의 일을 하는 것이 당연하다. 그런데 베드로는 하나님의 일과 사람의 일을 알지 못했다. 예수는 하나님의 아들이 '고난을 당하는 것을 하나님의 일'이라고 하고 '고난을 피하는 것을 사람의 일'이

내 개의 시선으로 본 예수의 생애

라고 한다. 하나님의 아들인 예수는 온갖 이적과 기사로 사람들의 귀신을 물리치고 병을 낫게 할 수 있지만 자신의 죽음과 관련해서는 기적이나 표적 같은 일들을 할 수 없다는 것이다.

그도 그럴 것이 예수가 생각하는 메시아와 베드로가 생각하는, 아니 당시 유대인들이 생각하고 있던 메시아가 전혀 달랐기 때문이다. 예수는 그를 적대하는 악인들에게 자신을 내맡겨 무참히 죽음으로 하나님의 인류 구원을 가능하게 하고 자신이 하나님의 아들임을 증거 할 수 있다고 본 것이다. 아프리카의 성자로 알려진 슈바이처는 예수는 자기 자신의 죽음으로 이 세상을 바꿀 수 있다고 굳게 믿었다고 한다. 예수가 말한 하나님의 일이란 이사야가 언급한 '고난의 종'(사 53:3-5))의 사역을 말하는 것이리라.

16-4 메시아는 하나님이 구원을 이루는 마지막 때에 나타나는 구원자, 대리자를 가리킨다고 하겠다. 이사야는 포로로 잡혀간 이스라엘 백성을 풀어 준 바벨론 왕 키루스, 성경에 나오는 고레스를 '주께서 기름부어 세우신 이'(사 45:1) 즉 메시아라고 하였다. 로마 시대에 압제를 받던 유대인들은 수난을 겪으면서 기름 부음 받은 왕이 나타나 그들을 해방하기를 기대하고 있었다.

다윗의 권위와 능력으로 다윗 가계를 재건할 왕으로 또한 이방 민족들을 평정하고 평화를 가져올 장군으로서의 메시아를 기대했다. 에스겔서에는 '내 종 다윗이 영원히 그들의 왕이 되리라'(겔 34:24)고 한다. 다니엘서에는 '그에게 권세와 영광과 나라를 주고 모든 자들이 그를 섬기고 영원한 권세가 있고 그의 나라는 망하지 아니한다'(단 7:14)고 했다. 구약의 메시아는 다윗이 지배하고 영원히 왕이 되며 모든 민족이 복속되고 그 나라는 멸망하지 않으며 이스라엘 선민들은 복을 받고 영원한 권세를 누린다는 것이었다.

예루살렘 멸망 후 52년이 지난 A.D. 132년에 로마에 대항한 유대인 반란이 일어났다. 당대 최고의 랍비인 아키바 벤 요세프는 반란을 일으킨 시몬 벤 코스바에게 야곱의 아들 중에 별이 나올 것(민 24:17)을 근거로 '별의 아들'이라고 하는 바르 코크바Bar Kokba라는 이름을 주었는데 그를 메시아로 인정하였기 때문이었다.

유대인들은 아직도 메시아를 기다리고 있다. 아직 오지 않았다는 것이다. 그들에게 예수는 메시아가 아니다. 그들은 예수의 죽음은 메시아의 참칭, 즉 자신에게 해당하지 않는 호칭을 사용했기 때문이라 한다. 유대인들의 이런 생각이 고대로부터 현대에 이르기까지 반유대주의를 자극했다.

16-5 예수는 자신을 인자라고 한다. 세 번의 수난 예고를 하면서 자신을 늘 인자라고 한다. 안식일 문제에서 예수는 인자는 안식일의 주인이라고 한 것을 보면 인자란 하나님의 아들과 관련 있는 것 같다. 그리고 수난 예고에서의 인자는 고난받는 종의 모습으로 보인다. 하나님께서는 에스겔을 인자(2:8)라고 했다. 다니엘서에도 인자(7:13) 같은 이가 나오는데 그는 하나님에게로부터 권세와 영광과 나라를 받는데 모든 자들이 그를 섬기며 그 나라는 영원한 나라라고 한다(7:14,27). 다니엘서의 인자는 메시아이고 예수라 하겠다.

첫 번째 빌립보 가이사랴에서 말씀한 수난 예고(마 16:21, 막 8:31-32, 눅 9:22)에서는 '인자가 반드시 많은 고난을 받고 장로들과 대제사장들과 서기관들에게 배척을 받아 죽임은 당하고서 사흘 후에 살아난다'는 것을 말했다. 첫 번째 수난 예고에 대한 베드로의 항변에 예수는 제자들을 보시며 그를 사탄이라고 꾸짖는다.

두 번째 수난 예고(마 17:22-23, 막 9:31-32, 눅 9:44-45)는 갈릴리에서 말씀하는데 예수의 대적자들이 누구인지 상세하게 언급하지 않은 채 '인자가 장차 사람들 손에 넘겨져 죽임을 당하고 죽은 지 삼일 만에 살아나리라'고 한다. 그러나 누가는 '인자가 장차 사람들 손에 넘겨진다'고 하지만 예수의 죽음과 부활을 언급하지 않았다. 그런데 사람들 손에 넘겨지는 것은 인자만이 아니다. 예수는 사람들이 너희를 공회에 넘겨주고 회당에서 매질(막 13:9)도 당한다고 했다.

두 번째 수난 예고에 제자들의 반응에 대해 마태는 '제자들이 매우 근심하더라'는 것이고 마가는 '이 말씀을 깨닫지도 못하고 묻기도 두려워했다'고 한다. 누가는 제자들이 '알지 못했다'고 한다. 그 이유는 그들이 그 말을 이해하지 못하게 그 뜻이 감추어져 있었기 때문이고 그래서 그들은 이 말씀에 대하여 그에게 묻기조차 두려워했다고 한다. 마가는 깨닫지 못하는 제자들을 안타까워하고 있고 누가는 그런 그들을 이해하려 한다. 누가는 제자들의 문제가 아니라 뜻이 감추어져 있는 말씀이어서라고 제자들을 변명하고 있다.

16-6 세 번째 수난 예고(마 20:18-19, 막 10:32-34, 눅 18:31-33)는 예루살렘으로 올라가는 길에서 말씀한다. 마태, 마가에서 예수는 '보라 우리가 예루살렘으로 올라가고 있다'(마 20:17, 막 10:32)는 말로 입을 연다. 예루살렘으로 올라간다는 것 자체가 수난의 시작이라는 말이다. 첫 번째에서 지적했고 두 번째에서는 언급하지 않은 대적자들을 세 번째에서 다시 말한다. 인자가 대제사장들과 서기관들에게 넘겨지니 그들이 죽이기로 결의하고 이방인에게 넘겨준다는 것이다. 여기에서 장로들에 대한 말씀은 없으나 중요한 것이 아니고 오히려 이방인들 즉 살리고 죽이는 권력이 있는 로마인들에게 넘겨진다고 처음 언급한 것이 중요한 것이다.

무엇보다도 세 번째 수난 예고에서는 예수의 고난 받는 모습을 상세히 말씀하고 있다. 마태에서 '예수를 조롱하며 채찍질하고 십자가에 못 박을 것이나 제삼 일에 살아난다'고 했다. 마가에서 '그들은 능욕하며 침 뱉으며 채찍질하고 죽일 것이나 삼일 만에 살아난다'고 했다. 누가에서 가장 자세하게 말한다. '희롱을 당하고 능욕을 당하고 침 뱉음을 당하겠으며 그들은 채찍질하고 그를 죽일 것이나 그는 삼일 만에 살아난다'고 했다.

마태만이 수난 예고에서 수난의 장소와 방법에 대해 말한다. 첫 번째 수난 예고에서 예루살렘(마 16:21)이라고 하고 세 번째 수난 예고에서 십자가(마 20:19)라고 한다. 세 번째 수난 예고에 대한 제자들의 반응은 없다. 충격적인 내용이라 무어라 대꾸할 수가 없었을 것이다. 그런데 누가에만 제자들의 반응이 있는데 두 번째 수난 예고 때와 같다. 즉, 제자들은 이 말씀을 하나도 깨닫지 못하였는데 그 이유는 그들에게 그 뜻이 감추어져 있어서라는 것이다(눅 18:34).

16-7 예수의 수난 예고는 공관복음 공통으로 각각 세 번씩 나온다. 그런데 소위 마태의 네 번째 수난 예고가 있다. 마태에는 예수를 죽이려고 모의하는 기사 뒤에 예수가 말씀하기를 "너희가 아는 바와 같이 이틀이 지나면 유월절이라 인자가 십자가에 못 박히기 위하여 팔리리라"(26:1-2)고 한다. 누가에도 네 번째 수난 예고가 있다. "그러나 그는 먼저 많은 고난을 겪어야 하고 이 세대에게 버림을 받아야 한다"(17:25)고 했다.

예수는 수난 예고 이외에도 여러 곳에서 자신의 죽음을 말씀한다. 산상에서 변형되었을 때 모세와 엘리야와 함께 예루살렘에서 별세(눅 9:31)할 것을 말했다. 화가 있으라는 저주의 말씀 중 하나가 예언자들에 대한 박해였는데 예수는 "너희는 그중에서 더러는 죽이거나 십자가에 못 박는다"(마 23:34)고 자신의 고난과 죽음을 언급하기도 했다. 또한 예수는 "내가 갈 길을 가야 하리니 선지자가 예루살렘 밖에서는 죽는 법이 없느니라"(눅 13:33)고 했다. 악한 종들에게 죽임을 당하는 포도원 주인 아들의 비유를 통해 예수는 자신의 죽음(마 21:38-39, 막 11:7-8, 눅 20:14-15)을 말한다.

16-8 요한복음에서 수난 예고는 설교 같고 비유 같은 한 알의 밀알 이야기에 들어 있다. 예수는 "지금 내 마음이 괴로우니 무슨 말을 하리요"라고 하고 "아버지여 나를 구원하여 이때를 면하게 하옵소서 그러나 내가 이를 위하여 이때에 왔나이다"라고 하나님께 기도(요 12:27)를 드린다. 공관복음서에서 예수가 겟세마네 동산에서 드리는 기도와 같은 기도다. 그래서 "내가 진실로 진실로 이르노니 한 알의 밀이 땅에 떨어져 죽지 아니하면 한 알 그대로 있고 죽으면 많은 열매를 맺느니라"(12:24)라고 한 말씀을 요한복음에서의 수난 예고로 볼 수밖에 없다. 여기서 많은 열매는 예수의 죽음으로 많은 사람의 대속물이 되므로 얻어지는 결과라 하겠다. 이어서 "자기 생명을 사랑하면 잃어버릴 것이요 이 세상에서 자기의 생명을 미워하는 자는 영생토록 보존할 것이라"(:25)고 한다.

씨의 비유가 공관복음에도 나온다. 더러는 좋은 땅에 떨어져서 자라 무성하게 결실하니 삼십 배나 육십 배나 백 배가 된다고 한 말씀이 있다. 이 비유는 고대 철학자들이 자주 언급한 비유다. 여기서 씨는 복음이고 하나님의 말씀이다. 요한복음에서의 밀은 '자기 목숨을 많은 사람의 대속물로 주려'하는(마 20:28, 막 10:45) 한 알의 밀이다. 예수가 말한 '밀 하나의 죽음'(요 12:24)은 구속사적인 사건이다. 예수의 기도 후 요한복음에서는 처음으로 하늘에서 소리가 난다. '그때에 하늘에서 소리가

들려왔다. 내가 이미 영광되게 하였고 앞으로도 영광되게 하겠다(:28).'
하나님은 예수의 고난에 대해 응답한 것이다.

대제사장 가야바는 공회에서 왜 예수를 죽여야 하는지에 대해 "사람
이 백성을 위하여 죽어서 온 민족이 망하지 않게 되는 것이 너희에게 유
익한 줄을 생각하지 아니하는도다"(요 11:50)라고 했다. 이사야는 "밤나
무와 상수리나무가 베임을 당하여도 그 그루터기가 남아 있는 것 같이
거룩한 씨가 이 땅의 그루터기라"(사 6:13)고 했다. 이 거룩한 씨는 한 알
의 밀인 예수다. 바울은 씨가 죽지 않으면 살아나지 못한다고 했다.

16-9 몽테뉴는 '인간에게 죽는 법을 가르쳐주는 사람이야말로 인간
에게 사는 방법도 가르쳐준다'고 했다. 예수는 우리가 어떻게 죽어야 좋
은지 알려주고 있다. 인간이 죽음 앞에서 과감할 수 있는 것은 자기 직분
에 대한 당위성과 도덕적 의무가 분명할 때 가능하다. 전쟁터의 군인이
그렇고 화재 현장에서 인명을 구하고 죽은 소방관들이 그런 분들이다.

요한복음의 독특한 사상은 개인의 희생을 통한 공동체의 지고한 가치
를 추구하는 것이라 하겠다. 인류 공동체의 지고한 가치란 우리 모두가
지향하는 공통의 이념으로서 이웃 사랑, 차별금지, 기아 해결, 인권 존
중, 환경보호, 자유 추구, 폭력과 전쟁 반대 등이라 하겠다. 이런 일들을
한 분으로 우리는 슈바이처, 마더 테레사, 이태석 신부 같은 분들을 말
할 수 있을 것이다.

현대판 의인이라는 분들이 있다. 자신의 직업이나 의무와 상관없이
남을 살리기 위해 자신을 희생한 분, 많은 사람을 구하기 위해 자신을
돌보지 않은 분, 죽음의 순간에서도 남을 먼저 살린 분들이다. 예수는
지금도 우리에게 한 알의 밀이 되어 땅에 떨어져 죽음으로 많은 열매를
거두라고 한다.

　　　　　　　　　　　　　네 개의 시선으로 본 예수의 생애

17. 제자도, 자기 십자가를 지라

17-1 첫 수난 예고 후 예수는 "누구든지 나를 따라오려거든 자기를 부인하고 자기 십자가를 지고 나를 따르라 누구든지 제 목숨을 구원하고자 하면 잃을 것이요 누구든지 나와 복음을 위하여 자기 목숨을 잃으면 구원하리라 사람이 만일 온 천하를 얻고도 자기 목숨을 잃으면 무엇이 유익하리요 사람이 무엇을 주고 자기 목숨과 바꾸겠느냐"(마 16:24-26, 막 8:34-37, 눅 9:23-25)고 한다.

예수는 '누구든지'를 강조한다. 마가는 특별히 여러 번 말한다. 제자의 도를 따르면 누구나 예수의 제자가 된다는 것이다.

17-2 예수의 처음 요구는 자기를 부인하라고 한다. 그런데 '자기 부인'이란 무슨 말인가. 자아가 없는 존재 그리고 자기를 부정하는 사람이 과연 있을까. 마태에서 예수는 자기 십자가를 지고 나를 따르지 않는 자도 내게 합당하지 않다고 하는 말을 하기에 앞서 자기 부인에 해당되는 말씀을 한다. "아버지나 어머니를 나보다 사랑하는 자와 아들이나 딸을 나보다 더 사랑하는 자는 내게 합당치 아니하다"(마 10:37). 누가에서도 예수는 제자가 되는 길에 대해 "무릇 내게 오는 자는 자기 부모와 처자와 형제와 자매와 더욱이 자기 목숨까지 미워하지 아니하면 능히 내 제자가 되지 못한다"(눅 14:26)고 했다.

사람들이 가장 중요시하는 가족관계까지도 부인하라는 것이다. 예수는 자기 부인이란 자기중심의 인간관계를 예수 중심으로 바꾸는 것이고 또한 자기 본성이 자기를 이끄는 것을 거부하라는 것이다. 그리고 궁극적으로 예수를 위해 목숨까지 내놓을 수 있어야 하는 것이라고 한다.

예수의 사역 초창기 때의 일이다. 예수의 가족들이 예수를 찾아 밖에 와있다고 예수에게 알린다. 그러나 예수는 내 어머니와 동생들은 "아버지의 뜻대로 하는 자요"(마 12:50, 막 3:35) "하나님의 말씀을 듣고 행하는 이 사람들"(눅 8:21)이라고 한다.

교황 프란체스코는 마다가스카르에서 한 주일 미사(2019.9.8.)에서 예수의 첫 번째 요구는 가족관계에 관한 것이라고 하며 '옳고 선하다는 기준이 가족이 되어 버릴 때' 우리는 결국 편파와 비호의 연장선상에서 특권과 배제로 이어지는 악습들을 정당화하게 된다고 했다.

언론을 통해서 고위공직자들이나 선출직 기관장들이 자식의 일을 청탁하거나 친구, 동창, 선배 등 아는 이의 부탁을 들어주다가 잘못되는 경우를 자주 듣게 된다. 우리 사회는 학연, 지연, 혈연으로 공정과 평등과 정의가 훼손되는 경우가 만연하다.

예수는 '하나님 중심 가족의 재구조화'를 말하고 있다. 하나님 나라의 가족은 혈연이 우선이 아니라는 것이다. '자기 부인'이란 이처럼 '자기중심주의'와 '가족주의'를 극복하는 데에서 출발이 가능한 것이다. 요한 웨슬리는 우리의 본성은 자기 자신을 방어까지 하면서 자기 부정을 반대한다고 하며 결과적으로 자기 본성에 따라 산다고 했다. 바울은 자기를 부인하는 자신의 모습에 대해 "내가 그리스도와 함께 십자가에 못 박혔으니 그런즉 이제는 내가 사는 것이 아니요 오직 내 안에 그리스도께서 사시는 것이라"(갈 2:20)고 했다.

17-3 이어서 예수는 자기 십자가를 지고 나를 따르라고 한다. 십자

가를 지고 골고다를 향하는 예수를 뒤따라가는 또 하나의 십자가, 그 십자가를 지고 가는 나를 상상해 보라. 예수는 '누구든지 자기 목숨을 구원하려고 하면 잃는다고 하고 예수와 복음을 위해 자기 목숨을 잃으면 구원받는다'고 하며 '예수와 예수의 말을 부끄러워하면 나도 그를 부끄러워할 것이라'(막 8:38, 눅 9:26)고 했다. 예수는 같은 말씀을 제자를 파송할 때(마 10:39), 인자가 나타나는 때(눅 17:33) 그리고 인자가 들려야 할 때(요 12:25)에도 한다.

예수의 제자가 되기 위해 자기 십자가를 지라는 명령은 관념적인 수사가 아니라 구체적이고 실제적인 대응으로서의 실천을 요구하는 것이다. 십자가는 죽음의 형틀이지 목걸이나 장신구가 아니다. 예수는 '자기 십자가를 지고 나를 따르라'고 한다. 예수는 처음 제자들을 부를 때에도 나를 따르라고 했다.

그런데 이 십자가는 나의 십자가이다. 믿는 이 모두가 각기 다른 환경에 놓여 있기 때문에 각자 자기의 십자가를 질 수밖에 없다. 어떤 이는 어떤 부분을 잘 넘길 수 있지만 다른 이에게는 오히려 그 부분이 어려울 수 있다. 각자 다른 십자가를 질 수밖에 없다. 그러면 나의 십자가는 무엇일까. 예수를 믿음으로 인해 나에게 가해지는 사회생활의 여러 제한이나 제약 그리고 보이지 않는 손해나 비난 등을 말하는 것이리라. 그러나 예수를 자유롭게 믿지 못하는 곳에서 믿는 이들에게 십자가란 믿음으로 인한 구속이나 형벌을 말하는 것이리라. 그러면 현대를 살아가는 기독교인들은 어떻게 자기 십자가를 져야 할까.

예수가 요구하는 자기 부정과 자기 십자가를 지는 삶은 세상과 구별되는 삶이다. 이는 세상과 전혀 다른 질서 즉 하나님의 질서 가운데 예수를 따를 때만이 가능하다. 예수의 제자도는 우리에게 세상과 다른 기준을 제시하는데 그 기준을 따르지 못하면 온 천하를 얻고 마지막 때에 자기 목숨을 잃게 된다.

자기 부인의 궁극은 자기 목숨에 관한 것이고 또한 자기 소유까지도 포기하는 것이라 하겠다. 누가에서 예수는 모든 소유를 버리지 아니하면 역시 내 제자가 되지 못한다(눅 14:33)고 한다.

17-4 두 번째 수난 예고 후의 일이다. 제자들이 자기들 중 누가 가장 높으냐고 다툰다. 마태, 마가에서 예수는 어린아이 하나를 데려다 세우고 제자도를 말씀한다.

(1) 마태에서 제자들은 예수에게 천국에서 누가 크냐고 묻는다. 서로 누가 크냐고 한 이야기를 에둘러 표현한 것이라 하겠다. 마태에서 예수는 이미 산상수훈에서 '계명을 행하며 가르치는 자가 천국에서 크다는 일컬음을 받으리라'(마 5:19)고 가르쳤다. 천국에서 가장 작은 자 이야기도 있다. 이 세상에서 여자가 낳은 자 중에 세례 요한보다 큰 이는 없는데 천국에서는 극히 작은 자라도 그보다 크다(마 11:11)고 예수는 말했다. 결국 제자들은 자기 중 누가 가장 높은 자냐고 다툰 것이다.

예수의 대답은 간단하다. 마태에서 예수는 천국에서 큰 자에 대해 어린아이를 세우고 '돌이켜 어린아이와 같지 아니하면 결단코 천국에 들어가지 못한다'(마 18:3)고 한다. '돌이켜' 즉 기존 삶의 태도에 변화 없이는 천국에 갈 수 없다는 것으로 이것은 천국에 들어가는 조건이다. 그리고 '어린아이들과 같이 자기를 낮추는 사람이 천국에서 큰 자라'(18:4)고 한다. 자기를 낮추는 자는 천국에서는 물론이고 이 세상에서도 큰 자가 될 것이다. 예수를 믿는 자는 당연히 자기를 낮추는 자이어야 한다.

(2) 마가에서 제자들은 길에서 '누가 가장 큰 사람이냐'하고 다툰다. 예수는 제자들에게 너희가 길에서 무슨 일로 다투었냐고 묻지만 그들은 잠잠했다(막 9:33-34). 예수는 '누구든지 첫째가 되고자 하면 모든 사람의

네 개의 시선으로 본 예수의 생애

꼴찌가 되어서 모든 사람을 섬겨야 한다'(:35)고 했다. 그리고 어린아이 하나를 세우고 '누구든지 내 이름으로 이런 어린아이들 가운데 하나를 영접하면 나를 영접하는 것보다 나를 보내신 분을 영접하는 것이라'(:36-37)고 했다. 예수는 여기서 섬기는 자의 예로 어린아이 하나를 영접하는 자를 말하고 있다. 보잘것없는 어린아이를 영접하는 것이 뭇사람을 섬기는 것이고 또한 하나님을 영접하는 것이라고 한다.

세상에서 섬기는 자는 누구인가. 맨 꼴찌가 되어 뭇사람을 섬기는 자이다. 직급이나 직책과 관계없이 배가 침몰할 때 승객과 선원 모두를 하선시키고 맨 꼴찌로 배를 떠나는 사람이다. 화재 현장에서 인명구조를 위해 마지막 순간에 불길에 뛰어드는 사람이다. 섬기는 자가 되라는 말씀은 여기서 그치지 않고 세 번째 수난 예고 후 제자도에서도 계속된다.

(3) 누가에서도 제자들은 누가 크냐고 다툰다(눅 9:46). 예수는 그들 마음속의 생각을 아시고 어린아이를 하나 데려다가 옆에 세우고 누구든지 내 이름으로 이 어린아이를 영접하면 나를 영접하는 것이요 또 나를 보내신 분을 영접하는 것이라고 하고 "너희 중에 가장 작은 자가 가장 큰 자"(눅 9:48)라고 한다. 평지설교에서와 같은 어투이고 논법이다.

어린아이들에 대한 감사의 기도에서 예수는 '이것을 지혜롭고 슬기 있는 자들에게는 숨기시고 어린아이들에게는 나타내심을 감사한다'(눅 10:21)고 했다. 예수는 어린아이가 가장 작은 자라고 한다. 그런데 어린아이가 큰 자가 되는 것은 하나님께서 숨겨 놓은 것을 어린아이들에게 나타내기 때문이다. 비록 현실적으로나 세상적으로 별 볼 일 없는 사람이라 하더라도 순결한 마음으로 예수의 말씀을 잘 받아들여 새로운 가치관과 기준, 새로운 삶의 태도를 가질 때 가장 큰 자가 되는 것이라고 하겠다.

두 번째 수난 예고 후에 한 제자도를 정리해 보면 누가 크냐에 대해 마태는 '자기를 낮추는 자가 가장 큰 자'(마 18:4)이고, 마가는 '맨 끝이 되며 뭇사람을 섬기는 자'(막 9:35), 누가는 '가장 작은 자가 가장 큰 자'(눅 9:48)라 하겠다. 문득 나다니엘 호손의 '큰 바위 얼굴'이 생각난다. 주인공 어니스트는 평생 큰 바위 얼굴을 기다린다. 그는 마을을 다녀간 여러 유명한 인사들에 비하면 가장 작은 자였고 가장 자기를 낮춘 자가 아니었을까.

17-5 세 번째 수난 예고 후의 일이다. 마태, 마가에서 세베대의 어머니(마태) 그리고 두 아들들(마가)이 예수에게 나아와 '주의 나라에서 하나는 주의 우편에 하나는 주의 좌편에 앉게 해달라'고 요청한다. 예수는 "너희가 구하는 것을 알지 못한다고 하고 내가 마시는 잔을 너희가 마실 수 있느냐"고 물은 다음 "아버지께서 예비한 자가 얻을 것이라"(마 20:20-22, 막 10:35-39)고 한다. 이 광경을 보던 다른 제자들은 화를 냈다.

예수는 '누구든지 크고 자 하는 자는 너희를 섬기는 자가 되고 너희 중에 누구든지 으뜸이 되고자 하는 자는 모든 사람의 종이 되어야 한다'(마 20:26-27, 막 10:43-44)고 하고 '인자가 온 것은 섬김을 받으려 함이 아니고 자기 목숨을 많은 대속물로 주려 함이라'(마 20:28, 막 10:45)고 한다.

누가에서 예수는 유월절 만찬 후 제자들이 누가 크냐고 다툼을 할 때 '나는 섬기는 자로 너희 중에 있다'(눅 22:27)고 말씀한다. 예수는 먼저 '너희는 그렇지 않을지니'라고 말씀을 시작하는데 세베대의 아들들에게 한 말씀의 시작과 같다. 예수는 '너희 중에 가장 큰 자는 가장 어린 자와 같고 다스리는 자는 섬기는 자와 같아야 한다. 누가 더 높으냐. 밥상 앞에 앉은 사람이냐 시중드는 사람이냐. 밥상 앞에 앉은 사람이 아니냐. 나는 시중드는 사람으로 너희 가운데 와 있다'(눅 22:26-27)고 한다. 누가에서의 이 말씀은 누가의 세 번째 수난 예고 후의 일은 아니다. 그러나 분위기도 같고 제자들이 누가 크냐고 다투는 내용도 같다.

예수는 누구든지 으뜸이 되고자 하는 자는 모든 사람의 종이 되어야 한다고 했는데 누가에서 예수는 구체적으로 자신을 식사 시중을 드는 종이라고 한다. 예수는 자기가 온 것은 섬김을 받으러 온 것이 아니라고 한다. 요한복음에서 예수는 식사 자리에서 일어나 제자들의 발을 씻긴다. 섬김을 몸소 본보이고 제자들에게도 요구한다. 예수는 섬기는 일이 자신의 일이라고 한다.

예수는 '자기 목숨을 많은 대속물로 주려한다'고 했다. 대속물이란 노예나 전쟁포로를 자유롭게 하기 위해 지불하는 값이다. 레위기에는 몸이 팔린 사람을 속량하는 값(레 25:51-52)이라고 하는데 출애굽기에서는 하나님께 드려야 하는 '생명의 속전'(출 30:12, 잠 13:8)을 의미한다. 예수는 자신을 많은 사람을 위한 대속물로 여기었다. 이사야의 고난 받는 종이 온전히 순종하는 모습에서 주께서 그를 상하게 하였으나 '그는 그의 영혼을 속건 제물로 여겼다'(사 53:10)고 한다. 바울도 그가 모든 사람을 위하여 자기를 대속물로 내 주었다(딤전 2:6)고 한다.

세 번째 수난 예고를 한 후에 한 제자도는 두 번째 수난 예고에서 한 '큰 자'에 대한 말씀을 계속하고 있다. 마태, 마가에서 '크고 자 하는 자는 섬기는 자'가 되고 '으뜸이 되고 자 하는 자는 종이 되어야' 하며 '다스리는 자는 섬기는 자가 되어야' 한다고 했다. 누가에서도 섬기는 자가 되라고 한다. 그런데 세 번째 수난 예고 후 마태, 마가에서 예수는 자신에 수난의 목적에 대해 말씀하고 있다. '인자가 온 것은 섬김을 받으려 함이 아니라 섬기러 왔고 자기 목숨을 대속물로 주려 왔다'고 한다.

17-6 요한복음에서 예수는 수난 예고로 한 알의 밀이 땅에 떨어져 죽어야 많은 열매를 맺는다고 한 다음 제자도로서 공관복음에서와 같이

'자기 생명을 사랑하는 자는 잃을 것이요 이 세상에서 자기 생명을 미워하는 자는 영생토록 보전한다'(요 12:25)고 말씀했다.

수난 예고와 관계없이 마태에서 예수는 '너희 중의 큰 자'에 대해 서기관과 바리새인에 대한 경고로 말씀(마 23:8-12)한다. 먼저, 너희는 랍비라 칭함을 받지 말라(23:8)고 하고 지도자라 칭함을 받지 말라고 하며 너희 중에 지도자는 한 분이시니 곧 그리스도라(23:10)고 한다. 그리고 세베대의 아들들에게 한 말씀을 다시 반복한다. '너희 중에 큰 자는 너희를 섬기는 자가 되어야 한다. 누구든지 자기를 높이는 자는 낮아지고 자기를 낮추는 자는 높아지리라'(마 23:12).

누가에서도 수난 예고와 관계 없이 예수는 '자기를 낮추는 자'에 반복해서 말씀(눅 14:10-11, 18:14)한다. 먼저 청함을 받는 경우의 처신에 대해 높은 자리에 앉았다가 자리를 내주는 수모를 겪지 않도록 차라리 끝자리에 앉으라고 하며 무릇 자기를 높이는 자는 낮아지고 자기를 낮추는 자는 높아지리라고 한다. 그리고 바리새인과 세리의 기도를 비교한다. 바리새인은 금식, 십일조, 적선 등 자신의 의로운 행위를 말하지만 세리는 '감히 하늘을 쳐다보지도 못하고 하나님 불쌍히 여기소서 나는 죄인이로소이다'(눅 18:13)라고 기도한다. 예수는 자기를 높이는 자는 낮아지고 자기를 낮추는 자는 높아지리라고 한다.

수난 예고 후 제자도에 관한 예수의 말씀은 예수의 유훈과 같은 것으로 자기를 부인하고 자기 십자가를 지고 나를 따르라는 말씀뿐 아니라 자기를 낮추는 자가 되고 가장 작은 자가 되며 거듭거듭 섬기는 자가 되라고 한 말씀을 지키는 것은 오늘 우리에게도 중요한 것이다.

네 개의 시선으로 본 예수의 생애

18. 너희는 물로 된 포도주다

❦

18-1 요한복음에서의 예수가 한 첫 번째 사역은 가나의 혼인 잔치 (2:1-12)에서 기적을 행한 것이다. 나다나엘을 제자로 삼고 사흘째 되는 날에 가나에서 혼인 잔치가 있었다. 예수의 어머니가 거기에 있었고 예수와 그 제자들도 그 잔치에 초대받았다. 그런데 포도주가 떨어지니 예수의 어머니가 예수에게 말하기를 '포도주가 떨어졌다'고 한다. 예수는 어머니에게 '여자여 그것이 나와 무슨 상관이 있느냐 아직 나의 때가 오지 않았다'고 한다. 그러나 예수의 어머니는 일꾼들에게 이르기를 '무엇이든지 시키는 대로 하라'고 한다. 그런데 유대 사람의 정결 예법을 따라 그 집에는 돌로 만든 물 항아리 여섯이 놓여 있다. 그것은 물 두세 동이들이 항아리였다. 예수는 일꾼들에게 '이 항아리에 물을 채우라'고 하니 그들은 아귀까지 채웠다. 예수는 그들에게 '이제는 떠서 가져다주라'고 한다. 잔치를 맡은 이는 포도주가 된 물을 맛보고는 그것이 어디에서 났는지 알지 못하였으나 물을 떠 온 일꾼들은 알았다. 그래서 잔치를 맡은 이는 신랑을 불러서 말하기를 '누구든지 좋은 포도주를 먼저 내놓고 손님이 취한 후에는 덜 좋은 것을 내놓는데 그대는 지금까지 남겨 두었네요'라고 하였다. 예수는 이 첫 표적을 갈릴리 가나에서 행하여 자기 영광을 드러냈고 제자들은 그를 믿었다.

18-2 요한복음에는 일곱 개의 표적 이야기가 있다. 2장부터 12장까지를 표적의 책이라고 한다. 표적은 예수의 영광을 드러내기 위한 것이고 하나님의 아들임을 드러내기 위한 것이다. 표적이란 히브리어로 '오트'이고 헬라어로는 세메이온semeion인데 표시, 증표, 징조라는 말이다. 여기서 일곱 개의 표적이란 가나의 기적에 이어 왕의 신하의 아들을 고친 일, 베데스다에서 병자를 고친 일, 오천 명을 먹인 일, 물 위를 걸은 일, 날 때부터 소경인 자를 고친 일, 나사로를 살린 일이다. 가나의 표적 이야기 바로 다음에 성전 정화 기사가 나오는데 그때 유대인들이 예수에게 표적을 보여 달라고 요구한다. 그 후 유월절을 맞이하여 예수가 예루살렘에 있는 동안 여러 가지 표적을 행했는데 많은 사람들이 예수를 믿었다고 한다. 니고데모 역시 예수에게 하나님이 함께하시지 아니하시면 당신이 행하시는 이 표적을 아무도 할 수 없다고 한다. 요한복음의 앞부분에는 이처럼 표적에 대한 사람들의 관심이 많이 소개되고 있다. 그래서 요한복음을 기록한 이는 '예수는 이 책에 기록되지 않은 다른 표적들도 많이 행하였다'(20:30)고 한다.

가나는 또 다른 가나(수 19:28)와 구분하기 위해 갈릴리 가나라고 부르는데 나사렛 북동쪽 작은 마을이다. 이곳은 예루살렘에서 갈릴리 가나에 도착한 예수가 가버나움에서 병들어 거의 죽게 된 왕의 신하의 아들을 '네 아들이 살아 있다'라고 말씀함으로 원격으로 표적을 행하여 그의 아들을 살린 곳이기도 하다. 이 잔치에 예수의 어머니와 형제들도 있었던 것으로 보아 예수의 친척 집으로 보인다. 사흘 전 예수의 제자가 된 나다나엘이 가나 사람(요 21:2)인 것으로 보아 나다나엘과도 가까운 인척으로 보이며 그가 예수의 제자들 즉 동료들을 잔치에 초대하였을 수도 있다.

예수의 어머니는 예수에게 잔칫집에 포도주가 떨어졌다고 한다. 처음

네 개의 시선으로 본 예수의 생애

포도 농사를 지은 사람은 노아(창 9:20)다. 그리고 그 후 포도주는 제단에 올려졌다(출 29:40, 레 23:13). 이스라엘 백성은 매번 소제로 밀가루와 기름을, 그리고 전제로 포도주를 드렸다. 포도주는 '하나님과 사람을 기쁘게 하는 것'(삿 9:13)이고 여호와께 포도주를 부어 드리는 것은 여호와께서 기뻐하는 바라고 한다(호 9:4). 이삭이 큰아들 에서가 아닌 야곱을 축복하는 중에 '하나님이 풍성한 곡식과 포도주를 네게 주기 바란다'(창 27:28)고 했다. 시편에도 '사람의 마음을 기쁘게 하는 포도주'(104:15)라는 표현이 있다. 그런데 잔칫집에 포도주가 바닥이 났다는 것이다.

예수는 '여자여 나와 무슨 상관이 있느냐 내 때가 이르지 아니하였다'(요 2:4)고 한다. 예수의 어머니는 예수의 대답에 개의치 않고 일꾼들에게 무엇이든지 시키는 대로 하라고 한다. 예수의 어머니는 예수가 메시아적 권위와 능력을 가지고 있다고 믿은 처음 사람이었다. 예수는 자기 어머니에게 '여자여'라고 한다. 그래도 예수의 어머니는 섭섭해하지 않은 것은 예수가 단지 자기 아들 그 이상의 존재라고 확신했기 때문이리라. 예수 역시 사적인 부탁을 하는 어머니에게 공적 사역을 시작한 자신의 입장을 보이기 위한 태도였을 것이다. 요한 계시록에서도 마리아라는 이름이 없이 같은 헬라어로 여자라고 부른다(12:1).

사복음서에서 예수가 '여자여'라고 부른 경우는 구원 사역의 입장에서 한 호칭이었다. 사마리아 수가성 여자에게는 "여자여 내 말을 믿으라"(요 4:11)고 했고 가나안 여자에게는 "여자여 네 믿음이 크도다"(마 15:22,28)라고 했으며 18년 동안 귀신 들려 꼬부라져 펴지 못한 여자에게는 "여자여 네가 네 병에서 놓였다"(눅 13:12)라고 했다.

예수는 포도주가 떨어진 일이 나와 상관이 없다고 했다. 공생애 초기에 하나님의 일이 우선이라는 것이다. 회당 귀신의 경우도 예수에게 우리와 무슨 상관이 있느냐고 했다. 간섭하지 말라, 방해하지 말라는 의미로 사용되었다. 예수 자신이 나와 상관이 없다고 말한 적이 있다. 예수가 제자들의 발을 씻길 때 베드로가 내 발은 절대 씻기지 못한다고 하였다. 예수는 '내가 네 발을 씻어 주지 아니하면 네가 나와 상관이 없다'고 했다.

예수는 자기변명을 하듯이 '내 때가 아직 이르지 아니하였다'(요 2:4)고 한다. 초막절에 예수의 형제들이 예수에게 '이런 훌륭한 일을 할 바에는 유대로 가서 세상에 드러내는 것이 좋겠다'고 하자 예수는 '내 때가 오지 않았다'(요 7:6,8)고 반복해서 강조했다. 어머니의 입장은 예수의 때에 대해서는 잘 모르지만 단지 아들이 그가 갖고 있는 특별한 능력을 나타내 주기를 간절히 바랐을 것이다.

그러면 예수는 왜 자기 입장과 태도를 바꾸었을까. 예수가 효심이 지극해서 어머니의 부탁을 들어드린 것일까. 그럴 수 있다. 그렇다면 어머니를 왜 여자여라고 불렀을까. 예수는 이미 어머니를 '여자여'라고 함으로서 어머니보다는 '은혜를 구하는 한 여자'로 본 것은 아닐까. 예수는 어머니를 구원 사역의 대상으로 본 것이다. 어머니를 공적인 입장에서 여자여라고 했기 때문에 예수는 어머니의 부탁을 사역 현장에서 일어나는 제자들의 요청의 하나로 보고 표적을 행할 수 있었을 것이다. 그리고 이것도 하나님의 일에 하나라는 확신이 들었기 때문일 것이다. 이 이야기의 끝에는 이 표적으로 인하여 제자들이 그를 믿게 되었다(2:11)고 한다. 예수는 때가 이르지 못한 것은 사실이지만 자기의 제자들이 자기를 확실히 믿어 주기를 바랐었을 수 있다.

18-3 예수가 일꾼들에게 돌 항아리에 물을 채우라고 하니 아귀까지 채웠다. 예수는 채워주는 분이다. 엘리사는 제자의 과부 된 아내에게 모든 그릇을 가져오게 하고 기름을 채워주어 팔아 빚을 갚고 살게 하였다

네 개의 시선으로 본 예수의 생애

(왕상 4:1-7). 예수는 우리의 필요를 아시고 그때그때 마다 채워주는 분이다.

유대인의 집에는 정결 예식을 위한 물 항아리들이 있는데 이 집에는 여섯 개가 있었다. 한 항아리에 두세 통의 물이 들어간다고 했다. 그래서 한 항아리에 두통 반이 들어간다고 보고 한 통을 대략 8갤런으로 치고 환산하면 생수 2리터짜리 여섯 개 묶음이 38개나 된다. 놀랄 만큼의 많은 양이다. 돌 항아리 여섯 개의 포도주는 그 양이 압도적으로 많다. 많은 양의 포도주는 메시아 시대에 누릴 풍요로움을 상징이고 반대로 포도주가 없다는 것은 재난의 상징이었다.

예수는 그들에게 이제는 떠서 가져다주라고 한다. 일꾼들은 예수 어머니의 지시대로 예수가 하라는 대로 했고 또 예수가 가져다주라고 해서 그대로 했다. 일꾼들은 잔칫집에서 많은 일을 했으나 그 일이 무엇인지 모르고 했다. 그들은 포도주가 어디에서 났는지 알고 있었다. 그러나 물이 포도주가 된 표적에는 관심이 없는 사람들이었다. 놀라운 일이 벌어져도 그것은 남의 일이었다. 그들은 단지 일꾼일 뿐이다. 그래서 그들이 예수를 믿었다는 말이 없다.

잔치를 맡은 연회장은 포도주가 된 물을 맛보았으나 그것이 어디에서 났는지 알지 못하였고 궁금해하지도 않았다. 그저 신랑을 불러서 사람들은 좋은 포도주를 먼저 내놓고 손님이 취한 후에는 덜 좋은 것을 내놓는데 계속해서 좋은 포도주가 나오는 것을 칭찬했을 뿐이다.

예수는 결과적으로 잔치에서 없어서는 안 되는 포도주를 충분히 제공함으로써 사람들이 잔치를 더욱 풍성히 누리게 하였고 또한 자신의 영광을 나타내었던 것이다. 그리고 예수는 메시아로서 물로 포도주를 만드는 표적을 행함으로 가나의 혼인 잔치를 자신이 베푸는 잔치가 되게 하였다. 구약에는 '하나님이 주재하는 잔치' 이야기가 있다. 이사야는 하나님이 시온산에서 만민을 위해 잔치를 베푸는데 여기에 오래 저장되었던 맑은 포도주가 나온다(사 25:6-7)고 했다.

마태에는 어떤 임금이 베푸는 '천국 잔치 비유'(마 22:1-4)가 있고 누가에는 어떤 사람이 베푸는 '큰 잔치 비유'(눅 14:15-24)가 있다. 마태에서 임금은 자기의 초대를 받은 사람들이 들은 척도 하지 않고 이런저런 이유를 대며 제 갈 길을 가고 어떤 이는 자기가 보낸 종들을 붙잡아서 모욕하고 죽인다. 그러자 자기 군대를 보내 그 도시를 불태워 버리고 만다.

누가에서의 어떤 사람도 큰 잔치를 베풀지만 역시 이런저런 이유로 참석을 하지 않자 길거리에 나가 가난한 자, 몸이 불편한 자, 맹인, 저는 자를 데려오게 하여 자리를 채웠다고 한다. 즉, 하나님 나라의 잔치에 사람들이 초대를 받으나 핑계를 대고 참석하지 않고 훼방을 놓기까지 해서 잔치에 어울리지 않는 사람들이 참석하게 된다는 것이다. 이 밖에도 계시록에는 어린 양의 혼인 잔치(19:1-10) 이야기가 있다.

18-4 물이 포도주가 되었다. 물이 포도주로 바뀐 것을 성서는 '물로 된 포도주'(요 2:9)라고 한다. 여기서 되다는 의미의 헬라어는 ginomai로 일어나다, 발생하다, 생성되다는 말이다. 물이 포도주가 되었다는 것은 비유가 아니다. 팩트fact다. 표적이다. 예수가 하인들에게 항아리에 물을 채우라고 했다. 예수가 물이 포도주가 되라고 명령한 것이 아니다. 물이 포도주가 되게 해달라고 기도하지도 않았다. 그러면 변질된 것인가. 물의 질적인 변화라고 한다면 시간이 흐르면서 물이 썩는다거나 물맛이 변하는 것이라 하겠다. 매체나 촉매에 의한 변화인가. 화학작용으로 일어날 수 있는 일은 아니다. 알 수가 없다. 어떻게 해서 이런 표적이 일어났는지 그 원리나 변화 과정을 연구하는 것은 무의미한 일이다. 단지 우리는 이 사실을 받아들이고 믿어야 하는 것이다.

'물로 된 포도주'는 더 이상 물이 아니다. 예수를 믿는 이들은 '물로 된 포도주'다. 인간은 스스로 새사람이 될 수 없고 새로 지으심(갈 6:15)을 받아야 하는데 우리를 새로운 존재로 바꾸어 '새로운 피조물'(고후 5:17)로 만드는 분은 예수다. 요한복음은 그리스도의 출현에 대해 '세상은 그로 말미암아 지은 바 되었으나 세상이 그를 알지 못했다'(요 1:10)고 하고 바울은 '만물이 그에게서 창조'(골 1:15-16)되었다고 한다. 우리는 세상을 지은 예수, 만물을 창조한 예수를 모르기 때문에 물이 포도주가 되는 것을 믿지 못하는 것이리라.

이제 우리는 '새 포도주'가 되었다. 유명한 프랑스의 철학자인 팡세는 '하나님께 취한 자'라는 별명을 갖고 있다. 우리도 '예수와 예수의 메시지에 취해서' 기쁘고 즐겁고 가치 있고 의미 있는 삶을 살아야 하겠다. 유대교와 기독교의 전통에서 보면 금주는 일반적인 것이 아니다. 그러나 술 취함에 대한 경고는 구약이나 신약 모두 공통이다. 신명기에는 술에 잠긴 자라고 하면 돌로 쳐 죽이라고 했다. 바울은 여러 차례 포도주의 절제(롬 13:13, 14:21, 고전 5:11, 갈 5:21)를 당부하고 있고 특별히 교회 지도자들에게는 금주(딤전 3:3, 딛 2:3)를 말하면서 성령으로 충만하라(엡 5:18)고 한다.

19. 거듭나라, 영생을 주리라

❧

19-1 예수가 바리새인인 니고데모와 영생에 대해, 또한 하나님 나라에 대해 나눈 대화다(요 3:1-15). 바리새파 사람 중 유대인의 지도자인 니고데모라는 사람이 예수를 밤에 찾아와서 랍비여 우리는 선생님이 하나님께로부터 오신 선생님인 줄 안다. 왜냐하면, 당신이 행하는 이 표적은 하나님이 함께하지 아니하면 아무도 할 수 없기 때문이라고 한다. 예수는 '내가 진실로 진실로 네게 말하는데 누구든지 다시 태어나지 아니하면 하나님 나라를 볼 수 없다'고 한다.

니고데모는 사람이 늙은 뒤에 어떻게 다시 태어날 수 있느냐 어머니 뱃속에 다시 들어갔다가 태어날 수야 없지 않느냐고 한다. 예수는 '진실로 진실로 말하는데 누구든지 물과 성령으로 나지 않으면 하나님 나라에 들어갈 수 없다'고 하고 '육으로 난 것은 육이요 영으로 난 것은 영이라'하며 성령으로 태어난 사람은 다 이와 같다고 한다.

니고데모는 어떻게 그런 일이 있을 수 있느냐고 반문하자 예수는 '이스라엘의 선생으로 이런 것도 알지 못하느냐'고 한다. '너희는 우리의 증언을 받아들이지 않는다'고 하며 '땅의 일을 말해도 믿지 않는데 하물며 하늘의 일을 말하면 어떻게 믿겠느냐'고 한다.

19-2 니고데모Nicodemos란 이름은 이김이라는 뜻의 니케와 백성이라는 뜻의 데모스가 결합된 말로 백성의 정복자 또는 백성 중의 승리자로

해석할 수 있다. 그는 바리새인이고 유대 지도자라고 하는데 유대 공회의 일원(요 3:1)으로 보인다. 그가 밤에 예수를 찾아온 것이다. 그는 예수를 하나님의 사람으로 인정하고 당신은 '하나님께로부터 온 분, 하나님이 함께하시는 분'(3:2)이라고 한다. 그리고 그는 예수를 '랍비'라고 하고 '선생'이라고 부른다. 그러나 그는 예수를 공개적으로 인정할 수는 없었기 때문에 밤에 찾아온 것이리라.

니고데모의 관심은 표적이다. 그는 예수를 '표적을 행하는 분'으로 알고 있다. 그에게 표적은 '하나님이 함께한다'는 증표이다. 그는 예수에게 표적에 관심이 있다고 직접적으로 표현한다. 그는 그런 표적을 아무나 할 수 없다고 하며 다른 사람들처럼 어떻게 표적을 행하는지 궁금해하고 묻고 싶어 한다.

그런데 예수의 대답은 두 번 다 '하나님의 나라'에 관한 것이다. 예수는 그를 '이스라엘의 선생'이라고 했는데 관사 ho가 붙어 있다. 예수는 그가 이스라엘에 널리 알려진 위대한 교사라고 인정한 것이다. 그리고 그가 하나님의 나라와 영생을 이해하기를 바랐다. 예수는 그에게 '진실로 진실로'를 세 번 말한다. 히브리어로 '아멘, 아멘'이다. 예수는 말씀의 중요성을 강조하기 위해 자주 이렇게 말씀하는데 예수의 절대 권위가 함축되어 있다고 하겠다.

가버나움으로 예수를 찾아간 군중들에게 '너희가 나를 찾아온 것은 표적을 보았기 때문이 아니라 떡을 먹고 배가 불렀기 때문이라'(요 6:26)고 한다. 예수는 사람들이 표적을 보아도 표적을 행하게 하는 하나님에 대해서는 관심이 없다고 했다. 예수는 먼저 니고데모를 알아보고 하나님 나라에 대해 말씀한다. 예수의 대답은 진정한 표적에 대해 말하고 있는 것이다. 진정한 표적이란 물이 포도주가 되는 변화 이상으로 중요한 자신의 변화인데 예수는 하나님 나라의 백성들은 이런 변화가 가능하다고 한다. 진실로 진실로 이르노니 사람이 거듭나지 아니하면 하나님 나라를 볼 수 없다는 것이고, 물과 성령으로 나지 아니하면 하나님 나라에 들어갈 수 없다는 것이며, 우리가 아는 것을 말하고 본 것을 증언하는데 이 증언을 받으라고 한다. 예수는 예수 자신이나 예수가 행하는 표적이 아니라 하나님이 주재하고 통치하는 새로운 세상에서 변화된 새로운 자신에 모습에 관심을 가지라고 한다.

19-3 예수는 그에게 거듭나라고 하는데 '거듭'은 헬라어 anothen으로 again과 from above 즉 '다시'와 '위로부터'의 의미로 이해할 수 있다. 니고데모는 re, again으로 이해하고 대답하기를 다 성장한 사람이 어떻게 다시 태어날 수 있느냐. 어머니 뱃속에 다시 들어갔다가 태어날 수야 없지 않느냐고 한다. 요한복음에는 '혈통으로나 육정으로나 사람의 욕망으로 나지 아니하고 오직 하나님께로 부터 난 자들'(요 1:13)에 대한 말씀이 있다. 그러면 그들은 누구인가. '영접하는 자 곧 그 이름을 믿는 자들'이고 '하나님의 자녀가 되는 권세를 받은 자'(1:12)들이다. 거듭나라는 말씀은 마지막의 권고처럼 '그를 믿는 자가 돼라'는 것이고 '영생을 얻게 하려는' 것이다.

요한일서에서 거듭난 자라고 할 수 있는 '하나님께로부터 난 자'는 예수가 그리스도임을 믿는 자(요일 5:1)라고 했다. 그리고 이 사람은 의를 행하고(2:29) 서로 사랑하는 자이며(4:7) 세상을 이기는 자이고(5:4) 범죄하지 아니한다(5:18)고 했다.

마태에도 거듭난다는 의미의 말이 있다. 예수는 '내가 진실로 진실로 너희에게 이르노니 세상이 새롭게 되어 인자가 자기 영광의 보좌에 앉을 때'(19:28)라는 말씀 중 세상이 '새롭게 되어'는 팔링게네시아 palingenesia이다. 이 말은 rebirth, regeneration, renewal의 의미 즉 다시 태어남, 새 생명을 얻음, 갱신이라는 말이다. 마태에서 예수는 새로운 세상을 말하는데 하나님의 섭리에 의해 일어나는 이런 변화는 세상 속에서 예수를 믿는 사람들 가운데에서 즉 우리의 거듭남을 통해서 일어난다고 하겠다.

예수는 '위로부터의' 거듭남을 강조하기 위해 '물과 성령으로 나야'(요 3:5) 한다고 말한다. '물세례, 성령 세례는 세례 요한의 용어다. 예수는 요한에게 물로 세례를 받았으나 자신은 성령 세례를 베푼 분(요 1:33)이다.

인간은 스스로 거듭날 수 없다. 물과 성령으로만이 가능하다. 물과 성령은 씻어서 정결케 하는 하나님의 성령에 역사를 가리키는 표현이라 하겠다. 이 말은 거듭나기 위해서는 죄의 자각과 회개, 그리고 성령의 세례가 전제되어야 한다는 것이다. 구약에서 물과 영은 새롭게 하고 생명을 주는 하나님의 활동을 나타내는 두 상징이다. 에스겔은 물과 새 영으로 마음과 영을 새롭게 하라고 하고 또한 새 마음과 새 영을 가지라고 한다(겔 36:25-27, 18:31).

요한복음에는 유별나게 물 이야기가 많다. 가나의 혼인 잔치에서는 포도주가 된 물, 수가성 여자와의 대화에서는 영원히 목마르지 않는 그리고 영생토록 솟아나는 샘물, 베데스다 못의 움직이는 물, 초막절에 선포한 생수의 강, 제자들의 발을 씻기는 대야의 물, 예수 옆구리에서 나온 물 등이다.

19-4 예수는 바람을 예로 들어 성령을 설명한다. 바람의 소리는 듣지만 바람이 어디서 와서 어디로 가는지 모른다는 것이다. 성령도 마찬가지라서 바람처럼 성령 자체는 체험할 수 있지만, 성령의 역사가 어떻게 일어나는지 그 본질은 이해할 수 없다고 한다. 그러면서 성령으로 난 사람은 다 그와 같다고 한다. 성령으로 난 사람은 성령을 체험한 사람이

고 성령의 역사의 현장에 있었던 사람이고 또한 거듭난 사람인 것이다. 니고데모는 어떻게 그런 일이 있을 수 있겠느냐고 한다. 그는 어리둥절했다. 인간이 위로부터 난다는 것이 성령으로 난다는 말이라는 것을 이해하지 못했을 수 있다.

예수는 이스라엘 선생으로 어떻게 모를 수 있냐고 한다. 구약에는 성령이라는 말보다 여호와의 영이 자주 사용되었다. 여호와의 영은 지혜와 총명의 영, 모략과 재능의 영, 지식과 여호와를 경외하는 영인데 이런 영들이 이새의 뿌리에서 나는 한 가지 위에 강림(사 11:1-2)한다고 했다. 이런 메시아에 대한 기사는 에녹서나 솔로몬의 시편에도 나온다.

예수는 갑자기 '우리의 증언'을 받으라고 한다. 그리고 '너희는' 우리의 증언을 받지 않고 있다고 한다. 여기에서 예수는 초기 기독교인들을 대신하여 유대교에 정통하다는 바리새인을 대표하는 니고데모에게 말씀하고 있다. 유대인들은 초기 기독교인들의 고백을 믿지 않았다. 예수는 우리의 증언은 '우리가 아는 것이고 본 것이라'고 한다. 여기서 증언을 받는 것이란 예수를 믿는 것이고 거듭나는 것이고 성령으로 나는 것이다. 예수의 이 말씀을 요한도 제자들에게 한다. '그가 친히 보고 들은 것을 증언하되 그의 증언을 받는 자가 없도다. 그의 증언을 받는 자는 하나님이 참되시다는 것을 확증하는 사람이다(요 3:32-33).'

예수는 안타까워하며 땅의 일을 말하여도 믿지 않는데 어떻게 하늘의 일을 믿겠느냐고 한다. 여기서 땅의 일이란 지상에서 사람들이 해야 할 죄의 자각과 회개라고 하겠고 하늘의 일이란 인류 구원을 위한 하나님의 섭리라 하겠다. 그러나 예수는 구체적인 부연 설명을 하지 않는다.

예수는 니고데모에게 자기를 소개한다. 인자 즉 자기는 하늘에서 내려왔다고 하고 자기 이외에는 하늘로 올라갈 자가 없다고 한다. 그리고 모세가 광야에서 든 뱀과 같이 들려져야 한다는 것이다. 요한도 예수를

네 개의 시선으로 본 예수의 생애

'위로부터 오시는 이, 하늘로부터 오시는 이'(요 3:31)라고 제자들에게 소개했다. 하늘에서 내려왔고 하늘로 올라가는 사람은 하나님과 직접 소통하는 사람이라 하겠다. '광야에서 뱀을 든 것같이'는 민수기에 나오는 이야기다. 모세가 놋 뱀을 만들어 장대 위에 다니 뱀에게 물린 자가 놋 뱀을 쳐다본즉 모두 살았다(민 21:9)고 한다. 그러나 요한복음에서 들린다는 것은 십자가에 달려 죽는다는 의미도 있고 또는 승천한다는 뜻을 가지기도 한다. 요한복음은 처음부터 예수를 세상 죄를 지고 가는 하나님의 어린 양으로 보고 있다.

19-5 예수는 그를 믿는 자마다 영생을 얻게 하겠다(3:15)고 한다. 영생이란 예수가 주는 영원한 생명(눅 10:25)이고 또는 예수 그리스도 자신(요일 1:2)이다. 믿는 자에게 영생이란 니고데모와 대화의 결론이다. 즉 '하나님이 이 세상을 사랑하사 그를 믿는 자마다 영생을 얻게 하겠다'(3:16)는 것이다. 요한복음을 생명의 복음서라고도 부른다. 요한일서의 저자는 편지를 쓰는 이유가 '예수를 믿는 너희에게 영생이 있음을 알게 하려는 것이라'(요일 5:13)고 한다. 요한복음은 예수를 믿기만 하면 영생을 얻는다고 한다. 무릇 살아서 예수를 믿는 자는 영원히 죽지 않는다(요 11:26)고 말씀했다. 이 말씀은 영혼 불멸을 말하는 것이 아니라 예수 그리스도에 의해서 주어지는 새로운 생명을 말한다. 믿는 자도 죽는다. 그러나 믿는 이에게는 새로운 삶을 살기 때문에 궁극적인 의미의 죽음은 없다. 일반적으로 이해되는 생명이 아니다. 그렇지만 영생은 미래에 해당되는 것이 아니고 현재에서 실현되는 것이다. 지금 하나님과 예수를 믿는 믿음에서 얻어지는 것인 동시에 마지막 날에 얻어지는 것이다. 즉 요한복음에서의 영생은 공관복음서에서의 구원이라 하겠다.

마태에서 예수는 '내가 주릴 때, 목마를 때, 나그네 되었을 때, 헐벗었을 때 너희가 나를 대접하였다'(마 25:35-36)고 하며 '의인들은 영생에 들어간다'(마 25:46)고 하는데 여기서 영생은 하늘나라의 의미라 하겠다. 마가에서 예수도 '손이 범죄하면 찍어버리라'(막 9:43)고 하며 장애인으로 영생에 들어가는 것이 두 손을 가지고 지옥 불에 들어가는 것보다 낫다고 하는데 역시 하나님 나라에 들어가는 것을 말한다.

영생을 얻는다는 말씀이 요한복음에서 계속 반복되는데 예를 들면 아들을 믿는 자에게 영생이 있다(3:36), 나를 보내신 이를 믿는 자는 영생을 얻는다(5:24), 영생을 얻기 위해서는 내게로 오라(5:40), 아들을 보고 믿는 자마다 영생을 얻는다(6:40), 믿는 자는 영생을 가졌다(6:47), 내 살을 먹고 내 피를 마시는 자는 영생을 가졌다 등이다.

19-6 〈하나님이 이 세상을 이처럼 사랑하사 독생자를 주셨으니 이는 그를 믿는 자마다 멸망하지 않고 영생을 얻게 하려 하심이라〉

웨스터민스터 교리문답에 '하나님은 영이신데 그 존재와 지혜와 능력과 거룩함과 의로움과 선함과 진리에 있어서 무한하고 영원하며 불변하시다'고 한다. 세상의 창조주이신 하나님이 이 세상 즉 우리가 사는 세상을 사랑하신다고 한다. 이 세상은 선과 악, 의와 불의, 옳고 그름, 의인과 죄인이 함께 있는 세상이다. 하나님의 사랑은 피조물 전체를 대상으로 하는 보편적이고 우주적인 사랑이다. 사랑은 하나님의 속성이며 그분의 위격이고 성품의 핵심이다. 하나님은 사랑이시고 사랑은 하나님께 속한 것이다(요일 4:15-16). 하나님은 세상 중에 있는 한 사람 한 사람을 사랑한다. 그래서 죄인이나 이방인이나 누구나 모두 구원받을 수 있다. 하나님은 세상을 사랑할 수 있으나 우리는 세상을 사랑하면 안 된다. '누구든지 세상을 사랑하면 하나님의 사랑이 그 안에 있지 아니하니 이는 세상에 있는 모든 것이 육신의 정욕과 안목의 정욕과 이생의 자랑

이니 다 아버지로부터 온 것이 아니요 세상으로부터 온 것(요일 2:15-16)'
이라고 한다.

이 세상을 사랑하신 하나님은 독생자를 주셨다. 유일무이한 귀한 존
재인 외아들을 주셨다. 요한일서는 '하나님이 우리를 살리려고 자기 독
생자를 세상에 보냄으로 우리에게 그의 사랑을 나타내셨다'(요일 4:9)고
한다. 바울은 '그리스도가 우리를 위해 죽기까지 하게 한 것은 우리에
대한 하나님의 사랑에 확증이라'(롬 5:8)고 한다.

독생자를 주신 이유는 '그를 믿는 자는 멸망하지 않고 영생을 얻게 하
려는' 것이다. 이 말씀은 '누구든지' 즉 우리 모두에게 해당된다. 하나님
은 세상을 사랑하시어 독생자를 보냈는데 거기에 대응하여 우리가 해야
할 일은 그를 믿는 것이다. 예수는 '나를 믿는 것은 나를 믿는 것이 아니
고 나를 보내신 이를 믿는 것이라'(요 12:44-45)고 했다. 곧 예수를 믿는
것이 하나님을 믿는 것이다. 믿음이란 단순히 믿기만 하면 된다. 지식의
차원이 아니고 신앙의 차원에서 믿기만 하면 된다. 예수는 우리로 하여
금 자기 삶의 주인이 되게 하고 말씀에 따라 새 삶을 살아가게 한다. 무
리들이 예수에게 '우리가 어떻게 하여야 하나님의 일을 하겠느냐'고 하
자 '하나님께서 보내신 이를 믿는 것'(요 6:28-29)이라고 했다.

'멸망하지 않고'에서 멸망은 헬라어 아폴로미apollumi는 절멸, 전멸을
뜻한다. 인간이 절대적으로 존재하지 않는 죽음과 소멸의 상태를 말한
다. 멸망하지 않고는 생명을 보장한다는 의미다. 여기에서 멸망이란 하
나님과의 관계가 끊어지고 '죄에게 종노릇하는 것'(롬 6:6)을 말한다. 우
리가 멸망하지 않기 위해서는 '길이요 진리요 생명인 예수'(요 14:6)를 따
라 아버지께로 가야 한다.

멸망하지 않고 영생을 얻게 한다고 한다. 에덴동산에서 하나님은 선
악과 열매를 먹으면 정녕 죽으리라고 했지만 아담은 당장 죽지 않고

930세(창 5:5)를 살았다. 성서는 살아 있다고 해서 생명이 있다고 보지 않는다. 이미 죽었으나 우리의 멘토가 되고 본보기가 되어 살아 있는 분들도 있다. 바울은 '나는 곤고한 사람이로다 이 사망의 몸에서 누가 나를 건져내랴'(롬 7:23)고 했다. 갈라디어서는 '성령을 위하여 심는 자는 성령으로부터 영생을 거두리라'(갈 6:8)고 했다.

인간이 죄인의 몸으로 하나님 나라에 들어갈 수 없다. 그래서 우리는 죄의 고백과 회개를 해야 하고 물과 성령으로 거듭나야 한다. 그렇게 함으로 우리는 하늘나라에 들어갈 수 있고 영생을 얻을 수 있게 되는 것이다. 우리의 고백은 우리 스스로 거듭날 수 없는 존재라는 것이고 또한 예수의 오심으로 그를 믿어 비로소 새로운 존재가 될 수 있다는 것이다.

20. 사마리아 수가성 여자와의 대화

〰️✺〰️

20-1 예수가 갈릴리로 가려고 사마리아 수가라는 곳을 지나가게 되었다. 그곳에서 예수는 물을 길으러 온 여자에게 주도적으로 말을 건다. 물을 좀 달라, 내가 누구인 줄 아느냐, 영생수를 주겠다, 나는 너를 안다 등이다. 예수는 네가 남편이 없다는 말이 옳다고 하자 그 이후에는 여자 주도의 대화가 이어진다. 어디에서 예배를 드려야 하느냐, 메시아를 기다리고 있다, 그리스도가 아니냐 등이다.

세겜은 야곱이 백 크시타를 주고 세겜의 아버지 하몰의 아들들에게서 사서 요셉 자손들의 기업이 된 땅(수 24:32)으로 여기에다가 애굽에서 가져온 요셉의 뼈를 장사한 곳이다. 야곱은 제단을 쌓고 '엘 엘로헤 이스라엘', '하나님은 이스라엘의 하나님'(창 33:20)이라 불렀다고 한다. 세겜은 족장 시대부터 가장 중요한 거룩한 장소였다. 여호수아는 가나안을 정복한 후 세겜에서 백성들과 함께 언약을 맺는다(수 24:25). 이처럼 세겜은 중요한 장소이었다.

수가sychar를 세겜 또는 세겜 지역의 한 마을로 보기도 한다. 야곱의 우물은 세겜 동쪽 약 2km 지점에 있는 우물로 추정되는데 1838년에는 깊이가 32m였으나 지금은 23m라고 한다.

20-2 예수는 수가성 여자와의 말씀(요 4:3-42)을 통해 전형적인 대화의 단계를 보여준다. 일반적으로 대화를 잘하기 위해서는 장소와 시간

이 중요한데 예수는 사마리아 수가, 우물가, 여섯 시 즉 낮 열두 시를 택했다. 그리고 물을 좀 달라고 한다. 통상적인 대화의 첫 단계다. 우물가에서 물을 길으러 온 여자에게 물을 달라고 한다. 여자는 당신은 유대인이라고 한다. 서로 상종도 하지 않는 지역 출신이라는 것과 남녀가 유별하다는 것을 상기시킨다. 물을 달라는 것을 거절하는 대답이다. 모든 대화가 처음부터 순조롭게 진행되기는 어렵다. 여자는 대화의 장애가 무엇인지를 분명히 하고 있다.

예수는 내가 누구인지 아느냐고 하고 만약 나를 안다면 하나님의 선물인 생수를 달라고 했을 것이고 그러면 내가 주었을 것이라고 한다. 예수는 간접적으로 자신과 하나님과의 관계를 말하고 있다. 여자는 우물이 깊은데 물길을 준비도 안 되어 있는 분이 어떻게 생수를 주겠느냐고 하며 하나님과의 관계를 간접적으로 말한 예수에게 당신이 야곱보다 크냐고 한다. 우리 조상 야곱은 자기와 자기 아들과 짐승들이 물을 마실 수 있도록 이 우물을 주었다는 것이다. 당신이 누구인지 잘 모르겠지만 야곱보다 더 대단한 분이냐고 한다.

예수는 내가 누구라고 대답하지 않고 대화의 핵심을 놓치지 않고 물 이야기를 계속한다. 이 물을 마시는 사람은 다시 목마를 것이다. 그러나 내가 주는 물은 영원히 목마르지 않고 마시는 사람의 몸속에서 영생에 이르게 하는 샘물이 될 것이라고 한다. 여자는 그 물을 내게 주어서 목도 마르지 않게 하시고 또 물을 길으러 여기까지 나오지도 않게 해달라고 한다. 여자는 물이 단순한 물이 아니고 어떤 기적적인 것이라는 것을 알게 된다. 대화의 관점에서 볼 때 성공적인 대화를 위해서는 상대가 바라는 것과 좋아하는 것을 언급하고 싫어하는 것을 피해야 한다.

그런데 예수는 갑자기 분위기를 바꿔서 여자에게 '가서 네 남편을 데려오라'고 하니 '나는 남편이 없다'고 한다. 예수는 '남편이 없다고 한 말이

네 개의 시선으로 본 예수의 생애

옳다'고 하며 '너에게는 남편이 다섯이나 있었고 지금 남자도 네 남편이 아니니 제대로 말했다'고 한다. 예수는 나는 너를 안다고 한 것이다. 대화에서도 당연히 진실한 자세가 중요하다. 여자는 회개의 심정으로 솔직하게 대답한다. 여자는 예수가 나의 모든 것을 알고 있는 분이라는 생각이 들었다. 희미하게나마 예수의 모습이 보이기 시작한 것이다. 그래서 여자는 '내가 보니 선생님은 선지자라'고 고백하게 된다. 이 대화에서의 변곡점은 예수가 네 남편을 데려오라고 한 것이다. 상대에게 자기 자신을 바로 보게 하고 또한 대화 상대자가 누구인지도 생각하게 하는 말 한마디가 중요하다. 인질 납치범을 설득하는 말 한마디가 그를 무너트리게 하고 범죄를 포기하게 하는 것이다. 예수는 대화를 통해 사람을 변화시키는 분이다.

여자 역시 뜬금없이 '우리 조상들은 이 산 위에서 예배를 드렸는데 선생님네 사람들은 예배드려야 할 곳이 예루살렘에 있다고 하더라'고 말한다. 여기서부터 여자가 대화를 주도한다. 여자가 갑자기 예배를 드리고 싶은 생각이 들어서 이런 질문을 한 것인지 아니면 유대인과 사마리아인의 예배 장소 중 어디가 정통성이 있는지 궁금해서 질문을 한 것인지 알 수가 없다.

예수는 굳이 장소를 가리지 않아도 될 때가 곧 올 것이라고 하고 '참되게 예배를 드리는 사람들이 영과 진리로 아버지께 예배드릴 때가 온다'고 하며 '지금이 바로 그때라고 하고 아버지께서 이렇게 예배드리는 사람을 찾으신다'(4:23)고 한다. 여자는 예배의 장소로 어디가 합당한지 질문했으나 예수는 예배의 본질적인 요소와 그런 의미에서의 장소 그리고 참되게 예배드리는 자에 대해 대답하고 있다. 이 대화의 하이라이트라 하겠다.

여자는 아직도 예수를 선지자라고 알고 있다. 그래서 '나도 그리스도라고 하는 메시아가 오실 줄을 안다'고 하며 그가 오면 '우리에게 모든 것을 알려주겠지요'(:25)라고 한다. 여자는 선지자의 대답이 그럴듯하기는 하지만 메시아가 오면 모든 것을 알게 될 것이라고 대답한 것이다. 여자는 대화 중 '자신의 믿음의 하나인 메시아 대망'까지도 예수에게 말한다.

예수는 대화 중 하나님을 아버지라고 세 번 반복(:22,23에서 두 번)해도 여자는 예수가 누구인지 알아차리지 못한다. 우리는 우리를 구원하려고 찾아오시는 예수를 보지 못한다.

확증 편향Confirmation Bias이라는 말이 있다. 기존의 믿음과 신념에 부합되는 정보나 근거가 발견되면 즉시 받아들이지만 그렇지 않으면 잘 받아들이지 못한다고 한다. 수가성 여자는 예수를 선지자로 알고 있다.

예수는 '너에게 말하고 있는 내가 그다'(:26)라고 말씀한다. 예수는 내가 바로 그 메시아라고 한 것이다. 이 말은 예수가 자기의 정체성을 드러내는 말씀일 뿐 아니라 그 여자에게 예배에 대해 한 말을 다시 확인할 필요가 없다는 의미도 포함하고 있다.

여자는 물동이를 버려두고 동네에 들어가서 '내가 한 일을 모두 알아맞히는 분이 있는데' 그리스도다 라고 하지 못하고 '그리스도가 아니냐'(:29)고 한다.

20-3 요한복음에서 예수는 유월절이 가까워져 올 때 예루살렘으로 올라가 거기에서 성전 정화를 하고 니고데모와 대화를 한 후 제자들과 거기서 유하시며 세례를 베푼다. 그리고 다시 갈릴리로 갈 때 사마리아를 통과한다. 사마리아 지역은 유대와 갈릴리 사이에 있다. 그런데 사마리아의 어원은 사메림으로 '거룩한 율법을 준수하는 자'라는 의미라고 한다. 평상시에는 요단강 동쪽 베레아를 통해 왕래했다. 포로에서 돌아

네 개의 시선으로 본 예수의 생애

온 유대인들은 사마리아인들을 '사로잡혔던 자의 자손'(스 4:1)이라고 부르며 차별했다. 앗수르 왕은 바벨론, 구다, 아와, 하맛, 스발와임에서 사람들을 옮겨다가 사마리아에서 살게(왕하 17:24) 해서 유대인들은 그들의 피가 섞였다고 보기 때문이다.

누가에는 예수가 사마리아를 통과하지 못하는 이야기(9:51-56)도 있다. 예수가 예루살렘으로 가는 길에 사마리아를 지나가려 한다. 그래서 사자를 앞서 보낸다. 그런데 사마리아 사람들이 예수 일행이 예루살렘으로 간다고 통과시키지 아니하자 화가 난 야고보와 요한이 그들을 저주한다. 예수는 그들을 꾸지람하고 다른 마을로 갔다고 한다. 유대인이 사마리아를 지나가지 못할 정도로 서로 사이가 나쁜데 상종한다는 것은 있을 수 없는 일이다. 예수가 제자들을 파송할 때 이방인의 길로도 가지 말고 사마리아 고을에도 들어가지 말라(마 10:5)고 했다. 누가에는 또 예수가 예루살렘을 향하여 갈 때 사마리아와 갈릴리 사이를 지나가는 이야기가 있다. 그때 문둥병자 열 명을 고쳐주는데 사마리아 사람 단 한 명만이 예수의 발아래 엎드려 감사한다(눅 17:11-19). 예수가 유대인들과 갈등이 큰 사마리아 지역에서 그것도 여자에게 말을 건 것은 예수의 구원 사역을 위한 파격적인 행보라 하겠다.

수가성 여자가 예수에게 물길을 그릇도 없다고 하는데 그릇이란 물을 뜨는 바가지 같은 것이 아니라 여행용 가죽 두레박을 말한다. 야곱의 우물은 이사야가 말한 구원의 우물(사 12:3)이다. 신명기에는 '야곱의 샘'을 '하늘이 이슬을 내리는 곳' 즉 복과 풍요의 근원이라(신 33:28)고 했다. 예수는 우물가에서 '이 물을 마시는 자'는 영원히 목마르지 않는다고 하는데 이 물을 마시는 자는 예수를 믿는 자이다.

창세기에 물을 달라고 하는 이야기가 있다. 아브라함이 아들 이삭의 아내, 즉 며느리를 구하기 위해 자기 종을 보내는데 그는 "나홀이 사는 성에 이르러 기도하기를 제가 마을 사람들이 물을 길러 나오면 그 가운데 한 소녀에게 '물동이를 기울여서 물 한 모금 마시게 해 달라'고 해서 그 소녀가 '드십시오. 낙타에게도 물을 주겠다'라고 하면 그녀가 바로 하나님이 이삭의 아내로 정해주신 여자인 줄 알겠다"(창 24:4-20)고 한다. 그리고 리브가에 가서 그렇게 했다.

유대 지방에 사막 지역이 많아서 그런지 구약에도 물 이야기가 많이 나온다. 출애굽 때에 백성들이 목이 말라 죽게 되었다고 모세에게 원망하자 하나님께서 반석을 쳐서 물이 나오게 한다(출 17:6). 그리고 '마라의 쓴 물'도 달게 한다(출 15:25). 에스겔서에는 '성전에서 흘러나온 물'(겔 47:1-12)이 있고, 스가랴에 나오는 '예루살렘에서 솟아 나와 동서로 흐르는 물'(슥 14:8)이 있다.

20-4 예수는 여자에게 '네가 만일 하나님의 선물과 또 네게 물 좀 달라고 하는 이가 누구인 줄 알았더라면 생수를 구했을 것이라'(요 4:10)고 한다. 즉 사람이 하나님에게서 받을 것을 아는 일과 구체적인 만남에서 상대를 아는 일을 말한다. 그가 누구인지 알았더라면 하나님의 선물을 알았을 것이고 그에게 그 선물을 구했을 것이라고 한 것이다.

예수는 '영원히 목마르지 않는 물을 주겠다'고 하며 '마시는 사람의 몸속에서 영생에 이르게 하는 샘물이 될 것이라'(:13-14)고 한다. 예수는 영적인 목마름을 말씀하고 있다. 예수는 여자에게 목마르지 않는 상태를 말하는데 영혼의 갈증이 해갈되었다는 것이고 일시적이 아닌 영원한 해소라고 한다. 그러나 여자는 말씀을 이해하지 못하고 기적을 일으키는 물인가 생각하며 '그런 물을 내게 달라'고 반신반의하며 말함으로 부지중 영원한 것을 모욕했다.

예수는 명절이 끝나는 날에 서서 외치기를 '누구든지 목마른 자는 내

네 개의 시선으로 본 예수의 생애

게로 와서 마시라 나를 믿는 사람은 성경에 이른 것과 같이 그의 배에서 생수가 강처럼 흘러나올 것이다'(요 7:37-38)라고 한다. 그리고 이 말은 '예수를 믿는 사람들이 받게 될 성령을 가리켜서 한 말씀'이라고 한다. 여기서 생수는 성령이라고 한다.

'사슴이 시냇물을 찾기에 갈급함같이 내 영혼이 주를 찾기에 갈급하나이다'(시 42:1)에서처럼 목마름은 영적 고갈이나 갈망(시 63:1)을 말한다. 이사야도 '너희 모든 목마른 자들아 물로 나아오라'(사 55:1), '나는 목마른 자에게 물을 주고 마른 땅에 시내가 흐르게 한다'(사 44:3), '여호와께서 이끌어 샘물 근원으로 인도할 것이라'(사 49:10), '너희가 기쁨으로 구원의 우물들에서 물을 길으리라'(사 12:3)고 말한다. 계시록에는 '어린 양이 생명수 샘으로 인도한다'(계 7:17)고 하고 '보좌에 앉은 이가 생명수 샘물을 목마른 자에게 값없이 준다'(계 21:6)고 한다. 예수가 주겠다는 생수는 니고데모의 대화에서 거듭남과 같이 이중적 의미를 갖고 있다고 보아야 할 것이다. 랍비들은 생수를 율법의 지혜로 보았다. 그러면 여기에서의 생수는 무슨 의미일까. 하나님의 계시인가. 영적 해갈을 위한 복음 또는 구원인가. 아니면 성령으로 보아야 할까.

20-5 예수는 신중하지 못하게 대답하는 여자에게 네 남편을 데려오라고 한다. 예수는 전지전능한 분이다. 이 여자에 대해 다 알고 있었다. 예수는 이 질문을 함으로 이 여자가 자기 자신을 돌아보기를 기대했다. 이 여자는 남편이 없다고 말한다. 예수는 네 말이 참되다고 했다. 이 말씀은 이 여자에게서 회개와 구원의 가능성을 본 것이다. 남편이 없다고 한 이 여자의 대답은 이 여자야말로 정신적으로나 육체적으로 목마른 사람 즉 생수가 필요한 여자라는 말이라 하겠다. 여자는 자기 자신에 대해 모든 것을 알고 있는 이 유대인에게 당신은 내가 보니 선지자라고 한다.

예수는 이 여자의 남편이 다섯이었고 지금 남자도 네 남편이 아니라고 한다. 한때는 다섯 남편을 비유적으로 다섯 민족이 숭배한 다섯 신으로 이해하였다. 그런데 앗수르 왕이 사마리아로 이주시킨 다섯 민족들이 가져온 신상은 다섯 개가 아니라 일곱 개(왕하 17:29-31)였다. 남편이 다섯이라는 것은 남성 편력이 심하였다는 것으로 보인다. 더욱이 유대인인 예수와 당당히 대화한 여자다. 구약의 율법을 다룬 미드라쉬의 할라카에는 '사마리아의 딸들은 요람에서부터 월경을 한다. 그래서 부정하다'고 했다. 예수는 부정한 여자라고 인식되어 있는 수가성 여자에게 말을 걸었다. 이 여자를 창녀라고 하는 주장이 있다. 창녀가 '나의 지난 일을 다 알아맞힌 사람이 있는데 그분이 그리스도가 아니냐'고 한다. 동네 사람들은 그녀가 증언함으로 예수를 믿었다고 하는데 창녀가 하는 말을 듣고 예수를 믿었다고 생각하기는 어렵다. 이 여자가 남편이 여러 명이라는 것에 대해 그 당시 그 지역에서는 가능한 일이었을 것이라고 주장하는 이들도 있다.

20-6 여자는 예배할 곳에 대해 궁금해한다. 여자는 이 산에서냐 예루살렘에서냐고 묻는다. 예수는 이 산에서도 아니고 예루살렘에서도 아니라고 한다. 예수는 여기나 저기 구별 없이 아무 데서나 아버지께 예배할 때가 이르렀다고 한다. 그리고 곧 이때에 아버지께서 이렇게 예배하는 자들을 찾는다고 한다. 여기서 때는 종말의 때, 메시아의 때이고 참예배를 하는 때, 그리고 영과 진리로 예배하는 때를 말한다. 그래서 성전이 어디에 있든지 관계없이 예배할 수 있다는 것이다. 예수는 너희는 알지 못하는 것을 예배한다고 하는데 사마리아인들이 모세 오경만을 믿어서 하나님과 메시아에 대한 전체적인 이해가 부족하다고 한다.

예수는 예배란 장소의 문제가 아니라 참되게 예배하는 사람들이 예배의 본질인 영과 진리로 예배하느냐가 핵심이라고 하고 아버지는 이렇게 예배하는 자들을 찾는다고 한다. 주는 영이시라(고후 3:17)고 바울은 말한다. 영은 하나님의 전 존재이고 본질이기 때문에 영에 대한 예배만이 있을 수 있다. 영과 진리의 예배에 대해 두 번 반복되는데 처음에는 예배의 시기에 대해 영과 진리로 예배할 때(4:23)라고 하고 두 번째는 예배의 원칙과 본질에 대해 하나님은 영이시니 영과 진리로 예배하라(:24)고 한다. 예수가 마귀의 시험을 물리치면서 '주 너의 하나님께 경배하고 다만 그를 섬기라'(마 4:10, 눅 4:8)고 하는데 바로 그런 예배를 말한다.

진리는 예수 그리스도다. 예수는 스스로 '나는 길이요 진리요 생명이라'(요 14:6)고 하였다. 빌라도 앞에서도 내가 세상에 온 것은 진리에 대해 증언하려 함(요 18:37)이라고 했다. 예수는 빌립에게 나를 본 자는 아버지를 보았다(요 14:9)고 하나님과 일체라고 한다. 그러므로 영과 진리의 예배란 진리이신 예수 그리스도를 통해서 영이신 하나님을 섬기는 것이라 하겠다. 영과 진리의 예배는 기존에 유대교가 제물과 형식을 중요하게 여기었던 제사가 아니다. 새로운 예배를 말한다. 바울은 영적 예배란 '너희 몸을 하나님이 기뻐하시는 산 제물로 드리는 것이라'(롬 12:1)고 하였다.

영과 진리의 예배란 의식이 아니고 진리 탐구가 아니고 황홀경이 아니고 죄인임을 고백하는 것이고 구원의 기쁨으로 드리는 것이고 영원히 목마르지 않는 생수를 마시는 것이고 영생을 얻기 위한 것이고 예수의 말씀에 내 삶을 접목시키는 것이라 하겠다.

여자가 이 산이라고 하는데 사마리아인들의 성전이 있는 그리심산Mt. Gerizim을 말한다. 신명기에는 에발산에 제단을 쌓으라(신 27:5)고 하고 여호수아는 에발산에서 여호와를 위한 제단을 쌓았다(수 8:30)고 한다. 여호와는 그리심산에서 축복을 선포(신 27:12)하라고 하며 에발산에서 저주하라고 한다. 하지만 사마리아 오경에는 하나님이 그리심산에 제단을 쌓으라고 했다는 것이다. 예수 당시 유대인이나 사마리아인들 모두 자신들의 성경의 정당성을 주장하며 대립하고 있었다.

알렉산더의 애굽 원정 중 페니키아의 두로를 공격할 때 군대를 데리고 가서 지원했던 산발랏 3세는 알렉산더로부터 그리심산 정상에 예루살렘에 필적하는 성전을 짓도록 허락을 받는다. 요세푸스에 의하면 안티오커스 3세 때 사마리아인들은 세금을 면제받기 위해 성전 이름을 제우스 헬레니우스로 바꾼다. 이 일로 유대인들이 그들을 더욱 미워하게 되었다. 그 후 마카비 혁명으로 시작된 하스몬 왕조의 요한 힐카누스John Hyrcanus 1세(재위 B.C. 175-163)는 이두매와 사마리아 지역을 점령하고 사마리아 성전을 파괴하고 이들을 유대인으로 개종시키는 유대교화 정책을 편다. 그런데 헤롯 대왕이 바로 이두매 출신이다. 사마리아 지역은 한동안 버려진 채로 있었다. B.C. 30 헤롯은 아우구스투스로부터 사마리아를 받는다. 헤롯은 사마리아 지역을 재건하고 도시 이름을 로마 황제를 위하여 세바스테Sebaste라고 했는데 세바스테는 아우구스투스의 헬라어 명칭이다. 아마도 예수 당시 이름은 세바스테였을 것이다.

여자가 언급한 예루살렘 성전은 당시에는 공사 중이었다. 예루살렘은 다윗은 선지자 갓의 조언에 따라 땅 주인인 여부스 사람 아라우나의 타작마당을 은 오십 세겔을 주고 사서 여호와를 위하여 제단을 쌓은 곳이다(삼하 24:18-25). 솔로몬이 지은 제1성전은 B.C. 586년 느부갓네살에 의해 파괴되었고 스룹바벨에 의해 재건된 성전은 B.C. 63년 로마의 폼페이우스에 의해 점령된다. 헤롯 대왕이 허물어진 성전 터에 솔로몬의 성전보다 큰 제2성전을 B.C. 20년경에 건축을 시작하여 그의 사후인 A.D. 64년에 준공하였으나 유대인의 반란으로 A.D. 70년 디도Titus Vespanius에 의해 철저하게 파괴되고 서쪽 벽의 일부 잔해인 통곡의 벽Wailing Wall만 현재까지 남아 있다.

   20-7 예수는 너에게 말하고 있는 '내가 그' 즉 에고 에이미(4:26)라고
한다. 예수에게 '내가 보니 선지자라'고 했던 이 여자는 메시아 곧 그리
스도라는 이가 오실 줄을 내가 안다고 하며 그가 오면 우리에게 모든 것
을 알려줄 것이라고 말한 다음 그가 오면 알려달라고 한다. 이 말을 들
은 예수는 자신이 메시아임을 자백한 것이다. 이미 예수는 자기가 주는
생수는 영생수이고 생명수라고 했다. 이와 같은 영원히 목마름이 없는
생수를 줄 수 있는 사람은 메시아이고 생수를 주겠다고 하는 것은 메시
아로서의 선포였다. 사마리아인들도 모세 오경을 믿었기 때문에 모세가
'주 너희의 하나님이 나와 같은 예언자 하나를 일으켜 세워 주실 것'(신
18:15)이라고 한 말을 믿었을 수 있다. 하여간에 이 여자가 메시아를 알
아보지는 못했지만, 종말론적 믿음을 가지고 있었던 것은 분명하다. 사
마리아인들의 후기 문서에는 그들이 돌아오는 자, 회복시키는 자라는
의미를 가진 타헤브_{Taheb}라는 메시아_{Samaritan Messiah}를 기다리고 있었는데
천지창조 6천 년 후 다시 온다고 했다고 한다.
   예수는 여기서 자신을 '내가 그'라고 한다. 요한복음에서 예수는 여기
이외에도 몇 차례 더 자신을 드러낸다. 유대인들이 예수에게 네가 누구
냐고 묻자 예수는 나는 처음부터 너희에게 말하여 온 자라고 하며 너희
가 인자를 든 후에 '내가 그'인 줄 안다(요 8:28)고 한다. 또한 예수는 아
브라함이 있기 전부터 내가 있었다(요 8:58)고도 한다. 날 때부터 맹인인
사람을 고쳐준 예수는 네가 인자를 믿느냐고 하자 그는 내가 그분을 믿
는다고 하자 예수는 너와 말하고 있는 사람이 '바로 그다'(요 9:37)라고
한다. 그리고 예수는 그 일이 일어날 때에 너희로 하여금 '내가 바로 그'
임을 믿게 하려는 것이라(요 13:19)고 한다. 겟세마네에서 잡힐 때 자신을

잡으러 온 자들에게 예수는 거듭 '내가 그'(18:5,8)라고 한다. 마가에서 예수는 유대인들에게서 심문을 받을 때 대제사장이 네가 찬송 받을 이의 아들 그리스도냐고 했을 때에도 '내가 그'(막 14:62)라고 한다.

20-8 수가성 여자의 증언으로 동네 사람들이 예수를 믿었다. 사마리아 사람들은 예수에게 자기들과 함께 머무르시기를 청하니 이틀 동안 거기 머물렀고 그래서 더 많은 사람이 예수의 말씀을 듣고 믿었다고 한다. 그들은 우리가 그 말씀을 직접 들어보고 이분이 참으로 세상의 구주이심을 알았다고 한다.

이사야는 하나님은 나의 구원(사 12:2)이라고 하고 하나님을 구원자(사 43:3,11)라고 한다. 시편에서도 내 구원의 하나님(시 18:46, 98:3)이라고 한다. 누가는 예수가 탄생할 때 주의 사자가 목자들에게 다윗의 동네에 '구주'가 나셨으니 곧 그리스도 주시라고 했다고 한다. 요한일서는 아버지가 아들을 세상의 구주(요일 4:14)로 보냈다고 한다. 예수는 우리의 구주로 오셨는데 사마리아인들이 그를 알아보고 '참으로 세상의 구주(요 4:42)'라고 했다는 것이다.

예수를 구주, 구세주라고 부르는 것이 로마인들 입장에서는 불경스러울 수 있다. 감히 세상을 지배하는 왕이나 황제의 호칭을 나사렛 예수에게 사용한다는 것이 상식적으로 있을 수 없는 것이다. 그러나 사마리아인들은 예수를 구주로 고백하고 있다.

네 개의 시선으로 본 예수의 생애

21. 예수와 향유

❦

21-1 예수와 향유 이야기는 사복음서에 모두 들어 있다. 그런데 누가의 이야기는 다른 복음서와 비슷해 보이나 비유의 목적이 다르다. 그래서 마태, 마가, 요한복음에 나오는 이야기(26:6-13, 막 14:3-9, 요 12:1-8)와 누가의 이야기(눅 7:36-50)를 따로 구분해서 보아야 한다. 우선 세 복음서의 이야기는 예수가 예루살렘에 입성 전후의 이야기고 누가는 공생애 초기로 짐작된다. 장소도 세 복음서는 베다니라고 하는데 누가는 가버나움으로 보이며 세 복음서는 비싼 향유, 삼백 데나리온 정도 되는 향유라고 하지만 누가에는 가격에 대한 말이 없다. 그러나 마태, 마가와 누가에서 예수가 방문한 집에 사람의 이름이 시몬이라고 하고 요한복음만 나사로의 집이라고 한다. 공관복음에서 향유를 부은 여자의 이름은 없다. 그런데 누가에서 예수는 죄인에 관한 얘기를 뒤에 계속하며 회개하는 자가 구원받는다는 말씀을 하고 있다.

21-2 향유 도유 이야기를 살펴보자.
(1) 시기에 대해: 향유 도유의 시기에 대해 마태, 마가는 이틀 후가 유월절이라고 하고 누가는 무교절이 다가온다고 하는데 유대 지도자들이 예수를 죽일 방도를 찾는 기사(마 26:1-5, 막 14:1-2, 눅 22:1-2) 다음에 나온다. 요한복음은 유월절 엿새 전이라고 하는데, 예수를 위한 잔치를 할 때 죽었다 살아난 나사로의 누이 마리아가 예수의 발에 향유를 붓는다.

마태, 마가는 예루살렘 입성 후이고 요한복음은 예루살렘 입성 직전이다. 누가는 공생애 초기 가버나움으로 추정된다. 이것은 복음서 저자들이 편집 의도에 따라 시간 순서를 조정하고 있다는 것을 말하고 있다.

(2) 장소에 대해: 장소가 갖는 의미가 있다. 마태, 마가는 베다니 나병환자 시몬의 집이고 요한복음은 나사로가 있는 집이라고 한다. 새로 번역된 성경들은 '나병 환자'를 '나병으로 고생하던'이라고 하는데 나병이 나았기 때문에 자기 집에 돌아갈 수 있었기 때문이다. 그러나 누가에는 바리새인 시몬이라고 한다. 바리새인이라 하여도 예수에게 병 고침을 받을 수는 있었겠지만 같은 나병 환자 시몬과 다른 사람일 수 있다. 요한복음은 나사로 앞에 '죽은 자 가운데 살아난'이라고 한다. 누가를 제외하고 모두 예수가 행한 기사와 표적을 경험한 사람들의 집이라고 하겠다.

(3) 기름 부은 자에 대해: 여자가 향유를 부은 때에 대해 마태는 시몬에 집에 계실 때, 마가는 시몬의 집에서 식사하실 때, 누가는 식사 초대를 받고 앉으셨을 때, 요한복음은 잔치할 때라고 한다. 기름 부음은 하나님이 구별하여 세운 자들 곧 제사장이나 선지자, 왕에게 해당한다. 기름 부음을 받을 때는 누구에게서 기름 부음을 받았느냐 하는 것도 중요하다. 요아스 왕은 제사장 여호야다(대하 23:11)에게서, 사울(삼상 10:1)과 다윗(삼상 16:13)은 사무엘에게서, 솔로몬은 제사장 사독과 선지자 나단에게서 기름 부음(왕상 1:34)을 받았다.

(4) 이름 없는 여자들: 예수에게 기름을 부은 여자의 이름이 나오지 않는다. 기억하기 좋게 하기 위해 구태여 이름을 붙여 본다면 마태, 마가의 여자는 '베다니 여자'로, 누가의 여자는 지명이 확실하지 않으므로 지역 이름 없이 '죄인 여자'로 부를 수 있고 요한복음의 여자는 마리아임으로 '베다니 마리아'로 부를 수 있다. 당시 여자는 사회적으로 소외되어

네 개의 시선으로 본 예수의 생애

있는 계층인데 예수는 이름이 없는 여자에게서 기름 부음을 받았다. 더구나 누가는 죄 많은 여자라고 하지 않는가.

21-3 예수에게 향유를 부은 여자는 예수를 누구라고 생각하였기에 그 비싼 향유를 부었을까.

(1) 치유하는 메시아: 마태, 마가의 여자는 예수를 나병까지도 고쳐주는 분으로 선지자 같기도 하지만 오실 메시아라고 생각하였을 것이다. 그도 그럴 것이 동네 사람들은 시몬이 나병환자였다는 것과 예수가 고쳐주어서 집에 돌아올 수 있었다는 것을 이미 알고 있었기 때문이다. 이 여자는 '예수를 치유하는 메시아'로 알고 있었을 수도 있다. 아무튼, 이 여자는 자신의 믿음에 따라 과감하게 예수의 머리에 향유를 부은 것이다.

(2) 죄인을 용서하는 메시아: 누가의 죄인 여자는 예수를 죄인의 친구로 알았을 것이다. 이 이야기 바로 앞에서 예수는 자신을 세리와 죄인의 친구라(눅 7:34)고 하였는데 여기서도 예수는 죄인의 친구일 뿐만 아니라 변론자가 된다. 또한 이 여자는 예수를 '죄를 사해 주는 메시아'로 알고 있었을 것이다. 여자는 감히 예수 앞에 나갈 수 없어서 그래서 뒤에서 예수의 머리가 아닌 발에 기름을 붓는다. 여자는 예수의 발밑에 엎드린다. 눈물로 발을 적신다. 머리털로 발을 닦는다. 발에 입 맞춘다. 최고의 겸손과 경배의 표시라 하겠다. 예수는 바리새인 시몬에게 너는 내가 네 집에 들어올 때 발 씻을 물도 주지 않았다고 했다. 유대인들은 항상 발이 더럽다. 그래서 손님이 오면 발 씻을 물을 준다. 그러나 발을 씻어주지는 않는다. 예수는 시몬에게, '그러나 이 여자는 눈물로 내 발을 적시고 자기 머리털로 닦았다'고 한다.

(3) 죽은 자를 살리는 메시아: 요한복음에서 향유를 부은 여자는 나사로의 누이 마리아다. 마리아는 예수를 위한 잔치에서 나사로를 살린

예수에 대한 존경과 감사의 표시로 예수의 발에 향유를 붓는다. 마리아
는 예수를 '죽은 사람도 살리는 메시아'라고 믿었다. 요한복음에서 예수
는 마르다에게 '나는 부활이요 생명이라'고 하자. 마르다는 '주는 그리스
도시요 세상에 오시는 하나님의 아들'이라고 고백(요 11:25,26)한다. 만약
마리아도 그 자리에 있었으면 같은 고백을 하였을 것이다. 누가에도 마
르다와 마리아의 이야기가 있다. 예수가 한 마을에 들어가는데 마르다
가 자기 집으로 모셨다. 마르다는 접대 준비로 분주한데 마리아는 주의
발 곁에서 말씀을 듣고 있었다. 마리아가 믿는 예수는 '하나님의 아들인
메시아'였다. 요한복음만이 '향유 냄새가 집안에 가득하였다'고 한다. 죽
음의 공기로 가득했던 나사로의 집이었으나 생명의 향기, 은혜의 향기
가 넘쳐났다는 것이다.

21-4 사복음서가 말하는 향유 도유

(1) 향유의 질이나 양에 대해: 마태는 귀한 향유 한 옥합, 마가는 매
우 값진 향유 순수한 나드 한 옥합, 누가는 담담하게 그저 향유 한 옥합,
요한복음은 비싼 향유 순수한 나드 한 근이라고 한다. 옥합은 앨러배스
터로 만든 뚜껑이 있는 그릇을 뜻하는데 밀봉된 뚜껑을 열어야 사용할
수 있다. 본문에 '깨뜨려'는 열었다는 말이다. 애굽의 특산품이었다고 한
다. 나드 한 옥합이나 한 근은 적게는 350에서 많게는 800밀리리터의
양이었을 것으로 본다.

(2) 사람들의 반응: 여자가 향유를 예수에게 부었을 때 사람들의 반
응은 어떠하였나. 마태에서 제자들은 비싼 값에 팔 수 있는 것이었다고
분개한다. 마가에서 어떤 사람들은 삼백 데나리온에 팔 수 있었던 것이
었다고 하며 화를 낸다. 마태, 마가에서 사람들이 화를 낸 이유는 비싼
값에 팔아서, 즉 삼백 데나리온 이상에 팔아서 가난한 자에게 줄 수 있

었는데 왜 허비하느냐는 것이다. 여기서 삼백 데나리온은 근로자 삼백 일 어치 임금에 해당하는 돈이다. 마가는 그 여자를 책망하기까지 한다. 누가에는 이런 이야기가 없다. 요한복음에는 가룟 유다가 마가에서 처럼 삼백 데나리온에 팔아 가난한 사람들에게 줄 수 있었다고 한다. 그러면서 요한복음 기자는 유다를 장차 예수를 넘겨줄 사람이고 도둑놈 심보를 가졌다고 한다. 요한복음에서는 참 제자도를 실천한 마리아와 거짓 제자인 가룟 유다를 대비시켰다.

(3) 여자를 변호하는 예수: 예수는 그 여자를 책망하는 이들에게 '가만두어라 너희가 어찌하여 그를 괴롭히느냐'고 한다. 이들은 여자에게 향유를 허비하였다고 지적했던 자들이다. 예수는 여자에게 좋은 일을 했다고 하는데 좋은 일이란 직접적으로 내 장례를 준비한 것이라고 한다. 예수가 죽었을 때 예수의 제자들은 장례의 준비는커녕 골고다 근처에 얼씬도 못 한 자들이다. 여자가 좋은 일을 할 수 있었던 것은 예수가 누구인지 알고 예수의 사명까지도 짐작할 수 있었기 때문이라 하겠다.

예수는 '가난한 자들은 항상 너희와 함께 있다'고 신명기 말씀(15:11)을 인용한다. 마태에서 예수는 이어서 '나는 항상 함께 있지 않는다'고 하고 마가에서 예수는 '가난한 자들은 항상 너희와 함께 있으니 아무 때라도 원하는 대로 도울 수 있지만 나는 너희와 항상 함께 있지 않는다'고 한다. 여기서 '너희와 항상 함께 있지 않는다'는 말은 예수와 제자들의 이별 즉 자신의 죽음을 말하고 있는 것이다. 예수는 '아무 때나'와 '항상 함께 있지 않는다'는 시간의 개념을 대비시키는데 하나는 상시적인 시간이고 다른 하나는 한시적인 시간이라 하겠다. 시간적 제한이 있는 일은 타이밍을 놓칠 수 없는 일이고 특별한 일이고 중요한 행위인데 그것이 바로 향유의 부음이라는 것이다.

가난한 자를 위한 일과 메시아로서 예수의 구속 사역과는 다른 차원의 일이다. 가난한 자를 위한 일은 거의 상시적인 일이지만 구속 사역은 단 한 번밖에 일어날 수 없는 일이다. 향유의 부음은 예수의 구속 사역을 위한 일이었다.

(4) 향유 도유의 의미: 여자가 기름 부음 것에 대해 마태, 마가에서. 예수는 '내 몸에 향유를 부어 내 장례를 미리 준비하였다'(12:7 새번역)고 하고 요한복음에서는 '나의 장례날에 쓰려고 간직한 것을 쓴 것이다'라고 한다. 향유를 부은 여자도 예수의 장례를 준비한 일인지 몰랐을 것이다. 예수는 향유 부음의 의미를 자신의 죽음과 관련시킨 것이다.

마태, 마가에서 예수는 '온 천하 어디서든지 이 복음이 전파하는 곳에서는 이 여자가 행한 일도 말하며 그를 기억하라'고 한다. 여자는 귀한 향유를 예수에게 부었다. 자신의 모든 것을 내어놓은 믿음의 행위였고 자기가 아는 예수가 어떤 분인지 공개적으로 나타내는 행위였다. 예수는 여자가 한 일이 '내게 좋은 일'이라고 했다. 공생애 기간 중 힘들고 고단하였던 예수에게 위로와 격려 이상의 의미를 가진 향유 부음이었다. 그래서 예수는 여자를 기억하라고 한다.

21-5 누가에서 향유 도유의 의미는 무엇인가

(1) 예수를 의심하는 시몬: 누가는 시몬이 바리새인임을 강조하고 있다. 바리새인이 네 번 언급되었다. '바리새인이 식사하기를 청해서', '바리새인의 집에 들어가', '바리새인의 집에 앉아 계시고', '바리새인이 그것을 보고' 등이다. 예수가 그를 시몬이라고 부를 때 그의 이름이 처음 나온다. 옥합을 가지고 온 여자는 울며 예수의 뒤에서 그의 발을 눈물로 적시고 머리털로 닦고 그 발에 입 맞추고 향유를 붓는다. 그러나 바리새인은 이 여자에게 관심이 없다. 얼마나 비싼 향유인지 향기가 어떠했는지에 대해서도 언급이 없다. 그는 오직 예수가 선지자라면 자기를 만지

는 이 여자가 죄인이라는 것을 알았을 것이라고 한다. 바리새인은 예수가 선지자인지 의심한다. 바리새인은 죄인과 가까이하는 선지자를 상상할 수 없었던 것이다.

(2) 예수의 비유: 예수는 시몬에게 네게 할 말이 있다고 하니 그는 말씀하라고 한다. 이때부터 그에 대한 호칭이 시몬이 되는데 세 번 나온다. 이제까지 잘나고 똑똑한 바리새인이 죄인의 하나인 평범한 시몬이 되는 것이다. 예수는 말한다. 어떤 돈놀이꾼에게 빚진 사람이 둘 있는데 한 사람은 오백 데나리온을 빚지고 또 한 사람은 오십 데나리온을 빚졌다. 둘 다 갚을 길이 없어 돈놀이꾼은 둘에게 빚을 탕감해 주었는데 그러면 그 둘 중 누가 그를 더 사랑하겠느냐고 한다. 시몬은 더 많이 탕감받은 자라고 대답하고 예수는 네 판단이 옳다고 한다.

(3) 죄인 여자: 예수는 그 여자를 돌아보며 말씀하기를 너는 이 여자를 보느냐. 내가 네 집에 들어왔을 때 발 씻을 물도 주지 않았다. 유대인의 집에 손님이 집에 오면 머리에 사용할 감람유(눅 7:46), 즉 올리브기름을 드린다. 그런데 예수를 초대한 바리새인은 예수가 들어올 때 기름도 주지 않았다고 하며 예수는 그와 향유를 부은 여자를 대비하여 지적한다. 예수는 '이 여자는 눈물로 발을 적시고 머리카락으로 닦았다. 너는 내 머리에 기름을 발라주지 않았으나 이 여자는 내 발에 향유를 부었다'고 한다.

(4) 죄를 용서하는 예수: 예수는 '그러므로 내가 네게 말하는데 이 여자는 그 많은 죄를 용서받았다.' '그만큼 이 여자가 극진한 사랑을 보였기 때문이다.' '적게 용서받는 사람은 적게 사랑한다'고 하면서 예수는 여자에게 '네 죄를 용서받았다'고 한다. 예수와 함께 식사 자리에 있던 사람들은 '이 사람이 누구이기에 죄까지도 용서하느냐'고 했다. 예수가 '죄를 사하시는 메시아라'는 것이 드러났다. 예수는 여자에게 '네 믿음이

너를 구원하였다. 평안히 가라'고 한다.

여자는 죄를 지은(7:37), 죄인(7:39)이지만 많은 죄를 사함 받는다 (7:47,48). 이 여자는 자신이 죄인이라는 것을 알고 예수에게 와서 자신이 할 수 있는 한 최대한 사랑을 표시한 것이다. 바리새인은 예수를 선생님이라고 부르지만 예수를 홀대하여 집에 온 손님에게 하는 기본적인 대접도 하지 않았다. 예수의 비유에 나오는 오백 데나리온 빚진 자는 이 여자이고 오십 데나리온 빚진 자는 바리새인 시몬이다. 그러나 두 사람 모두 죄인이다. 예수는 여자에게 사함을 받았다고 두 번 말씀하는데 처음에는 시몬(7:47)에게 하고 나중에는 여자에게(7:48) 말한다.

21-6 인간의 행위에 선행하는 하나님의 사랑

비유를 말씀한 예수는 시몬에게 묻는다. 둘 다 빚 갚을 능력이 없어서 모두 탕감을 해 주었는데 누가 더 빚을 탕감해 준 자를 사랑하겠느냐는 것이다. 시몬이 많이 탕감받은 자라고 대답한다. 이 비유는 탕감받은 양에 따라 사랑의 농도가 달라야 한다는 것이 아니다. 더 큰 빚을 진 자가 더욱 고마워할 것이라는 일반적인 이야기다.

여자가 죄인으로서 깊이 깨닫고 예수를 사랑한 행위의 결과로 예수는 여자의 죄를 사해 주었는가. 아니면 여자 스스로 죄 사함을 받았다고 확신을 하고 그런 행위를 한 것인가. '이러므로'라는 말은 여자의 행위로 말미암아 죄 사함을 받은 것으로 보인다. 그러면 빚을 탕감받은 후 예수를 사랑하기 시작했다는 것인가. 아니면 빚 탕감받기도 전에 사랑하기 시작했다는 것인가.

이 여자는 '울며 눈물로' 예수에게 다가온 여자다. 울며 눈물로 죄인임을 고백한 것이다. 그리고 예수가 누구인지 알고 옥합을 깨어 향유를 부었다. 그러나 이 여자는 자기가 죄 사함을 받기 위해서 그런 것이 아니다. 빚 탕감과 관계없이 오롯이 예수만을 바라본 것이다.

하나님의 사랑은 인간의 행위에 선행된다는 것을 우리는 알아야 한다. 죄가 사해졌다는 아피에타이_{aphietai}는 현재완료 시제이다. 예수의 '죄 사함' 선포 이전에 이미 죄가 사하여졌다는 것이다. 여자의 행위 이전의 상태 즉 죄의 자각과 예수를 확실히 알았을 때 이미 죄가 사해진 것이다.

22. 산상에서의 변형

◦◦◦◦◦◦

22-1 산상에서 예수가 영광스러운 모습으로 변형되었다는 이야기는 공관복음(마 17:1-8, 막 9:2-8, 눅 9:28-36)에 모두 들어 있다. 그런데 이 이야기가 초기 기독교인들의 상상에 근거한 환상적인 이야기라는 주장이 있다. 그래서인지 베드로는 베드로후서에서 초막 부분을 빼고 이 사건에 대해 고백을 한다(1:13-16). 여기에는 증언의 이유, 사건의 장소, 증언의 내용 그리고 증언의 목적이 나와 있다. 베드로는 자신이 현장에서 하늘로부터 들려오는 소리를 들었다고 하며 '우리가 주 예수 그리스도의 권능과 재림을 알려 드린 것은 교묘하게 꾸민 신화를 따라 한 것이 아니라'고 하며 '우리는 그의 위엄을 본 사람들'이라고 한다.

예수의 변형 이야기는 '베드로 묵시록'에도 똑같이 그대로 나온다. 그런데 여기서 주님은 버럭 화를 내며 '사탄이 네 이해력을 흐리게 했다'고 하며 '사람이 만든 천막이 아니라 하늘의 나의 아버지가 만든 천막이 마땅하다'고 한다.

22-2 첫 번째 수난 예고를 한 후 엿새 후나 팔 일쯤 되어 예수는 베드로, 야고보, 요한을 데리고 따로 높은 산에 오르는데 누가는 기도하러 갔다고 한다. 아마도 헤르몬 산으로 추정된다. 제자를 데리고 산에 오르는 예수를 유대인들이 보았다면 여호수아를 데리고 시내 산에 오르는 모세를 연상했을 것이다. 하나님은 모세를 불러 산에 오르도록 한다. 구

름이 엿새 동안 산을 가리더니 일곱째 날에 여호와께서 구름 가운데서 모세를 불렀다. 여기서 예수가 오른 이 산은 시내 산과 대비된다. 시내 산 위에는 여호와의 영광이 머물러 있었다(출 24:17). 그래서 그것을 아는 사람들은 범상치 않을 일이 벌어지겠구나 하고 생각할 수 있었으리라.

산에 오른 예수는 제자들 앞에서 변형된다. 당연히 누가는 기도하실 때라고 한다. 얼굴이 해 같이 빛이 나고 옷이 광채가 나며 더 희게 할 수 없을 만큼 희어졌다고 한다. 예수의 얼굴이 빛이 났다고 하는 것은 시내 산에서 증거판을 들고 내려오는 모세의 얼굴에서 빛이 났다는 것과 같은 모습이다.

예수의 옷이 희어졌다고 한다. 마태는 빛과 같이, 마가는 광채가 나며 옷이 희어졌다고 한다. 빛이 나고 광채가 나는 흰옷을 입은 존재는 대단한 존재이고, 감히 쳐다볼 수 없는 존재이며, 이 세상에서 볼 수 없는 천상에서 내려온 존재 즉 신적인 존재로 바뀌었다는 것이다. 여기서 '희다'는 색깔을 말하는 것이 아니라 예수의 영광스러운 모습을 형용한 표현이다. 시편에 '하나님은 빛을 옷같이 입으신다'(시 104:2)고 했는데 예수의 변화된 모습이 하나님과 같다는 것이다.

문득 두 사람이 예수와 함께 말하는데 이는 모세와 엘리야였다. 그런데 누가는 이 세 분이 영광중에 나타나서 장차 예수가 예루살렘에서 별세하실 것을 말했다고 한다. 시내 산에서는 여호와의 영광이 불같이 보였다. 제자들은 조느라 세 사람이 나눈 얘기는 듣지 못했을 것으로 보이는데 베드로는 그렇지 않았다고 한다.

베드로가 예수에게 우리가 여기 있는 것이 좋으니 초막 셋을 짓겠다고 한다. 하나는 주를 위해, 하나는 모세를 위해, 하나는 엘리야를 위해 짓겠다고 한다. 그런데 제자들이 몹시 무서워했기 때문에 베드로는 무슨 말을 할지 알지 못했고(마가) 자기가 하는 말을 자기도 알지 못했다(누가)고 한다.

마침 홀연히 빛난 구름이 그들을 덮었다고 하는데 시내 산에서는 구름이 회막을 덮었고 여호와의 영광이 충만했다고 한다. 그리고 구름 속에서 소리가 나는데 예수가 세례를 받을 때와 같은 말씀이다. 시내 산에서는 여호와께서 구름 속에 강림하여 모세와 함께 서서 선포를 했다.

마태에서 예수는 제자들이 듣고 엎드려 심히 두려워하니까 제자들에게 일어나라 두려워하지 말라고 한다. 제자들이 눈을 들어보니 예수 외에는 아무도 보이지 않았다고 한다. 산에서 내려올 때 예수는 제자들에게 경고하기를 너희가 본 것을 아무에게도 말하지 말라고 입단속을 시킨다.

22-3 예수가 변형된 산은 높은 곳이라고 한다. 높은 산이라는 말에서 그곳이 계시의 적합한 곳이라는 느낌을 받는다. 이 산을 다볼 산으로 보기도 하지만 대체로 헤르몬 산으로 보고 있다. 여기는 종말의 때에 하나님께서 나타난다는 유대인의 전승이 있는 곳이기 때문이다.

이 이야기에 모세와 엘리야가 등장한다. 모세는 이스라엘의 최고 입법자로 율법을 만들었다. 엘리야는 이스라엘 중 가장 위대한 선지자다. 모세는 '너를 위하여 나와 같은 선지자 하나를 일으키리니 너희는 그의 말을 들으라'(신 18:25)고 한다. 말라기에 의하면 여호와가 내가 선지자 엘리야를 너희에게 보내겠다(말 4:5)고 한다. 엘리야가 메시아의 선발대라는 것이다. 모세는 시내 산에서, 그리고 엘리야는 호렙산에서 하나님을 만나는 경험을 한다. 여기 높은 산에서는 예수, 모세, 엘리야가 함께 말씀한다. 모세는 모압 땅에서 죽지만 오늘까지 그의 묻힌 곳을 아는 자가 없다고 하는데 승천하였다는 전승도 있다. 엘리야는 마지막에 불 수레와 불 말을 타고 하늘로 올라간다.

네 개의 시선으로 본 예수의 생애

초막은 광야에서 하나님의 임재를 나타내는 성막과 단어는 같지만 여기서는 그저 초막으로 보아야 할 것이다. 초막을 지으려는 목적이 무엇이었을까. 영광중에 나타난 두 사람(눅 9:31)과 예수의 영광(:32) 때문은 아니었을까. 누가는 베드로가 자기가 하는 말을 자신도 알지 못했다고 한다. 엉겁결에 나온 말이라는 것이다. 초막을 지어 머무르게 하려 했다면 세 사람이 말씀한 예루살렘에 올라가서 별세해야 하는 일이 지체될 수밖에 없을 것이다. 베드로가 진심으로 초막 셋을 말했다면 첫 번째 수난 예고 때 예수가 베드로에게 '사탄아 물러가라 네가 하나님의 일을 생각하지 않고 사람의 일을 생각한다'고 한 말씀을 다시 들었을 수도 있다.

22-4 구름 속에서 소리가 났다. 홀연히 빛난 구름은 신비로운 구름이다. 누가는 구름 속으로 들어갈 때 제자들이 무서워했다고 한다. 이제 무슨 일이 일어날 것 같은 거룩한 무서움이었을 것이다. 출애굽기에서 구름은 하나님의 임재와 권위를 상징한다. 광야에서 하나님께서 '구름 가운데 네게 말함은 나를 영영히 믿게 하려 함이라'(출 19:9)고 한다. 또한 아론이 말할 때 이스라엘 백성이 광야를 바라보니 여호와의 영광이 구름 속에 나타났다(출 16:10)고 한다. 구름 속에서 하나님께서 말씀하신 이유는 예수를 '영영히 믿게 하기 위해서'라고 하겠다. 구름 속에서 소리가 났다. 그 소리는 예수와 하나님과의 관계를 말하고 있다. 예수가 세례를 받을 때에도 하늘에서 소리가 나기를 '이는 내 사랑하는 아들이요 내 기뻐하는 자'라고 했다. 변화 산에서도 같은 말씀이 들린다. 그러나 누가에서는 내 기뻐하는 자라는 말이 아니고 '내 택함을 받은 자'라고 한다.

누가만이 세 사람이 예수가 예루살렘에서 별세할 것을 말했고 누가만이 택함을 받은 자라고 했기 때문에 누가의 전언은 예수가 예루살렘에서 별세하기로 택함을 받았다는 것으로 이해하게 한다. 마태에서 예수는 손 마른 사람을 고친 후 자기를 나타내지 말라고 하면서 이사야(사 42:1)를 인용하는데 '보라 내가 택한 종 곧 내 마음에 기뻐하는 바 내가 사랑하는 자로다'(마 12:18)라고 살짝 고쳐서 말씀한 적이 있다. 마태에서 예수는 이사야에서 '주의 종' 즉 메시아에 관한 말씀을 자신에게 간접적으로 인용해서 자신을 '하나님이 택한 종'이라고 한다. 택함을 받은 자는 다니엘서의 '인자 같은 이'(단 7:13)라 하겠다.

구름 속에서 또 소리가 난다. '너희는 그의 말을 들으라'고 한다. 예수가 하나님의 아들이라고 하면서 예수의 명령에 따르라고 한 것이다. 이 말은 모세가 나와 같은 선지자를 보내겠다고 하며 '너희는 그의 말을 들으라'고 했던 말이다. 그러나 여기서는 예수가 변형되었을 때 구름 속에서 난 소리다. 이 말씀으로 인해 예수가 제2의 모세이고 동시에 대망의 그 선지자라는 생각을 하게 된다. 마태는 제자들이 이 말을 들은 후 엎드려 심히 두려워하였다고 한다. 시내 산에서 백성들이 모세에게 말하기를 '하나님이 우리에게 말씀하지 않게 하소서 우리가 죽을까 하나이다'(출 20:19)라고 하던 모습이 연상된다.

산에서 내려올 때 예수는 제자들에게 '인자가 죽은 자 가운데서 살아날 때까지 너희가 본 것을 아무에게도 말하지 말라'고 경고한다. 누가에는 예수의 그런 명령 없이 제자들 스스로 아무에게도 말하지 않았다고 한다. 예수는 제자들에게 자신의 죽음과 부활 후에야 말할 수 있다는 것이다. 마가에서 제자들은 이 말씀을 마음에 간직하고 '죽은 사람들 가운데 살아나는 것이 무엇일까'(막 9:10)하고 서로 물었다고 한다. 예수는 산상에서 변형되기 전에 이미 첫 번째 수난 예고에서 고난을 받고 죽임을 당하고서 사흘 뒤에야 살아난다고 말씀했으나 이 말씀을 기억하는 제자는 없었다. 아마도 그들은 종말의 때에 죽은 사람의 부활에 대해 들어보기는 하였을 것이다. 그러나 자기들이 예수의 죽음과 부활을 경험할 것

네 개의 시선으로 본 예수의 생애

이라고는 생각하지 못한 것으로 보인다. 예수는 자신의 수난을 예상하지 못하는 제자들을 위해 산상에서 변형된 후 귀신 들린 아이를 고치고 나서 두 번째 수난 예고를 하게 된다.

22-5 마태는 '홀연히 빛난 구름'을 말하는데 구약에서의 구름은 쉐키나shekinah 즉 하나님의 가시적 임재를 나타내고 또한 하나님의 영광에 찬 모습을 가리킨다. 누가는 예수와 모세와 엘리야가 영광중에 나타났다고 하고, 졸다가 깨어난 제자들은 예수의 영광을 보았다고 한다. 예수의 영광은 예수의 변형과 함께 모세, 엘리야, 예수가 말한 예루살렘에서의 별세라 하겠고 그가 영광 받으실 메시아임을 확인해 주고 있는 것이다. 예수의 변형은 한마디로 제자들에게 예수가 메시아라는 것을 알게 하는 동시에 예수의 수난은 하늘의 결정이라는 것을 선포한 것이라 하겠다.

예수의 변형은 예수의 신성을 강조한 하나님의 모습이었다. 바울은 '그는 근본 하나님의 본체시나 하나님과 동등 됨을 취하지 아니하시고 오히려 자기를 비워 종의 형체를 가지사 사람과 같이 되셨다'(빌 2:6-7)고 성육신을 말했다. 그러나 여기서는 그 반대다. 예수의 본래의 모습 즉 인간의 모습을 벗은 모습이라고 하겠다.

예수의 변형은 예수의 부활한 모습이라고도 한다. 볼투만과 웰하우젠은 예수의 부활 설화를 예수의 지상 생애 전승에 투영시켰다고 보았다. 그러나 부바이어는 예수의 부활이 아닌 예수의 재림과 관련이 있다고 한다. 라이센 펠트는 예수의 흰옷은 메시아를 대제사장으로 선포하는 제사장의 옷을 시사한다고 주장했다(노평구).

22-6 누가는 산상에서의 세 분이 예수가 예루살렘에서 별세할 것을

말했다고 한다. 여기서 별세는 엑소더스 즉 출애굽을 말하는데 여기서는 '떠나가심'을 의미한다. 출애굽의 구원의 상징인 엑소더스를 예수에게 적용하여 예수의 떠남 즉 죽음을 하나님의 승리와 연결하고 있다고 보아야 하겠다.

톰 라이트Thomas Wright에 의하면 1세기 유대인들은 하나님이 내리신 심판으로 로마의 압제하에 있다고 생각하고 자신들에게 새로운 출애굽이 필요하다고 보았다고 한다. 별세에는 성취의 의미도 있는데 예수가 예루살렘에서 성취해야 할 일이란 십자가에서의 고난이라 하겠다.

산상에서의 변형 후 예수는 두 번째 수난 예고를 한다. 그런데 누가만이 수난 예고 후 예수가 승천하실 기약이 차서 예루살렘을 향하여 올라가기로 했다(눅 9:53)고 한다. 별세와 승천은 예수의 지상 사역을 끝내는 완성의 의미와 그리고 동시에 영광으로 가는 출발의 뜻을 가지고 있다고 하겠다. 누가는 별세와 승천을 하기 위해 예루살렘을 향해 앞장서서 가는 예수의 행적을 추적한다. 예수가 예루살렘으로 올라가는 길이란 죽음을 향해 가는 길인데 마가는 예수가 '그들 앞에 서서'(막 10:32) 가는데 그들이 놀라고 따르는 자들도 두려워했다고 한다.

22-7 예수의 변형은 하늘의 사건으로 하나님이 주재, 주관한 것으로 모세, 엘리야, 예수가 참석한 천상의 회의라고 할 수 있다. 천상의 회의는 전투를 앞둔 예수의 메시아 임무 완수를 위한 출정식인 것이다. 그리고 '이는 내 사랑하는 아들이라'는 천상의 소리, 즉 구름 속의 음성은 고지전이나 참호선 돌파를 목전에 둔 최전선 병사들에게 너희는 조국의 아들이라고 하는 전투를 독려하는 즉 독전의 말씀이라고 하겠다.

변형은 헬라어 metamorphoo로 바울이 '너희는 이 세대를 본받지 말고 오직 마음을 새롭게 함으로 변화를 받으라'고 한 말(롬 12:2) 중에

네 개의 시선으로 본 예수의 생애

'변화'로 번역된 말이다. 이 말은 우리도 영적으로 새로운 모습을 갖추면 변화 산에서의 예수처럼 변형될 수 있다는 것이다.

또한, 바울은 시내 산에서 이스라엘 백성들이 모세의 얼굴에서 광채가 나는 것을 보고 두려워하여 모세가 수건으로 자기 얼굴을 가렸다고 한 사건을 배경으로 말씀한다. "우리가 다 수건을 벗은 얼굴로 거울을 보는 것 같이 주의 영광을 보면 '그와 같은 형상으로 변화하여' 점점 더 큰 영광에 이르게 되는데 곧 주의 영이 하시는 일이라"(고후 3:18)고 한다. 바울은 주의 영광을 바라보면 우리도 영이신 주로 말미암아 '주와 같은 모습으로 변화될 수 있다'고 한다. 즉 하나님의 형상으로서의 인간이 그리스도를 믿는 믿음으로 하나님의 형상으로 회복될 수 있다(박헌욱)는 것이라고 한다. 예수의 변형은 초기 기독교 교인들에게나 우리에게 그리스도 안에서 우리 자신들이 변할 수 있다는 믿음을 주었다고 하겠다.

23. 예루살렘 입성

~~~~~~

23-1 예수의 예루살렘 입성 이야기는 사복음서에 다 있는데 두 부분으로 되어 있다. 입성을 준비하는 과정과 입성하는 모습이다. 그러나 요한복음은 입성을 준비하는 얘기가 없고 예수가 왜 나귀 새끼를 탔는지에 대해 설명한다. 요한복음은 나사로를 살린 이야기와 연결되어 있다.

예수 일행의 여행은 예루살렘 입성으로 끝이 난다. 마태에서 예수는 세 번째 수난 예고에서 '우리가 예루살렘으로 올라간다'고 한다. 그러나 누가에서는 '승천하실 기약이 차서 예루살렘을 향하여 올라가기로 굳게 결심하시고' 이미 출발했다. 누가에는 예수가 예루살렘으로 출발하는 기사(9:51-56)에서 여행을 뜻하는 '간다'라는 동사 포류오마이poreuomai가 네 번(9:51,52,53,56)나온다. 누가에서의 예수는 계속 예루살렘을 향하여 가고 있다(13:22, 17:11, 18:31, 19:28). 그리고 예루살렘에 가까이 왔다(19:11)고 하고 올리브산에 이르렀다(19:29)고 하고 예루살렘에 입성한 후 성을 보고는 우신다(19:41).

마태, 마가에서 예수는 맹인을 고친 다음 입성한다. 누가에서 예수는 맹인을 고치고 세리장 삭개오를 구원하고 므나의 비유를 든 다음 입성한다. 요한복음은 죽은 나사로를 살리고 베다니에서 발에 향유 부음을 받은 직후 입성한다.

23-2 예수 일행이 드디어 예루살렘 가까이 갔다. 올리브산 중턱에

네 개의 시선으로 본 예수의 생애

있는 벳바게와 베다니에 이르렀을 때 예수는 두 제자를 앞질러 보내며 "맞은편 마을로 가라 거기에 가면 아무도 탄 적이 없는 어린 나귀 한 마리가 매여 있을 터이니 그 나귀를 풀어오라 혹시 누가 왜 남의 나귀를 푸느냐고 하면 주께서 쓰시겠다 하라"고 이른다. 그런데 마태는 나귀 한 마리가 아니라 나귀와 나귀 새끼 두 마리라고 한다. 제자들이 가서 보니 나귀 새끼가 문 앞에 매여 있어서 그것을 푸니 그 주인이 나타나서 왜 나귀를 푸느냐고 물어 예수가 말씀해 준대로 말하니 이에 허락하였다고 한다.

　예수가 입성하는 모습이 마태, 마가와 누가가 차이가 있는데 사람들이 예수를 환영하는 것이 다르다. 제자들은 나귀를 끌고 와서 나귀에 자기들의 겉옷을 얹고 예수를 태웠다. 예수가 앞으로 나아가자 사람들이 겉옷을 벗어 길에 펴놓았다. 다른 이들은 들에서 나뭇가지를 베어 길에 폈다. 마태, 마가는 입성 때에 앞서가고 뒤에서 따르는 무리들이 소리 높여 '호산나 다윗의 자손이여 주의 이름으로 오시는 이여 지극히 높은 곳에서 호산나'라고 한다. 그리고 예수가 예루살렘에 들어가자 온 성이 소동하여 이르되 이분이 누구냐고 하니 사람들이 갈릴리 나사렛에서 나온 선지자 예수라고 한다.

　그러나 누가는 조금 다르게 설명하고 있다. 올리브산 내리막길에 이르러 수많은 제자들이 자기들이 본 모든 기적에 대하여 기쁨을 감추지 못하고 소리 높여 하나님을 찬양하였다. '주의 이름으로 오시는 왕이여 하늘에는 평화, 가장 높은 곳에서는 영광이라.' 그러자 군중 속에 끼어 있던 바리새인들이 선생님 제자들이 저러는데 왜 꾸짖지 않느냐고 하니 예수는 '잘 들어라 그들이 입을 다물면 돌들이 소리 지를 것이라'고 대답한다.

　요한복음은 입성 전에 대제사장들이 나사로도 죽이기로 하는데 나사로 때문에 수많은 유대인들이 자기들을 버리고 예수를 믿었기 때문 (11:45)이라고 한다. 그리고 예수의 입성에 대해 말한다. 명절을 지내러 와 있던 큰 군중이 예수가 예루살렘에 들어온다는 말을 듣고 종려나무 를 가지고 예수를 맞으러 나가 '호산나 찬송하리로다 주의 이름으로 오 시는 이 곧 이스라엘의 왕이시여'라고 한다. 예수가 나사로를 무덤에서 살릴 때 그 자리에 있던 사람들이 모두 그 일을 증언하고 예수가 입성한 다고 해서 군중들이 예수를 맞으러 간 것이다.

23-3 예수의 입성 준비 과정을 살펴보자.

(1) 준비 장소와 시기: 공관복음은 예수가 올리브산에서 머무르면서 입성 준비를 했다고 한다. 벳바게는 무화과나무의 집, 베다니는 가난한 사람의 집이라는 뜻이라고 한다. 그러나 벳바게의 위치에 대해서는 정 확하지 않은데 베다니와 예루살렘 사이에 있었던 작은 마을로 올리브 산 남동쪽 기슭에 위치했었을 것으로 보인다. 요한복음은 예루살렘 상 경 시기가 명절이라고 하는데 유월절 앞에 있는 초막절로 보이나 수전 절로 보기도 한다. 공관복음에서 예루살렘 입성 후 성전 정화를 하는 것 을 감안한다면 수전절이라는 주장에도 일리는 있다고 하겠다.

(2) 제자 두 사람: 입성 준비를 위해 예수는 제자 둘을 맞은편 마을로 보낸다. 그런데 마태는 숫자 둘을 중요시한다. 바로 전 기사에서 예수가 맹인을 고쳤는데 마태만이 두 명을 고쳤다(마 20:30-34)고 하고 예수가 가 다라 지방에서 귀신 들린 사람을 고쳤는데 역시 두 사람이었다고 한다 (마 8:28). 또한 세베대의 두 아들의 어머니가 예수에게 청(마 20:17)을 했 고 여기서는 나귀와 나귀 새끼 두 마리를 가져오라고 부탁한다. 이것은 마태 공동체에 전승이 둘이라는 숫자를 중요시했다는 것을 반영한 것으 로 보인다.

네 개의 시선으로 본 예수의 생애

(3) 나귀 새끼: 마가는 폴로스_polos_를 끌고 오라고 하는데 망아지로 볼 수 있으나 마가가 염두에 둔 스가랴 예언(슥 9:9)을 보면 나귀 새끼라고 했고 요한복음도 나귀 새끼라고 한다. 마태는 나귀와 나귀 새끼라고 하는데 존 메이어는 마태가 잘못 이해하고 있다고 한다. 스가랴 예언은 하나의 동물에 대한 단순 반복인데 마태가 두 마리로 보았다는 것이다.

레이몬드 브라운_Raymond Brown_은 동의적 평행법을 문자적 관심 때문에 무시하는 경향이 있다고 몇 가지 예를 들고 있는데 마태의 경우도 마찬가지라고 한다. 스가랴에는 '나귀의 작은 것 곧 새끼 나귀'라고 한 마리로 되어 있다.

(4) 징발: '주가 쓰시겠다 하라 그리하면 즉시 보내리라'고 마태, 마가에서 예수는 말한다. 나귀를 가지러 간 제자들이 있는데 왜 즉시 보낸다고 했을까. 즉시 보낸다는 것은 사용의 조건으로 한 말씀이다. 사용하고 난 다음 즉시 돌려보내겠다는 뜻이다. 표준 새번역은 이 부분을 '쓰시고 나면 지체 없이 이리로 돌려보낼 것이라'고 한다. '쓰시겠다 하라'는 징발 명령이다. 왕으로서의 예수의 권위를 나타낸다. 왕는 언제 어디서나 교통수단으로서 동물을 징발할 수 있다. 선지자 사무엘은 왕을 요구하는 백성들에게 왕이 있게 되면 생길 일 중 하나가 왕의 징발이라(삼상 8:16)고 했다. 제자들이 가서 나귀 새끼를 풀자 나귀 주인이 나타나서 왜 나귀를 푸느냐고 하는데 주께서 쓰시겠다고 한다. 마가에서 제자들은 허락를 받았다고 하는데 새번역은 '그들은 막지 않았다'라고 한다.

(5) 아무도 타보지 않은 나귀 새끼: 구약에 법궤를 운반하는 이야기가 있다. 그때에도 멍에를 메어보지 못한 소에 수레를 메우게 한다(삼상 6:7). 정결하게 하는 재를 만들기 위해서도 아직 멍에 메지 아니한 붉은 암송아지를 불살라 재를 만든다(민 19:2). 이처럼 거룩한 일에 사용되거나 정결하게 하는 재를 만드는데 필요한 짐승은 아직 사용한 적이 없는

것이어야 한다. 예수도 '아무도 타보지 않은' 나귀 새끼를 원했고 겸손하여 나귀 새끼를 탔다고 한다.

(6) 예언의 성취: 마태는 '그는 겸손하여 나귀 곧 멍에 메는 짐승의 새끼를 탔다'고 스가랴의 예언이 이루어졌다(마 21:4-5)고 한다. 또한, 요한복음도 예수가 새끼 나귀를 탔는데 이것은 성경 말씀 그대로였다고 하며 스가랴의 예언을 인용하여 그의 예언이 실현되었다(요 12:15)고 한다. "도성 시온아 크게 기뻐하여라. 수도 예루살렘아 환성을 올려라, 보아라 네 임금이 너를 찾아오신다. 정의를 세워 너를 찾아오신다. 그는 겸비하여 나귀, 어린 나귀 새끼를 타고 오신다"(새번역 슥 9:9). 요한복음에서 예수의 제자들은 이것을 깨닫지 못하다가 예수가 영광을 받으신 다음에야 이것이 성경에 기록되어 있는 일이고 그대로 예수에게 일어났다는 것을 깨닫게 되었다(요 12:16)고 한다.

23-4 예수의 입성하는 모습을 자세히 보자.

(1) 예수가 예루살렘에 입성하였을 때 환호한 이들은 누구인가: 앞에서 가고 뒤에서 따르는 자들(막 11:8)이고 그들 무리(마 21:8)이고 제자들의 온 무리(눅 19:37)다. 요한복음도 무리(12:12)라고 하는데 그 무리는 예수가 명절에 예루살렘에 올라온다는 것을 들은 무리다. 그런데 이 무리가 예수를 맞으러 간 데에는 이유가 있었다. 예수가 나사로를 무덤에서 불러내어 죽은 자 가운데서 살리신 표적을 행할 때, 함께 있던 무리의 증언을 들었기 때문이다.

(2) 어떻게 환호하였나: 제자들은 자기 겉옷을 벗어 나귀 위에 얹어 놓았고 많은 사람들은 자기 겉옷을 길 위에 펴거나 나뭇가지를 베어 길에 폈다. 겉옷을 길에 펴는 것은 최고의 존경에 표시다. 옷을 길게 편 사건이 구약에 있다. 선지자 엘리사에게 기름 부음을 받은 예후는 요람을

배반하고 바알 종교를 몰아내기 위해 스스로 왕이 된다. 그때 무리가 각각 자기 옷을 예후 밑에 있는 섬돌 위에 깔고 나팔을 불며 예후는 왕이라(왕하 9:1-13)고 했다.

요한복음은 무리가 종려나무를 가지고 예수를 맞으러 갔다고 한다. 종려나무는 수전절을 연상하게 한다. 수리아의 안티오쿠스 에피파네스를 물리친 마카비 혁명 때 협상 과정에서 종려나무 가지가 언급된다(마카비상 13:37). 예루살렘 성에 있던 적들이 항복하자 유대인들은 환호하며 종려나무 가지를 흔들며 성으로 들어간다(마카비상 13:50-51).

(3) 무엇이라고 외쳤나: 사복음서는 공통으로 '주의 이름으로 오시는 이여'라고 외쳤다고 하는데 오신 메시아에 대한 환영이라 하겠다. 누가는 '왕'(눅 19:38)이라고 하고 요한복음은 '곧 이스라엘의 왕이여'(12:13)라는 말을 첨언하는데 스가랴의 예언에는 '네 왕이 너를 찾아온다'고 했다. 마가에만이 '우리 조상 다윗의 나라여'라는 말이 있는데 다윗 반열의 메시아가 왕으로 지배하는 나라를 말한다. 조금씩 표현은 다르나 신앙 공동체 별로 예루살렘에 입성하는 예수와 그 하나님을 찬양하는 내용이라 하겠다.

23-5 '호산나'는 마태, 마가에는 두 번 나오는데 누가에는 나오지 않고 요한복음에는 한 번 나온다. 마태, 마가는 '가장 높은 곳에서 호산나'라고 한다. 호산나는 아람어로 '구해 주십시오, 도와주십시오, 지금 구원하소서'의 뜻이라고 한다. 호산나는 유월절이나 장막절 때 부르는 할렐 찬송에서 외치는 환호성으로 '여호와여 구하옵나니 이제 구원하소서, 여호와여 우리가 구하옵나니 이제 형통하게 하소서'(시 118:25)라고 한다. 할렐 찬양이란 할렐루야의 약자로 하나님을 찬양하라는 의미로 시편 113편부터 118편까지를 말한다. 호산나는 이렇게 하나님을 향한

외침이기도 하고 왕을 향한 외침(삼하 14:4, 왕하 6:26)이기도 했다.

누가에는 호산나가 없는 대신에 '하늘에는 평화, 지극히 높은 곳에서는 영광'(19:38)이라고 한다. 누가의 예수 탄생 기사에는 수많은 천군 천사가 '지극히 높은 곳에서는 하나님께 영광이요 땅에서는 기뻐하는 사람들 중에 평화로다'(2:14)라고 했다. 예수 탄생 기사에서 '하늘과 땅'으로 나누어져 있던 것이 예루살렘 입성 시에는 '하늘과 가장 높은 곳' 즉 하늘로 통일된다. 그래서 평화와 영광이 하늘로 집중된다. 하나님의 구원 사역의 완성을 노래하고 있는 것이다.

예수의 예루살렘 입성을 모두 찬양한다. 하나님께서 메시아 예수를 통해 구원을 베푸실 때가 이르렀기 때문이다. 마태에는 성전 정화 후 아이들이 호산나 다윗의 자손이여 라고 소리 지른다(21:15-16). 이때 대제사장들과 서기관들은 예루살렘 입성 때 바리새인들처럼 화를 냈다.

누가에는 하나님의 은혜를 받은 자들이 찬양한다. 중풍 병자와 모든 사람들(5:25-26), 나인성의 사람들(7:16), 18년 동안 꼬부라져 펴지 못하던 여자(13:13), 나병을 고침 받은 사마리아인(17:15), 고침 받은 여리고의 맹인(18:43) 등이 영광을 돌린다.

23-6 입성 후의 이야기

마태는 예수가 성에 들어가자 온 성이 소동하여 이분이 누구냐고 한다. 그런데 사람들은 갈릴리 나사렛에서 온 선지자 예수라고 한다. 사람들은 예수의 정체에 대해 알고 있었다. 마가는 예수가 성전에 들어가서 이것저것 둘러보다가 날이 저물어서 열두 제자와 함께 베다니로 갔다고 한다. 요한복음은 바리새인들이 '이제 다 틀렸소. 보시오. 온 세상이 그를 따라갔소'(12:19)라고 서로 말했다고 한다. 그 이유는 이미 공회는 나사로를 살린 예수를 죽이기로 모의(11:53)했고 예수를 알고 있거든 신고

(11:57)하라는 명령을 하였는데 바리새인들은 자기들이 하는 일이 쓸데 없다고 생각한 것이다.

누가에는 무리 중 어떤 바리새인이 예수에게 제자들을 책망하라고 말하자 예수는 '만일 이 사람들이 침묵하면 돌들이 소리 지르리라'(눅 19:40)고 한다. 제자들은 자기들 본바 모든 일로 인하여 기뻐하고 큰 소리로 하나님을 찬양하고 예수를 '주의 이름으로 오시는 왕이여'라고 했던 것이다. 바리새인들은 그것이 싫었다. 하나님의 아들인 예수는 당연히 돌들로 소리를 지르게 할 수 있었을 것이다. 세례 요한은 하나님은 이 돌들로 아브라함의 자손이 되게 한다(마 3:8-9)고 하지 않았는가.

안나 이렌트가 홀로코스트 재판에서 목격한 것은 침묵, 평범한 사람들의 침묵에서 악이 시작된다고 했다. 사람들은 악에 대해서 뿐 아니라 선에 대해서도 침묵한다. 침묵을 깨기 위해서는 용기와 확신이 있어야 한다. '모든 능한 일로 인하여' 찬양받으시기에 합당한 분이기에 제자들은 올리브산 내리막길에서 큰 소리로 찬양을 했던 것이다(19:37).

왜 올리브산인가. 올리브산은 예루살렘으로부터 1.1km 정도 떨어져 있어 이 산에 오르면 예루살렘과 성전을 한눈에 볼 수 있다고 한다. 이 산에는 겟세마네 동산이 있으며 예수가 여기서 승천(행 1:12)한 것으로 보인다. 올리브산은 스가랴에 의하면 중요한 종말의 사건이 일어나는 곳이다. 주의 발이 이르고 이방 나라들과 예루살렘이 전쟁을 한다. 하나님은 그 전쟁에 나가서 이방 나라들을 물리치게 된다(14:4-5). 하나님이 전쟁에서 승리하는 날 그리고 악한 이들을 징계하는 심판의 날에 하나님의 발이 올리브산에 있게 된다고 말하고 있다.

24. 성전 정화, 새로운 성전을 꿈꾸다

꿈꾸다

24-1 성전 정화는 성전 자체를 일신하려고 하는 예수의 예언자적 행위이고 새 성전에 대한 비전과 연결된 상징적 행위다. 마태에서 성전 정화는 입성 당일에 있었던 일이고 그 후 무화과 나무에 대해 저주를 한다. 마가에서 성전 정화는 입성 다음 날의 일이다. 누가에서 성전 정화는 입성 후 예수가 예루살렘을 보고 우신 다음의 일이다. 누가만이 성전 멸망 예고와 예루살렘 멸망 징조를 별개로 다루고 있다. 요한복음에서의 성전 정화는 공생애 초기 사역에 해당한다. 요한복음에는 예수가 예루살렘에 상경한 횟수가 네 번(유월절 2:13, 명절 5:1, 초막절 7:2,10, 수전절 10:2)이다. 성전 정화가 갖는 중요성 때문에 앞에 배치한 것일 수 있다.

24-2 성전 구조를 보면 맨 아래 뜰이 이방인을 위한 공간이고 담 위에 여자의 뜰, 계단 위에 이스라엘의 뜰과 제사장의 뜰이 있는데 여기에 제단과 성소와 지성소가 있다. 예수가 성전 정화를 한 곳은 성전이나 성전 안이 아니고 성전 뜰이라고 새롭게 번역된 성경들은 말한다. 성전 안과 성전 뜰은 다른 곳이다. 요한계시록에는 성전 측량 이야기(11:1-2)가 있는데 측량하지 말아야 할 곳으로 성전 바깥마당을 말하면서 이곳은 이방인에게 주어졌다고 한다. 이곳이 성전 뜰 또는 이방인의 뜰이라는 곳인데 예수가 성전 정화를 한 곳이다. 성전 자체에는 이방인의 뜰이라는 곳이 없다.

네 개의 시선으로 본 예수의 생애

이방인의 뜰은 이방인에게 출입이 허용된 공간이지 이방인들이 기도하고 예배드리는 공간이 아니다. 유대교로 개종한 이방인들은 소정의 절차를 밟은 후 유대인들과 같이 성전 제사에 참여할 수 있었다. 유대인들은 바울이 헬라인을 데리고 성전에 들어가서 성전을 더럽혔다(행 21:28)고 선동하여 그를 죽이려고 했다. 그들은 벨릭스 총독 앞에서도 성전을 더럽혔다(행 24:6)고 주장했다. 이처럼 성전에 들어간 이방인뿐 아니라 함께 데리고 들어간 자도 죽였다.

예루살렘 주위 30km 이내에 사는 유대인 장년 남자들은 유월절에 참석해야 한다. 19세 이상 유대인은 성전세를 내야 하는데 반 세겔이다. 성전세는 두로의 세겔Tyrian Shekel로 내야 했다. 로마 화폐에는 황제의 초상이 들어있어서 성전세로 낼 수가 없었다. 그러나 세겔에도 헤라클레스와 독수리 문양이 들어 있었다고 한다. 그런데도 랍비들은 두로 세겔을 성전 납부용으로 인정한데에는 이런 형상들보다, 순도와 무게가 중요했기 때문으로 순도는 94퍼센트, 무게는 14.4그램이었다고 한다.

유월절에 참석하기 위해 외국에서 오는 유대인들은 여행 편의상 통상 고액권을 가져오기 때문에 그리고 각지에서 다른 돈을 가져오기 때문에 환전상이 있어야 했다. 이때 환전상들은 반 세겔의 환전수수료로 24분의 1세겔을 받았다고 하는데 이 수수료를 콜본kolbon이라고 한다.

성전에서 제사를 드리기 위해서는 제물이 있어야 했다. 제물은 당연히 흠이 없어야 한다. 성전 뜰에서 파는 것은 이미 성전 관리들로부터 검사를 받은 것들이었다. 물품 구입은 편했으나 대신 값은 비쌌다.

24-3 예수는 성전 뜰에서 팔고 사는 자들을 내쫓으면서 돈을 바꾸어 주는 사람들의 상 즉, 환전대와 비둘기를 파는 사람의 의자를 둘러엎었다. 그리고 성전을 가로질러 물건 나르는 것을 금하였다고 한다. 아마

도 성전 뜰에서는 이외에도 성전 제사에 필요한 기름, 가루, 포도주, 소금 등을 팔았을 것으로 보인다. 비둘기는 해산한 산모나 깨끗해진 나병환자가 결례로 드리는 것이었다. 예수의 부모도 결례 때 비둘기 두 마리를 드렸다. 그런데 누가는 자세한 설명 없이 예수가 그저 장사하는 자들을 내쫓았다고만 한다.

요한복음은 예수가 소와 비둘기를 파는 사람들과 환전상들이 앉아있는 것을 보고 노끈으로 채찍을 만들어 양과 소를 쫓아내고 돈을 바꾸어 주는 사람들의 돈을 쏟아 버리고 상을 둘러엎었고 비둘기파는 자에게는 '여기서 가져가라'고 했다고 한다. 마태, 마가도 비둘기파는 사람의 의자를 엎었다고 한다. 예수는 비둘기장을 엎지는 않았다는 것이다. 이것은 예수의 분노에 표시였다. 요한복음에는 성전 뜰에서 소와 양을 팔았다고 하는데 공관복음에는 그런 말이 없다. 당시에 소와 양은 올리브 산 아래에서 주로 거래되었다고 한다. 안나스는 대제사장이었는데 그가 이 시장의 주인이어서 이곳을 안나스의 바자라고 불렀다고 한다. 성전 내에는 무기는커녕 몽둥이조차 사용할 수 없다. 예수는 비록 성전 뜰이지만 노끈으로 채찍을 만들었다. 위력이 있을 수 없는 이 채찍 역시, 당연히 예수의 분노에 상징이라 하겠다.

24-4 예수는 성전 정화 후 성전의 실태에 대해 지적한다.

첫 번째로, 성전은 기도하는 곳이라는 것이다. 마태는 '기도하는 집으로 불릴 것이라(21:13)'고 하고 마가는 이사야를 인용(사 56:7)하여 '만민이 기도하는 집이(11:17)라고 불릴 것이라'고 한다. 예수는 기존 성전에 대해 의문을 표시하는 동시에 새롭게 재고되어야 할 성전의 역할로 '기도하는 집'으로서의 기능을 말하고 있다. 특별히 누가는 기도하는 예수(5:16, 6:12, 11:1, 9:18, 9:28, 9:29, 21:26 등)의 모습을 강조하고 있고 기도를 권(18:1, 22:40, 22:46 등)하고 있다. 예수는 기도를 가르치고 기도의 자세에 대해 말하고 겟세마네에서 기도하고 제자를 위해 중보기도를 한다.

두 번째로, 예수는 '너희는 이 집을 강도의 소굴로 만들었다'(마 21:13, 막 11:17)고 하는데 예레미야 예언의 인용(렘 7:11)이다. 예레미야는 '이것이 여호와의 성전이라. 여호와의 성전이라 하는 거짓말을 듣지 말라'고 한다. 이어서 '내 이름으로 일컬음 받는 이 집이 너희 눈에는 도둑의 소굴로 보이느냐'고 한다. 그도 그럴 것이 도둑질, 간음, 거짓 맹세, 우상 숭배하는 자들이 성전에 들어와서는 구원을 얻었다고 하는 가증한 일(렘 7:9)을 하기 때문이라는 것이다. 예레미야는 도둑이라고 하는데 도둑이나 강도나 차이가 없다. 모두 남의 재산을 훔치거나 빼앗는 자들이다.

세 번째로, 예수는 '내 아버지의 집으로 장사하는 집을 만들지 말라'(요 2:16)고 한다. 요한복음에만 있는 말씀으로 스가랴의 원용이다. 예수가 강도라고 한데에는 나름 이유가 있지 않을까. 아마도 성전에서의 상행위 즉 매매, 판매, 환전 등이 갈취적, 착취적이어서 그랬을 수 있다. 여기서 강도는 누구일까. 성전을 상업적 도구의 하나로, 이익 창출의 수단으로 만든 성전 권력자들이라 하겠다.

스가랴는 '새싹이라는 사람이 주의 성전을 지을 것이라'(슥 6:12)고 했다. 스가랴는 메시아가 오면 성전을 이전보다 영광스러운 곳으로 재건하고 회복하리라고 예언한다. 스가랴의 마지막 구절은 새로운 성전의 모습을 말한다. '그날이 오면 만군의 주의 성전 안에 다시는 상인들이 없을 것이다(슥 14:21).'

24-5 성전 정화 후 예수가 한 일은 무엇이고 성전 지도자들의 반응은 무엇인가.

(1) 마태는 성전 뜰에서 눈먼 사람들과 다리를 저는 사람들을 고쳐주

었다(21:14)고 한다. 이들은 성전 출입이 금지된 자들이다. 이사야는 오실 메시아가 '맹인의 눈을 밝히고 귀를 열며 저는 자를 사슴같이 뛰게' 할 것이라(35:5-6)고 한다. 예수가 한 일은 바로 오실 메시아가 하는 일이었다. 그러나 대제사장들과 서기관들은 예수께서 한 여러 가지 놀라운 일과 또 성전 뜰에서 다윗의 자손에게 호산나 하고 외치는 아이들을 보고 화가 났다. 대제사장과 서기관들은 예수가 성전에서 눈먼 자와 저는 자를 고쳐 주는 것을 보고 심기가 불편했는데 아이들마저 호산나 다윗의 자손이여 라고 하는 것에 화가 단단히 났다. 그래서 그들은 예수에게 아이들이 무어라고 하는지 듣고 있느냐고 한다.

예수는 시편 말씀 '주께서는 어린아이들과 젖먹이들의 입에서 찬양이 나오게 하셨다'(시 8:2)는 말씀을 너희는 읽어 보지 않았느냐(마 21:16)고 한다. 예수는 그들이 나를 찬양하는 것은 당연하다는 것이다. 일찍이 예수는 '하나님의 계시에 대해 지혜 있고 똑똑한 사람에게는 감추시고 철부지 어린아이들에게 드러내 주시니 감사하다'(마 11:25)고 기도했다. 아이들은 예수가 누구인지 알고 '호산나'한 것이다. 예루살렘 입성 시 무리들은 '다윗의 자손이여'(마 21:9)를 외쳤는데 이번에는 아이들이 '호산나 다윗의 자손이여'를 외쳤다.

(2) 마가는 '아무나 물건 가지고 다니는 것을 허락하지 않았다'(막 11:16)고 한다. 성전을 가로질러 물건을 나르는 것 즉 빠른 길로 이용하는 것을 금했다는 것이다. 장사꾼들 때문에 성전 제사 준비나 예배 분위기에 방해가 되어서는 안 된다고 한 것이다. 에세네인들은 수많은 사람들이 오가는 중에 불결한 자들과 부딪치는 것을 걱정하였다. 탈무드에도 불필요한 물건을 가지고 다니는 것을 엄격히 금했다고 한다.

(3) 누가는 성전 정화 후 예수가 날마다 성전에서 가르쳤다고 한다. 대제사장들과 서기관들, 그리고 백성의 지도자들은 예수를 없애려고,

어떻게 예수를 죽일까(막 11:18, 눅 19:47)하고 꾀하였다. 그런데 무리가 다 그의 교훈에 놀랍게 여기고(막 11:18), 백성이 다 그에게 귀를 기울여 들음으로(눅 19:48) 예수를 두려워하여(마가) 방도를 찾지 못했다(누가)고 한다. 공생애 초기 예수가 안식일에 회당에서 손 마른 자를 고쳐 준 적이 있는데 그때에 바리새인들과 헤롯당이 함께 예수를 어떻게 죽일까 의논했었다(마 12:14, 막 3:6). 성전 권력자들은 늘 예수를 죽이려고 기회를 찾고 있었다.

(4) 요한복음은 예수가 성전 정화를 한 것이 '주의 집을 생각하는 열정이 나를 삼켜서'(요 2:17)라고 하는데 시편 말씀(69:9)으로 자신이 한 일을 설명하고 있다. 이 시편은 다윗의 시로서 하나님의 집을 위하는 자신의 열심 때문에 주와 주의 집을 미워하는 자들이 나를 미워한다고 하나님께 탄원하는 시다.

요한복음에서 유대인들은 당신이 성전 정화를 했는데 우리에게 무슨 표적을 보여주겠느냐고 한다. 한마디로 성전 정화를 정당화할 수 있는 또는 합리화할 수 있는 권위나 증거의 표적을 보이라는 것이다. 그러자 예수는 '이 성전을 헐라. 그러면 사흘 만에 다시 세우겠다'(요 2:19)고 한다. 그런데 예수가 성전이라고 한 것은 자기 몸을 두고 한 말씀이라는 것이다. 예수의 제자들은 '예수가 부활한 뒤에야 이 말씀을 생각하고 믿었다'(요 2:22)고 하는데 예수의 몸이 성전이라는 것을 나중에 알게 되었다는 것이다. 예수의 이 말씀은 건물 중심의 성전 신앙이 끝나게 된다는 예언적 명령이라 하겠다. 바울은 '너희는 너희가 하나님의 성전인 것과 하나님의 성령이 너희 안에 계시는 것을 알지 못하느냐'(고전 3:16)고 했다.

성전 정화는 소비자 운동이 아니었다. 성전 참배객들이 정당한 가격으로 물건을 구입하고 합당한 수수료를 지불하게 하기 위해 한 일이 결코 아니다. 성전 정화는 헤롯의 성전 확장으로 생긴 공간에서 일어난 일이고 매일 매일 한 일도 아니다. 성전 경비대가 개입할 정도의 사건도 아니었다. 그러나 성전 정화는 유대교 지도자들이 예수를 죽이려고 한 사건이었다. 성전 중심의 유대교에 대해 문제를 지적하는 상징적 사건임에 틀림없다.

24-6 성전 정화를 통해 예수가 바라는 성전의 모습을 그려보자.

첫째로, 성전은 하나님에게 기도를 드리고 하나님은 들어주시며 이방인이라도 기도할 수 있는 곳이다.

역대하에는 B.C. 957? 솔로몬 왕의 성전 봉헌 광경이 기록되어 있다. 첫 이레 동안은 제단을 봉헌하고 둘째 이레 동안은 절기를 지키고 여드레째 되는 날은 마감 성회를 열었다(대하 7:9)고 한다. 성공적으로 봉헌식을 마친 후 주께서 밤에 솔로몬에게 나타나 말씀한다. "내 이름으로 일컫는 나의 백성이 스스로 겸손해져서 기도하며 나를 찾고 악한 길에서 떠나면 내가 하늘에서 듣고 그 죄를 용서하여 주며 그 땅을 다시 번영시켜 주겠다"(:14)고 하고 이어서 '이제 이곳에서 드리는 기도를 내가 눈을 뜨고 살필 것이며 귀담아듣겠다(:15)'고 한다.

열왕기 상에서도 하나님이 솔로몬에게 다시 나타나지만 이처럼 '백성들의 기도를 듣고 죄를 사하여 주겠다'는 말씀이나 '이곳에서 드리는 기도에 눈을 뜨고 귀담아 듣겠다'고 하는 말씀은 없다. 그러나 열왕기 상에는 솔로몬의 간절한 기도가 있는데 '주의 백성 이스라엘에 속하지 아니한 이방인이라도 주의 크신 이름을 듣고 이곳에 오면'(왕상 8:41)으로 시작하는데 "주께서는, 주께서 계시는 곳 하늘에서 들으시고 그 이방인들이 주께 부르짖으며 간구하는 것을 그대로 다 들어주셔서 땅 위에 있는 모든 백성이 주의 이름을 알게 하시고 주의 백성 이스라엘처럼 주님을 경외하게 하시며 이 성전이 주의 이름을 부르는 곳임을 알게 하소서"(:43)로 끝이 난다. 솔로몬은 이방인들의 기도도 다 들어주셔서 모든 백성이 주를 경외하게 해 달라고 기도한 것이다.

이사야는 이방 사람이라도 주께로 온 사람 즉 '여호와께 연합한 이방인'(사 56:3)에 대해 '그들의 이름이 나의 성전과 나의 백성 사이에서 영원히 기억되도록' 하겠다고 한다(:5). 그리고 나의 언약을 철저히 지키는 이방 사람들은 "내가 그들을 나의 거룩한 산으로 인도하여 기도하는 내 집에서 기쁨을 누리게 하겠고 그들이 바치는 번제물과 희생제물을 내가 기꺼이 받을 것이다. 나의 집은 만민이 기도하는 집이라 불릴 것이라"(:6-7)고 한다.

하나님은 성전을 지은 솔로몬에게 성전은 기도를 드리고 죄 사함을 받는 곳이라고 하며 하나님이 눈을 뜨고 귀를 기울여 기도를 들으시겠다고 했다. 이사야는 주께로 온 이방인이라도 성산으로 인도하여 기쁨을 누리게 하겠다고 하며 내 집은 만민이 기도하는 집이라고 했다. 예수의 성전 정화는 성전의 본래 기능을 지적한 사건이라 하겠다.

둘째로, 제물이 필요 없는 성전이라 하겠다. 예수는 성전 정화에서 장사하는 사람들을 내쫓았다(눅 19:45)고 하는데 상인이 없으면 제물을 준비할 수 없기 때문에 성전 제사에 제물이 있을 수 없게 된다. 물론 다른 방법이 있을 수는 있겠으나 성전 정화는 제물이 없는 제사나 예배를 상징한다고 하겠다. 구약의 예언자들은 제물이 필요 없다고 이구동성으로 말한다.

이사야는 외친다. '소돔의 통치자들아, 고모라의 백성들아 주의 말씀을 들어라 하나님의 법에 귀를 기울여라'(사 1:10)고 하며 하나님의 말씀을 전한다. "무엇하러 나에게 이 많은 제물을 바치느냐. 나는 이제 숫양의 번제물과 살진 짐승의 기름기가 지겹고 나는 이제 수송아지와 어린 양과 숫염소의 피도 싫다. 너희가 나의 앞에 보이러 오지만 너희에게 그

것을 요구하였느냐. 나의 뜰만 밟을 뿐이다"(사 1:11-12).

이사야는 마지막에 성전 제사의 과정 자체를 혐오한다. "소를 죽여 제물로 바치는 자는 쳐 죽이는 자와 같다. 양을 잡아 희생제물로 바치는 자는 개의 목을 부러뜨리는 자와 같다. 부어 드리는 제물을 바치는 자는 돼지의 피를 바치는 자와 같다. 분향을 드리는 자는 우상을 찬미하는 자와 같다"(사 66:3)고 한다.

예레미야는 하나님은 처음부터 어떤 제사도 바라지 않았다고 한다. "사실은 내가 너희 조상을 애굽 땅에서 데리고 나올 때 나는 그들에게 번제물이나 다른 어떤 희생제물도 전혀 말하지도 않았고 명하지도 않았다"(렘 7:22)고 한다.

호세아는 '양 떼와 소 떼를 몰고 주를 찾아 나선다고 하여도 주께서 이미 그들에게서 떠났으니 그들이 주를 만나지 못할 것이다'(호 5:6)라고 한다. 또한 '내가 바라는 것은 변함없는 사랑이지 제사가 아니다. 불살라 바치는 제사보다는 너희가 나 하나님을 알기를 더 바란다'(6:6)고 했다.

성전이 건립되고 나서 제사장 제도와 제사 의식이 발전, 정립되었다. 그 결과 하나님을 만나기가 쉽지 않아졌다. 성전에 나가서 기도하는 것도 쉽지 않게 되었다. 솔로몬의 기도와는 달리 이방인은 얼씬도 할 수 없었다. 그러나 예수가 돌아가실 때 성전 휘장이 찢어짐으로 성소와 지성소를 가르는 막이 무용지물이 되었다. 더구나 예수가 자기 자신을 제물로 바침으로 이제는 제사장도 제물도 필요 없게 되었다.

셋째로, 성전 정화는 성전의 건물 중심에서 벗어나는 예배를 지향한다는 의미라 하겠다. 예수는 수가성 여자와 대화할 때 성전의 위치나 성전 자체가 아니라 영과 진리로 예배하는 것이 중요하다고 했다. 예수는 '두세 사람이 모인 곳에는 나도 그들 중에 있다'(마 18:20)고 했다.

이사야는 여호와의 말씀이라고 하며 "하늘은 나의 보좌요 땅은 나의 발 받침대다. 그러니 너희가 어떻게 내가 살 집을 짓겠으며 어느 곳에다가 나를 쉬게 하겠느냐. 나의 손이 이 모든 것을 지었으며 이 모든 것이 나의 것이다"(사 66:1-2)라고 한다. 스데반은 자신을 고발한 사람들에게 변론하면서 이사야의 말씀을 소개하며 '지극히 높으신 이는 손으로 지으신 곳에 계시지 않는다'(행 7:48)고 했다. 바울은 아테네의 아레오바고 areopagos 법정에서 '우주와 그 안에 있는 모든 것을 만드신 하나님은 하늘과 땅의 주님이시므로 사람의 손으로 지은 신전에 거하지 않는다'(행 17:24)고 했다. 또한, 바울은 '우리 몸은 살아계신 하나님의 성전이라'(고후 6:16)고 하면서 '누구든지 하나님의 성전을 더럽히지 말고 거룩하게 하라'(고전 3:17)고 했다. 요한 계시록은 예루살렘 성전의 역할이 끝났다고 암시하고 있다. '성안에서 성전을 보지 못했다'고 하면서 '하나님과 예수가 성전이라'(계 21:22)고 한다.

바벨론 포로 시절, 선지자 에스겔은 성전이 복구되는 꿈을 꾼다. 그것은 지상에 존재하는 실체로서의 성전이 아니라 천상에 있는 환상의 성전인데 '여호와께서 저기 계시다'라는 뜻의 '여호와 삼마'(겔 48:35)라는 도시다. '하늘 예루살렘'의 이름이 '여호와 삼마'인 것이다. 에스겔의 꿈처럼 진정한 예루살렘 성전은 지상에 없는 여호와 삼마이지 않을까.

예루살렘이 멸망한 후 성전, 성전 건물도 사라지고 제사장들도 제물도 모두 사라졌다.

25. 예루살렘 멸망 예언

⁂

25-1 예루살렘 멸망 예언은 공관복음에 모두 들어있다. 멸망 예언은 크게 두 가지라 하겠다. 하나는 예루살렘 성을 보고 예수가 돌 위에 돌 하나도 남지 않는다는 예언이고 다른 하나는 올리브산에서 예수가 한 멸망의 징조들에 관한 것이다. 멸망의 징조로는 크게 세 가지다. 그런데 누가만이 예루살렘 성을 보고 우시면서 멸망 예언을 하고 또한 멸망의 때에 대해 예루살렘 멸망의 결과가 얼마나 비참한지를 말하고 있다. 복음서 내에 예루살렘 멸망 예언 관련 기사는 마태에 둘, 마가에 하나, 누가에 세 개가 있다.

25-2 예루살렘 멸망 예언 이전에 마태(23:37-39)와 누가(13:34-35)에서 예수는 예루살렘을 보고 한탄하며 예루살렘이 폐허가 된다고 한다. '예루살렘아, 예루살렘아 선지자들을 죽이고 네게 파송된 사람들을 돌로 치는구나. 암탉이 병아리를 날개 아래에 품듯이 내가 몇 번이나 네 자녀를 모아 품으려 하였더냐. 그러나 원치 않았다. 보아라. 너희 집은 버림을 받아서 황폐하게 될 것이다.'

예루살렘이 의인화되어 있다. 예수를 죽이는 도시로서의 예루살렘을 강조하고 있다. 여기서 '네 자녀'는 예루살렘 거주 유대인을 말한다. 파송된 자를 돌로 친다는 것은 성전 뜰에서 돌에 맞아 죽은 스가랴 선지자(대하 24:20-22)를 말한다. 하나님은 그들을 품으려 하지만 그들은 거절한

네 개의 시선으로 본 예수의 생애

다. 너희 집이 버림을 받아서(마 23:38, 눅 13:35)에서 '버리다' 아피에타이aphietai는 현재 시제로 나타나 있다. 이는 예루살렘의 버림이 이미 시작되어서 진행 중임을 알려준다. 예레미야도 예루살렘이 황폐해진다고 했다.

누가는 이 외에도 두 번 더 예수가 예루살렘 성의 멸망을 말했다고 한다. 그 하나는 성을 보고 우시며 예루살렘 멸망 예언(눅 19:41-44)을 한다. 원수들이 토둔을 쌓고 사면으로 포위하는데 보살핌을 받지 못한다고 하며 돌 하나도 돌 위에 남지 않으리라고 한다. 다른 하나는 멸망의 때(눅 21:20,24)라고 하고 그들의 칼날에 죽임을 당하고 이방에 사로잡혀간다고 한다.

25-3 예루살렘 멸망 예고로 성전 건물의 위용에 대해 제자들이 말할 때 예수가 돌 하나도 돌 위에 남지 않고 다 무너질 것이라고 한다. 예수가 멸망을 예고한 때는 유대교 지도자들과 가이사에게 세금을 바치는 문제, 부활 문제, 가장 큰 계명 등에 대하여 논쟁하고 성전에서 나오는 길이었다. 이러한 예수의 모습은 성전과 결별을 암시한다. 그러나 제자들은 이런 예수의 심정을 헤아리지 못한다. 마태에서 제자들은 '성전 건물을 가리키려고 성전 건물에서 나왔다'(마 24:1)고 하는데 그 웅장함을 보기 위해서 일 것이다. 마가에서 제자들은 예수를 선생님이라고 부르며 '얼마나 굉장한 돌들이고 얼마나 굉장한 건물이냐'(막 13:1)고 한다. 누가에서는 '어떤 사람이 아름다운 돌과 봉헌물로 꾸며 놓았다'(눅 21:5)고 한다. 요한복음은 사십 육년 걸려서 지었다(요 2:20)고 했다.

성전의 위용과 아름다움을 말하는 이들에게 예수는 '너희가 이 모든 것을 보지 못하느냐'(마 24:2)), '이 큰 건물을 보느냐'(막 13:2)), '너희가 보는 이것들은 날이 이르면'(눅 21:6) '돌 하나도 돌 위에 남지 않고 무너

질 것이라'고 마태, 마가, 누가 모두 말한다. 누가에서 이 말씀은 예수
가 예루살렘 성을 보고 우시며 이미 한 말씀으로 두 번째다. 누가만이
'날이 이르면'(21:6)이라고 하는데 역시 누가에 나오는 '때가 가까이 왔
다'(21:8)는 종말의 때를 말한다.

  25-4 이어서 멸망의 징조에 대해서는 예수가 올리브산(마태, 마가)에
서 성전을 마주 대하고 앉아 있을 때 베드로, 야고보, 요한, 안드레(막
13:3)가 예수에게 여쭙는다. 언제 이런 일이 일어나고 그 징조는 무엇인
지 말씀해 달라고 한다. 누가에는 올리브산이라든가 제자들의 이름이
없으며 예수를 선생님이라고 부르며 질문한다.
  예루살렘의 멸망은 어느 때에 있겠고 그 징조는 무엇인가(마 24:4-5,
막 13:5-6, 눅 21:8)라고 하는데 징조는 시작의 징후를 말한다. 여기서는
온 세상에서 일어나는 혼란을 의미한다. 제자들은 마태에서 '주의 임하
심과 세상 끝에는 무슨 징조가 있겠느냐'고 질문하고 마가, 누가에서는
'무슨 징조가 있겠느냐'고 질문한다. 마태의 '주의 임하심' 즉 파루시아
는 하나님의 종말론적 오심인데 마태는 예루살렘의 멸망이 아닌 예수의
재림에 대해 묻고 있는 것처럼 보이지만 마태는 예수의 재림과 세상의
종말을 구분하고 있다.
  공관복음에서 예수의 대답은 크게 세 가지인데 첫째로 미혹을 받지
않도록 하라고 하며 '내가 그라' 즉 자신이 메시아라고 하는데 속지 않도
록 하라고 한다. 둘째로 여러 가지 재난이 시작되는데 끝은 아니지만 두
려워 말라고 한다. 셋째는 박해와 미움을 받는다는 것이다.

  25-5 첫 번째 징조는 '미혹을 받지 않도록 주의하라'이지만 그 앞
에 징조에 앞서 예수가 한 말은 '주의하라'는 것이다. 마가는 '주의하라'

네 개의 시선으로 본 예수의 생애

를 반복함으로 제자들이 경계심을 풀지 않도록 독려하고 있다. 마가는 13장에서 주의하라 블레페테blepete를 반복(13:5,9,23,33)하고 있는데 주의하라(13:5), 조심하라(13:9), 이외에 삼가라고도 번역되어 있다. 그리고 미혹을 받지 않도록 하라고 하는데 두 가지 일어날 현상에 대해 말한다.

(1) '내가 그라고 하지만 미혹을 받지 않도록 하라'는 것인데 미혹의 원뜻은 길을 잃게 하거나 그릇된 길로 헤매게 하는 행동을 말한다. 최근에는 '속지 않도록 하라'로 번역한다.

(2) '많은 사람이 내 이름으로 와서' 즉 그리스도를 가장하여 또는 그리스도의 권세를 주장하는 사람이 와서 '내가 그'라고 한다는 것이다. '내가 그'(눅 21:8)라는 것은 '에고 에이미'로 그리스도의 칭호인데 그리스도의 자기 선언을 흉내 낸다는 것이다. 누가에서의 예수는 그들을 따르지 말라고 한다. 당연히 가짜 그리스도를 따라서는 안 되는 것이다.

25-6 두 번째 징조는 난리 소문을 두려워 말라고 하며 세 가지 현상을 말한다. 마태, 마가는 재난의 시작이라고 한다. 재난이란 단수일 경우는 '해산의 고통'을 의미하나 복수일 경우는 '전쟁이나 기근으로 인한 고통'을 말한다. 그래서 재난의 시작을 '고통의 시작'이나 '진통의 시작'이라고 한다. 당시 사람들은 메시아적 전승으로서 재난이 먼저 와야 한다고 생각했다.

(1) 마태, 마가, 누가는 '난리와 난리 소문을 듣게 되어도 겁내지 말아라 이런 일이 반드시 먼저 있어야 한다'는 것이다. 혼란스럽기는 하겠지만 두려워하지 말라는 것이다. 그 이유는 끝이 아니기 때문이다. 여기서 '끝'이란 완성, 성취, 종말, 심판의 의미라 하겠다. 예수는 여러 가지 징조에 대해 말하고 있기는 하지만 끝이 당장에 오지 않는다(마 24:6, 막 13:7, 눅 21:9)고 한다. 예수는 예루살렘의 멸망과 세상의 종말을 구분하

고 있는 것이다.

(2) 재난으로서 민족과 민족이, 나라와 나라가 대적하여 일어난다고 한다. 재난으로서 난리와 난리의 소문이란 전쟁을 말한다. 지상 어느 곳에서나 늘 크고 작은 싸움이 있기 때문에 그런 소식에 겁먹지 말라고 한다. 이 난리는 국제 정치적인 것으로서 민족 간의 그리고 국가 간의 갈등으로 생긴다는 것이다.

(3) 재난으로 인해 사람들의 생존에 직접적인 큰 영향을 받는 일들이 발생한다는 것이다. 마태와 마가는 기근과 지진(마 24:7, 막 13:8)을 말하고 있고, 누가는 큰 지진과 기근과 전염병을 말하면서 또한 하늘로부터 큰 징조(눅 21:11)가 있을 것이라고 말하고 있다. 전체적으로 기근, 지진, 전염병 등 인간 생존에 절대적으로 영향을 미치는 것으로 지구적 차원의 재앙이라 하겠다. 하늘로부터의 징조는 우주적인, 천상적인 이변이나 사건을 말하는데 우리로서는 상상할 수 없는 일이라 하겠다.

25-7 세 번째 징조로는 박해와 미움을 받을 것이라고 한다. 그런데 그 내용이 마태, 마가, 누가가 다르다.

(1) 마태는 "그때에 사람들이 너희를 환난에 넘겨줄 것이며 너희를 죽일 것이다. 너희는 내 이름 때문에 모든 민족에게 미움을 받을 것이다. 또 많은 사람이 실족하게 되어 서로 잡아주고 서로 미워하겠으며 또 거짓 예언자들이 많이 일어나서 많은 사람을 홀릴 것이다. 그리고 불법이 성하여 많은 사람의 사랑이 식을 것이다. 그러나 끝까지 견디는 사람은 구원을 받을 것이라"(마 24:9-13)고 한다.

마태의 박해는 마태 공동체가 직면한 박해라 하겠다. 이는 죽음에 이르는 무서운 박해인데 '내 이름' 즉 예수의 이름 때문이다. 그때의 사람들의 모습이 24:9에 나와 있는데

네 개의 시선으로 본 예수의 생애

- '실족하게 되어' 즉 신앙을 포기하고 떨어져 나가고,
- '서로 잡아주고' 즉 서로 배반하여 잡혀가게 하고,
- '서로 미워하며' 즉 공동체 내의 분열이 생긴다는 것이다.

그러나 마가, 누가에서처럼 서로 죽인다고는 하지 않는다. 예수의 거짓 선지자들의 출현에 대한 예언은 이미 앞에서 말한 '내가 그'라는 하는 가짜 그리스도에 속지 말라고 한 말씀으로 갈음할 수 있겠다. 그리고 '사랑이 식은 세상'을 말한다. 얼마나 삭막하겠는가. 마태는 인내하라고 하는데 그것이 구원의 조건이라고 한다.

(2) 마가와 누가는 박해의 내용이 비슷한데 누가 21:12를 보면

- "이 모든 일이 일어나기에 앞서 너희는 내 이름 때문에 사람들이 너희에게 손을 대어 박해하고
- 너희를 회당과 감옥에 넘겨주며 왕들과 총독들 앞에 끌려갈 것이다.
- 그러나 이것이 너희에게 증언의 기회가 될 것인데 변론할 말을 미리 생각하지 말라"(막 13:9, 눅 21:12-13)고 한다.

마가에서 예수는 '성령이 너희에게 주시는 그 말을 하라'(마 13:11)고 하고 누가는 '대적자들이 능히 대항하거나 반박할 수 없는 구변과 지혜를 주겠다'(눅 21:15)고 한다.

마가와 누가는 이어서 외부의 박해가 아니라 가까운 사람들 사이에서 일어나는 일로 서로 대적하여 죽게 하고 더러 죽일 것이라고 한다. 마가는 구체적으로 '형제가 형제를, 아버지가 자식을 죽는 데에 내주며 자식들이 부모를 대적하여 죽게 한다'(막 13:12)고 한다. 누가 역시 '심지어 부모와 형제와 친척과 벗이 너희를 넘겨주어 너희 중의 몇을 넘겨주어 죽게 할 것이라'(눅 21:16)고 한다.

예수는 '너희가 내 이름 때문에 모든 사람에게서 미움을 받지만(막

13:13)' '머리털 하나도 상하지 아니한다'(눅 21:19)고 한다. 그리고 '끝까지 견디는 자는 구원을 받으리라'(막 13:13)고 하고 또 '너희 인내로 너희 영혼을 얻으리라'(눅 21:19)고 한다.

마가는 공회에 넘겨지고 공회에서 매질한다고 하고 누가는 회당과 감옥에 넘긴다고 했다. 그리고 임금들과 집권자들, 권력자들 앞에 끌려간다고 하는데 이것이 도리어 너희에게 증거가 된다고 한다. 이 증거는 예수에 대한 증언의 기회가 되고 동시에 복음 전파의 기회가 될 것이라고 한다. 그런데 예수는 성령이 주시는 말로, 대적자들이 감히 맞서거나 반박할 수 없는 구변과 지혜를 너희에게 주겠다고 한다.

제자들의 또 다른 대적자는 가까운 사람들, 부모, 형제, 친척, 친구라고 하고 이들이 너희를 넘겨주어 더러는 죽게 할 것이라고 한다. 너희는 내 이름 때문에 모든 사람에게서 미움을 받겠지만 머리카락 하나도 잃지 않을 것이라고 한다. 죽게 되는 경우에도 살리겠다는 것이다.

(3) 외부로부터의 박해와 공동체 내의 문제 모두 예수의 이름 때문에 생겨난 것들이다. 마태는 외부의 박해로 일어나는 공동체 내부의 분열을 말하고 있고 마가, 누가는 외부의 박해로 회당이나 감옥에도 끌려가기도 하지만 가족과 친지들 가운데의 문제로 말미암아 서로 죽이기도 한다는 것이다. 그러나 마태, 마가, 누가의 결론은 끝까지 견디고 인내하는 사람이 구원을 얻고(마태, 마가) 영혼을 얻는다(누가)는 것이다. 마태는 그렇게 하여야 '천국 복음이 모든 민족과 온 세상에 전파된다'(마 24:14)고 한다. 종말의 고난은 하나님의 심판이다. 그러므로 예수는 인내로 신앙을 지켜야 한다고 말한다.

25-8 공관복음에서 예수는 예루살렘 멸망 예언에 이어 계속해서 큰 환란에 대해 예언을 하는데 같은 장소에서 같은 사람들을 대상으로 '큰

환란 예언'(마 24:15-21, 막 13:15-23, 눅 21:20-24))을 한다.

"너희 선지자 다니엘이 말한바 '황폐하게 하는 가증스러운 물건이 거룩한 곳에 선 것'을 보거든 그때에 유대에 있는 사람은 산으로 도망가라 지붕에 있는 사람들은 제 집안에서 물품을 꺼내려고 내려오지 말아라. 들에 있는 사람은 제 겉옷을 가지러 뒤로 돌아서지 말아라. 그날에는 임신한 여자들과 젖먹이가 딸린 여자들은 불행하다. 너희가 도망하는 일이 겨울이나 안식일에 일어나지 않도록 기도하라. 그때에 큰 환난이 닥칠 것인데 그런 환난은 세상 처음부터 이제까지 없었고 앞으로 없을 것이라"고 한다.

다니엘이 말한 '멸망의 가증한 것'(단 11:31, 12:11)은 역사적으로 B.C. 167년에 있었던 사건으로 당시 안티오커스 에피파네스가 예루살렘 성전에 들어가 하나님의 제단이 있는 곳에 세운 제우스를 위한 제단을 말한다. 또한 이런 일로는 A.D. 40년에 로마의 칼리굴라 황제가 자신의 상을 성전에 세우려 했었던 일이 다. 즉 악의 세력이 극성을 이룬 때라 하겠다.

마태, 마가는 살아남는 방법에 대해 말한다.

• 산으로 갈 것, 산에는 동굴 같은 은신처가 있기 때문이다.

• 유대 가옥의 지붕은 곡식을 너는 공간으로 옥상 같은 곳이다. 바로 아래로 내려와서 물품을 꺼낼 수 있다. 지금은 대단히 급박한 상황이라서 지붕에 있는 사람이라고 하더라도 비교적 안전한 지붕에서 내려오지 말라고 한다.

• 밖에서 겉옷을 벗어두고 일하는 사람 즉 바로 옆에 겉옷이 있기는 하지만 순식간에 어떤 일이 벌어질지 모르니 버리고 지체 없이 도망하라고 한다.

• 재난이 닥치면 언제나 그렇듯이 임산부와 젖먹이 엄마가 가장 불

행하다고 하며

• 이런 환난은 전무후무한 것이라고 한다.

25-9 누가에만 있는 기사로 예수가 예루살렘의 멸망 과정을 직접 보듯이 예언하는데 하나는 예루살렘 성에 입성하고 한 예언(눅 19:41-44)이고 다른 하나는 '큰 환란' 기사 다음에 나오는 예언(눅 21:20-24)이다.

(1) 예루살렘에 입성한 후 성을 보고 우시면서 성전 정화 전에 본문보다 먼저 더 구체적으로 예루살렘 멸망을 예언한다. "오늘 네가 평화의 길을 알았더라면 얼마나 좋았겠느냐. 그러나 지금 너는 그 길을 보지 못했구나. 그 날들이 너에게 닥칠 것이니 너의 원수들이 흙 언덕을 쌓고 너를 에워싸고 사면으로부터 너를 공격하여 너와 네 안에 있는 네 자녀들을 짓밟고 네 안에 돌 하나도 다른 돌 위에 얹혀 있지 못하게 할 것이다. 이것은 하나님께서 너를 구원하러 오실 때를 네가 알지 못하기 때문이다"(눅 19:41-44).

이 예언에는 예루살렘이 공격당하는 모습이 나온다. 예수의 이 예언은 마치도 예레미야의 탄식과 흡사하다. 여기서 '오늘'은 종말의 날을 상기시킨다.

• 평화에 관한 일 즉 평화의 길을 알지 못한다는 것은 평화의 왕인 예수의 죽음을 암시하고 있다.

• 여기서 '너의 원수'는 로마를 말하는 것 같지만 그렇지 않을 수 있다. 예수는 로마인들을 평소 이방인들이라고 했기 때문에 그렇다면 유대 지도자일 수 있다.

• 토둔은 성을 공격하기 위해 상대의 성과 같은 높이로 쌓았던 흙 언덕이다. 사면으로 에워싼다는 것은 완전히 포위되었다는 것이다. 토둔을 쌓고 사방을 포위한 다음에 공격한다는 것이다.

네 개의 시선으로 본 예수의 생애

- 그러면 '너와 네 자식'들이 메침을 당하여 짓밟혀 죽는다는 것이다.
- 그리고 돌 하나도 돌 위에 남지 않는다고 한다. 성이 형체도 없이 사라진다는 것이다. 그런데 예루살렘이 이렇게 멸망당하는 이유는 하나님의 구원의 때를 알지 못했기 때문이라는 것이다.

(2) 누가에만 있는 기사로 또 하나의 예언은 예루살렘 성을 중심으로 예언한 것이다. "예루살렘이 군대에게 포위당하는 것을 보거든 그 도시의 파멸이 온 줄 알아라. 그때에 유다에 있는 사람들은 산으로 도망가고 그 도시 안에 있는 사람들은 거기서 빠져나가고 산골에 있는 사람들은 그 성으로 들어가지 말아라. 그때가 기록된 모든 말씀이 이루어질 징벌의 날들이기 때문이다. 그날에는 임신한 여자들과 젖먹이가 딸린 여자들은 불행하다. 땅에는 큰 재난이 닥치겠고 이 백성에게는 무서운 진노가 내릴 것이다. 그들은 칼날에 쓰러지고 뭇 이방 나라에 포로로 잡혀갈 것이요 예루살렘은 이방 사람들의 때가 차기까지 이방 사람들에게 짓밟힐 것이라"(눅 21:20-24).

누가는 군대가 공격을 시작하면 어떻게 대피하는가를 알려준다.
- 유대에 있는 자는 산으로 도망할 것, 적군을 피할 수 있으니까
- 성내에 있는 자는 성 밖으로 갈 것, 성이 멸망할 것이므로
- 촌에 있는 자는 성으로 가지 말 것, 전쟁터니까
- 임신부와 젖먹이 딸린 여자는 불행하다.
- 땅에는 큰 재난이, 백성에게는 무서운 진노가 내리는데 칼에 쓰러지고 포로로 잡혀간다.
- 예루살렘은 이방인의 때가 차기까지 이방 사람들에게 짓밟힌다. 여기서 '이방인의 때가 찬다'는 것은 하나님의 구원이 완성된다는 것이다.

25-10 구약에도 예루살렘의 멸망을 예언한 선지자들이 있다. 예레

미야는 예루살렘과 유다의 멸망을 적극적으로 예언했던 선지자다. '내가 예루살렘을 무더기로 만들며 승냥이 굴이 되게 하겠고 유다의 성읍들을 황폐하게 하여 주민이 없게 하리라'(렘 9:11)고 한다. 또 '내가 반드시 너로 광야와 주민이 없는 성읍을 만들 것이라'(렘 22:6)고 하고 '여러 민족이 이 성읍을 지나가며 서로 말하기를 여호와가 이 큰 성읍에 이같이 행함은 어찌 됨인고'(렘 22:8)라고 한다는 것이다. '내가 이 성전을 실로 같이 되게 하고 이 성을 세계 모든 민족의 저줏거리가 되게 하겠다'(렘 26:6)고 했다. 실로는 가나안 정복 후 성막 언약궤를 두었던 곳으로 이스라엘의 중앙 성소(삼상 4:3)였다. 예레미야는 계속해서 '이 성전의 산은 산당의 숲과 같이 되겠다'(렘 26:18)고도 했고 미가도 '예루살렘은 무더기가 되고 성전의 산은 수풀이 되겠다'(미 3:12)고 했다.

에스겔은 예루살렘을 포위 공격할 것을 예언하고 있다. 하나님은 인자인 에스겔에게 말씀한다. "토판을 가져오라고 하고 그 위에 예루살렘 성을 그린 다음 그 성읍에 포위망을 치고 그 성읍을 공격하는 높은 사다리를 세우고 흙 언덕을 쌓고 진을 치고 성벽을 허무는 공성퇴를 둘러 세워라. 너는 철판을 가져다가 너와 그 성읍 사이에 세워라. 그 도성을 포위하고 지켜보아라. 이것이 이스라엘에게 보여주는 징조라"(겔 4:1-3).

네 개의 시선으로 본 예수의 생애

26. 공권력에 의한 예수의 체포 시도

❦

26-1 예수는 공생애 초기부터 유대 지도자들과 갈등과 대립이 심했다. 그들은 안식일 문제에서처럼 예수의 일탈이나 예수의 율법 해석을 마음에 들지 않아 했다. 그래서 어떻게 해서든지 예수를 응징하려고 벼르고 있었다. 예수를 극단적으로 싫어하게 된 계기는 안식일 문제 때문이었을 것이다. 안식일에 밀밭 사이를 지나가며 이삭을 잘라 비벼 먹은 제자들을 변호하고 손 마른 사람을 고쳐 주자 바리새인들이 예수를 어떻게 죽일까 의논(마 12:14, 막 3:6, 눅 6:11)했다. 헤롯도 예수를 죽이려 했다(눅 13:31). 예수의 대적자들은 늘 예수를 고발하려고 예수가 하는 일을 엿보고(눅 6:7, 14:1) 주시(막 3:2) 했다.

26-2 공관복음에서 예수를 죽이려는 본격적인 시도는 예수가 예루살렘에 입성하고 난 후다. 마태는 성전 정화 후 예수가 맹인과 저는 자를 고치고 또 어린이들이 소리 질러 '다윗의 자손이여'라고 하는 것을 본 대제사장과 서기관들이 몹시 화가 났다고 한다. 마가와 누가는 성전 정화 때 예수가 한 말을 듣고 역시 대제사장과 서기관들이 예수를 어떻게 죽일까 꾀했다(막 11:18, 눅 19:47)고 한다. 그런데 무리가 다 예수의 가르침에 놀랍게 여기므로 그들은 예수를 두려워했다(막 11:18)는 것이다. 누가에서 예수는 성전 정화 후 날마다 성전에서 가르치고 있었다. 그런데 대제사장들과 서기관들과 백성의 지도자들이 예수를 죽이려고 꾀하였

으나 백성들이 다 그에게 귀를 기울여 들으므로 어찌할 방도를 찾지 못했다(눅 19:48)고 한다.

예수가 성전에서 가르치고 있을 때 대제사장과 서기관들과 백성의 장로들은 예수에게 무슨 권위로 이런 일을 하느냐, 누가 이런 일 할 권위를 주었느냐고 시비를 건다. 예수는 반대로 요한의 세례가 하늘로부터냐 사람으로부터냐고 반문함으로 그들을 꼼짝 못하게 한다(마 21:23-27, 막 11:27-32, 눅 20:1-6). 그리고 이어서 포도원 주인의 아들을 죽인 악한 농부들의 비유를 말하면서 예수는 농부들을 어떻게 해야 하느냐고 반문한다. 마태에서 대제사장들과 서기관들, 바리새인들은 이 비유를 듣고 자기들을 가리켜 말씀하심인 줄 알고 잡고자 한다. 그러나 백성을 두려워하여(마 21:46, 막 12:12, 눅 20:19), 예수를 두고 갔다(막 12:12)고 하는데 백성들은 예수를 선지자로 알았다(마 21:46))고 한다.

유월절이 다가오고 있었다. 이틀이 지나면 유월절이라고 한다. 마태에서 예수는 인자가 십자가에 못 박히기 위해 팔리리라(26:2)고 네 번째 수난 예고를 한다. 공관복음은 대제사장들과 서기관들, 백성의 장로들이 모여서 예수를 잡아 죽일 방도를 찾았다고 한다. 유대 지도자들과 예수의 갈등이 최고조에 달했던 것이다. 마태만이 가야바라 하는 '대제사장의 관정'(마 6:4)에서 모였다고 하고 마가만이 '흉계'라고 한다(막 14:1). 그들의 결론은 민란이 날까 하니 명절에는 하지 말자는 것이었다. 마태는 공공기관인 대제사장의 관정을 언급하고 있고 마가는 가당치 않은 이유로 죽이려 한다는 점을 강조하고 있다.

유대 지도자들이 예수를 죽이지 못 한데에는 백성들이 예수의 가르침에 놀라고 그의 말씀에 귀를 기울이고 그를 선지자로 알고 있었기 때문이라고 한다. 그들은 백성들에게 인기가 있는 예수를 사람들이 많이 모이는 명절날에 죽이려 하다가는 민란이 일어날 것을 두려워했던 것이다

네 개의 시선으로 본 예수의 생애

(마 26:5, 막 14:2, 눅 22:2).

26-3 요한복음에서도 공생애 초기부터 예수를 죽이려는 시도는 여러 번 있었다. 요한복음은 공관복음에서의 '관정에서 회의'가 아니라 '공회가 나서서 예수를 죽이려 했다'고 한다. 그러나 그전에도 여러 차례 걸쳐 예수를 죽이려고 했다. 베데스다 못가에서 38년 된 병자를 고친 예수에게 안식일에 그런 일을 한다고 박해했고 더구나 예수께서 '내 아버지께서 일하시니 나도 일한다'고 해서 더욱더 예수를 죽이려고 했다 (5:16-18). 예수는 유대인들이 죽이려고 해서 갈릴리에만 있었다(7:1)고 하고 예수는 너희가 어찌하여 나를 죽이려하느냐(7:19)고 했다. 예루살렘 사람들 가운데 몇 사람은 그들이 죽이려고 하는 이가 바로 이 사람이냐(7:25)고 묻기도 한다.

예수가 성전에서 '그가 즉 하나님이 나를 보냈다'(7:29)고 하자 그들이 예수를 잡고자 하나 '손대는 자가 없었고'(7:30) 대제사장과 바리새인들이 아래 사람들을 보내 잡고자 하지만 역시 '손을 대는 자가 없었다'(7:44). 그래서 왜 잡아오지 않느냐고 하자 그들은 '그 사람처럼 말한 사람이 이때까지 없었다'(7:46)고 한다.

예수는 유대인들에게 진리가 너희를 자유롭게 하리라고 하는 말씀을 하고 진리를 말한 나를 죽이려 한다고 두 번(8:37,40) 반복한다. 예수가 '나와 아버지는 하나다'라고 하자 유대인들은 돌을 들어 치려 한다 (10:31). 또 예수가 '아버지가 내 안에 내가 아버지 안에 있다'고 하자 그들은 다시 잡으려 한다(10:38). 나사로가 병들었다는 소식을 듣고 다시 유대로 가려 하니까 제자들이 방금도 유대인들이 돌로 치려 했는데 또 그리로 가시느냐(10:39)고 한다.

26-4 요한복음에서 예수의 공생애는 늘 죽음의 위험이 따라다녔다. 요한복음에서 예수를 죽이기 위해 공권력이 나서게 된 데에는 나사로를 살린 일이 결정적인 계기가 된다. 예수가 죽은 나사로를 살렸다는 말을 전해 들은 바리새인들은 대제사장들과 함께 공회를 소집한다. 그런데 그 이유는 초상집에 왔던 '많은 유대인들이 그를 믿었다'(11:45)는 것이고 '모든 사람이 다 그를 믿을 것'(11:48)이기 때문이다. 그러나 그 가운데 몇몇 사람은 바리새인들에게 가서 예수가 한 일을 알렸다. 그래서 대제사장과 바리새인들이 공회를 소집한 것이다. 이 사람이 표적을 많이 나타내고 있으니 어떻게 하면 좋겠느냐고 하며 이 사람을 그대로 두면 모두 그를 믿을 것이요 그렇게 되면 로마 사람들이 와서 우리의 땅과 민족을 빼앗아 갈 것이라(11:48)고 한다. 이 말이 공회 의원들에게는 그럴듯하게 들렸을지도 모르나 로마인들이 와서 성전과 민족을 빼앗아 간다고 하는데 지나친 논리의 비약이라 하겠다.

그 가운데 한 사람으로서, 그해의 대제사장인 가야바가 '당신들은 아무것도 모르오. 한 사람이 백성을 대신하여 죽어서 민족 전체가 망하지 않는 것이 여러분들에게 유익하다는 것을 생각하지 못하고 있소'(11:49-50)라고 말한다. 요한복음 기자는 이 말은 가야바가 자기 생각으로 한 것이 아니라 그해의 대제사장으로서 예수가 '민족을 위하여 죽을 것뿐 아니라 흩어져 있는 하나님의 자녀를 한데 모아 하나가 되게 하기 위해 죽을 것이라'(:51-52)는 예언이라고 한다. 여기서 '흩어져 있는 하나님의 자녀를 모아'라는 것은 '양 떼를 모아 다시 그 우리로 돌아오게 하겠다'는 예레미야가 한 유다의 회복에 대한 예언(렘 23:3)이다.

'이날부터 그들은 예수를 죽이려고 모의하였다'(:53). 유월절이 다가오자 그들은 '예수가 명절을 지키러 오지 않겠느냐며 누구든지 그가 있는 곳을 알거든 알리라'(11:56-57)고 명령을 한다.

네 개의 시선으로 본 예수의 생애

대제사장들은 사두개인들이다. 그들은 부활이나 천사, 영 등을 믿지 않는다. 예루살렘에서 예수가 유대 지도자들과 논쟁을 하는데 세금 문제에 대해서는 바리새인들과, 큰 계명에 대해서는 율법 교사들과, 부활에 대해서는 '부활이 없다고 주장하는 사두개인들'(마 22:23, 막 12:18, 눅 20:27)과 토론을 했다. 사도행전에서 바울이 변론할 때 '죽은 자의 소망 곧 부활로 말미암아 내가 심문을 받는다'(23:8)고 했다.

대제사장들과 바리새인들은 예수가 많은 표적을 행하는데 그대로 두면 모든 사람이 그를 믿을 것이라(11:47-48)고 해서 예수를 죽이려 했다. 그 후 대제사장들은 나사로까지 죽이려고 모의하는데 역시 '나사로 때문에 많은 유대인들이 예수를 믿어서'(12:10-11)라고 한다.

예수가 예루살렘 입성하는 것을 본 바리새인들이 하는 말이 '이제 다 틀렸소. 온 세상이 그를 따라갔소'(요 12:19) 라고 한다. 예수가 입성한다는 소식을 들은 큰 무리가 종려나무 가지를 들고 나와 호산나라고 찬송하는데 무리가 예수를 맞으러 나온 것은 나사로를 살릴 때 함께 있던 사람들로부터 일어난 일 즉 죽은 사람을 살리는 표적을 행했다는 증언을 들었기(요 12:12) 때문이었다. 여기서 바리새인들의 말을 들으면 공회의 노력이 수포가 된 것처럼 보인다.

26-5 유대 최고 의결 기구인 공회는 산헤드린Sanhedrin으로 '함께'와 '앉다'의 복합어이다. 새번역과 공동번역은 의회라고 한다. 교회를 가리키는 사도신경의 공회와는 다르다. 유대 최고의 종교적, 사법적 자치 기구이다. 모세가 임명한 칠십인 장로회(민 11:16)가 그 기원이라고 하지만 출애굽 후 공회가 있었다는 흔적은 없다. 에스라 시대에는 장로들이, 느헤미야 시대에는 방백들이 백성의 지도자였다. 조직화된 공회는 안티오쿠스 에피파네스 치하에서 등장하는데 의장은 대제사장이었다. B.C.

63년 폼페이우스와 로마의 수리아 총독 가비니우스(B.C. 57-55)는 유대 내 5개 구역에 공회를 두었다. 총독은 대제사장을 임명하고 면직하는 권한을 가졌다.

헤롯 왕조시대에는 정치적 자치 기능도 가졌다. 로마의 유대 총독들 치하(A.D. 6-66)에서 산헤드린의 역할은 커졌고 최고 사법재판소의 역할을 했다. 신약의 산헤드린은 예루살렘 공회를 말한다. 예수 당시 예루살렘 공회는 유대에만 그 사법권이 행사되었고 갈릴리와 베레아는 독립 행정구역이어서 그 권한이 미치지 못했다.

대제사장에 의해 이끌어지는 귀족적인 통치 제도라고 할 수 있는 산헤드린은 대제사장이 의장이고 회의 소집자(요세푸스, 안티크 24:1)이었다. 그러나 대제사장은 한 명이지만 성직자 귀족사회를 나타내기 위해서 복수로 사용하였고 물론 전직 대제사장들이 생존해 있기도 하였다.

공회는 유대 사회에서 야기되는 갈등을 조정하는 역할을 하고 유대 율법에 따른 재판권을 행사하고 형법을 집행하였다. 회의는 예루살렘 성전 내 돌을 깎아 만든 방(미쉬나 미드 5:4)에서 열었고 회의 시간은 일출에서 일몰까지였으며 명절이나 안식일에는 열지 않았다고 한다.

공회는 주로 성전 치안 문제, 율법 해석, 종교재판을 주관했는데 구약을 기반으로 한 규정이 대부분이었다. 즉 두 명의 증인(신 19:15)이 있어야 했고 따로 조사하여 일치해야 한다. 거짓 증거를 엄하게 처벌(신 19:18-19)했고 때리지 못하게 하고(바울, 행 23:2-3) 사람의 말을 듣고 그 행한 것을 알기 전에는 심판할 수 없다(니고데모, 요 7:50-53)고 한다.

예수는 산상수훈에서 '형제를 라가라, 바보라 하는 자는 공회에 잡혀'간다(마 5:22)고 하고 '사람들이 너희를 공회에 넘겨'준다(마 10:17, 막 13:9)고도 했다. 사도행전에는 베드로(5:21)와 스데반(6:12-13) 그리고 바울(23:1)이 수난받을 때 공회에서 사도들을 잡아오라 하고 재판을 했다.

26-6 공관복음은 대제사장의 관정에서 대제사장들과 서기관들과 백성의 장로들이 모여 예수를 흉계로 잡아 죽이려고 한다. 요한복음은 유대 민족 전체를 대표하는 공회가 열어 예수를 죽이기로 하고 예수 있는 곳을 신고하여 잡으라고 했다고 한다. 이것은 예수의 죽음이 공권력에 의한 죽음이라는 것이다.

공권력이란 공공단체나 기관이 국민에 대하여 우월한 의사 주체로서 명령 강제하는 권력을 말하며 그러한 권력을 행사하는 주체를 의미하는 경우도 있다. 공관복음에는 예수와 관련된 모든 일에서 대제사장들이 빠짐없이 등장하고 있다. 예수 당시 대제사장이 비록 로마로부터 임명을 받기는 했으나 공회는 공식적으로 모든 유대인을 대표하는 기관이었다. 대제사장들이 관정에서 모이고 공회를 열어 예수의 죽음을 직접 추진한 것은 예수의 죽음이 유대 공권력에 의한 것이라는 증거다.

27. 가룟 유다 예수를 팔다

⁓⁓⁓

27-1 가룟 유다가 예수를 넘긴다. 그의 호칭은 '열둘 중의 하나'인 가룟 유다(마 26:14, 막 14:10) 또는 '열둘 중의 하나인 가룟인이라 부르는' 유다(눅 22:3))다. 그는 예수의 열두 제자 중 하나다. 가톨릭에서는 유다 이스카리옷Judas Iscariot이라고 부른다. 카리옷은 남 유다의 헤브론 지역으로 추정된다. 카리옷의 구한말식 음역이 가룟이다. 유다는 흔한 이름이고 여호와를 찬양한다는 뜻이다. 유다 지파도 있고 유다서를 썼다는 유다도 있다.

예수의 제자 중에는 유다가 둘이다. '야고보의 아들 유다'(눅 6:16, 행 1:13)가 있고 '예수를 파는 유다'(눅 6:16)가 있는데 '가룟 시몬의 아들 유다'(눅 13:26)라고 한다. 공관복음에서는 '예수를 팔 유다'라고 한다. 요한복음에서 유다의 호칭은 다양하여 마귀, 예수를 팔 자, 도둑, 가룟 시몬의 아들 유다라고 한다.

27-2 공관복음에서 대제사장들과 서기관들은 모여서 흉계로 예수를 죽이려고 의논했다가 포기했었다. 그런데 가룟 유다가 예수를 넘겨주려고 대제사장들에게 제 발로 찾아간다. 아주 중요한 사건이라서 그런지 복음서별로 그 내용은 조금씩 다르다. 마태는 가룟 유다가 예수를 넘기면 얼마나 주겠느냐고 하니 은 삼십을 셈하여 주었다(마 26:16)고 하고 마가, 누가는 그들이 기뻐했다고 하며 돈을 주기로 약속했다고 한다. 그런

데 누가에서 유다가 대제사장들과 성전 경비대장들에게 갔다고 하는데 이들은 예수를 체포하러 올 때도 있었다. 누가는 가룟 유다가 예수를 넘겨줄 기회를 찾았다(눅 22:6)고 한다. 그런데 누가와 요한복음은 사탄(눅 22:3), 마귀(요 13:2)가 가룟 유다의 마음에 예수를 팔려는 생각을 넣었다고 한다. 사탄, 마귀의 역사라는 것이다.

마태, 마가에서 예수는 배반자를 알고 지적하는데 유월절 식사인 마지막 만찬 때라고 하나 요한복음은 제자들의 발을 씻기고 난 뒤라고 한다. 식사 중 예수는 '너희 가운데 한 사람이 나를 넘겨 줄 것이라'(마 26:22, 막 14:19)고 하자 제자들은 저마다 나는 아니지요라고 한다. 예수는 '나와 함께 이 대접에 손을 담그는 그 사람이 나를 넘겨 줄 것이라'(마 26:24, 막 14:20)고 한다. 공관복음은 '인자는 기록되어 있는 대로 떠나가지만 인자를 파는 그 사람은 차라리 태어나지 않았더라면 좋았을 것이라'고 한다. 마태는 '예수를 파는 유다가 나는 아니지요'라고 하자 예수는 '네가 말하였다'(마 26:25)고 한다. 누가 역시 마태, 마가와 같이 예수가 인자를 파는 자에게 화가 있으라고 한다. 그리고 제자들은 '우리 중이 일을 행할 자가 누구냐'(눅 22:23)고 한다.

요한복음에서의 예수도 '내가 진실로 진실로 말하는데 너희 가운데 하나가 나를 팔아넘길 것이라'(요 13:21)고 한다. 그러나 제자들은 '누구를 두고 하는 말씀인지 몰랐다'. 요한복음에는 예수가 사랑하는 제자가 나온다. 그 제자는 예수의 품에 기대어 앉아 있었다. 시몬 베드로가 그에게 고갯짓을 하여 '누구를 두고 하는 말씀인지 알아보라'하니 그가 '주여 누굽니까'라고 묻자 예수는 '내가 이 떡 한 조각을 적셔서 가져다주는 그 사람이 바로 그라'고 하며 떡 조각을 적셔서 '시몬의 아들 가룟 사람 유다'에게 준다. 그가 떡 조각을 받은 후 곧 사탄이 그에게 들어갔다(요 13:21-27)고 한다. 요한복음은 마귀의 역사라고 할 때(13:2)와 떡 조각을 받은 때(13:26) 그의 신원을 밝히고 있다. 예수는 유다에게 '네가 하는 일을 어서 하라'(:27)고 하니 유다는 그 조각을 받고 나갔는데 밤이었다고 한다. 제자들은 예수의 말뜻을 알지 못했고 명절에 쓸 물건을 사라고 하거나 가난한 사람들에게 무엇을 주라고 말씀(:29)한 것으로 아는 이들이 있었다고 한다.

27-3 가룟 유다는 왜 예수를 팔았는가. 복음서에서 세 가지 정도 그 이유를 찾을 수 있다. 가룟 유다는 예수의 제자였다. 가룟 유다가 예수를 배반한 이유에 대해서 사탄, 마귀 때문에, 성경의 예언을 응하기 위해, 그리고 돈 때문에 라는 시각에서 정리해 보았다.

첫째로, 누가와 요한복음은 사탄, 마귀 때문이라고 한다. 누가는 사탄이 예수 시험 후 얼마 동안 떠났다(눅 4:13)고 했는데 여기서 그에게 들어갔다(눅 22:3)고 한다. 요한복음은 처음에는 마귀가 예수를 팔려는 생각을 넣었다고 하고 나중에는 떡 한 조각을 받은 후 마귀가 그 속에 들어갔다고 두 번(요 13:2,27) 말하고 있다.

둘째로, 유다의 배반이 예수에 관한 예언과 관련이 있다는 것이다. 마태, 마가는 배반자를 비난하기에 앞서 '인자는 자기에 대하여 기록된 대로 가거니와'(마 26:24, 막 14:21)라고 하고 누가도 '인자는 이미 작정된 대로 가거니와'(눅 22:22)라고 한다. '기록된 대로'는 성경에 기록되어 있다는 말이고 '작정된 대로'는 하나님께서 정해준 대로라는 말이다. 그러나 그 기록이 어디에 있는지 구체적으로 밝히지는 않았다. 여기서 이미 인자의 죽음에는 신적 필연성이 있다는 것을 받아들이고 있다고 하겠다.

요한복음도 성경을 언급하는데 나는 내가 택한 사람을 안다고 하고 성경에 '내 떡을 먹은 자가 내게 발꿈치를 들었다'(요 13:18)는 말씀이 이루어질 것이라고 한다. 그런데 최근에는 '배반'이라고 번역한다. 헬라어

네 개의 시선으로 본 예수의 생애

epairo는 영어의 lift up, raised, turning의 뜻이 있는데 헬라어 뒤는 ep eme로서 against me다. 그러므로 turn against me 즉 등지다, 거역하다가 된다. 여기에 언급된 성경은 시편인데 '내가 신뢰하여 내 떡을 나눠 먹던 나의 가까운 친구도 나를 대적하여 그의 발꿈치를 들었다'(시 41:9)고 한다. 예수는 제자의 배반을 알고 이를 받아들이고 있는 것이다. 가룟 유다의 이름이 직접 언급된 것은 아니지만 예수는 이처럼 수난의 하나로 배반을 언급하고 수용하는 것으로 보인다.

셋째로, 돈 때문으로 볼 수 있다는 것이다. 마태만이 은 삼십을 달아 주었다고 하고 마가, 누가는 금액에 대해서는 언급하지 않고 돈을 주기로 약속했다고 한다. 요한복음은 향유 도유 기사에서 그가 도둑이어서 돈 자루를 맡아 가지고 있으면서 거기에 든 것을 훔쳐내곤 하였다고 한다. 요한복음에 돈 이야기가 없는 것은 이미 잘 알려진 이야기라서 생략했을 수도 있다.

마태의 은 삼십을 스가랴 예언의 성취로도 본다. 스가랴 11장에는 선한 목자로 오실 메시아의 사역과 이러한 메시아를 배척하며 그 수고로 은 삼십을 쳐주는 이야기(슥 11:13-14)가 있다. 스가랴에는 그 은 삼십을 여호와 전에 있는 토기장이에게 던지고 연합이라는 둘째 지팡이를 꺾는다. 가룟 유다 역시 죽기 전에 예수를 팔고 받은 은을 성전에 내 던지고 스스로 목을 맨다(마 27:5). 스가랴는 그렇게 함으로 유다와 이스라엘 사이에 형제의 의리가 끊어지게 했다고 한다. 마태에서도 은 삼십이 예수와 인연을 끊는다는 메타포로 사용되었을 수 있다.

27-4 예수는 배반자를 지적했다. 마태, 마가, 요한복음은 너희 중 한 사람이 나를 팔리라고 하지만 예수가 배반자를 지적하는 말씀은 사복음서 모두에 들어 있다. 마태, 마가는 '나와 함께 그릇에 손을 넣는 자'(마

26:21, 막 14:20)라고 하고 누가는 '나와 함께 상 위에 손이 있는 자'(눅 22:21)라고 한다. 공관복음은 가룟 유다가 배반자라고 꼭 집어서 말씀한 것으로는 보이지 않는다. 함께 식사한다는 것은 함께 그릇에 손을 넣는 것이고 함께 식탁에 손을 올려놓을 수 있는 것이기 때문이다.

요한복음에서 예수는 사랑하는 제자에게 '내가 떡 한 조각을 적셔주는 자'(13:26)라고 말하고 곧 가룟 유다에게 한 조각을 적셔주었다. 요한복음에서 예수는 가룟 유다를 꼭 집어 말씀한 것처럼 보인다. 그러나 이 말씀을 듣고도 제자들이 가룟 유다를 주목하지 않은 것은 예수가 제자들에게 떡 한 조각씩을 모두 적셔주었기 때문일 수 있다. 룻기에 떡 조각을 찍어 주는 장면(룻 2:4)이 나오는데 식사 예절이나 친근감의 표시였을 수 있다. 반대로 제자들은 예수가 구체적으로 배반자를 지적해 주었는데도 알아듣지 못했을 수 있다.

공관복음에서 예수는 자기를 파는 자에게 화가 있으리고 하고 차라리 태어나지 않았다면 좋았을 것이라고 한다. 이 말이 예수가 진정으로 가룟 유다에게 저주를 퍼부은 것으로 보기는 어렵다. '차라리'는 예수의 탄식이었을 것이다. 예수는 바로 앞에서 '자기에 대하여 기록된 대로 가겠다'고 하였기 때문이다. 예수의 구속사적인 수난은 하나님의 계획이다. 하나님의 계획은 누구도 막을 수 없다. 예수는 자기에 대한 제자의 배반까지도 가엽게 여기고 인류 구원 사역에 나섰던 것이다.

27-5 예수의 배반자 지적에 대해 제자들의 반응은 어떠했는가.

(1) 마태, 마가에서 예수는 너희 중에 한 사람이 나를 팔리라고 하는데 제자들은 '각각'(마태) '하나씩 하나씩'(마가) '나는 아니지요'라고 한다. 여기서 '나는 아니지요'는 '나는 아닙니다만'이다. 다른 누구는 그럴수 있겠지만 자기는 아니라는 것이다. 그러면서 제자 중에는 가룟 유다

처럼 예수에게 실망한 사람이 있을 수 있다는 뉘앙스를 포함하고 있다. 그들은 왜 자기 보호적인 표현, 소극적인 대답을 하였을까. 보통 사람의 경우라면 '그가 누굽니까'라고 반문하는 것이 상식이다.

(2) 누가에서 제자들은 '우리 중에 이 일을 행할 자가 누구일까'라고 한다. 상식적으로 제자들이 하나의 신앙공동체라면 '우리 중에는 그럴 사람이 없다'고 말해야 한다. 제자들이 서로 의심한다는 것은 다른 누구는 그럴 수도 있다는 의미를 포함하고 있는 것이다.

(3) 요한복음에서 제자들은 누구를 두고 하는 말씀인지 몰라서 서로 바라보았다고 한다. 베드로는 예수의 사랑하는 제자에게 고갯짓을 하여 그로 하여금 예수에게 묻게 한다. 예수가 처음 수난 예고를 했을 때 '주님 안 됩니다'라고 항변을 하고 예수가 체포될 때에 칼로 말고의 귀를 베었던 기질을 갖고 있는 베드로다. 이런 상황에서 솔직하고 대범한 베드로이기에 본인이 직접 나서서 예수께 '누구인데 그러시나요. 제가 어떻게 할까요'라고 했어야 한다.

예수의 제자들은 예수가 절체절명의 위기에 처했는데도 위기를 극복하려고 하는 적극적인 태도를 보이고 있지 않다. 예수를 파는 자를 찾아내어 그 이유를 알아내야 하는데도 제자들의 리더격인 베드로조차 올바른 처신을 하지 못한다. 물론 베드로가 그랬다 하더라도 하나님의 계획은 막지 못했을 것이다.

27-6 가룟 유다에 대한 동정론이 있다.

(1) 1976년에 발견된 유다복음에는 가룟 유다가 다른 제자들보다 우위에 있다고 기술하고 있다. 이 복음서에는 유다의 배반은 예수의 요청에 따른 것이라고 하며 예수가 육을 벗고 죽을 수 있도록 도운 가장 훌륭한 제자라고 한다. 가룟 유다가 배반자가 아니라 예수의 구속 사역을

도운 공로자라는 것이다. 그런 유다라면 예수를 잡는 일, 죄 없는 이로써 세상의 모든 사람을 구원하기 위해 죽게 되는 데에 대해 일말의 연민이라도 보여야 했다. 그런데 성경은 그가 앞장서 예수를 잡으러 왔던 행동 대장이었다고 한다. 유다복음은 유다가 우위라고 하지만 그 이유를 납득할 수 없다.

(2) 유다가 '뉘우쳤다'(마 27:3)고 말하는 이들도 있다. 유다는 예수가 유죄 판결을 보고 뉘우쳐 자살하기 전에 은돈을 성전에 내던졌다고 한다. 여기서 뉘우쳤다는 '후회하다'의 뜻이지 '회개하다'의 의미는 아니다. 그는 은 삼십을 대제사장들과 장로들에게 돌려주려 하면서 '내가 죄 없는 피를 팔아넘긴 죄를 지었다'고 하지만 그들은 그에게 '그것은 너의 문제'라고 한다. 죄를 지었으면 죗값을 받으라는 것이다. 회개는 대제사장들과 장로들 앞에서 하는 것이 아니고 하나님 앞에서 자기 죄를 자백하는 것이다. 스스로 양심의 가책을 느껴 후회한 것을 회개라고 볼 수는 없다.

(3) 가룟 유다는 인간의 보편적인 속성을 지닌 인간이기에 동정한다는 것이다. 그는 영적으로 무방비했던 사람이다. 누가나 요한복음은 유다에게 사탄이 들어갔다고 한다. 그가 사탄, 마귀가 된 것이다. 요한복음은 처음부터 유다를 마귀(6:70)라고 했다. 그는 영적 경성함이 없는 자(히 13:17)였다. 한솥밥을 먹는 스승을 대적한, 세상에 흔한 배반자라고 하겠다.

27-7 가룟 유다의 진짜 죄는 무엇인가.

처음 수난 예고 때 예수는 장차 수난을 당하게 된다고 예고하자 베드로는 그렇게 되어서는 안 된다고 강하게 항변했다. 그때 예수는 '사탄아 내 뒤로 물러가라. 너는 나를 넘어지게 하는 자로다'. '하나님의 일을 생각하지 아니하고 사람의 일을 생각한다'고 했다.

예수의 향유 도유에 대해 가룟 유다는 어찌하여 삼백 데나리온에 팔아 가난한 자들에게 주지 아니하였느냐고 했다. 그는 향유의 값은 알았으나 그 물건의 값 이상으로 값있게 사용될 수 있다는 것은 모르는 사람이었다. 향유 도유 사건은 사람의 일이 아니라 하나님의 일이었다. 예수를 메시아로 기름 부은 사건이다. 가난한 사람을 돌보는 일은 사람의 일이고 구속 사건보다 우선할 수는 없는 것이다.

요한복음에는 무리들이 우리가 어떻게 하여야 하나님의 일을 할 수 있겠느냐고 예수께 물으니 보내신 이를 믿는 것(6:29)이라고 했다. 향유 도유 같은 일은 예수에 대한 믿음으로 하는 하나님의 일인 것이다. 예수는 '처음부터 믿지 않는 사람이 누구며 자기를 넘겨줄 사람이 누구인지를 알고 있었다'(요 6:64)고 한다. 가룟 유다는 처음부터 예수를 믿지 않았던 사람이었다. 그는 사람의 일만 생각한 사탄이었다.

예수는 제자도로 '자기를 부인하고 자기 십자가를 지고 나를 따르라'고 했다. 자기를 부인하라는 것은 자기의 관심이나 주장, 나아가서 자신의 유익이나 생존을 우선시하지 말라는 것이다. 자기 십자가를 진다는 것은 사형선고를 받고 십자가를 지고 골고다로 향하는 예수의 뒤를 따르라는 것이다. 우리의 전 존재를 예수에게 맡기라는 것이다.

그러나 가룟 유다는 반대로 예수가 자신이 원하는 대로 행동하기를 기대하였다. 그랬던 그였기에 그는 예수가 자기가 아는 메시아가 아니라고 생각했을지도 모른다. 가룟 유다는 예수를 믿은 것이 아니라 자기 자신을 믿었다. 가룟 유다가 대제사장들을 찾아간다는 것은 나름대로 어떤 확신이 없이는 불가능한 행동이었다. 자기주장이 강하고 현실 판단에 자부심이 있었던 가룟 유다는 결국 자기를 버릴 수도 없었고 자기 십자가를 지지도 않았다.

28. 마지막 만찬

28-1 마지막 만찬 소위 최후의 만찬은 주의 성찬, 메시아의 향연이다. 마지막 만찬 기사는 예수가 식사를 준비하는 과정과 만찬을 하며 하시는 말씀으로 크게 두 가지로 구분할 수 있다.

마지막 만찬은 주의 죽음과 구원을 선포하는 종말론적인 사건이다. 마지막 만찬은 예수의 대속적 죽음과 새 언약을 기억하는 성만찬의 기원이 되었다. 그러므로 이 성찬은 우리에게 십자가형에 이르는 예수의 죽음과 나와의 관계를 확인하는 계기가 되게 한다. 가톨릭은 성례로서 칠성사를 말하고 있으나 개신교는 두 가지뿐이다. 종교 개혁가들은 그리스도에 의해 시작되었거나 그리스도께서 준수를 명령한 것 그리고 하나님 현현의 상징성이 있는 것으로 세례와 성만찬을 말했다.

예수의 마지막 만찬으로 시작된 성찬 성례는 그 특별한 의미를 깊이 인식하고 깨닫지 못하고는 성례가 되지 못한다. 신학적 의미나 그 신비로움을 찾는 것도 좋지만 신앙고백이 우선이다. 나의 신앙고백이 없는 성례는 예배 순서의 하나가 되고 만다. 진정한 성례가 되기 위해서는 먼저 성례전에 참석하는 신자가 하나님이 임재해 계시다는 것을 실감하고 성례전을 통해 받은 계시에 대한 반응이 있어야 할 것이다.

마지막 만찬이 유월절에 있었던 일이기 때문에 유월절의 의미를 공유하는 부분이 있지만 그러나 초기 교회 때부터 즉각적으로 유월절 만찬과 마지막 만찬을 계승하는 만찬과는 분리되었다. 본문에 유월절과 무

네 개의 시선으로 본 예수의 생애

교절에 대한 표현이 모호하게 되어 있는 것은 율법에 있는 절기와 생활 속에서 지키고 있는 관습의 차이를 표현했기 때문이라 하겠다. 요한복음에는 마지막 만찬 기사가 없고 예수의 제자들 세족 이야기가 있다.

예수가 떡을 떼고 잔을 드는 기사 앞에는 '유다가 예수를 팔아먹는' 배반 기사가 있고 식사 중(마태. 마가)에 또는 식사 끝(누가)에 예수가 유다의 배반을 예언하는 말씀 '너희 중 한 사람이 나를 팔리라'는 기사가 있다. 이어서 하나님 나라 만찬 기사가 따라 나온다. 누가의 경우 유다의 배반과 관련 있는 기사가 앞(22:3-4)과 뒤(22:21-23)에 있는 셈이다. 마지막 만찬 시 예수와 배반자도 함께 있었다. 예수의 죽음이 실제로 진행되고 있다는 것을 말하고 있다.

28-2 마지막 만찬 이야기의 앞부분에서 예수는 예루살렘 입성 때처럼 직접 만찬 준비를 주도한다. 유월절 준비란 양을 사서 잡아 구워 놓고 발효되지 않은 떡과 나물과 포도주 등을 마련하는 것이다. 유월절은 구체적으로 규정된 종교의식이기에 그 만찬 역시 세심하게 준비해야 했다.

마태, 마가는 제자들의 질문으로, 누가는 예수의 지시로 유월절 준비가 시작된다. 마태, 마가에서 제자들은 예수께 유월절 음식을 어디에 준비하기를 바라느냐고 하고 마가에서 예수는 제자 둘을 보낸다. 누가에서 예수는 베드로와 요한에게 유월절 식사를 준비하게 하는데 그들도 예수에게 어디에서 준비하기를 바라느냐고 한다. 유월절 음식은 예루살렘에서 식사해야 했으나 모여드는 많은 사람들이 모두 양을 잡게 할 수는 없었다. 그래서 예수 일행도 예루살렘 밖에서 유월절 음식을 먹어야 했다. 제자들은 예루살렘 밖 어디가 좋겠느냐고 물은 것이다. 예수는 성내로 들어가라고 하는데 베다니 마을로 추정된다.

예수는 제자들에게 "성안으로 들어가면 물동이를 메고 오는 사람을 만나리니 그를 따라가서 집주인에게 내가 제자들과 함께 유월절 음식 먹을 방이 어디 있느냐고 물으면 그 사람이 자리를 깔아놓은 큰 다락방을 보여 줄 것이니 거기서 준비하라"(막 14:14-15, 눅 22:10-11)고 한다. 제자들이 가보니 예수의 말씀 그대로였다. 그래서 그들은 유월절을 준비했다. 일설에는 이 집이 사도행전(12:12)에 나오는 '마가라 하는 요한의 어머니 마리아의 집'이라는 설이 있다. 다락방이지만 계단은 따로 밖에 있었다.

예루살렘 입성 때처럼 예수가 준비를 주도한다. 입성 때에는 제자 둘이 준비를 했고 여기서도 제자 둘이 준비(마가, 누가)를 한다. 그때는 맞은편 마을로 가라고 했고 여기서는 성내로 들어가라고 한다. 입성 시에는 나귀 새끼를 보고 끌러 오라고 하고 여기서는 물동이를 메고 가는 사람을 따라가라고 한다. 입성 준비 때에는 주가 쓰시겠다고 하고 여기서는 집주인에게 미리 얘기했다고 한다.

물동이를 메고 오는 사람을 만나는 것이 우연이라고 하기는 어렵다. 미리 약속해 놓은 암호로 만나는 것으로 볼 수 있는데 어쩌면 예수는 미리 약속하지 않아도 초자연적인 능력을 가진 분이기에 모든 상황을 예상했었을 것이다. 유월절 식사는 특별한 음식을 준비해야 하는 격식을 갖춘 식사이므로 시간이 필요했다. 그래서 예수 일행은 저녁이 되어 그 성안으로 들어갔다. 그리고 열두 제자와 함께 앉았다. 유대인의 하루는 저녁에서부터 저녁까지이기 때문에 저녁이란 유월절이 시작되었다는 말이기도 하다. 이때부터 무덤에 장사 지내는 때까지가 유월절이다.

28-3 누가에는 떡을 떼는 기사 앞에 예수가 한 말씀을 자세히 소개(22:15-18)하고 있다. "내가 고난을 당하기 전 너희와 함께 이 유월절 음식 먹기를 간절히 원했다. 내가 너희에게 말하는데 유월절이 하나님의

네 개의 시선으로 본 예수의 생애

나라에서 이루어질 때까지 다시는 유월절 음식을 먹지 않을 것이다." 잔을 받아서 감사드린 후 '이 잔을 받아 나누어 마시라'고 하며 마태, 마가와 같이 누가에서도 '내가 이제부터 하나님의 나라가 올 때까지 포도나무에서 난 것을 절대로 마시지 않겠다'고 한다.

누가는 사도들과 함께 앉았다고 하는데 장엄하고 엄숙한 분위기였을 것이다. 제자mathetes는 예수를 따르는 자를 의미하는데 때로는 모든 이에게 사용되기도 했다. 그런데 사도apostoloi는 특별한 메시지나 임무를 부여받거나 보냄을 받은 심부름꾼을 말하는데 누가는 제자를 사도라고 한다.

예수는 '고난을 당하기 전'(눅 22:15)이라고 하는데 예수의 엑소더스(눅 9:31) 즉 별세를 앞두고 있다는 것과 그것이 자발적임을 말하고 있다. 이 유월절 식사는 마지막 유월절 식사가 될 것이고 이 만찬은 하나님 나라와 관련이 있다고 한다. 하나님 나라에서 이루어질 만찬의 종말론적 상징이기 때문이다.

누가에서 예수는 잔을 받은 후 감사의 기도를 드리고 제자들에게 '이 잔을 가져다가 너희끼리 나누라'(22:17)고 한다. 이 '잔'은 바울이 말하는 '우리가 축복하는 축복의 잔'(고전 10:16)이고 '주의 잔'(10:21)이다. '너희끼리 나누라'의 헬라어를 보면 '너희가 분배하라'로 볼 수 있다. 예수가 본인은 마시지 않고 제자들에게 마시라고 한 것이라기보다는 초대교회의 성찬 예식에서 감사기도를 드린 후에 행한 '분배'로 볼 수 있다. 예수는 마지막 만찬을 유월절과 연결시킴으로써 교회가 기념하는 성만찬은 이 의미들을 수용하고 있다.

28-4 그들이 먹고 있을 때 예수는 떡을 들어 축복한 다음 떼어서 그들에게 주며 '받아라 이것은 내 몸이라'고 한다. 그리고 잔을 들어 감사

의 기도를 드린 다음 그들에게 건네니 모두 마셨는데 예수는 '이것은 많은 사람을 위하여 흘리는 나의 피, 곧 언약의 피라'고 한다. 누가에서 예수는 같은 말씀을 한 다음에 '너희는 이것을 행하여 나를 기념하라'(눅 22:19)고 한다. 바울도 성만찬에 대해 언급하면서 나를 기념하라(고전 11:24)고 한다. 여기서 이것은 예수의 식탁이다. 마지막 만찬에서 시작된 예수의 식탁은 죄인과 세리, 가난한 자, 홈리스와 나누는 식탁으로 확장된다(김호경).

마태, 마가, 누가는 모두 예수가 '떡을 들어 축복한 다음 떼어서 주었다'고 하는데 성만찬의 중요한 네 가지 요소인 떡을 '들다', '축사하다', '떼다', '주다'가 여기에 다 들어 있다. 예수는 떡을 떼면서 내 몸이라고 한다. '떡을 떼다'의 동사 에클라센eklasen은 '부서뜨린다'는 의미다. 떡을 뗀다는 것은 예수의 몸이 부서진다는 것을 말한다. 예수는 인간의 몸을 입고 이 땅에 왔다. 성육신한 예수의 몸을 먹는다는 것은 무엇을 말하는가. 예수가 자신의 몸을 우리를 위해 내어준 것이고 우리는 예수의 몸을 통해 살아나게 된다는 것이라 하겠다. 떡을 들어 축사했다고 하는데 '축사'는 떡에 대한 축사가 아니고 떡을 주신 하나님을 찬양한 것이다.

유월절 식사에 참여하는 사람들이 애굽의 노예 생활에서 하나님의 기쁨에 참여하는 것과 같이 이 예식에 참여하는 신자들은 예수의 죽음으로 얻게 되는 구원에 참여하는 것이다(민경식).

유월절에 유대인들이 네 잔의 포도주를 준비하는데 그 이유는 출애굽기에 '하나님께서 너희를 빼내며(출 6:6), 건지며(:6), 구속(:6)하며, 인도'(:8)하겠다고 한 네 가지 말씀 때문이다. 그래서 유월절에는 포도주 이외에 양고기(하나님의 구원), 무교병(급박한 출발), 쓴 나물(노예 생활), 소금물(노예의 눈물과 홍해)을 준비해야 했다고 한다. 모세는 유월절 음식을 먹을 때의 식사 요령과 복장에 대해서도 말했는데 '아침까지 남겨두지 말고 아침까지 남은 것은 불사르라. 허리에 띠를 띠고 발에 신을 신고 손에 지팡이를 잡고 급히 먹어라 이것이 여호와의 유월절이라'(출 12:11)고한다.

28-5. 누가는 마태, 마가와 달리 예수가 먼저 잔을 들고 감사기도를한 후 이것을 나누라고 한 다음에 떡을 떼고 식사 후 잔을 다시 든다. 유월절에는 잔을 네 번 드는데 누가에서는 잔을 두 번 들었다고 하는데 마태, 마가에서는 잔을 한번 든다. 예수는 첫 번째 잔을 들기 전에 감사기도를 드리는데 여기서 감사는 유카리스테오eucharisteo로 성만찬이라는 유카리스트라는 말이 나왔다. 그리고 두 번째 잔에서 '새 언약'을 말한다.

예수는 또 잔을 들어 감사기도를 드린 후 '모두 이 잔을 마셔라. 이것은 많은 사람을 위하여 흘리는 나의 피 곧 언약의 피라(마 26:28, 막 14:24)'고 한다. 잔은 포도주를 말하며 붉은 포도주는 피를 상징한다. 유대인들은 어떤 피도 마시지 않는다(레 3:17, 7:26-7, 17:14). 유대인들로부터 늘 감시를 받고 있던 초기 기독교인들은 이 말씀으로 인해 식인주의자라는 오해를 받고 박해를 받았다.

누가만이 잔에 대해서 '붓는'다고 하는데 헬라어 ekcheo로서 떡을 '떼다'의 대구를 이루는 말이다. 그리고 마태만이 '죄 사함을 얻게 하려고'(26:28) 흘리는 나의 피라고 한다. 마태는 세례 요한의 세례(막 1:4)로서가 아니라 예수의 피로 죄 사함을 받는다(엡 1:7)는 것을 강조하고 있는 것이다. 신약은 예수의 몸 바침으로 우리가 구원에 이르게 하였다(고전 15:3, 골 1:14, 히 9:28))고 한다.

그리스도의 피가 언약의 피라고 한다. 구약에서는 모세가 '피를 가지고 백성에게 뿌리며 여호와가 너희와 세우신 언약의 피'(출 24:8)라고 한다. 스가랴는 '네 언약의 피로 말미암아' 서로 잡힌 네 백성을 물 없는 구덩이에서 건져 내겠다(슥 9:11)고 한다. 피는 하나님과 인간과의 계약을 성립시켜 준다.

누가는 '새 언약'을 강조한다. 예수가 건넨 잔을 마신 제자들은 예수를 통하여 하나님과 새로운 계약을 맺게 된다. 이 계약은 과거 하나님이 이스라엘 백성과 맺은 계약이 아닌 새 계약이다. 인류는 예수의 피를 통해 하나님과 새로운 관계를 맺게 되었다. 구약에서 희생 제사에서 드리는 동물의 피가 하나님과 인간의 화해를 매개하였다면 이제부터는 예수의 피가 이를 대신함으로써 더이상 희생 제사가 필요 없게 된 것이다.

새 언약에 대해 예레미야(31:31)는 '날이 이르리니 이스라엘 집과 유다 집에 새 언약을 맺겠다'고 했고 이사야는 '영원한 언약을 맺겠다'(사 55:3)고 했다. 선지자들은 언약이 새로워져야 한다는 의식을 깊이 인식하고 있었던 것 같다. 에세네인들은 자신들을 '새 계약의 백성'이라고 하고 오순절에 모여 '새 계약 갱신 축제'를 열었다고 한다. 히브리서는 언약의 문제를 알고 '첫 번째 언약의 결함이 없었다면 두 번째 언약이 생길 여지가 없었다'(히 8:7)고 한다.

예수는 '하나님의 나라에서 새것으로 너희와 함께 마시는 날까지 포도에서 난 것 즉 포도로 빚은 것을 마시지 않겠다'고 한다. 이것은 하나님의 통치가 완전히 이루어진 날에 벌어질 하나님 나라 잔치를 기대하며 그날에 제자들과 함께 어울리겠다는 소망의 표시이다. 이것은 동시에 부활을 암시하는데 예수가 죽는다 해도 하나님 나라가 좌절되는 것은 아니라고 분명히 말하고 있다(서중석). 초기 교회는 예수의 이 말씀으로 인해 성만찬을 메시아 잔치로 이해하였다.

28-6 마지막 만찬의 시기에 대해 마태는 '무교절 첫날'이라고 하고 마가는 '무교절의 첫날 곧 양 잡는 날이라'고 하며 누가는 '유월절 양을

잡을 무교절이 돌아왔다'고 한다. 시기에 대한 표현이 달라 혼란을 주고 있다.

유월절은 하루이고 무교절은 칠일이다. 유대인의 하루는 일몰에 시작되고 유월절 만찬은 저녁 식사이다. 유월절 음식을 준비하는 날은 유월절 전날이고 양 잡는 날인데 유대력으로는 첫 달인 아빕월이고 바빌로니아 이름으로는 니산월의 13일이다. 구약에 의하면 무교절은 칠일간인데 첫날은 아빕월의 15일(레 23:6, 민 28:17)이고 유월절은 하루인데 무교절 전날인 아빕월의 14일(출 12:13, 21-28)이다. 그런데 유월절과 무교절이 붙어있기 때문에 유대인들조차 혼용하여 사용하는 경우가 있다. 출애굽기는 무교절의 첫날을 아빕월 14일에 시작(출 12:18)하여 팔 일간이라고 했다. 유월절에도 무교병을 먹었기 때문에 무교절이 시작되었다고 보고 팔 일간이라고 생각했던 것이다. 에스겔(45:21)은 반대로 유월절을 칠일 동안 명절로 지키며 누룩 없는 떡을 먹으라고 했는데 무교절에 대한 설명이라 하겠다.

마태는 출애굽기의 표현처럼 무교절 중심으로 첫날이라고 했을 수 있다. 마가는 양을 잡는 날이라고 하는데 준비일부터 무교절로 본 것 같다. 누가도 마찬가지다. 이것은 정확한 표현은 아니나 관습적, 관용적 표현이라 하겠다. 유대인들은 유대력과 로마력을 동시에 사용했기 때문에 날짜에 대한 혼동이 있었다. 그리고 복음서 기자들은 유월절 시기에 대해 주의를 기울이지 못한 부분이 있었다고 하겠다. 그런데 문제는 유월절 음식에 대한 자세한 언급이 없어 유월절 만찬이 아닌 그 전에 한 식사로 오해받는 것이다.

• 유월절은 하나님의 구원을 기억하는 절기가 되었고 마지막 만찬은 예수가 새 언약을 세운 날로써 성례가 되었다.

• 유월절은 양의 피를 문설주에 발라 히브리인들이 재앙을 피하게 하

였다. 마지막 만찬은 예수가 떡을 떼고 잔을 들어 이것은 내 몸이요 많은 사람을 위하여 흘리는 나의 피라고 함으로 만인을 구원하게 되었다.

• 유월절은 양의 희생으로 히브리 백성들이 노예에서 해방되고 하나님의 구원을 받았다. 마지막 만찬은 예수가 하나님의 어린 양이 되어서 희생됨으로 많은 사람이 죄 사함을 받아 구원받게 하였다.

• 유월절은 유월절 음식을 먹는 절기로써 하나님의 은혜를 기억하려 한다. 마지막 만찬은 예수의 고난을 상징하는 떡과 포도주를 드는 성례로써 예수의 고난을 기억하고 구원의 새 계약을 확인한다.

28-7 초기 교회는 예수의 명령에 따라 주의 만찬을 자주 거행했다. 성찬 전승은 아주 이른 시기부터 행하여진 것으로 보인다. 바울은 A.D. 55년 경 고린도 교회에게 말하기를 "우리가 축복하는 축복의 잔은 그리스도의 피에 참여하는 것이 아니냐. 우리가 떼는 떡은 그리스도의 몸에 참여함이 아니냐. 떡이 하나이므로 우리가 여럿일지라도 한 몸이다. 그것은 우리가 모두 한 떡에 참여하였기 때문이라"(고전 10:16-17)고 한다. 이어서 바울은 '내가 너희에게 전하는 것' 즉 마지막 만찬 때 '예수가 한 말씀과 있었던 일을 행하여 나를 기념하라'고 했다고 거듭 말하면서 '그가 오실 때까지 전하는 것이라'(고전 11:23-26)고 한다. 사도행전에도 사도들의 가르침을 받아 서로 교제하고 떡을 떼었다(행 2:42,46)고 한다.

네 개의 시선으로 본 예수의 생애

29. 생명의 떡, 나를 먹는 그 사람

～～～～

29-1 공관복음에 나오는 마지막 만찬 이야기에서 예수는 '떡을 가지고 내 몸이라 받아먹어라'고 하고 '잔을 들고 내 피라 받아 마시라'고 한다. 그러면서 이것이 새 언약이라고 하며 이를 행하여 나를 기념하라고 했는데 기독교의 성례전이 되었다.

요한복음에는 마지막 만찬과 같은 기사는 없다. 그러나 유월절 전 식사 때에 제자들의 발을 씻기는 이야기가 있고 생명의 떡 이야기가 있다. '나를 먹는 그 사람'은 생명의 떡 이야기의 결론이다. 이 이야기는 먹는 문제에서 시작해서 생명에 관한 것과 영생에 관한 것을 말하고 있다. 예수는 '내 살을 먹고 내 피를 마시라'고 하면서 '내 살은 참된 양식이고 내 피는 참된 음료라'고 한다. 그리고 '나를 먹는 그 사람은 나로 말미암아 살리라'고 한다. 마지막 만찬 때 예수의 말씀보다 더 구체적이고 사실적인 표현이어서 비위가 상할 수도 있고 거부감이 들기도 하는 기사라 하겠다.

이 기사의 앞에는 먹는 이야기가 길게 있다. 오병이어의 표적에 이어 예수를 쫓아다니는 사람들, 그리고 생명의 떡, 광야에서 먹은 만나, 참 떡, 영생, 생명의 양식에 관한 말씀 등으로 계속된다.

29-2 요한복음 6장은 예수가 오천 명을 먹이는 표적으로 시작된다. 예수는 한 아이가 가진 보리떡 다섯 개와 물고기 두 마리를 사람들에게

나누어 주었는데 먹고 남은 것이 열두 광주리였다고 한다. 구약에서 엘리야의 제자 엘리사는 보리떡 스무 개와 또 자루에 담긴 채소를 어떤 사람으로부터 받아서 온 무리에게 나누어 주는데 사환의 염려와는 달리 백 사람이 먹고도 남았다(왕하4:42-44)고 한다.

오병이어 기사까지는 공관복음 기사와 비슷하나 그 뒤는 다르다. 예수가 오천 명을 먹인 표적을 행했을 때 그들은 예수를 가리켜 '참으로 세상에 오실 그 선지자'(요 6:14)라고 하는데 '그 선지자'란 모세가 보내겠다고 한 선지자를 말한다. 무리는 예수를 찾아 가버나움으로 가서 '언제 여기에 오셨느냐'고 묻는다. 예수는 '너희가 나를 찾는 것은 표적을 보았기 때문이 아니라 떡을 먹고 배가 불렀기 때문이다. 너희는 썩을 양식을 위하여 일하지 말고 영원한 생명 즉 영생에 이르게 하는 양식을 위해 일하라. 그 양식을 인자가 너희에게 주겠다'고 한다(6:26-27).

그들은 모세가 하늘에서 떡을 내려 먹이셨다고 한 성경 말씀대로 우리 조상들은 광야에서 떡을 먹었다고 하자 예수는 하늘에서 떡을 내리는 이는 모세가 아니고 하늘에서 너희에게 참 떡을 내려주는 분은 내 아버지다. 하나님의 떡은 하늘로부터 내려오는데 그것은 세상에 생명을 준다고 한다. 그들은 그 떡을 늘 달라고 하는데 예수는 바로 내가 생명의 떡이라고 하며 내게 오는 사람은 결코 주리지 않는다고 한다(6:31-35). 유대 사람들은 예수가 자신을 하늘에서 내려온 떡이라고 하자 이 사람은 요셉의 아들 예수 아닌가. 그의 부모를 우리가 알고 있는데 어떻게 하늘에서 내려왔다고 하느냐고 한다(6:41-44).

예수는 말한다. 믿는 사람에게는 영원한 생명 즉 영생이 있다. 나는 생명의 떡이다. 그런데 너희 조상은 광야에서 만나를 먹었어도 죽었지만, 하늘에서 내려온 이 떡을 먹는 사람은 누구나 영원히 살 것이다. 내가 줄 떡은 나의 살이다. 그것은 세상에 생명을 준다. 그러자 유대 사람

　　　　　　　　네 개의 시선으로 본 예수의 생애

들은 이 말을 듣고 이 사람이 어떻게 자기 살을 먹으라고 줄 수 있겠느냐(6:47-52)고 한다.

예수는 말한다. "너희가 인자의 살을 먹지 않고 또 인자의 피를 마시지 않으면 너희 속에는 생명이 없다. 내 살을 먹고 내 피를 마시는 사람은 영원한 생명 즉 영생이 있을 것이요 마지막 날에 내가 그를 살릴 것이다. 내 살은 참된 양식이요 내 피는 참된 음료다. 내 살을 먹고 내 피를 마시는 사람은 내 안에 살고 나도 그 안에서 산다. 살아계신 아버지께서 나를 보내셨고 내가 아버지의 힘으로 사는 것과 같이 나를 먹는 사람도 나의 힘으로 살 것이다"(6:52-57).

29-3 예수는 생명의 떡에 대해 말씀한다. 앞부분에서 '썩을 양식이 아닌 영생에 이르게 하는 양식을 위해 일하라'고 하고 '그 양식을 내가 너희에게 주겠다'(6:27)고 한다. 그런데 그들은 '무엇을 해야 하나님의 일을 하는 것이 되냐'(:28)고 예수에게 묻는다. 이 말은 '영생에 이르게 하는 양식'을 얻기 위해 무엇을 해야 하느냐는 말이다. 예수는 '하나님께서 보낸 이를 믿는 것이 하나님의 일'(:29)이라고 대답한다. 즉 예수를 믿는 것이 하나님의 일을 하는 것이고 또한 영생에 이르게 하는 양식을 얻는 일이라고 한 것이다. 여기서 썩지 않는 양식은 예수에 대한 믿음이고 믿음을 통해 영생을 얻는다는 것이라 하겠다. 생명의 떡 이야기에서 이 말씀이 반복된다. '내 아버지의 뜻은 아들을 보고 믿는 자마다 영생을 얻는다'(6:40)고 하고 '믿는 자는 영생을 가졌다'(6:47)고 한다.

그들은 다시 물었다. 하나님께로부터 보냄을 받은 예수라면 우리가 그 말을 믿도록 무슨 표적을 행하겠느냐, 어떤 일을 하겠느냐(6:30)고 하면서 출애굽 때를 예로 든다. 모세는 하늘로부터 떡을 내려 우리 조상들이 광야에서 만나를 먹게 했다(:31)는 것이다. 이 말을 보다 직접적인 표현으로 바꾸어 보면, 모세가 광야에서 우리 조상들에게 만나를 먹인 것처럼 당신이 우리의 먹거리를 해결한다면 우리는 당신이 하나님에게서 왔다는 것을 믿겠다고 한 것이다. 그들이 이런 말을 하는 것은 예수가 오천 명을 먹이는 것을 보고 예수를 추적해서 바다 건너편(:25)까지 쫓아왔기 때문이다. 유대인들에게는 메시아가 오면 만나를 다시 먹게 해 준다는 전승이 있다. 이들이 바라는 메시아는 먹거리 문제를 해결해 주는 분이기 때문이다.

무리들은 만나가 하늘에서 내려온 떡(:31)이라고 하지만 예수는 먼저 '하늘에서 너희에게 떡을 내려준 이는 모세가 아니다'(:32)라고 정정해 준다. 그러면서 방향을 바꾸어 말한다. '내 아버지인 하나님이 하늘에서 너희에게 참 떡을 준다'고 한다. 예수의 말씀은 참 떡에 관한 것으로 바뀌었다.

29-4 예수는 자신을 떡이라고 하며 하나님과 떡과 사람들 관계에서 예수의 역할을 이해할 수 있도록 설명한다. '내 아버지께서 너희에게 하늘로부터 주는 참 떡'(:32) 즉 '하나님의 떡은 하늘에서 내려 세상에 생명을 주는 것'(:33,51)이라고 한다. 하늘의 떡이 영생을 준다는 것이다. 그들은 이 떡을 항상 우리에게 주십시오(:34)라고 한다. 수가성 여자는 예수가 영생수를 주겠다고 하자 '그런 물을 내게 주사 목마르지도 않고 또 여기 물 길러 오지도 않게 해 달라'고 한 것과 같은 말을 그들도 한 것이다. 예수는 그들에게 좀 더 분명하게 '내가 생명의 떡'(:35)이라고 한다.

예수는 자신과 하나님과의 관계에 대해 말한다. 예수는 '내가 하늘에서 내려왔다'(:38)고 하고 '내가 하늘에서 내려온 것은 하나님의 뜻을 행하기 위함이라'고 한다. 예수는 이 떡, 생명의 떡은 '아버지께서 내게 주신 자' 그리고 '내게 오는 자'(:37) 또한 '아들을 보고 믿는 자'(:40)마다

네 개의 시선으로 본 예수의 생애

영생을 얻게 하려는 것이라고 한다. 유대인들은 '자기가 하늘에서 내려온 떡'(:41)이라고 했다고 쑤군거린다. 예수의 말을 알아듣지 못했다는 것이다. 예수는 다시 한번 '믿는 자는 영생을 가졌다'(:47)고 한다.

요한복음의 주제의 하나가 영생이다. 니고데모와의 대화 끝에 '이는 그를 믿는 자마다 영생을 얻으리라'(3:15,16)고 강조했고 다시 한번 '아들을 믿는 자에게는 영생이 있다'(3:36)고 했다. 그리고 '내 말을 듣고 또 나를 보내신 이를 믿는 자는 영생을 얻는다'(5:24)고 했다. 생명의 떡 이야기에서도 '영생토록 있는 양식'(6:27)을 말했고 '아들을 보고 믿는 자마다 영생을 얻는다'(6:40), '믿는 자는 영생을 가졌다'(6:47)고 한다.

29-5 예수는 다시 한번 '내가 곧 생명의 떡이라'(6:48)고 하며 '너희 조상들은 광야에서 만나를 먹었어도 죽었다'(:49)고 한다. 만나는 육체적인 목숨을 잠시 연장시켜 준 것뿐이라는 것이다. 그러면서 '하늘에서 내려오는 떡은 사람으로 하여금 먹고 죽지 아니하게 한다'(:50)는 것이다. 그리고 거듭해서 '하늘에서 내려온 살아있는 떡이니 사람이 이 떡을 먹으면 영생한다'(:51)고 한다.

예수는 만나(:31)와 생명의 떡(:35,48)을 대비시킨다. 만나는 먹고 죽었으나 생명의 떡은 먹고 죽지 않는다는 것이다. 예수는 자신이 참 떡(:32)이고 하나님의 떡(:33)이고 생명의 떡이고 하늘에서 내려온 떡(:50)이고 하늘에서 내려온 살아있는 떡(:51)이라고 한다. 만나는 이와 대립하는 개념의 떡이다.

만나는 '이것이 무엇이냐'라는 말이라고 한다. 만나는 이스라엘 백성이 광야 생활하는 동안 공급받았던 특별한 양식(민 11:7-9)이고 하늘 양식(시 78:24), 하늘의 양식(시 105:40)이다. 광야에서 이스라엘 백성에게 만나를 먹이신 까닭에 대해 모세는 '네 조상들도 알지 못하던 만나를 네게 먹이신 것은 사람이 떡으로만 사는 것이 아니요 여호와의 입에서 나오는 모든 말씀으로 사는 줄을 네가 알게 하려 하심이라'(신 8:3)고 했다. 생명의 떡 이야기에서 유대인들은 광야에서의 이스라엘 백성들과 마찬가지로 먹고 배부른 떡만을 찾았지 여호와의 입에서 나오는 모든 말씀으로 사는 줄을 모르고 있다. 모세의 이 말씀은 광야에서의 마귀 시험 중 첫 번째로 마귀가 예수에게 돌로 떡을 만들라고 했을 때 예수가 한 대답이었다. 야곱의 우물물을 통해 그리고 만나를 통해 사람의 목숨 자체는 연장할 수 있다. 이 이야기의 결론에 하나는 '살리는 것은 영이니 육은 무익하니라. 내가 너희에게 이른 말은 영이요 생명이라'(:63)는 것이다. 성경은 사람들이 찾는 양식에 대해 하나님 말씀의 양식, 참 하늘의 양식, 영의 양식을 구하라고 하고 있다.

29-6 예수는 자신을 '살아있는 떡이니 이 떡을 먹으면 영생한다'고 하고 '내가 줄 떡은 세상에 생명을 위한 내 살이라'(요 6:51)고 한다. 문제는 '내 살'이다. 유대인들은 이 사람이 어떻게 자기 살을 먹으라고 줄 수 있느냐(:52)고 말한다. 예수는 그들에게 '인자의 살을 먹지 않고 또 인자의 피를 마시지 않으면 너희 속에 생명이 없다'(:53)고 한다. 그리고 '내 살을 먹고 내 피를 마시는 자는 영생을 가졌고 마지막 날에 내가 그를 다시 살린다'(:54)고 한다. 이어서 예수는 "내 살은 참된 양식이요 내 피는 참된 음료다. 내 살을 먹고 내 피를 마시는 자는 내 안에 있고 나도 그 안에 있다. 살아 계신 아버지께서 나를 보내셨고 내가 아버지의 힘으로 사는 것같이 나를 먹는 사람도 나의 힘으로 살 것이라"(:55-57)고 한다. 마지막 만찬에서 예수는 '몸$_{soma}$을 떡'이라 하는데 생명의 떡에서는 '살$_{sarx}$을 떡'이라고 한다. 예수의 살은 인간으로서의 예수의 육체를 강조한다.

인자의 살을 먹고 인자의 피를 마시라는 예수의 명령을 어떻게 이해해야 할 것인가.

(1) 예수의 살을 먹으라는 것은 예수의 〈살붙이〉가 되라는 것이고 예수와 일체를 이루라는 것으로 이해할 수 있다. 현대인이 남의 살을 내 몸에 넣을 수 있는 방법은 피부, 각막, 잇몸 등의 이식이나 심장이나 간 등 각종 장기의 이식등이 있겠다. 예수의 살을 먹으라는 것은 우리 몸속에 예수를 넣어라 즉 '이식하라'는 의미로 볼 수 있다.

예수의 살을 이식하면 어떻게 될까. 예수는 '세상의 생명을 위한 내 살'(6:51)이고 '내 살은 참된 양식'(6:55)이라고 하며 생명이신 자신과 우리 각자가 일체가 되기를 원한다고 했다. 예수의 살을 이식하므로 우리는 영생을 얻을 수 있는 것이다.

(2) 예수의 피를 마시라는 것 역시 예수의 〈피붙이〉가 되라는 것이고, 예수와 일체를 이루라는 것으로 이해할 수 있다. 현대인이 남의 피를 몸에 넣는 방법은 수혈일 것이다. 피를 마신다는 상상만 해도 비린내가 나는 것 같고 역겹고 메스껍기까지 하다. 그런데 예수는 인자의 피를 수혈하라고 한다. 예수의 피를 마신다는 것은 내 부모요 형제요 자매와 같은 피가 섞인 사람이 되는 것이다. 예수의 피를 마심으로 예수가 내 안에, 그리고 내가 예수 안에 있게 된다(:55)고 한다.

신명기는 계속해서 세 번씩이나 피를 먹지 말라(12:23,24,25)고 당부한다. 레위기도 '어떤 피든지 먹지 말라. 어떤 피든지 피를 먹는 사람은 겨레로부터 추방해야 한다'(7:26-27)고 하며 '제물의 피는 모두 제단에 뿌리라'(출 29:12)고 했다. 이들이 피를 못 먹게 하는 이유는 인간의 피에 다른 짐승의 피 즉 다른 생명이 섞여서는 안된다는 것이다. 유대인들은 피를 뺀 고기만을 먹는다.

피는 생명(창 9:4, 레 17:11)이다. 예수는 내 피를 마시라(:53)고 한다. 그런데 예수의 피는 짐승의 피가 아니다. 우리는 예수의 피를 수혈함으로 영생(:54)을 얻게 된다는 것이다. 예수는 인자의 피를 마시지 아니하면 너희 속에 생명이 없다(:53)고 한다.

(3) 예수는 우리를 먼 〈떨거지〉로 놓아두지 않고 〈피붙이〉, 〈살붙이〉가 되라고 한다. '살붙이, 피붙이'는 혈육처럼 가장 가까운 사람이다. 과거에는 시집가는 딸에게 그 집에 피붙이, 살붙이가 되라고 했다. 예수의 말씀은 이처럼 개념적 은유로 이해해야 할 것이다.

29-7 예수가 내 살을 먹고 내 피를 마시라고 한 이유는

첫째로 〈너희 속에 생명이 없기 때문(6:51)〉이라고 한다. 그런데 예수의 살은 세상을 위한 생명이어서 내 몸에 들어와 생명을 갖게 한다는 것이다. 예수는 '아버지께서 자기 속에 생명 있음과 같이 아들도 생명을 주어 그 속에 있게 하였다'(5:26)고 했는데 그 아들이 우리에게 생명을 준다는 것이다.

둘째로 〈그가 내 안에 있고 나도 그의 안에 있기(6:56) 위해서〉라고 한다. 예수의 살과 피를 먹은 사람은 예수와 일체가 된다. 포도나무와 가지처럼 하나가 된 것이다. 예수는 포도나무와 가지의 비유에서 내 안에 거하라고 하며 내 안에 거하지 아니하면 너희가 아무것도 할 수 없고 불에 던져진다고 했다. 예수는 궁극적으로 하나님과 예수의 일치가 예수와 신자의 일치로 확대된다고 한다. 예수와의 일치가 하나님과의 연합이라는 말씀이다. 예수는 '그날에는 내가 아버지 안에서, 너희가 내 안에, 내가 너희 안에 있는 것을 너희가 알리라'(요 14:20)고 한다.

셋째로 〈다시 살리라〉(:57)라고 한다. 예수는 하나님께서 내게 주신 자를 잃어버리지 않고 모두 살릴 것이라(:39)고 하고 마지막 날에 다시 살릴 것이라(:40)고 하며 다시 한번 다시 살릴 것이라(:44)고 하고 '나를

먹는 사람은 나로 말미암아' '나의 힘으로'(공동번역), 즉 '예수의 힘으로' 살 것이라고 한다. 요한복음 5장에서는 '아버지께서 죽은 자를 살리심 같이 아들도 자기가 원하는 자를 살린다'(5:19)고 하고 죽은 자들이 하나님의 아들의 음성을 들을 때가 오나니 곧 이때라 듣는 자는 살아나리라 (5:25)고 했다.

29-8 예수가 자신의 살과 피를 먹으라는 것은 예수의 뇌로 생각하고 예수의 눈으로 보고 예수의 심장으로 살라고 하는 말씀이라고 할 수 있다. '내 살을 먹고 내 피를 마시라'는 말씀을 그리스도인 한 사람 한 사람의 몸에서 변화가 일어나야 한다는 말씀일 것이다. 그러면 이런 변화를 현대적인 말로 표현해 보면 어떨까.

(1) 우리의 DNA 즉 유전적 성질이 예수와 일치해야 하는 영적 형질 전환이 일어나야 한다는 것이다. 이것을 '변형'trnsformation이라고 말할 수 있겠다.

(2) 우리 몸의 변화가 형태와 모양까지 참모습으로 바뀌어야 한다면 이것을 케임브리지 사전에서 말하는 '변형'deformation이라고 하겠다.

예수의 살과 피를 마신다는 것은 예수의 진정한 살붙이, 피붙이가 되는 것이고 예수를 닮는 정도가 아니라 예수와 유전적으로, 외형으로도 같아져야 한다는 말씀이라 하겠다.

29-9 A.D. 64년 로마의 대화재를 기점으로 하여 기독교가 공개적으로 로마의 가치와 신의 뜻에 어긋나는 종교로 규정되고 박해받기 시작한다. 당시 기독교의 예배는 성도의 교제 즉 '사랑의 나눔'과 주의 만찬 즉 '그리스도의 몸의 나눔'으로 불렀는데 사랑의 나눔은 집단성교로, 그리스도의 몸의 나눔은 어린이를 나눠 먹는 식인 집단의 식사로 오해를

받았다.

A.D. 110년 소폴리니우스가 기독교인의 주일 예배에 대해 조사한 후 트라야누스 황제에게 보고하기를 기독교는 오르페우스교의 카니발리즘과 전혀 무관하다고 했다. 그러나 살을 먹고 피를 마시는 자들에 대한 의심과 혐오는 계속되었다(박욱주).

네 개의 시선으로 본 예수의 생애

30. 발을 씻어 주다

〰️

30-1 예수가 제자들의 발을 씻긴 것(요 13:1-20)은 예수의 유언과도 같은 행위이다. 이 행위는 파격적이고 돌출적이고 역설적인 섬김의 본으로서 기독교 공동체가 타 종교와 구별된다. 예수를 믿는 공동체의 구성원들은 서로 발을 씻김으로 사랑의 공동체로 유지 발전하게 된다는 것을 말해 주고 있다. 또한, 기독교 공동체의 구성원으로 살아가야 하는 규범을 제시하는 것으로 볼 수 있다.

포도나무와 가지의 비유에서 제자도(15:1-8)에 관한 부분과 '서로 사랑하라'(15:9-10)는 부분으로 나눌 수 있듯이 이 기사는 예수가 본을 보인 부분(13:1-13)과 너희도 행하라는 부분(13:14-20)으로 크게 나눌 수 있다.

당시 유대 랍비의 제자들이 선생님을 위하여 여러 가지 일을 하였으나 선생의 발을 씻기지는 않았다고 한다. 그런데 이 이야기는 선생도 아니고 하나님의 아들 예수가 제자들의 발을 씻겨 주었다는 것이다. 예수가 제자들의 발을 씻기는 모습은 마지막 만찬에서의 성만찬과 같은 상징일 수 있다. 그러나 슈바이처나 캄펜하우젠 같은 분들은 세례와 관련해서 이해해야 한다고 주장한다.

이 기사는 요한복음의 두 번째 부분인 영광의 책의 시작이고 예수 수난 기사의 시작이다. 발을 씻기는 기사 뒤에는 고별 강화(요 14장-16장), 고별 기도(요 17장), 수난을 받음으로써 영광을 받는 이야기가 계속된다. 발을 씻기는 이야기에는 예수 배반 예고 기사가 아닌 공관복음에는 없는 유다의 〈배반 암시〉의 말씀이 세 번 나오며 이 이야기에 이어서 배반 예고 기사가 계속된다(:21-30).

가톨릭교회는 '내가 너희에게 행한 것 같이 너희도 행하라'는 말씀에 따라 고난주일 중 목요일에 예수의 세족을 기념하여 세족례를 행한다. 이날 교황도 평신도의 발을 씻긴다.

30-2 이 일은 유월절 전에 일이었다. 예수는 '아버지께로 돌아갈 때가 된 것을 알았다'고 한다. 요한복음에서의 예수는 '아버지께', '나를 보내신 이에게' 돌아간다고 하는데 이 말씀은 여기 발 씻기는 이야기 (13:1,3)에서도 두 번 하지만 이외에도 여러 곳(14:12, 16:5, 10,28, 17:11, 13)에서도 말씀한다. 고별 강화에서는 '지금 내가 나를 보내신 이에게 가는데 너희 중에 나더러 어디로 가는지 묻는 자가 없다'(16:5)고 한다.

예수는 '세상에 있는 자기 사람들을 사랑하시되 끝까지 사랑했다'(13:1)고 하며 이야기를 시작한다. 제자들의 발을 씻기는 이야기의 주제는 사랑이다. 예수가 '자기 사람들을 사랑하시되 끝까지 사랑한다'는 말씀으로 시작한다. 발을 씻어 주는 기사 뒤에는 가룟 유다의 배반 예고 기사(13:21-30)가 나오고 이어서 예수는 새 계명을 준다. '서로 사랑하라. 내가 너희를 사랑한 것같이 너희도 서로 사랑하라'(13:34)고 하고 '너희가 서로 사랑하면 이로써 너희가 내 제자인 줄 알리라(:35)고 한다. 예수의 제자라는 표식이 서로 발 씻기는 것이고 서로 사랑하는 것이라 하겠다. 요한복음에는 특별히 예수의 사랑에 대한 언급이 많다. '아버지께서 나를 사랑하신 것같이 나도 너희를 사랑하였으니 나의 사랑 안에 거하라'(요 15:9)고 한다. 그 외에 3:16, 8:42, 10:17, 15:9.17, 17:23.26, 21:15 등에도 있다.

첫 번째로 예수는 유다의 배반 예언이 아니라 〈배반 암시〉를 한다. 마

네 개의 시선으로 본 예수의 생애

귀가 가롯 유다의 마음속에 예수를 팔려는 생각을 넣었다(13:2)는 것이다. 예수는 수난의 시기가 다가오고 있다는 것을 식사하는 중에 다시 한번 말씀한다. '예수는 아버지께서 모든 것을 자기에게 맡기신 것과 하나님께로부터 왔다가 돌아가게 되었다는 것을 알았다'(:3)고 한다.

30-3 예수가 식탁에서 일어나 겉옷을 벗어서 두고, 수건을 집어 허리에 둘러 묶었다. 그러고 나서 대야에 물을 부었다. 그리고 제자들의 발을 씻고 둘렀던 수건으로 닦아주기 시작했다. 이제 시몬 베드로의 차례다. 베드로가 먼저 예수에게 제 발을 씻으시려 하느냐고 한다. 예수는 내가 하는 일을 지금은 네가 알지 못하나 나중에는 알게 될 것이라고 한다(13:4-7).

예수는 나중에 알게 된다고 하는데 여기서 '나중에'는 '이후에', '이다음에'라는 말로서 너희가 예수의 수난과 죽음을 이해한 후를 말한다. 제자들은 예수가 부활한 후에야 성령의 역사로 알게 된다. '나중에'라는 말씀은 19절에 '이 일이 일어나기 전'이라는 말씀으로 반복된다. 이러한 표현은 요한복음 내 여러 곳(12:16, 14:29, 16:12)에서 나온다. 요한복음에서 성전 정화 후 예수는 '삼 일 만에 일으키리라'고 하는데 제자들은 예수가 '죽은 자 가운데서 살아나신 후에야 이 말씀을 기억했다'(2:22)고 한다. '나중에'라는 말이 의미하듯이 제자들의 발을 씻긴 것은 예수의 수난과 직접 관련이 있는 일이라 하겠다.

베드로가 보인 반응은 지극히 상식적인 것이다. 발을 씻어주는 일은 아주 하찮은 종이 하는 일이다. 제자들이 선생을 모실 때도 하지 않는 일인데 어떻게 제자 된 자로서 감히 선생에게 발을 씻겨 달라고 내밀 수 있겠는가. 예수는 내가 하는 일을 네가 지금은 알지 못하나 나중에는 알게 된다고 한다.

예수는 너를 씻기지 않으면 '너와 상관이 없다'고 한다. 예수는 자신의 섬김을 받아들이지 않으면 너와 관계가 없다고 한 것이다. '너를 씻기지 않으면'이란 씻기는 행위가 아니라 '너를 씻기는 예수를 알지 못하면'이라는 말로 이해할 수 있다. 즉 제자들이 종의 모습으로 섬기는 예수를 받아들이지 않으면 관계가 끊어진다고 말하고 있다. 예수와 관계가 유지되는 제자라면 당연히 예수처럼 행해야 한다. 예수는 '내가 행한 것 같이 너희도 행하라'(13:15)고 한다.

그런 말씀을 듣고 베드로는 예수에게 그러면 발뿐 아니라 손과 머리도 씻겨 달라고 한다. 예수는 이미 목욕한 자는 '발밖에' 씻을 것이 없다고 한다. 주석가 중에는 목욕하는 것은 세례를 받은 것이고 발을 씻는 것은 세례 후에 지은 죄를 씻는 것이라고 하기도 하고, 발 씻기가 세례 그 자체라고도 한다.

그러나 어떤 사본에는 '발밖에'가 없다. 요한복음의 관점은 손이건 발이건 예수가 씻겨준다는 것이다. 예수의 발 씻기에서 성례전의 요소를 찾을 필요는 없다. 발 씻기 자체가 죄 사함은 아니다. 예수는 '너희는 내가 일러준 말로 이미 깨끗해졌다'(요 15:3)고 한다. 바울 역시 '이는 곧 물로 씻어 말씀으로 깨끗하게 하신' 것(엡 5:26)이라고 한다. 예수는 목욕한 사람은 온몸이 깨끗하니 발만 씻어도 된다고 하며 너희는 깨끗하나 다 그런 것은 아니라고 한다.

두 번째로 예수는 가룟 유다의 〈배반 예언이 아니라 배반 암시〉를 한다. 예수는 이미 자신을 팔아넘길 사람이 누군지 알고 있어서 모두가 깨끗한 것은 아니라고 한 것이다(13:8-11).

30-4 예수는 제자들의 발을 씻기고 나서 겉옷을 입고 식탁에 돌아와 앉은 다음 제자들에게 내가 왜 지금 너희의 발을 씻어 주었는지 아느

네 개의 시선으로 본 예수의 생애

냐고 한다. 너희는 나를 선생이라 주라 부르는데 그 말이 옳다고 하며 내가 주요 선생이 되어 너희 발을 씻어주었으니 너희도 서로 남의 발을 씻어주어야 한다. 내가 너희에게 행한 것 같이 너희도 행하게 하려고 본을 보였다고 한다(13:12-15). 계속해서 예수는 종이 주인보다 높지 않고 보냄을 받은 사람이 보낸 사람보다 높지 않다'고 하며 이것을 알았으니 그대로 행하면 복을 받는다(:16-17)고 한다.

세 번째로 예수는 가룟 유다의 〈배반 암시〉를 한다. 내 떡을 먹는 자가 나를 배반했다고 한 성경 말씀이 이루어질 것이라(13:18)고 한다. 그런데 내가 너희 모두를 가리켜 하는 말이 아니라 나는 내가 택한 자가 누구인지 앎이라고 한다. 예수는 가룟 유다를 내가 택한 자라고 한다.

예수는 하나님과의 관계를 말할 뿐 아니라 모든 일을 아는 예수임을 말하고 있다. 예수는 내가 보낸 자를 영접하는 자는 나를 영접하는 것이고 또 나를 영접하는 자는 나를 보내신 이 즉 하나님을 영접하는 것이라(13:20)고 한다.

예수는 제자들의 발을 씻긴 후 내가 주요 선생이 되어 너희 발을 씻겼으니 너희도 서로 발을 씻어 주라고 하며 내가 너희에게 행한 것 같이 너희도 행하게 하려 하여 본을 보였다고 한다. 그리고 종이 주인보다 크지 못하고 보냄을 받은 자가 보낸 자보다 크지 못하다고 한다.

예수는 제자들에게 직접 '선생이요 주라는 내가 너희의 발을 씻었다'(:14)고 하는데 여기서 '나를 선생이요 주라고 부른다'고 한 말씀은 누가에서 예수가 제자를 부를 때 시몬이 예수를 부른 호칭이다. 고기를 잡기 전에는 선생(눅 5:5)이라고 부르고 고기를 많이 잡은 후에는 주(눅 5:8)라고 부른다.

이 말은 내가 너희의 '주요 선생이기는 하지만' 아버지 하나님 앞에선 '종일 뿐 아니라 보냄을 받은 자'라고 한다. 예수는 하나님의 종으로 제자들의 발을 씻겨 주었다고 한다. 바울은 '그는 근본 하나님의 본체시나 하나님과 동등함을 당연하게 생각하지 않으시고 오히려 자기를 비워 종의 형체를 가지사 사람과 같이 되셨다'(빌 2:6-7)고 하고 바울은 또한 주 예수를 위하여 '우리가 너희의 종 된 것을 전파한다'(고후 4:5)고 했다.

예수가 한 '나를 영접하는 자'에 대한 말씀은 마태에서 파송 강화에서 한 말씀과 같다. '너희를 영접하는 자는 나를 영접하는 것이요 나를 영접하는 것은 나를 보내신 이를 영접하는 것이라'(마 10:40). 또한 예수는 어린아이 하나를 세우고 '누구든지 내 이름으로 이런 아이를 영접하면 곧 나를 영접한 것이고 또 누구든지 나를 영접하면 나를 보내신 이를 영접한 것이라'(막9:37,눅9:48)고 한다. 요한복음 1장에 '영접하는 자 곧 그 이름을 믿는 자들에게는 하나님의 자녀가 되는 권세를 주었다'(:12)는 말씀과도 연결된다.

'종이 주인보다 크지 못하다'는 구절은 고별 강화에서 '서로 사랑하라'는 말씀에 이어 '내가 너희에게 종이 주인보다 더 크지 못하다고 한 말을 기억하라'(요 15:20)고 다시 반복된다. 예수는 제자들을 파견할 때에도 '제자가 선생보다 높지 못하다'(마 10:24)고 한다. 두려워할 분을 두려워하고 끝없는 겸손으로 자만하지 말고 행하라는 말씀일 것이다.

30-5 유대에서 손과 발을 씻는 것은 정결 행위다. 모세는 물두멍을 만들어 회막에 드나들 때마다 손발을 씻어야 한다고 하는데 그래야 죽기를 면한다(출 30:20)고 했다. 중동에서는 아직도 발이 가장 더럽다고 생각하기 때문에 데모하는 군중들이 신발을 던지는데 이것은 중대한 모욕 행위가 된다.

아브라함은 나그네를 대접할 때 물을 가져오게 하여 발을 씻게 하고 (창 18:4) 두 천사가 소돔에 도착했을 때 롯은 종의 집에 들어와 발을 씻

네 개의 시선으로 본 예수의 생애

고 주무시라(창 19:2)고 한다. 요셉도 형제들을 자기 집으로 인도하고 발을 씻게 한다(창 43:24). 예수 당시에도 발 씻을 물을 주는 것은 나그네 대접의 기본이었다. 누가에 있는 향유를 부은 이야기에서 예수는 식사에 초대한 바리새인 시몬에게 '너는 내게 발 씻을 물도 주지 아니하였다'고 한다.

발을 씻는 것은 자신이 해야 하는 일이다. 랍비도 제자들에게 발을 씻어 달라고 하지 않는다. 부유한 주인의 경우 종에게 손님이나 자신의 발을 씻으라고 하는 경우가 있는데 그런 경우 가장 하급의 종이 했다. 그러나 자발적으로 남의 발을 씻어 준다는 것은 최고의 존경에 표시다.

아비가엘은 다윗이 자신을 아내로 맞이하겠다는 연락을 받고 '다윗의 종이 되어 다윗을 섬기는 종들의 발을 씻기겠다'(삼상 25:40-41)고 한다. 아비가엘은 다윗의 발을 씻기겠다는 것이 아니다. 다윗을 섬기는 종의 발을 씻기겠다는 것이다. 진정으로 다윗을 존경한다는 말이다. '예수와 향유'에서 보았듯이 누가에서 예수에게 향유를 부은 여자는 '눈물로 씻고 머리털로 닦고 예수의 발에 입 맞추고 향유를 부었다'(7:35). 요한복음에서 나사로의 누이 마리아는 '향유를 예수의 발에 붓고 머리털로 그의 발을 닦았다'(12:3). 이 얼마나 대단한 사건인가. 예수의 발에 향유를 부은 것이 값비싼 향유를 부어서가 아니라 참으로 예수가 누구인지 알지 못하고는 할 수 없는 일이어서 그렇다. 그런데 예수는 우리의 발을 씻어 주겠다고 하는 것이 아닌가. 우리는 예수에게 어떤 존재인가.

30-6 요한복음에서 제자의 발을 씻기는 예수의 모습은 공관복음에서 수난 예고 후에 제자들이 벌이는 다툼들에 대해 몸소 행동으로 보여 준 대답이라 하겠다. 예수는 실제로 본을 보인 것이다.

마태, 마가, 누가에서 두 번째 수난 예고 후 제자들은 누가 가장 크냐고 다투었다. 예수는 어린아이같이 자기를 낮추는 자가 되라(마 18:4)고 하고, 첫째가 되고자 하면 뭇사람의 끝이 되며 뭇사람을 섬기는 자가 되어야 한다(막 9:35)고 하며, 또한 너희 중 가장 작은 자가 가장 큰 자라(눅 9:48)고 한다.

마태, 마가에서 세 번째 수난 예고 후 세베대의 두 아들은 예수의 좌우에 앉겠다고 한다. 예수의 등극이 가까이 왔다고 생각한 제자들은 높은 자리에 오르려고 들떠 있었다. 예수는 그때 '인자가 온 것은 섬김을 받으러 온 것이 아니라 도리어 섬기려 하고 자기 목숨을 많은 대속물로 주려 함이라고 한다(마 20:28, 막 10:44).

누가에서 제자들이 마지막 만찬 후 그들 사이에 누가 크냐고 다툼을 벌였을 때 예수는 '나는 섬기는 자로 너희 중에 있다'(눅 22:27)고 한다. 종의 모습으로 온 예수는 '크고자 하는 자는 섬기는 자가 되어야 하고 으뜸이 되고자 하는 자는 종이 되어야 한다'(마 20:26-27, 막 10:43-44)고 가르쳤다.

요한복음에서 예수의 명령은 너희도 서로 발을 씻어 주라는 것이다. 서로 발을 씻어주라는 것은 서로 종처럼 섬기라는 것이다. 예수는 '자기 사람들을 끝까지 사랑한다'(13:1)고 하였는데 그 표현이 발을 씻어 준 것이라 하겠다. 예수의 발 씻기심은 사랑의 본보기이다. 제자들을 사랑하기에 가장 낮고 천한 일이지만 주저하지 않았다. 초기 교회에서 발 씻기기는 예수 그리스도의 마음을 품은 자(빌 2:7)의 봉사였다. 바울은 디모데에게 교회의 구제를 받아야 할 과부들의 자격 요건 중 하나가 '성도들의 발을 씻으며 환난 당한 자를 구제하여 행한' 과부(딤전 5:10)라고 한다.

30-7 발 씻김에 대해 초기 교부들의 주장을 보자.
- 터툴리안(A.D. 155-240): '불합리하므로 나는 믿는다'라는 유명한 말

을 남겼는데 그는 세족식이 예배의 일환이 되어야 한다고 했다.

• 아타나시우스(A.D. 295-373): 알렉산드리아의 감독으로 다른 감독들에게 말하기를 사제들과 식사하다가 그들이 약할 때 감독 자신이 그들의 발을 씻겨 구세주의 사랑을 보여야 한다고 했다. 그는 세족식에 성례전적인 면이 있다고 하면서 예수가 보여준 겸손에 참여하기 위함이라고 했다.

• 크리소스돔: 콘스탄티노플의 주교로 기독교인은 예수를 본받아 노예들에게도 세족식을 해야 한다고 했다. 그는 우리도 죄의 노예라고 하며 예수가 보인 관용과 겸손을 우리도 행하여야 한다고 주장했다.

• 암부로스(A.D. 333-397): 어거스틴을 개종시킨 감독이다. 그는 밀라노의 집정관이었는데 시민들의 강력한 요구로 감독이 된 사람이다. 그는 세족식에 성례전적인 요소가 있다고 보았다.

• 어거스틴: 히포의 감독으로 스콜라 학파에 지대한 영향을 주었고 이해를 추구하는 신앙이라는 입장을 갖고 있었다. 그는 성도들에게 직접 발을 씻어준다면 논쟁을 넘어설 수 있다고 했다.

31. 베드로의 부인을 예언하다

⁓⁂⁓

31-1 베드로의 부인 예언이란 베드로가 닭 울기 전에 세 번 나를 부인한다고 예수가 예언하고 베드로는 예수를 위해 목숨이라도 바치겠다고 충성 맹세를 한다는 이야기다. 제자 중 수제자인 베드로가 예수를 부인할 것이라고 상상하기 어렵다. 그러면 우리는 어떤가. 평소에 기독교 신자로서 예수를 부인한다는 것은 생각할 수 없는 일이다. 그러나 제자도의 기본인 자기 부인을 하지 못하고 자기 십자가를 지지 않음으로 예수를 부인하는 경우가 있다.

사복음서에 다 들어 있는 이 말씀을 한 장소는 각각 다르다. 마태, 마가는 올리브산이고 누가는 아직도 식사하고 있던 만찬장이고 요한복음은 세족식을 한 식사 장소이다. 예수는 스가랴에 있는 '목자를 칠 것이라'는 말씀을 하는데 마태, 마가는 그 구절의 앞부분을, 요한복음은 같은 구절의 뒷부분을 인용하고 있고 누가는 욥기를 원용하고 있다.

예수의 베드로 부인 예언의 도입부는 각각 다르다. 마태, 마가에서 예수는 제자들에게 '너희가 다 나를 버리리라'고 하고 '너희는 흩어진다'고 하며 '내가 살아난 후 갈릴리로 가겠다'고 한다. 누가는 베드로에게만 말씀하기를 사탄의 시험이 있을 터인데 네 믿음을 굳건히 하고 나중에 제자들을 굳세게 하라고 당부한다. 요한복음은 예수가 '이제 너희와 같이 있는 것도 잠시뿐'이라고 하며 '일찍이 유대인들에게 말한 대로 이제 너희에게도 말하는데 내가 가는 곳에 너희는 올 수 없다'(13:33)고 한 후 새

네 개의 시선으로 본 예수의 생애

계명(:34)을 준다. 그리고 베드로에게 말씀한다.

베드로의 부인 예언의 내용은 사복음서의 표현에 다소 차이가 있지만 베드로는 죽기를 각오하겠다고 하고 예수는 오늘 밤 닭 울기 전 네가 세 번 나를 부인하리라고 예언한다. 모두 같다. 그런데 마태, 마가에서 베드로와 제자들은 '주를 부인하지 않겠다'고 다시 한번 맹세한다.

31-2 마태, 마가는 제자들이 찬송을 부르며 올리브산으로 갔고 그때 예수가 제자들에게 오늘 밤 너희가 모두 나를 버릴 것인데 기록된바 '내가 목자를 칠 것이니 양떼가 흩어질 것이라'(슥 13:7)고 했기 때문이라(마 26:31, 막 14:27)고 한다. 예수는 예언에 따라 목자 되는 자신이 당할 것이고 그래서 너희는 나를 버리게 된다고 말한다. 예수는 자신이 당할 고난이 기록되어 있음을 상기시키면서 양들이 흩어지는 것을 염려하고 있다.

예수는 너희가 나를 버린다고 하는 이 말은 예수를 따르는 것과 신앙공동체의 실패를 의미한다. 여기서 '버리다'는 헬라어 스칸달리조 skandalizo의 수동형인데 '걸려 넘어지다, 실족하다'의 의미로서 버린다는 뜻보다 단지 자신이 걸려 넘어진다는 것이라 하겠다. 스칸달리조는 본래 '올가미나 덫을 놓다'는 말로서 제자들이 잘못된 길로 빠지는 것을 뜻한다. 이 단어는 첫 번째 수난 예고에서 베드로가 예수에게 '절대로 이런 일이 주님께 일어나서는 안된다'고 할 때 '너는 나를 넘어지게 하는 자로다'(마 16:23)에서 나왔던 말이다. KJV는 이 구절을 '나로 인하여 실족할 것이다'라고 번역했다. 예수는 자신이 고난을 당하더라도 제자들이 잘못된 길로 빠져서는 안된다고 말씀하고 있다.

마태, 마가는 제자들에게 양떼가 흩어진다고 한다. 목자가 수난을 당하는데 양떼가 흩어지는 것은 당연한 일이다. 예수는 자신을 선한 목자라(요 10:11,14)고 하며 나는 양을 위하여 목숨을 버린다(:15), 스스로 버린다(:18)고 했다. 그런데 요한복음에는 제자들의 수난에 대한 말씀이 없다. 단지 고별 강화에서 '너희가 다 각각 제 곳으로 흩어진다'(요 16:32)는 말씀이 있을 뿐이다.

마태, 마가에서 예수는 '내가 살아난 후 너희보다 먼저 갈릴리로 간다'(마 26:32, 막 14:28)고 말씀한다. 예수는 자신의 고난이 실패로 끝나지 않을 것이라는 것과 예수의 관심은 수난 이후의 사역에 있음을 간접적으로 말하고 있다. 마태, 마가에서 무덤에 찾아간 여자들은 천사로부터 예수가 너희보다 먼저 갈릴리로 갔다는 말을 듣는다. 그리고 직접 여자들에게 나타난 예수 역시 '내 형제들에게 갈릴리로 가라 하라. 거기서 나를 보리라'고 한다. 갈릴리는 예수가 공생애를 시작한 곳이고 부활 후 새롭게 사역을 다시 시작할 수 있는 곳이라 하겠다.

31-3 누가에서 예수는 베드로를 부르는데 '시몬아, 시몬아' 두 번 부른다. 예수는 절박한 심정으로 베드로에게 말한다. 누가에서의 예수는 오직 베드로에게 말씀한다. 누가에는 너희가 다 나를 버리리라는 말씀이 없다. 단지 자신이 받을 고난보다도 제자들이 받을 수난에 대해 더 염려한다. 예수는 이어서 '사탄이 너희를 키질하겠다고 요구했다'(눅 22:31)는 것이다. 즉 사탄이 키로 밀을 까부르듯이 너희를 제멋대로 다루게 되었다(공동번역)고 한다. 키질이란 알곡과 가라지를 구분하기 위한 작업이다. 하나님께서 직접 키질(암 9:9)을 하기도 하고 욥기(1:6-12)에서 처럼 하나님은 사탄에게 시험을 허락하실 수도 있다. 여기서는 사탄의 키질이라서 예수가 베드로를 다급하게 불렀을 것이다. 만약 '요구했다'의 숨은 뜻이 항복을 요구하는 것이라면 사탄이 키질하여 너희를 항복시키려 한다 로 이해할 수 있다.

네 개의 시선으로 본 예수의 생애

결과적으로 제자들은 사탄의 시험에 들게 되었다는 것이다. 마태, 마가에서 '너희 자신이 걸려 넘어지거나 실족'하는 것과 누가에서 '키질 당하는 것'은 모두 제자들이 받는 고난이라 하겠다.

예수의 베드로에 대한 부탁은 시험에 대비하라는 것이다. 즉 네 믿음이 꺾이지 않도록 너를 위해 기도하겠는데 '너는 돌이킨 후 네 형제를 굳게 하라'는 것이다. 사탄이 키질할 때는 믿음을 굳게 하는 것이 답이다. 여기서 '돌이켜'(눅 22:32)는 회개가 아니다. 행동의 변화를 일으키는 자동사다. 새번역이나 공동번역은 '돌이켜'를 '네가 돌아올 때는', '네가 다시 나에게 돌아오거든'이라고 한다. 베드로의 할 일은 제자들의 예수에 부재로 인한 신앙의 동요에 적극 대처하여 믿음을 굳게 해야 하는 것이다.

키질에 대한 대비는 믿음을 굳게 하고(벧전 5:9) 마귀에게 틈을 주지 않는 것(엡 4:27)이며 우리 마음에 가라지를 뿌리지 못하게 하고(마 13:39) 마귀의 올무에 빠질까 염려하는 것(딤전 3:7)이라 하겠다.

31-4 요한복음은 예수가 제자들에게 '작은 자들아 내가 아직 잠시 너희와 함께 있겠노라 너희는 나를 찾을 것이나 일찍이 내가 유대인들에게 너희는 내가 가는 곳에 올 수 없다고 말한 것과 같이 지금 너희에게도 이르노라'(13:33)고 한다. 예수는 제자들에게 전에 유대인들에게 한 말씀을 상기시키는데 요한복음 7장에 있는 내용이다. 대제사장과 바리새인들이 예수를 잡고자 아랫사람들을 보내는데 예수는 그때 '내가 너희와 조금 더 있다가 나를 보내신 이에게 돌아간다. 너희가 찾지도 못하고 만나지도 못할 것이요 나 있는 곳에 오지도 못한다'(7:34-35)고 했다. 예수는 제자들을 '작은 자들아'라고 하는데 스가랴의 예언(슥 13:7)에 나오는 표현이다. 그리고 예수는 다시 한번 7장에서 한 말씀(7:34)을 여기

에서 다시(13:36) 한다.

요한복음은 예수와 베드로의 대화다. 베드로는 이 말씀을 듣고 예수께 '주여 어디로 가시느냐'고 묻는다. 예수는 '내가 가는 곳에 네가 지금은 따라올 수 없으나 후에는 따라올 것이라'(요 13:36)고 하는데 '후에 따라오리라'는 베드로의 순교를 언급한 것으로 보인다. 베드로는 '주여 지금은 어찌하여 따라갈 수 없느냐'고 하며 '주를 위하여 내 목숨을 버리겠다'(:37)고 한다. 베드로의 순교는 예수의 수난 때에는 실행되지 않았으나 '후'에 순교함으로 내 목숨을 버리겠다는 약속을 이행하게 된다.

'주여 어디로 가시나이까'(요 13:36)는 라틴어로 쿠오바디스 도미네 Quovadis Domine 인데 소설 제목이 영화 제목이 되었다. 사도행전의 외경인 베드로 행전에 마술가 시몬(행 8:18-25)에 이어 쿼바디스 이야기가 나온다. 여기서 베드로는 주님처럼 바로 십자가에 매달릴 수 없으니 거꾸로 달려 죽게 해 달라고 자청하는 부분이 있다.

소설 쿠오바디스는 폴란드의 국민 작가인 헨리크 시엔키에비츠(1846-1916)가 로마 시내의 쿠오바디스라는 작은 성당에서 영감을 받아 쓴 소설로서 여러 나라에서 번역되었으며 1905년 노벨 문학상을 받기도 했다. 이 성당은 베드로가 박해를 벗어나 달아나던 중에 예수를 만난 곳에 세워진 성당이라는 전승이 있다. 신자들의 권유로 피신을 하던 베드로는 십자가를 지고 오는 예수를 보고 도미네 쿠오바디스라고 한다.

31-5 베드로의 부인 예언은 사복음서 모두 예수와 베드로의 대화다. 예수는 제자들이 아닌 베드로의 배반을 예언한다. 마태, 마가에서 베드로는 '모두 주를 버릴지라도 나는 버리지 않겠다'(마 26:34, 막 14:29)고 하고 누가에서 베드로는 '주여 내가 주와 함께 감옥에도, 죽는 자리에도 가겠다'(눅 22:33)고 한다. 요한복음은 '내가 지금은 어찌하여 따라갈 수

네 개의 시선으로 본 예수의 생애

없냐'고 하며 '내가 주를 위해 내 목숨을 버리겠다'(요 13:37)고 하지만 예수는 베드로에게 '네가 나를 위해 목숨을 버리겠냐'고 다시 물으면서 '닭 울기 전 네가 나를 세 번 부인할 것이라'(:38)고 한다. 사복음서 모두 '닭 울기 전 네가 나를 부인할 것이라'고 한다. 마태, 마가에서 베드로는 다시 한번 '주와 함께 죽을지언정 주를 부인하지 않겠다'고 하자 제자들도 따라서 그렇게 말한다(마 26:35, 막 14:31).

첫 번째 수난 예고 후 예수는 '누구든지 나를 따라오려거든 자기를 부인하고 자기 십자가를 지고 나를 따르라'고 말씀했다. 베드로는 목숨을 걸고 예수를 따르겠다고 한다. 사도행전을 보면 베드로는 감옥에 투옥되기도 했고, 전승에 의하면 로마에서 순교하였다고 한다. 베드로는 예수의 수난 당시 함께 감옥에 가거나 죽지는 못했다. 그러나 예수의 말씀대로 '후에'(요 13:36) 따라갔고, 그의 순교 후 유해가 묻혀 있던 자리에 성 베드로 성당이 세워졌다.

닭이 우는 때에 대해 마태는 '오늘 밤', 마가는 '오늘 이 밤', 누가는 '오늘'이라고 한다. 마가는 '닭이 두 번 울기 전'이라고 하는데 예수의 예언이 구체적이라는 것을 말하고 있다.

예수를 부인한다는 것에 대해 예수는 '누구든지 사람들 앞에서 나를 시인하면 인자도 하나님의 사자들 앞에서 그를 시인할 것이요 사람들 앞에서 나를 부인하는 자는 하나님의 사자들 앞에서 부인을 당하리라'(눅 12:8-9)고 했다. 또한 '아들을 부인하는 자에게는 아버지가 없고 아들을 시인하는 자에게는 아버지가 있다'(요일 2:22-23)고 한다. '예수 부인'이 '하나님 부인'이 되는 것이다.

예수는 제자도로서 자기를 부인하고 자기 십자가를 지라고 했는데 '자기 부인'이 곧 '예수 시인'의 시작인 것이다. 마태에서의 베드로는 '나는' 결코 주를 버리지 않겠다(마 26:33)고 하고 '내가 주와 함께 죽을지언정'(:35)이라고도 한다. 제자들도 그렇게 하겠다고 한다. 마가에서의 베드로도 다 버릴지라도 나는 그리하지 아니하겠다(막 14:29)고 했다. 그러나 그들은 모두 도망가고 만다(막 14:50).

'나'와 '내'가 강조될 때 예수는 보이지 않게 된다. 베드로의 단호한 결심과 충성 약속(눅 22:33)은 역시 인간의 각오에 지나지 않았던 것이었다. 자기를 부인하지 않으면 예수를 모른다고 부인하는 결과를 초래하게 되고 만다. 베드로는 예수를 세 번 부인하는 죄를 지었다.

늘 이기적이고 자기중심으로 살아가는 똑똑한 현대의 크리스천은 예수가 늘 나의 판단을 존중해 주고 내가 원하는 일은 무엇이든 다해주는 분으로 믿고 있다. 그래서 예수를 시험하고 기적을 바라고 하나님 말씀보다 세상 전문가의 말을 생활의 지혜로 받아들이고 있다. 어쩌면 우리는 무한히 끝도 없이 반복하여 '예수를 부인하는 죄'를 저지르고 있는 것은 아닐까.

네 개의 시선으로 본 예수의 생애

32. 겟세마네의 기도

❦

32-1 겟세마네의 기도는 요한복음의 한 알의 밀알 기사에서 예수가 하나님께 드리는 기도와 내용이 유사하다. 그리고 주기도문의 내용과도 연결되어 있다.

겟세마네는 어떤 유래를 갖고 있는 장소인가. 겟세마네는 '기름 짜는 집'이라는 말인데 올리브산 서쪽 기슭이라고 한다. 올리브산은 예수가 체포된 곳이다. 마태, 마가와 달리 누가는 올리브산이라고 하며 습관적으로 기도하러 갔던 곳이라고 한다. 아마도 같은 장소에 대한 다른 표현으로 보인다. 요한복음은 예수가 잡힌 곳이 기드론 시내 건너편 동산(18:1)이라고 하는데 역시 겟세마네로 짐작된다.

압살롬이 아버지 다윗을 배반한 이야기가 사무엘하 15장에 나온다. 압살롬이 반란을 일으키자 전령은 이스라엘의 민심이 다 압살롬에게 돌아갔다고 다윗에게 보고한다. 그러자 다윗은 예루살렘에서 도망친다. 다윗은 올리브산 언덕으로 올라갔다. 그는 올라가면서 계속 울고 머리를 가리고 슬퍼하면서 맨발로 걸었다. 다윗과 함께 있는 백성들도 모두 머리를 가리고 울면서 언덕으로 올라갔다. 언덕에 올라간 다윗은 부디 아들의 반란이 어리석은 것이 되게 해 달라고 기도한다. 그리고 슬픔에 못 이겨서 옷을 찢고 머리에 흙을 뒤집어쓴 채로 다윗을 찾아온 친구 아렉 사람 후새를 다윗은 하나님을 경배하는 곳에서 만나게 된다(삼하 15:30-32).

올리브산에는 '하나님을 경배하는 마루턱'(개역개정, 삼하 15:32))이 있었다고 하는데 이곳을 새번역은 '사람들이 하나님을 경배하는 산꼭대기'라고 하고 공동번역은 '하나님을 경배하는 장소'라고 한다. KJV는 '다윗이 산에 꼭대기 곧 그가 하나님께 경배하던 곳'이라고 한다. 누가는 게세마네 라고 장소를 지적하지 않고 있다. 그래서 예수가 기도했던 곳이 다윗이 '하나님을 경배하던 이곳'을 말하는 것으로 볼 수 있다.

올리브산은 다윗이 울며 머리를 가리고 맨발로 올라가서 기도한 곳이고 예수 역시 자신의 수난을 앞두고 처절한 심정으로 기도한 곳이 올리브산의 겟세마네이다.

32-2 마태, 마가에서 예수는 제자들에게 내가 기도할 동안 여기 앉아 있으라고 하고 베드로, 야고보, 요한을 데리고 가서 여기 머물러 나와 함께 깨어 있으라고 하면서 조금 더 나아가, 기도했다고 한다. 그때 예수는 '고민하고 슬퍼하고'(마태) '심히 놀라시며 슬퍼하고'(마가) '얼굴을 땅에 대고(마태) 엎드렸다(마태, 마가)'고 한다.

그런데 예수가 베드로, 야고보, 요한을 데리고 간 때는 야이로의 딸을 살릴 때, 그리고 변화산에 올라갈 때 등 특별한 일이 있었을 때였다. 그래서 여기 겟세마네에서도 큰일이 일어날 것이라고 짐작하게 한다. 누가에서 예수는 제자들을 떠나 '돌 던질 만큼 가서 무릎을 꿇고 기도'했다고 한다.

예수의 심정에 대해 마가 기록자의 표현은 '심히 놀라고 슬퍼했다'(막 14:33)고 한다. 헬라어 ekthambeo는 신약 전체에서 여기에만 나오는데 심한 놀라움이나 걱정, 또는 두려움을 말한다. 마가에서 예수는 가장 두려워하고 괴로워하는 모습으로 묘사되어 있다. 죽음을 앞둔 그것도 자신의 사명을 위해 죽음을 자원하는 사람으로서 힘들어하는 모습이라 하

네 개의 시선으로 본 예수의 생애

겠다.

'심히 놀라며 슬퍼하사'를 공동번역은 '공포와 번민에 싸여', 새번역은 '두려워하며 괴로워하셨다'로 표현하고 있다. 또한 마펫은 '놀라고 흥분하여', 굿 스피드는 '곤혹과 놀라움'이라고 한다. 톰 라이트는 창세기 6장 6절에 여호와께서 '땅 위에 사람 지으심을 한탄하사'와 일직선으로 연결된다고 보았다. 요한복음에서 예수가 한 알의 밀에 대해 말씀을 한 후 드리는 기도에 나오는 '지금 내가 괴로우니 무슨 말을 하리오'(요 12:27)와 같다고 하겠다.

이어서 마태, 마가의 기록자는 예수의 육성을 그대로 옮긴다. '내 마음이 심히 고민하여 죽게 되었다'(마 26:38, 막 14:34)고 하며 제자 셋에게 '나와 함께 여기 머물러 깨어 있으라'고 한다. 이것은 구약적인 표현이다. '고민하여 죽게 되었다'는 헬라어 perilypos는 시편 42:5의 '내 영혼이 낙심되어'와 같은 말이다. 공동번역과 새번역은 모두 '내 마음이 괴로워 죽을 지경'이라고 한다. 복음서 내에서 예수의 가장 인간다운 모습이 드러나는 구절이라 하겠다. 복음서를 기록하는 이들은 시간이 흐를수록 예수의 약점이나 유한성을 감추거나 축소하는 경향이 있는데 겟세마네의 기억이 너무나 강렬해서 그대로 기록할 수밖에 없었을 것이다. 마태, 마가의 저자는 예수가 지금까지 경험하지 못한 죽음의 공포로 인해 괴로움을 느꼈다고 한다.

예수가 기도하는 모습에 대해 마태는 '얼굴을 땅에 대시고 엎드려', 마가는 '땅에 엎드리어', 누가는 '무릎을 꿇고' 기도했다고 한다. 구약에서 '얼굴을 땅에 대고 엎드린' 모습을 볼 수 있다. 다윗이 사탄의 충동으로 백성을 계수한 죄 때문에 하나님은 이스라엘 백성에게 전염병을 내린다. 다윗은 장로들과 함께 굵은 베를 입고 '얼굴을 땅에 대고 엎드려' 하나님에게 아뢴다(대상 21:16-17).

땅에 엎드린 자세는 높은 분에게 인사하거나 대화할 때의 자세이기도 하다. 아브람이 하나님과 대화할 때(창 17:3,17), 요셉의 형제들이 요셉에게(창 42:6) 그리고 밧세바가 다윗 왕에게(왕상 1:31) 땅에 엎드린 경우가 그렇다.

누가에서의 '무릎을 꿇고' 기도하는 예수의 모습은 사도행전에서 베드로가 하는 기도의 자세(9:40)이고 또한 바울이 기도하는 자세(20:36, 21:5)다. 누가에는 예수의 감정에 대한 표현이 없고 땅에 엎드리지도 않는다. 침착하게 무릎을 꿇고 기도드린다.

32-3 마가에서 예수의 기도는 '아빠, 아버지'로 시작했다고 하고, 마태는 '내 아버지', 누가는 '아버지'라고 한다. 아빠 아버지는 아람어 '아바abba'와 헬라어 '호 파테르'를 번역한 것으로 두 단어 모두 아버지라는 말이다. 초기 기독교인들이 사용한 표현으로 보인다. 바울은 우리가 양자의 영을 받았으므로 우리가 '아빠 아버지'라고 부르짖는다(롬 8:16)고 한다. 갈라디아서는 예수 그리스도로 말미암아 하나님의 자녀가 되어 하나님을 '아빠 아버지'라고 부를 수 있게 되었다(갈 4:6)고 한다. 요즘 가정에서 쓰는 '아빠'는 결코 아니지만 하나님을 친근하고 다정하게 부른 것임에 틀림없다. 예수는 공생애 이전부터 하나님을 '내 아버지'(눅 2:49)라고 했고 '하늘에 계신 우리 아버지'(마 6:9)라고 기도하라고 가르쳐 주었다.

구약시대에는 하나님을 하나님이라고 부르기 어려워했다. 그러나 하나님은 다윗에게 '나는 그 아비가 되고 그는 내 아들이 되리라'(삼하 7:14)고 했다. 하나님은 다윗에게 '그는 나를 일컬어 내 아버지, 내 하나님, 내 구원의 바위라'(시 89:26) 할 것이라고 한다. 그러나 다윗이 하나님을 내 아버지, 내 하나님이라고 불렀다는 기록은 없다. 요한복음에는 부활하

네 개의 시선으로 본 예수의 생애

신 예수가 마리아에게 내 아버지 곧 너희 아버지 내 하나님, 곧 너희 하나님께로 올라간다(요 20:15-17)고 말씀한다.

예수의 기도의 첫 번째는 '이 잔을 내게서 옮기시옵소서'이다. 그런데 그 앞에 붙는 조건문은 각각 다르다. 마태에는 '만일 할 만하시거든,' 마가에는 아버지께서는 모든 것이 가능하오니', 누가에는 '만일 아버지의 뜻이어든'이라고 한다. 새번역과 공동번역은 이렇게 번역했다. 마태는 '하실 수만 있거든', '하시고자 하시면'이라고 하고 마가는 '아버지께서는 모든 일을 하실 수 있으니'라고 하며 누가는 '아버지의 뜻에 어긋나는 일이 아니라면'이라고 한다. 마태에서 예수는 하나님께 간절히 사정하고 있고 마가에서는 하나님께 강하게 요구하고 있으며 누가에서는 아버지의 형편을 고려하여 부탁한다.

그런데 마가, 누가에서 예수는 조건문을 통해 자기주장의 폭을 넓힌다. 마가는 하나님께서는 모든 것이 가능하다고 하는데 '모든 것이 가능하다'(막 14:36)란 '예수의 순종과 복종'을 말하는 것일 수 있다. 바울은 예수께서 고난으로 순종함을 배웠고(히 5:8) 아들도 복종하게 되었다(고전 15:28)고 한다.

누가에서 '이 잔을 내게서 옮기소서 그러나 내 원대로 마시옵고 아버지의 뜻 때로 되기를 원한다'(눅 22:42)고 한다. 이 역시 '이 잔이 옮겨가는 것도' '옮겨가지 않는 것도' 모두 말한다. 어느 쪽이든지 수용하겠다는 것이다. 예수는 '이 잔을 내게서 옮기거나 지나가게 해 달라'고 하면서도 예수의 입장보다는 하나님의 입장을 고려하고 있다고 하겠다.

마태에서 예수는 첫 번째 기도에서 이 잔을 내게서 지나가게 해달라고 하면서 아버지의 원대로 하옵소서라고 했다(마 26:39). 그런데 두 번째 기도에서 '만일 마시지 않고는 이 잔이 내게서 지나갈 수 없거든 아버지의 원대로 되기를 원한다'(마 26:41)고 한다. 두 번째 기도에서 자신의 의견을 버리고 전적으로 아버지의 원대로 되기를 원한다고 한다. 즉 이 잔이 지나가던지, 지나가지 않던지 모두 수용하겠다고 한다.

예수가 마시는 잔은 무엇인가. 세 번째 수난 예고 후 야고보와 요한은 예수에게 예수의 좌와 우편에 앉게 해 달라(마 20:30, 막 10:37)고 한다. 예수는 너희는 너희가 구하는 것을 알지 못한다고 하며 '내가 마시는 잔을 너희가 마실 수 있느냐'고 묻는다. 그들은 '할 수 있다'고 대답한다. 구약에도 '구원의 잔'(시 116:13)이 나오지만 대체로 하나님의 분노의 잔(사 51:17,22)이나 심판의 잔(렘 49:12, 51:7)이 더 자주 나온다. 요한복음에는 예수가 잡힐 때 베드로가 말고의 오른쪽 귀를 베어버리는 이야기가 있는데 그때 예수는 베드로에게 '칼을 칼집에 꽂으라 아버지께서 주신 잔을 내가 마시지 아니하겠느냐'(요 18:11)고 한다. 요한복음은 공관복음과 다른 전승을 가지고 있었던 것이다.

32-4 예수의 기도는 하나님에 대한 순종이었다. 히브리서는 예수가 '자기를 죽음에서 능히 구원하실 수 있는 이에게 심한 통곡과 눈물로 간구와 소원을 올려' 수난을 허락받았다(히 5:7)고 하고 '그는 아들이면서도 받으신 고난으로 순종함을 배웠다'(:8)고 한다.

겟세마네의 기도에서 예수는 '내게서 잔을 옮겨 달라'고 하고 이어서 '그러나 나의 원대로 마옵시고 아버지의 원대로 하옵소서'라고 스스로 대답을 하는데 마태에서는 두 번(26:39,42)한다. 마지막 만찬에서 예수는 잔을 들며 이 잔은 '많은 사람을 위하여 흘리는 나의 피 곧 언약의 피'(마 26:28, 막 14:24)라고 한다. 예수는 그때 이미 이 잔을 마시기로 작정하였던 것이다.

아버지의 원대로 하시라고 한 것은 예수의 자기 부정이라 하겠다. 예수는 가룟 유다와 베드로의 배반 예언에서 자기를 버리지 못하는 제자들의 모습을 안타까워하였다. 예수는 자신이 바라는 대로 원하는 대로 하나님이 움직이시기를 바랄 수는 없었다. 요한복음에서 예수는 내가 하늘에서 내려온 것은 내 뜻을 행하려 함이 아니요 '나를 보내신 이의 뜻'을 행하려 함이라(6:38)고 했다. 어머니와 형제들이 예수를 찾아왔을 때 예수는 '하나님의 뜻을' 행하는 사람(막 3:35)이 내 형제요 자매요 어머니라고 했다.

'아버지의 원대로 하옵소서'라는 이 말씀은 주기도문의 세 번째 기원이다. 주기도문에 있는 '뜻이' 하늘에서 이루어진 것과 같이 땅에서도 '이루어지이다'(마 6:10)와 같은 의미다. 천상에 계신 하나님의 인류 구원의 섭리를 예수는 지상에서 직접 자신의 고난을 통해 구현하겠다고 기도한 것이다.

'아버지의 원대로 하옵소서'는 하나님의 뜻을 최우선으로 하는 기독교 공동체의 특성이라 하겠다. 산상수훈의 끝에 예수는 '주여, 주여 하는 자가 아니라 내 아버지의 뜻대로 행하는 자라야 천국에 들어갈 수 있다'(마 7:21)고 한다. 예수는 운명 직전에도 '내 영혼을 아버지 손에 부탁하나이다'(눅 23:46)라고 한다. 살아서뿐 아니라 죽어서까지 자신의 모든 것을 하나님에게 맡긴다. 그런 예수이기에 아버지의 원대로 하옵소서라는 기도를 할 수 있었을 것이다.

누가에는 예수의 기도하는 모습이 조금 더 자세히 묘사하고 있다. '천사가 하늘로부터 예수께 나타나 힘을 더하더라'(22:43)고 하며 이어서 '예수가 힘쓰고 애써 더욱더 간절히 기도하니 땀이 땅에 떨어지는 핏방울같이 되더라'(22:44)고 한다. 여기서 '힘쓰고 애써'라고 한 헬라어 agonia는 죽음에 대한 큰 공포나 두려움을 말한다. 예수는 이런 상태에서 더욱더 간절히 기도함으로써 자기를 부인하고 자기 십자가를 질 수 있었을 것이다.

이런 표현이 바티칸 사본과 수리아 사본에 없다. 그래서 개역개정에는 그대로 있고 공동번역에는 없고 새번역에는 ( )안에 들어 있다. 그런데 누가가 쓴 누가복음과 사도행전에는 같은 표현이 있다.

천사가 하늘에서 내려와 예수에게 '힘을 더'했다고 한다. 사도행전에는 음식을 먹으매 '강건하여지더라'(9:19)고 하는데 이 단어는 모두 같은 단어로 헬라어 enischuo 즉 '강하게 하다'의 뜻이다. 예수는 간절히 기도한다. 사도행전에서 베드로가 감옥에 갇혔을 때 역시 교회도 간절히 기도한다. 여기서 '간절히'는 헬라어로 ektenestron으로 모두 같은 단어다. 비록 오래된 사본에는 빠져있기는 하지만 누가적인 표현들이기 때문에 그대로 사용하고 있다고 하겠다.

32-5 누가는 처음부터 제자들과 기도하는데 처음에는 '유혹에 빠지지 않게 기도하라'고 하고 나중에는 '시험에 들지 않게 기도하라'고 하는데 겟세마네 기도에서 기도를 다섯 번 언급한다(22:40,41,44,45,46).

처음에 자는 제자들을 보고 마태, 마가에서의 예수는 '시험에 들지 않게 깨어 기도하라'고 한다. 깨어 기도하라는 것은 잠을 깨라는 말이기도 하지만 종말론적인 말씀으로도 들을 수 있었을 것이다. 예수는 예루살렘에서 무화과에서 배울 교훈을 말씀한 다음에 '그날이 덫과 같이 너희에게 온다'고 하면서 '인자 앞에 서도록 항상 기도하며 깨어 있으라'(눅 21:34,36)고 했다.

우리로 '시험에 들지 않게 하옵소서'는 주기도문(마 6:13, 눅 11:4)에 들어 있는 말씀이다. 평소에도 시험에 들지 않기 위해 기도해야 하는 것이다. 여기에 시험은 예수가 광야에서 마귀에게 당한 그 시험과 같은 단어다. 그런데 예수는 하나님의 말씀으로 마귀의 시험을 이겼다.

처음에 자는 제자들을 보고 예수는 '마음에는 원이로데 육신이 약하

네 개의 시선으로 본 예수의 생애

도다'(마 26:41, 막 14:38)라고 한다. 영적 집중에 힘듦을 변호하는 말씀일 것이다. 바울도 '너희 육신이 연약하다'(롬 6:19)고 했다. 이때 마가에서 예수는 베드로를 콕 지적하며 '시몬아 자느냐 네가 한 시간도 깨어 있을 수 없더냐'(막 14:37)고 한다. 예수가 베드로를 시몬이라고 부른 것은 육신이 약한 평범한 사람으로 돌아갔다고 지적하는 것이라 하겠다. 예수를 따르면서 새 이름을 얻었던 베드로가 어부 시몬으로 돌아 간 것이다.

그리고 두 번째 자는 제자들을 보고 그들의 눈이 심히 피곤함이라고 한다. 만찬 후에 졸음은 당연하다 하겠다. 예수는 제자들을 이해하려 한다. 세 번째 자는 제자들에게 와서 예수는 '이제는 자고 쉬라 그만 되었다'(개역개정: 마태, 마가)고 한다. 이제는 진짜로 자고 편안히 쉬라는 말씀으로 들린다. 공동번역은 '아직도 자고 있느냐, 아직도 쉬고 있느냐 그만하면 넉넉하다'라고 한다. 영어 성경 NIV는 Are you still sleeping and resting? Enough!이라고 한다.

계속해서 예수는 '때가 왔다. 보라 인자가 죄인의 손에 팔린다'고 한다. 이렇게 긴박한 상황에서 자고 쉬라고 할 리는 없고 지금까지 졸은 것, 그것만으로 충분하다고 한다. 인자가 '팔린다'는 말은 가룟 유다가 예수를 팔 것(막 14:18, 요 13:21)과 넘겨지는 것(마 27:18, 막 14:11, 15:10, 눅 23:15,)을 의미한다. 이어서 예수는 '일어나라 함께 가자. 보라 나를 파는 자가 가까이 왔다'고 한다. 나를 파는 자는 나를 배반한 자다.

앞 절에 나오는 '때가 왔다'(막 14:41)는 말은 '시간이 되었다'는 말이다. '가까이 왔다'(:42)는 말은 헬라어로 engiken이다. 하나님 나라가 가까이 왔다(막 1:15)와 같은 말이다. 예수의 운명에 극적인 변화가 일어날 시간이 되었다는 것이다. '일어나자 함께 가자 나를 파는 자가 가까이 왔다'는 것은 예수가 자신의 반역자들을 보았거나 오는 소리를 들어서 한 말씀이 아니다. 예수는 하나님의 아들로서 초인적 직관력을 가진 분이기 때문에 한 말씀이라 하겠다(막2:8).

32-6 요한복음에는 겟세마네의 기도가 없다. 변화산 사건도 없다. 예수가 세례 받을 때에도 공관복음에서처럼 하늘에서 소리가 나는 이야기가 없다. 그런데 요한복음에는 죽어야 하는 한 알의 밀알에 대해 말씀을 한 후 예수가 기도를 드린다. 그런데 이 기도의 내용이 겟세마네의 기도와 같다. 그리고 예수가 기도하는 그때 하늘에서 소리가 난다. 요한복음에서는 처음이자 마지막이다. 곁에 서서 들은 무리는 천둥이 울렸다고도 하며 또 어떤 이들은 천사가 그에게 말하였다고도 한다(12:29). 예수가 드린 기도는 '지금 괴로우니 무슨 말을 하리오'(요 12:27)라고 하는데 '말씀하시되 내 마음이 심히 고민하여 죽게 되었다'(마 26:38, 막 14:34)는 말씀과 같다고 하겠다.

요한복음에서 '아버지여 나를 구원하여 이때를 면하게 하여 주옵소서'라고 하는데 공관복음에서 '이 잔을 내게서 옮겨 주옵소서'라고 한 말씀과 같다. 즉 고통을 피하게 해 달라는 의미다.

요한복음에서 예수는 '그러나 내가 이때를 위하여 이때에 왔나이다'(요 12:27)라고 하는데 공관복음에서의 예수가 '아버지의 원대로 하옵소서'(막 26:49, 막 14:36, 눅 22:42)와 같이 고난을 받겠다는 수용의 말씀이라 하겠다. 예수의 고난은 예수 자신의 순종의 결단이라고 할 수 있다.

네 개의 시선으로 본 예수의 생애

33. 고별 기도

❧

33-1 고별 기도는 요한복음 17장에 있는 기도다. 난해하고 암시적인 기도이다. 그래서 예수의 기도를 있는 그대로 읽는 것이 중요하다. 고별 강화라고 하는 14장에서 16장에 이어 나오는 기도라서 고별 기도라고 한다. 요한복음을 생명의 복음서라고 말한 김우현은 17장을 중보기도라고 하고. 케제만은 고별 기도로, 16세기 루터파 신학자인 아고누리데스는 대제사장의 기도로, 어떤 이는 설교로 보기도 한다.

구약에도 고별사가 나온다. 야곱이 자녀들에게 하는 고별사(창 49장), 모세가 이스라엘에게 하는 고별사(신 33장), 여호수아의 고별사(수 23-24장), 다윗의 고별사(삼하 23:1-7, 대상 28-29장) 등이 있다.

이 기도는 공관복음의 겟세마네 기도와 완전히 다르다. 공관복음에서의 예수는 나약해 보이지만 요한복음에서의 예수는 당당하다. '내게 하라고 주신 일을 내가 이루어 아버지를 영화롭게 하였다'(17:4)고 한다. 고별 기도에서 예수는 하나님께 그들을 위해 기도하는 이유를 대고 구체적으로 요구하는 기도를 한다. 고별 기도에서 예수는 하나님과의 관계를 강조한다. 17장은 모두 26절인데 아버지라는 말이 38회 나온다.

고별 기도는 중보자로서의 예수의 역할을 보여준다. 예수를 '언약의 중보자'(히 8:6)라고 하는데 바울은 '하나님과 사람 사이의 중보자는 예수 한 분이라'(딤전 2:5)고 한다. 예수 자신도 '나로 말미암지 않고는 아버지께로 올 자가 없다'(요 14:6)고 한다.

이 기도의 특징은 예수의 선재성, 하나님과의 일치성, 하나님의 영광을 위한 예수의 영광 등이 잘 나타나 있다. 이 기도에서는 하나님, 예수, 제자, 그리고 미래의 신자 간에 유기적인 관계성이 입체적이고 통합적으로 나타난다. 특별히 하나님, 예수, 인간이 하나 되는 세상을 제시하고 있다. 요한복음의 특징이라 할 수 있는 예수의 선재성에 대해 '아브라함이 나기 전부터 내가 있었다'(8:58)고 했는데 여기서는 '창세 전'을 두 번 언급한다. 하나는 영광(17:5)에 관한 것이고 다른 하나는 사랑(17:24)에 관한 것이다.

이 기도는 세 부분으로 나눠지는데 예수가 자신을 위해 하는 기도, 제자들을 위한 기도, 나를 믿을 사람들 즉 미래의 신자를 위한 기도로 되어 있다.

33-2 고별 기도 중 처음 기도는 예수 자신을 위한 기도(17:1-5)다. 이 기도의 목적은 예수의 영광을 드러내는 것이고 영생은 참 하나님과 예수 그리스도를 아는 것이며 창세 전 영광을 누리게 해 달라는 것이다.

(1) 아들을 영광되게 하시어 아들이 아버지께 영광을 돌리게 하여 달라고 기도한다(17:1,5). 이 말씀은 5절에서도 반복된다. 영화롭게 하소서의 이유는 모든 사람에게 영생을 주게 하는 데 목적이 있다. 아버지는 아들에게 만민을 다스리는 권세를 주었고 따라서 사람들에게 영생을 줄 수 있게 되었다(:2)고 한다. 여기서 권세는 마귀가 예수를 시험할 때 천하만국을 보여주며 내게 절하면 주겠다고 한 그 권위와 영광을 말한다(눅 4:6). 부활하신 예수는 갈릴리에서 제자들에게 대위 명령을 내리기 전에 '하늘과 땅의 모든 권세를 내게 주셨다'(마 28:18)고 하였다. 한 알의 밀알의 기도에서 예수는 '아버지의 이름을 영광되게 하여 주소서'라고 하자 하늘에서 소리가 나기를 '내가 이미 내 영광을 드러냈고 앞으로도

드러내리라'고 한다(요 12:28).

(2) 영생은 오직 한 분인 참 하나님과 그가 보내신 자 예수 그리스도를 아는 것이라고 한다(:3). 바울은 '내 주 그리스도를 아는 지식이 무엇보다 존귀하여 모든 것을 배설물로 여긴다'(빌 3:8)고 했고 베드로후서에는 '예수 그리스도의 은혜와 그를 아는 지식에서 자라라'(벧후 3:18)고 했다. 그런데 '세상은 아버지를 알지 못하여도 나는 아버지를 알았다'(요 17:25)고 한다.

(3) 나의 영광을 이제는 드러나게 해 달라는 기도(:5)다. 예수는 아버지께서 내게 하라고 맡긴 일을 다 하여 하늘에서가 아니라 땅에서, 이 세상에서 아버지의 영광을 드러나게 했다(:4)고 한다. 예수는 창세 전 내가 아버지 곁에서 누리던 그 영광을 아버지와 함께 누리게 하여 달라(:5)고 기도한다.

33-3 고별 기도 중 두 번째는 제자들을 위한 기도이다. 이 기도를 하는 이유(17:6-10)에 대해 예수는 하나님이 내게 주신 사람들, 그들을 위해 빈다고 한다.

(1) 예수가 제자들을 위해 기도해야 하는 이유는 무엇인가.

• 아버지의 이름 때문이다. 예수는 그들에게 아버지의 이름을 나타냈다(17:6)고 하는데 아버지의 이름은 예수에게 준 것(:11,12)이다. 뒤에서 예수는 다시 한번 '내가 아버지의 이름을 그들에게 알게 하였고 또 알게 하겠다(:26)고 한다. 그런데 예수는 자신이 아버지의 이름으로 왔다(요 5:43)고 했고 내가 내 아버지의 이름으로 행한 일들이 나를 증거한다(요 10:25)고도 했다.

• 아버지의 말씀 때문이다. 그들은 아버지의 말씀을 지켰다(:6)고 하는데 예수는 아버지께서 내게 주신 말씀을 그들에게 주었다(:8)고 한다.

그들은 말씀을 받고 내가 아버지께로 나온 줄을 알았고 아버지께서 나를 보내신 줄도 믿었다(:8)고 한다.

• 그들은 아버지의 사람들(17:6,9)이기 때문이다. 그들은 본래 아버지의 것인데 예수에게 주었다(:6)는 것이다. 그들은 아버지께서 내게 주신 것이고 아버지가 주신 자들이라고 반복(:6,7,9)한다. 예수는 아버지께서 준 아버지의 사람들(:24)인 그들을 위해 빈다(:9). 그러면서 내 것은 모두 아버지의 것이고 아버지의 것은 다 내 것이라고 하며 예수는 그들로 말미암아 영광을 받았다(:10)고 한다.

(2) 제자들을 위한 기도의 내용(17:11-19)은 무엇인가.

• 내게 주신 아버지의 이름으로 그들을 지켜 주셔서 우리가 하나인 것같이 그들도 하나가 되게 해 달라(:11)고 한다. 예수는 그들과 함께 있을 때 내게 주신 아버지의 이름으로 내가 이 사람들을 지켰는데 오직 멸망할 운명에 놓인 자를 제외하고는 하나도 잃지 않았고, 멸망의 자식 하나를 잃은 것은 성경 말씀을 이루기 위한 것이라(:12)고 한다. 여기서 멸망의 자식 하나란 가룟 유다의 경우라 하겠다. 예수는 안전하지 않은 세상에 남겨진 그들을 보전하여 주시고 하나 되게 해 달라고 기도한다.

• 세상에 속하지 않은 그들을 위해 기도한다. 예수는 이제 아버지께로 간다고 하며 아직 세상에 있으면서 이 말씀을 드리는 것은 이 사람들이 내 기쁨을 마음껏 누리게 하려는 것이라고 한다(:13). 세상이 그들을 미워하는 이유는 내가 그들에게 말씀을 주어서 그들이 내가 세상에 속하지 않은 것같이 그들도 세상에 속하지 않기 때문이라(:14)고 한다. 15장에서도 세상이 너희를 미워한다고 하며 그 이유는 내가 너희를 세상에서 택했기 때문이라(요 15:19)고 한다.

• 악에 빠지지 않게 그들을 보호해 달라고 기도한다. 예수는 먼저 그들을 세상에서 데려가려고 하는 것이 아니라(:15)고 한다. 그리고 악에

네 개의 시선으로 본 예수의 생애

서 보호해야 할 이유는 내가 세상에 속하지 않은 것같이 그들도 세상에 속하지 않아서라(:16)고 이미 앞에서 말씀한 것(:14)을 반복한다.

• 진리로 그들을 거룩하게 해 달라, 즉 진리를 위해 몸을 바치는 사람이 되게 하여 달라(새번역, 공동번역 17:17)고 기도한다. 그런데 그 이유는 하나님의 말씀이 진리이기 때문이라(:17)고 한다. 예수는 아버지가 나를 세상에 보낸 것같이 나도 그들을 세상에 보냈다(:18)고 하며 내가 이 사람들을 위하여 이 몸을 아버지께 바치는 것은 이 사람들도 참으로 아버지께 자기 몸을 바치게 하려는 것이라(공동번역 17:19)고 한다. 요한복음에서 '거룩'이란 죄악과 구별되는 말이다. 베드로전서(1:16)의 '거룩'은 경건한 행위로서 세속적이고 비신앙적인 것과 구별된다.

33-4 고별 기도 중 세 번째는 나를 믿을 사람을 위한 기도다. 미래의 신자들을 위한 기도다. 예수는 하나님, 예수, 믿는 이들이 하나님의 사랑 안에서 하나 되게 해 달라고 한다.

(1) 모두 우리 안에 있게 해 달라(:21)고 기도한다. 예수는 이미 제자들과 하나가 되게 해 달라(:11)고 기도했다. 그래서 여기서 예수는 먼저 이 사람들만을 위하여 간구하는 것이 아니고, 이 사람들의 말을 듣고 나를 믿을 사람들을 위해 간구(:20)하는 것이다. 아버지께서 내 안에 있는 것과 같이 이 사람들도 우리 안에 있게 해 달라고 하며 그러면 아버지께서 나를 세상에 보낸 것을 세상이 믿게 될 것이라(:21)고 한다. 바울은 '주도 한 분이시오 믿음도 하나요 세례도 하나요'(엡 4:5)라고 했고 갈라디아서도 '너희는 … 그리스도 예수 안에서 하나이니라'(갈 3:28)고 했다.

(2) 그들로 온전함을 이루어 세상이 하나님의 사랑을 알게 해 달라(17:23)는 기도다. 예수는 아버지께서 내게 준 영광을 그들에게 주었다고 하며 그렇게 한 이유는 아버지와 내가 하나인 것처럼 이 사람들도 하나

가 되게 하려는 것이라(:22)고 한다. 예수는 유대인들에게 벌써 '나와 아버지는 하나'(요 10:30)라고 하고 또한 '아버지께서 나를 아시고 내가 아버지를 안다'(요 10:15)고도 했다.

예수는 앞에 말씀을 반복하면서 하나 됨에 대해 다시 말한다. 내가 이 사람들 안에 있고 아버지께서 내 안에 계신 것은 이 사람들을 완전히 하나가 되게 하려는 것이라고 한다. 예수는 이들과의 영적 일치에 대해 말씀하고 있다. 개역개정은 '그들로 온전함을 이루어'라고 한다. 이것은 세상으로 하여금 아버지께서 나를 보내셨다는 것과 아버지께서 나를 사랑하신 것처럼 이 사람들도 사랑하셨다는 것을 알게 하려는 것이라(:23)고 기도한다.

(3) 하나님의 사랑이 그들 안에 있게 해 달라는 기도다. 이 기도는 앞에서 드린 기도의 내용을 반복하고 있다. 예수는 먼저 내게 주신 사람들도 나 있는 곳에 함께 있게 해 달라고 한다. 그리고 아버지께서 창세 전부터 나를 사랑하셔서 내게 준 그 영광을 그들도 볼 수 있게 해 달라(:24)고 한다. 예수는 계속해서 세상은 아버지를 모르지만 나는 알았고 이들도 아버지께서 나를 보낸 것을 알고 있다(:25)고 한다. 예수는 이 사람들에게 아버지를 알게 했으며 앞으로도 그렇게 할 것이라고 하는데 그 이유는 아버지께서 나를 사랑하신 그 사랑이 그들 안에 있고 나도 그들 안에 있게 하려 한다(:26)고 끝을 맺는다.

33-5 고별 기도는 난해할 뿐 아니라 비슷한 표현이 계속 반복되고 있다. 여기서 고별 기도에 나타난 예수의 시각을 살펴보자.

첫째, 예수의 자기 이해에 대해

요한복음에는 하나님이 예수를 보냈다는 말씀이 계속되고 있는데 여기서도 마찬가지다. 예수 스스로 말씀한다. 자신이 보냄을 받았다(:18)

네 개의 시선으로 본 예수의 생애

거나 보냄을 받았음을 그들이 믿게 해 달라(:21,23), 또는 그들이 보내심을 받은 것을 믿고, 알고 있다(:8,25)고 한다. 예수는 보내심을 받은 메시아임을 확인하는 모습이라 하겠다. 예수는 '나는 세상에 더 있지 않고 아버지께로 간다'(:11)고 하면서 '지금 간다'(:13)고 한다. 이 기도가 고별 기도임을 알 수 있다.

예수는 자신을 아버지에게 영광을 돌리는 아들(:1)이고 영생을 주게 하려고 만민을 다스리는 권세를 받은 아들(:2)이라고 하고 주신 일을 내가 다 이루어 아버지를 영광되게 하였다(:4)고 한다. 구약의 어떤 왕이나 예언자나 선지자도 하나님과 자신을 개인적인 아버지와 아들의 관계로, 이처럼 구체적으로 말한 사람이 없다. 예수의 이런 자각은 인간으로서는 불가능한 것이다. 하나님의 본성을 가진 예수라 하겠다.

둘째, 하나님에 대해

아들을 영광되게 하는 아버지(:1)이고 아들에게 만민을 다스리는 권세를 주는 아버지(:2)이며 아들에게 아버지의 이름을 준 아버지(:6)이고 말씀을 준 아버지(:8)이며 나를 사랑하는 아버지(:18)이고 의로운 아버지(:25)다.

예수는 아버지와의 관계가 창세 전부터 지금까지라고 한다. 창세 전부터 예수는 아버지와 함께 영광을 가졌다고 하며 내가 누리던 그 영광을 아버지와 함께 누리게 해달라(:5)고 한다. 또 창세 전부터 나를 사랑하셨다(:24)고 한다.

예수는 하나님과 특별한 관계라고 한다. '내 것은 다 아버지의 것이고 아버지의 것은 내 것'(:10)이라고 하고 '아버지가 내 안에 내가 아버지 안에'(:21)라고도 한다. 하나님은 예수에게 이름도 주고 말씀도 주고 권세도 주고 그들도 주고, 사랑도 주는 분이다.

셋째, 그들에 대해

그들은 아버지의 것(:6,9)인데 내게 주셨다(:6,7,24)고 한다. 그들은 하나님께서 예수를 보낸 것을 알고(:7,8) 또한 그들은 예수에게서 아버지의 말씀을 받아(:8) 그 말씀을 지켰다(:6). 그들로 말미암아 영광을 받은 예수(:10)는 하나님이 내게 준 영광을 그들에게도 보여 주게 해 달라(:24)고 한다. 예수는 자신의 기쁨을 그들 안에 충만히 가지기를 원한다(:13).

예수는 그들을 세상에 보내고(:18) 그들은 세상에 있다(:11). 그러나 그들은 세상에 속하지 않는다(:14,16). 예수는 내게 주신 영광을 그들에게 주었고(:22) 아버지의 이름을 그들에게 알게 한다(:26). 그들 안에 나를 사랑하신 사랑이 그들 안에 있고 나도 그들 안에 있게 하려 함이라(:26)고 한다.

34. 예수, 잡히다

❧

34-1 예수가 잡히는 이야기에는 크게 두 가지 버전이 있다. 공관복음과 요한복음이 서로 다르다. 공관복음은 우리가 잘 아는 유다의 입맞춤에 이어 잡히시고, 잡힌 다음 예수의 제자가 대제사장의 종의 귀를 자른다. 예수는 이에 대응하면서 잡으러 온 자들에게 항변하고 그 후 제자들이 도망쳤다고 한다. 요한복음은 자기를 잡으러 온 무리에게 예수가 당당하게 너희가 누구를 찾느냐고 두 번이나 그들에게 물었을 뿐 아니라 제자들의 방면도 요구한다. 대제사장의 귀를 자른 이야기는 공통인 것 같으나 요한복음에는 제자의 이름과 종의 이름이 나온다.

34-2 예수가 잡힌 곳에 대해 마태, 마가는 올리브산 겟세마네라고 하고 누가는 올리브산 기도하던 곳에서 말씀하실 때라고 한다. 요한복음은 제자들과 기드론 시내 건너편 동산으로 가는데 그곳은 예수가 제자들과 모였던 곳이라서 유다도 그곳을 알고 있었다고 한다(요 18:1-2). 이 기드론 시내는 다윗이 압살롬의 반란과 관련이 있는 곳이다. 공관복음은 예수가 다윗이 압살롬을 피해 도망간 올리브산으로 갔다고 하는데 요한복음에 나오는 기드론 역시 다윗이 압살롬을 피해 도망갈 때 백성들과 함께 건넜던 시내(삼하 15:30)다.
  (1) 예수를 잡으러 온 무리를 크게 세 가지로 볼 수 있다.
  • 마태, 마가는 유다가 대제사장과 서기관, 장로들에게서 파송된 무

리와 함께 왔다고 한다. 종교 지도자들의 하수인들로 개인 무리 즉 사조 직이라 하겠다.

• 누가는 무리와 유다가 왔다고 한다. 그런데 나중에 예수가 항변하는 대상이 대제사장들과 장로들과 성전 경비대장인 것을 보면 성전 수호 세력들이 직접 출동했다는 것을 알 수 있다. 공권력에 의한 체포라고 하겠다.

• 요한복음은 유다가 한 무리의 군인과 대제사장들과 바리새인들이 보낸 성전 경비병들을 데리고 왔다(새번역, 공동번역 요 18:3)고 하는데 국가 권력과 공조직이 함께 동원되었다는 것이라 하겠다. 여기서 군인은 로마군으로 군대가 언급된 것은 요한복음뿐이다. 요한복음만이 예수를 잡아 결박하여 안나스의 집으로 끌고 가는 사람들이 나오는데 로마 군인과 그 대장(개역개정은 천부장) 그리고 유대인 성전 경비병(요 18:12)이라고 한다.

(2) 그들이 들고 온 체포 도구에 대해 칼과 몽치(마태), 검과 몽치(마가)라고 하는데 몽치는 크쉘론으로 나무로 된 곤봉을 말한다. 누가는 예수가 항변하면서 너희가 검과 몽치를 들고 왔다고 한다. 여기서 칼과 검은 모두 같은 헬라어 단어에 다른 번역이다. 요한복음은 무기라고 하는데 군대가 무기를 소지하는 것은 당연하다 하겠다.

34-3 마태, 마가는 유다가 무리와 함께 왔다고 하는데 누가는 무리에 앞장서 왔다고 한다. 요한복음은 무리를 데리고 왔다고는 하나 입맞춤 이야기가 없다. 요한복음은 이미 말한 대로 유다가 장소를 알기 때문에 무리를 데리고 왔다는 것이다. 밝은 낮에도 사람을 알아보는 것이 쉽지 않은데 산에서 밤에 사람들 가운데 누가 예수인지 가려낼 수 있겠는가. 성경은 유다의 악랄한 배반을 말하고 있다.

네 개의 시선으로 본 예수의 생애

(1) 공관복음은 유다의 가증스러운 배반의 행동으로 입맞춤을 말하고 있는데. 마태, 마가는 입맞춤이 군호라고 한다.

• 마태는 군호로 '내가 입을 맞추는 자가 그'라고 하고 '랍비여 안녕하시느냐'고 하며 입을 맞추었다고 한다.

• 마가에서도 유다는 군호를 말하면서 '그를 잡아 단단히 끌고 가라'고 한 후 예수를 '랍비여'라고 부르며 입을 맞추었다고 한다. 유다가 예수를 단단히 끌고 가라고 말한 것을 볼 때 유다의 배반이 일시적인 충동에 의한 것이 아니라 진정으로 예수를 잡혀가게 했다고 볼 수 있다.

• 누가는 유다가 입 맞추러 가까이 오자 예수는 '유다야 네가 입맞춤으로 나를 파느냐'고 한다. 누가에서 유다는 예수에게 입을 맞추지 못했다.

(2) 예수와 제자들의 대응은 어떠했는가.

• 예수는 어떻게 대응하였나: 마태에서 유다는 예수를 '랍비'라고 부르지만 예수는 유다를 '친구'라고 부르는데 질책의 의미라 하겠다. 예수는 '네가 무엇을 하려는지 행하라'고 한다. 새번역은 '네가 무엇을 하러 여기 왔느냐'고 한다. 의미상으로 '이것이 네가 여기 온 이유냐'는 것이다.

• 제자들은 어떻게 대응하였나: 누가만이 예수가 잡히는 것을 보고 즉 '그 된 일을 보고(눅 22:49),' 주위 사람들이 '주여 우리가 칼로 치리이까'라고 예수께 묻는다. 그런데 예수와 함께 있던 자 중 하나(마태)가, 예수 곁에 서 있던 자 중 하나(마가)가, 그중에 한 사람(누가)이 칼을 빼 대제사장의 종을 쳐 그 귀를 떨어뜨린다.

• 예수는 제자들의 대응에 어떻게 반응하였나: 마태에서 예수는 '칼을 도로 칼집에 꽂으라 칼을 가지는 자는 칼로 망한다'고 했고 누가에서의 예수는 '이것까지 참으라고 하면서 그 귀를 만저 낫게 하였다'고 한

다. '이것까지 참으라'는 '그만 해라, 그만 두어라'의 의미다. 요한복음에서의 예수는 칼을 칼집에 꽂으라고 한다. 마태, 마가는 그들이 손을 대어 예수를 잡았다(마 26:50, 막 14:46)고 하고 누가는 '그 된 일을 보고'라는 표현뿐이다.

34-4 예수의 체포에 대해 공관복음에서의 공통된 것과 다른 것은 무엇일까.

(1) 공관복음에서의 예수는 소극적이지만 항변한다. '너희가 강도를 잡는 것 같이 검과 몽치를 가지고 나를 잡으러 왔느냐'고 한다. 예수는 조금 전 유다가 자신을 랍비(마 26:49, 막 14:45)라고 부른 것을 상기했을 것이다. 선생을 이렇게 대할 수는 없다는 것이리라. 여기서 강도 레스테스 lestes는 폭력으로 남의 물건을 빼앗는 자라기보다 체제에 폭력적으로 대항하는 자인데 영어 성경은 rebellion 저항자, 역도라고 한다.

(2) 예수는 계속해서 항변한다. 그동안 얼마든지 잡을 수 있었는데 왜 그때는 잡지 않고 '한밤중에 몰래 무리를 지어 왔느냐'고 한다. 당연히 그들이 대답할 리 없다. 예수는 날마다 성전에 앉아 가르쳤다(마태, 마가)고 하고 너희와 함께 성전에 있었다(누가)고 한다. 예수는 다시 한번 너희의 선생이라는 것을 말하고 있다. 바라바와 같은 강도가 아니라는 것이다. 예수는 성전 정화에서 강도의 소굴을 만들었다고 하는데 여기서 그 강도가 상인들이 아니고 예수를 잡으라고 지시한 자들(마태, 마가), 예수를 잡으려고 직접 출동한 자들(누가)이 강도임이 밝혀졌다.

(3) 그러나 예수를 밤에 잡은 이유는 그들이 가야바의 관정에 모여 예수를 잡아 죽이려고 의논했으나 민란이 일어날까 두려워 명절에는 하지 말자고 했었다(마 26:5, 막 14:2). 그런데 예상하지 못했던 일이 생긴 것이다. 예수의 제자인 가룟 유다라고 하는 자가 예수 잡는 것을 자발적으

네 개의 시선으로 본 예수의 생애

로 돕겠다고 해서 부득이 명절에 잡게 되었다는 것이다. 그러나 역시 민란이 두려워서 밤에 예수를 체포한 것이라고 짐작할 수 있겠다.

(4) 예수가 잡힌 것은 예언을 이루기 위함이라고 한다.

마태는 예수가 잡힌 것은 예언을 이루기 위함이라고 한다. 처음에는 성경을 이루기 위해서(26:54)라고 하고 두 번째는 다 선지자들의 글을 이루기 위함(26:56)이라고 한다. 구약의 어느 특정 부분을 말하는 것은 아니다. 초기 교회는 예수의 말씀과 수난 사건은 구약의 성취라는 확신이 있었다.

마가는 마태처럼 성경을 이루기 위함이라고 한다. 마가가 언급한 성경 구절은 이사야 53장 12절 말씀 즉 '그가 자기 영혼을 버려 사망에 이르게 하여 범죄자 중 하나로 헤아림을 받았음이라'로 보기도 한다. 즉 이사야 예언의 성취라는 것이다. 누가에는 예언의 성취라는 말씀이 없다. 누가는 '이제는 너희의 때가 되었고 어둠의 권세가 판을 치는 때라'고 한다. 누가는 밤에 일어난 일을 사탄 마귀의 역사로 보고 있다. 어둠의 권세에 종노릇 하는 자는 예수가 준 떡 조각을 받고 '밤에 나가는'(요 13:30), 어둠으로 향하는 유다를 연상하게 한다.

(5) 마태에서의 예수는 제자들의 무력 사용을 보고 천사들에 대해 말씀한다. 내가 아버지께 청하기만 하면 당장에 열두 군단도 넘는 천사를 보내 주실 수 있다는 것을 너희는 모르느냐고 하면서 그렇게 한다면 이런 일이 반드시 일어난다고 한 성경 말씀이 어떻게 이루어지겠느냐고 한다. 이 고난에 순응하겠다는 말씀이다. 구약에서 천사는 칼을 가지고 있고 때로는 전쟁을 수행하기도 한다. 계시록은 예수를 그분이라고 하며 하늘 군대를 이끄는(계 19:14) 만왕의 왕, 만주의 주라(19:16)고 한다. 그런데 열두 군단은 약 7만 2천 명쯤 된다고 하는데 엄청난 규모의 하나님에 군대를 말하는 것이리라.

34-5 요한복음에서의 예수는 자신을 체포하러 오는 그들에게 당당하다. 그래서 예수를 잡으러 온 무리들을 땅에 엎드러지게 한다. 예수는 자신을 체포하러 오는 이들에게 스스로 나선다. 예수는 '유다의 무리가 오는 것을 보고 그 당할 일을 다 아시고 나아가 이르시되 너희가 누구를 찾느냐'고 묻는다. 새번역은 '앞으로 나서며'라고 한다. 예수의 두려움이 없는 행동을 말하고 있다. 요한복음은 예수가 일어날 일들을 다 알았다고 한다.

무리들이 '나사렛 예수라'고 하니 '내가 그라'고 대답한다. 예수를 판 유다도 그들과 함께 서 있었다. 예수가 그들에게 '내가 그 사람이다'라고 할 때 그들이 뒤로 물러나서 땅에 쓰러졌다(18:6)고 한다.

'내가 그라'는 예수의 대답은 요한복음의 다른 곳에서처럼 하나님의 신성한 이름(출 3:14)을 떠올리게 한다. 요한복음의 저자는 이 장면을 하나님의 나타나심, theophany 즉 신현, 하나님이 인간들에게 나타나 인간들에게 두려움과 떨림을 경험하는 것으로 제시하고 있다.

예수를 잡으러 온 이들은 예수에게 압도당한 나머지 뒤로 물러서다 땅에 쓰러지고 만다. 한밤중 뒷걸음치다가 쓰러지고 만 것이다. 이들은 예수의 나타나심을 하나님의 나타나심으로 느꼈을 것이다.

예수는 다시 한번 그들에게 '누구를 찾느냐'고 묻는다. 그들은 다시 '나사렛 예수라'하니 예수는 '내가 그라'고 한다. 예수는 너희가 나를 찾았다고 한다. 예수는 거듭 '내가 그'라고 확인해 줌으로 자발적으로 잡힌 것이다. 예수는 선한 목자 이야기 다음에 '아무도 내게서 내 목숨을 빼앗아 가지 못한다. 내가 스스로 원해서 내 목숨을 버린다'(요 10:18)고 한 말씀을 떠올리게 한다.

이때 예수는 말한다. '너희가 나를 찾고 있다면 이 사람들은 가게 하라'고 한다. 요한복음에서의 제자들은 도망하는 것이 아니라 예수의 요청으로 방면된 것이다. 예수는 제자들을 보호하는 이유를 이미 거듭 말씀했다. 생명의 떡 이야기에서 '나를 보내신 이의 뜻은 내게 주신 자 중에 내가 하나도 잃어버리지 아니하는' 것(6:39)이라고 했다. 또한, 고별 기도에서 '아버지께서 내게 주신 자 중에 하나도 잃지 아니하였다'(17:12)고 하며 내게 주신 자를 위해 기도하면서 '아버지의 이름으로 그들을 보전해 달라'(17:11)고도 했다. 예수는 제자들을 보호하기 위해 이들이 가도록 양해를 부탁한 것이다.

요한복음에서 제자들의 대응 역시 공관복음서와 같이 칼로 대제사장의 종의 귀를 베어버렸다고 한다. 그런데 요한복음에서는 칼로 친자가 베드로이고 대제사장의 종에 이름은 말고라고 한다. 요한복음에서 예수는 마태에서처럼 베드로에게 칼을 칼집에 꽂으라고 한다. 그러면서 예수는 '아버지께서 주신 잔을 내가 마시지 않겠느냐'고 한다. 이것은 한 알의 밀알 말씀 다음에 드린 기도에서 '이때를 면하게 하여 주십시오'(요 12:27)라고 한 것과는 정반대의 태도로 자신의 결단으로 아버지께 복종하는 모습을 보여 주고 있다고 하겠다.

34-6 마지막 만찬을 한 예수 일행에 대해 마태, 마가는 찬미하며 올리브산으로 갔다고 하고 누가는 아직도 다락방이라고 한다. 누가에서의 예수는 검 두 자루에 대해 말씀을 한 후에 제자들과 함께 올리브산으로 간다. 마태, 마가에서 예수는 베드로에게 '오늘 밤 네가 세 번 나를 모른다고 할 것이라'고 한다. 베드로는 '내가 주와 함께 죽을지언정 주를 부인하지 않겠다'(마 26:35, 막 14:31)고 한다. 누가에서 베드로는 '주와 함께 옥에도, 죽는 데에도 가기를 각오하였다'(22:33)고 한다.

제자들이 다 예수를 두고 도망했다(마 26:56, 막 14:50)고 마태, 마가는 말한다. 그런데 마가에는 한 청년이 벗은 몸에 베 홑이불을 두르고 예수를 따라가다가 무리에게 잡히매 베 홑이불을 버리고 도망했다는 이야기(막 14:51-52)가 있다. 아모스서에는 용사 가운데 그 마음이 굳센 자도 '그날에는' 벌거벗고 도망한다(암 2:16)고 했다. 이 청년의 모습과 같다고 하겠다. 마가는 어쩌면 예수가 잡힌 날이 바로 '그날'이라고 말하고 있는 것인지도 모른다. 이 청년이 누구인가에 대해서는 여러 가지 설이 있는데 그중 하나가 마가복음에 나오는 무덤가에 있던 청년으로 보기도 한다. 제자들에 대해 부정적인 표현이 거의 없는 누가는 제자들이 그 후 어떻게 되었는지 대한 언급이 없다.

34-7 누가에는 다른 복음서에 없는 칼 이야기가 있다. 올리브산에 기도하러 가기 전, 베드로가 부인할 것을 예언하고 나서다. 예수는 '너희를 전대와 배낭과 신발도 없이 보냈을 때 부족한 것이 있더냐'(눅 22:35)고 묻자 제자들은 없었다고 한다. 예수는 칠십 인을 파송할 때 '전대나 배낭이나 신발을 가지지 말라'(10:4)고 말씀했었다. 그런데 이번에는 '이제는 전대 있는 자는 가질 것이요 배낭도 그리하고 검 없는 자는 겉옷을 팔아서라도 칼을 사라'(눅 22:36)고 한다. 지금은 전도하러 가는 시기가 아니라는 것이다. 마치도 전쟁이 났을 때를 대비하듯이 하라는 말씀이다.

예수의 제자 중에는 셀롯이라는 시몬(행 1:13)이 있다. 셀롯이란 zealot라는 영어 단어를 음역한 것이다. 새번역은 열혈당원, 공동번역은 혁명당원이라고 번역했다. 이들은 무장투쟁을 통해 유다의 독립을 추구하는 극단적인 민족주의자들로서 당시 자객단인 시카리 처럼 칼을 품고 다녔다고 한다. 그러나 셀롯 시몬이 칼을 품고 다녔는지는 알 수 없다.

예수는 계속해서 '그는 악인 중 하나로 몰렸다(사 53:12)는 말씀이 나에게서 이루어져야 한다. 과연 나에 관한 기록은 다 이루어지고 있다'(눅

네 개의 시선으로 본 예수의 생애

22:37)고 말한다. 예수는 실제로 강도 둘과 함께 십자가에 달린다. 제자들이 '여기 칼 두 자루가 있다'고 하니 예수는 '족하다'고 한다. 새번역은 '넉넉하다'라고 하고 공동번역은 '그만하면 되었다'라고 한다. 예수가 칼을 사라고 한 것이 혁명을 준비한 것이라고 보는 이들이 있다. 예수가 칼을 사라는 말씀이 정말로 칼을 사라는 것이라기보다는 엄중한 상황에 대비하라는 말씀이었기에 칼 두 자루가 있다고 하는데도 그만하면 되었다고 한 것이다.

슈바이처는 예수가 칼을 사라고 한 것은 제자들에게 힘겨운 시간이 다가왔다는 의미의 상징으로 한 말씀이라고 한다. 겉옷을 팔라고 했는데 겉옷이 없으면 안 되기 때문에 상징적 표현이라는 것이다.

누가에는 예수가 잡히자 주위 사람들이 '주여 우리가 칼로 치리이까'라고 한다. 여기에 대한 예수의 말씀은 없다. 그런데 그중 한 사람이 대제사장의 종의 귀를 쳐서 귀를 떨어뜨렸다고 한다. 브랜든G.E. Brandon은 예수는 잡힐 때 제자들이 저항하기를 원했다고 한다. 자신을 잡으려고 밤에 온 무리들에 대해 저항을 하려 했다는 것이다. 누가에서 예수는 마태에서처럼 '칼을 가지는 자는 칼로 망한다'는 말씀이 없고 '이것까지 참으라' 즉 '그만해 두어라'(새번역, 공동번역)고 했다는 것이다. 그러나 실제로 그들이 갖고 있었던 칼은 고작 두 자루뿐이었다. 칼 두 자루가 있다고 할 때 그만하면 되었다고 한 예수가 무력으로 저항하거나 대항하려 했다고 보기는 어렵다고 하겠다.

34-8 가룟 유다가 예수의 체포를 위한 한 구체적인 역할은 무엇이었나.

(1) 가룟 유다는 내통자이고 정보원이다.

예수의 위치를 알고 예수가 누구인지 확인해 준 내통자이고 정보원이다. 현대전에서도 가장 중요한 정보는 적장의 위치이고 동선이다. 그리고 적장의 신원을 인식하는 것이다. 빈 라덴의 경우 유전자 정보까지 확인했다고 하지 않는가. 요한복음은 예수 일행이 기드론 시내 건너편으로 가서 그곳 동산에 들어갔다고 하면서 그곳은 예수가 가끔 모이는 곳으로 예수를 판 유다도 그곳을 알고 있어서 유다는 무리를 이끌고 그리로 왔다고 한다.

(2) 가룟 유다는 체포조를 안내한 공작원이다.

유다는 체포조와 함께 온 자(마태, 마가)이고 앞장서서 온(누가) 체포조를 안내한 공작원인 동시에 정보원이다. 누가는 예수를 잡으러 온 무리 중에 성전 경비대장들(22:52 새번역과 공동번역은 수위 대장이라고 한다)이 있다고 하고 요한복음은 군인과 그 대장까지 왔다고 한다. 아마도 체포조들은 예수 일행이 무장을 하고 있다고 본 것 같다. 아마도 예수가 겉옷을 팔아 검을 사라고 한 말씀이 그들에게 알려진 것은 아닐까? 예수를 넘겨줄 기회를 찾고 있던 내통자 가룟 유다는 예수 일행의 동태를 파악할 수 있는 사람이고 예수의 말씀을 직접 들었거나 항상 함께한 친구인 셀롯인 시몬을 통해서 알 수 있었던 예수의 제자다.

(3) 가룟 유다는 암호를 사용한 첩자다.

마태, 마가는 가룟 유다가 무리들에게 군호로 '내가 입 맞추는 자가 그'라고 한다. 가룟 유다는 적 편에 서서 체포조가 실수 없이 예수의 신원을 알아보도록 하기 위해 암호를 사용한 적의 첩자다.

네 개의 시선으로 본 예수의 생애

35. 유대인들의 세 차례 심문

35-1 예수는 유대인의 심문을 몇 번 받았는가. 일반적으로 대제사장 가야바에게서 한 번 받은 것으로 생각하기 쉽다. 그러나 성경 본문을 보면 처음에 안나스에게 끌려가서 한 번 심문을 받았다고 요한복음은 말한다. 두 번째는 한밤중의 공회에서, 그리고 세 번째는 새벽에 열린 공회에서 심문을 받았다고 공관복음은 말한다. 결국, 예수는 모두 세 차례의 심문을 받은 것이다. 그러면 유대인들에게서 받은 심문을 재판이라고 볼 수 있는가. 만약 그렇다면 빌라도에게 심문을 받고 판결을 받은 것은 무엇인가.

예수의 심문에 대해 요한복음은 예수가 먼저 안나스에게 끌려갔다고 하면서 그 후 가야바의 집으로 보냈다고 한다. 그런데 심문의 주체가 누구인지 분명치 않다. 그리고 대제사장 가야바에게 보낸 구절에 혼동이 있다. 공관복음은 처음부터 대제사장인 가야바의 집으로 예수를 끌고 갔다고 한다. 마태, 마가는 가야바의 관정에서 한밤중에 있었던 심문 내용을 자세히 소개하고 있다. 누가는 가야바의 집에서 있었던 일 대신 새벽에 있었던 공회에서의 심문을 말하고 있는데 마태, 마가가 소개한 가야바의 집에서 있었던 심문의 내용과 비슷하다. 마태, 마가도 공회가 열렸다고 하지만 이미 난 결론을 반복하는 정도다.

마가의 내용대로라면 마가(14:55, 15:1)에서는 공회가 두 번 모인 것이 된다. 마태는 이런 문제를 의식해서인지 새벽 모임을 공회라고 하지 않고 '새벽에 함께 모여 예수를 죽이기로 의논했다'고 한다.

누가는 한밤중에 가야바의 집에서 있었던 심문 자체를 언급하지 않음으로써 마태, 마가가 언급한 한밤중 심문을 의도적으로 무시하고 있다. 사조직에 의해서 체포된 예수를 한밤에 공회라고 모여 심문한 것을 공식적인 공회로 보지 않는 것 같다. 단지 누가는 마태, 마가와 달리 가야바의 집에서 지키는 사람들이 예수를 희롱하고 때리고 욕했다고 한다. 누가는 날이 새고 열린 공회에서의 심문만이 권위를 가졌다고 본 것은 아닐까. 사복음서에서 나타난 예수에 대한 심문을 합치면 전부 세 차례였다고 하겠다. 그렇지만 예수에 대한 심문의 결과는 사복음서 모두 예수를 빌라도에게 고발하는 것이었다.

35-2 요한복음은 가야바의 집으로 가기 전에 안나스의 집으로 끌려갔다고 한다. 군대와 천부장과 유대인의 아랫사람들이 예수를 잡아 결박하여 먼저 안나스에게로 끌고 갔다고 한다. 그러면서 안나스와 가야바에 대해 소개하고 있다. 안나스가 그해의 대제사장인 가야바의 장인이라고 한다. 대제사장은 일 년 직이 아니기에 바른 표현은 아니지만 그해에도 대제사장이었다고 이해하면 좋을 것이다. 가야바에 대해서 '한 사람이 백성을 위해 죽는 것이 유익하다고 권고하던 자라'고 하는데 맞는 말이다. 예수가 죽은 나사로를 살린 후 유대 종교 지도자들이 모인 공회(요 11:47)에서 대제사장인 가야바가 한 말이다. 그런데 여기서 같은 진술이 나온 것이다.

안나스의 집인데 질문은 대제사장이 한다. 안나스 역시 대제사장을 지낸 분이기 때문에 안나스를 대제사장이라고 부른 것이라면 같은 사람, 즉 한 사람이 심문을 한 것이다. 물론 대제사장을 그만두어도 그 직함으로 부를 수 있기 때문이다. 그런데 앞에서 안나스를 그냥 안나스라

네 개의 시선으로 본 예수의 생애

고 했고 대제사장은 가야바라고 했기 때문에 그 점을 감안하면 안나스의 집에서 가야바가 심문을 한 것이 된다. 사도행전에는 베드로와 요한을 심문하는 사람이 '대제사장 가야바'다. 만약 안나스의 집에서 안나스가 심문을 하였다고 하면 요한복음에는 가야바의 심문이 없는 것이 된다. 요한복음은 대제사장의 심문 직전 베드로가 다른 제자와 함께 대제사장의 집에 들어갔는데 문을 지키는 여종이 '너도 이 사람의 제자가 아니냐'고 하자 '나는 아니라'고 일차로 부인하는 장면이 나온다.

요한복음은 대제사장이 예수에게 '그의 제자들과 그의 교훈에 대하여' 물었다고 한다. 예수는 대답했다. '나는 세상 사람들에게 버젓이 말했다. 나는 언제나 유대인들이 모이는 회당과 성전에서 가르쳤다. 그런데 왜 나에게 묻느냐. 내가 무슨 말을 했는지 들은 사람들에게서 물어보라. 그들이 내가 말한 것을 그들이 알고 있다'(요 18:20-21)고 한다.

예수가 이렇게 말씀할 때 곁에 서 있던 아랫사람 한 사람이 '대제사장에게 그게 무슨 대답이냐'고 하며 예수를 손으로 쳤다고 하는데 공동번역은 뺨을 때렸다고 한다. 아랫사람이라는 헬라어 hypereton에는 종이라는 의미도 있지만 수행원이나 배석자, 공회의 배석자라는 뜻이 있다. 새번역과 공동번역은 모두 경비병이라고 한다.

요한복음에서의 예수는 늘 당당하다. 예수는 그 사람에게 '내가 한 말에 잘못이 있다면 어디 대보라. 그러나 잘못이 없다면 어찌하여 나를 때리느냐'고 한다. 안나스는 예수를 묶은 채 대제사장 가야바에게 보냈다.

35-3 공관복음은 요한복음과 이야기가 다르다. 예수를 잡은 자들이 예수를 대제사장 가야바에게 끌고 갔는데 다른 대제사장들과 장로들과 서기관들이 다 모여 있었다고 마가는 전한다. 가야바의 관정은 유대교 지도자들이 모여 예수를 흉계로 잡아 죽이려고 의논했던 곳(마 26:4)이었

는데 예수는 체포되어 그리로 끌려간 것이다. 공관복음은 그때 베드로도 대제사장의 관저 뜰 안까지 따라 들어갔다고 한다.

마태, 마가에서 대제사장들과 온 공회는 예수를 죽일 만한 증거를 찾았으나 찾아내지 못한다. 예수에게 불리하게 거짓으로 증언하는 사람이 많았으나 그들의 증언은 서로 일치하지 않았다. 마태는 두 사람이 나타나서 말하기를 이 사람이 '하나님의 성전을 헐고 사흘 만에 다시 세울 수 있다'(마 26:61)고 했다는 것이다. 마가는 몇 사람이 일어서서 거짓 증언을 하기를 우리는 이 사람이 사람의 손으로 지은 이 성전을 헐어버리고 손으로 짓지 않은 다른 성전을 사흘 만에 세우겠다고 한 말을 들었다고는 하나 그들의 증언도 서로 들어맞지 않았다(막 14:57-59)고 한다. 마태와 마가에서 대제사장은 가운데 일어서서 예수에게 이 사람들이 이토록 불리하게 증언하는데도 아무 대답이 없느냐((마 26:62-63, 막 14:60-61)고 묻지만 예수는 침묵한다.

예수는 대답을 할 필요가 없었을 것이다. 만약 예수가 대답을 했다면 그것은 요한복음에서 성전 정화 후 한 말씀 즉, 너희가 표적을 요구하기에 내가 아니라 '너희가 이 성전을 헐라'(요 2:18-19)고 했고 '성전 된 자기 육체를 가리켜 한 말씀'(요 2:21)이라고 했을 것이다. 예수의 침묵은 상대의 주장을 무시하는 것일 수 있고 마가에서처럼 거짓 증언에 대한 무대응의 전략일 수도 있다. 예수는 심문에 대해 진술을 거부할 수 있는 형사상 최소한의 권리인 묵비권을 행사한 것이라고 볼 수도 있는 것이다.

구약의 선지자들이 성전 멸망을 수차례에 걸쳐 예언했으나 그들이 성전 모독죄로 기소되지는 않았다. 그러나 스데반은 '나사렛 예수가 이곳을 헐고 또 모세가 우리에게 전해준 규례를 고치겠다'(행 6:14)고 했다는 무고한 죄목으로 유대인들에게 고발당하고 기소되는데 예수의 말씀을 변호(행 7:47-50)하다가 순교(행 7:57,59)하였다. 이처럼 예수 당시에는 성

네 개의 시선으로 본 예수의 생애

전 모독에 대해 엄격하여 신성 모독이 되었던 것이다.

대제사장은 예수에게 '네가 그리스도냐'고 하는데 마태에서 대제사장은 '살아 계신 하나님께 맹세하라'(마 26:63)고 하며 질문을 한다. 하나님의 이름으로 거짓 맹세를 하게 되면 '하나님의 이름을 망령되이 부른' 것이 되어 신성 모독죄에 해당(레 19:12)되게 된다. 그런데 마태는 네가 '하나님의 아들 그리스도'냐는 것이고 마가는 네가 '찬송 받을 이의 아들 그리스도'냐는 것이다. 같은 의미의 다른 표현이다. 마가에서 예수의 대답은 '내가 바로 그' 즉 에고 에이미(14:62)라고 하고 마태는 '네가 말하였다'(26:63)고 한다.

이때 예수는 '내가 그'라는 자신의 신적 정체성에 대한 답변을 보완하여 진술하기를 '너희는 이제 인자가 전능하신 분의 오른편에 앉아 있는 것과 또 하늘의 구름을 타고 내려오는 것을 보게 될 것이라'(마 26:57, 막 14:62)고 한다. 그때 대제사장이 옷을 찢으며 하는 말이 '이 사람이 이렇게 신성 모독을 했으니 이 이상 무슨 증거가 필요하겠느냐'고 하며 너희는 방금 신성 모독 하는 말을 들었는데 '어떻게 생각하느냐'고 묻는다. 이 말은 '어떻게 처리하면 좋겠느냐'는 것이다. 그들은 다 '사형에 처해야 한다'고 했다.

대제사장이 옷을 찢으며 말했다고 한다. 옷을 찢는 행위는 슬픔의 표시이고 회개의 표시이었다. 레위기에 따르면 대제사장은 친척이 죽어도 머리를 풀거나 옷을 찢어서는 안 된다고 했다(레 10:6). 아마도 대제사장은 예수의 죄가 엄중하다는 의미로 옷을 찢은 것으로 보인다. 신성모독이란 엄격하게는 하나님의 이름을 망령되이 부르는 것이지만 알렉산드로의 필로가 작성한 문헌에 나와 있듯이 '신적 권위를 가졌다고 말하는 것 자체'가 신성 모독으로 간주되었다.

그런데 요한복음에는 예수가 신성 모독에 대해 항변하는 이야기가 있다. '아버지께서는 나에게 거룩한 일을 맡겨 세상에 보냈다. 너희는 내가 하나님의 아들이라고 한 말 때문에 신성모독이라고 하느냐'(요 10:36)고 했다. 요한복음에서 예수를 신성 모독죄로 돌로 치려 했던 사건이 공관복음에서 한밤중 대제사장의 관정에서 다시 반복되고 있는 것이다. 신성모독은 하나님 모독으로 개역 성경은 '참람'이라고 했고 가톨릭은 '독성'이라고 했다.

그리고 예수에 대한 폭력이 자행된다. 예수의 얼굴에 침을 뱉으며 주먹으로 치는데 어떤 사람은 그의 얼굴을 가리고 주먹으로 치며 그리스도야 우리에게 선지자 노릇을 하라고 한다. 누가에는 가야바의 집에 있을 때 새벽에 열린 공회에 나가기 전 한밤중에 '지키는 사람들이 예수를 희롱하고 때렸다'고 하며 '눈을 가리고 묻기를 선지자 노릇을 하라'고 하는데 '너를 친 자가 누구냐'고 물었다고 한다. 얼굴을 가리고 때린 이유는 누가 때렸는지 알아 맞춰보라는 것이고 그것이 선지자 노릇이라고 한다. 누가는 '이외에도 많은 말로 욕했다'(22:65)고 한다. 여기서 '욕하다'는 blasphemeo로 '모욕하다, 신성모독하다'라는 말이다. 욕한 사람은 부지불식간에 신성모독을 한 것이라 하겠다. 마가는 하인들도 손바닥으로 쳤다고 한다.

35-4 마태, 마가는 밤에 예수를 심문한 공회가 '온 공회'(마 26:59, 막 14:55)라고 한다. 새벽 공회에 대해 마태는 공회라는 말이 없이 '새벽에 모든 대제사장들과 백성의 장로들이 예수를 죽이려고 함께 의논하였다'(27:1)고 한다. 마가는 '새벽에 대제사장들이 장로들과 서기관들 곧 온 공회(15:1)와 함께 의논했다'고 한다. 그렇다면 마가에는 온 공회가 두 번 열린 것이 되고. 마태와 누가에는 한 번 열린 것이 된다. 마가는 온 공회가 왜 두 번 열렸다고 했을까.

네 개의 시선으로 본 예수의 생애

새번역은 밤에 열린 공회를 '온 의회'라고 했고 새벽에 열린 공회를 '전체 의회'라고 한다. 왜 그렇게 번역했을까. 밤에 열린 공회는 '대제사장들과 온 공회'라고 했는데 새벽 공회는 '대제사장들이 장로들과 서기관들이 모였다'고 한다. 새벽 공회의 규모가 더 커 보인다. 헬라어로 밤에 열린 공회는 synedrion(14:55) 즉 산헤드린이고 새벽에 열린 공회는 symboulion(15:1) 영어로 council 즉 의회라고 한다. 새벽에 열린 공회가 더 많은 사람이 모인 공회로 보여서 다른 헬라어 단어를 쓴 것은 아닐까.

누가는 날이 새자 모였다고 한다. 누가에는 밤에 열린 공회에 대한 언급 자체가 없다. 예수는 새벽에 열린 공회에 끌려 나가 한 번 심문을 받는다. 누가에는 누가 질문했는지에 대한 언급이 없고 단지 질문이 있을 뿐이다. 그런데 질문과 예수의 대답은 한밤에 열린 공회에서 했던 것과 같다.

질문자는 예수에게 '네가 그리스도이면 그렇다고 대답하라'고 한다. 예수는 '내가 그렇다고 하여도 너희는 믿지 않을 것이며 내가 물어보아도 너희는 대답하지 않을 것이다'(눅 22:67-68)라고 한다. 이때 예수는 자신이 초월적 존재라는 진술을 한다. '이제부터 인자가 전능하신 하나님의 오른편에 앉게 될 것이라'(:69)고 한다. 그러자 모두가 말했다. '그러면 네가 하나님의 아들이냐'. 예수는 '내가 그'(:70)라고 '너희가 말했다'고 한다. 그러자 그들은 이제 우리에게 무슨 증언이 더 필요하겠느냐고 하며 우리가 그의 입에서 나오는 말을 직접 들었다(:71)고 한다.

새벽 공회의 결과에 대해 마태, 마가는 예수를 결박하여 끌고 가서 빌라도에게 넘겨주었다고 한다. 누가는 무리가 다 일어나 예수를 빌라도에게 끌고 갔다고 하며 세 가지 죄목을 가지고 예수를 고발했다고 한다. 그런데 그 세 가지는 백성을 미혹하고, 가이샤에게 세금 바치는 것을 금하고, 자칭 왕 그리스도라는 것이다. 유대인의 심문에 결과는 마가의 표현대로 '예수를 사형에 해당된다고 정죄'(14:64)한 것이라 하겠다. 유대인들은 공회의 심문에 결과로 가야바에게 고발을 하게 된다.

요한복음은 안나스가 예수를 결박한 그대로 대제사장 가야바에게 보낸다. 그리고 그들은 공회에 관한 언급이 전혀 없이 새벽에 예수를 가야바의 관정으로 끌고 간다. 그런데 빌라도가 밖으로 나와서 '너희가 무슨 일로 이 사람을 고발하느냐'고 (요 18:30)하자 그들은 '이 사람이 행악자가 아니면 우리가 당신에게 넘기지 않는다'고 한다.

35-5 요한복음은 예수를 잡은 무리들이 예수를 결박하여 '먼저' 안나스에게 끌고 갔다고 한다. 그러면 그 이유가 무엇일까. 아마도 예수를 잡기 위해 로마 군인들이 동원되었을 때 안나스가 그들에게 부탁한 것은 아닐까. 그래서 천부장(요 18:12 새번역은 로마 군인들의 대장)이란 사람이 전 대제사장이고 현 대제사장의 장인인 안나스에게 예수를 끌고 갔을 것으로 보인다. 여기서 예수의 심문자를 안나스가 아닌 현 대제사장이라고 생각해 보자.

현 대제사장 가야바는 예수에 대해 잘 알고 있는 인물이다. 요한복음은 그가 예수를 잡기 위해 소집된 공회에서 예수를 잡아야 하는 이유를 설명하고 예수를 죽이려고 모의하고 예수 있는 곳을 알거든 신고하여 잡게 하라고 명령(11:50,53,57)한 사람이다. 그래서인지 대제사장의 심문은 의외로 단순하고 간단한 것이었을 수 있고 개인적인 관심사에 대해 예수에게 묻고 싶은 것이었을 수 있다.

질문자는 예수의 제자들과 그의 교훈에 대해 질문한다. 질문자는 예수의 교훈은 어떤 것인지 궁금했을 수도 있다. 요한복음은 예수가 초막절에 성전에서 가르치는데 유대인들은 예수에게 '이 사람은 배우지도 않았는데 어떻게 아는 것이 많을까'라고 한다. 그때 예수는 '내 교훈은 내 것이 아니라 나를 보내신 이의 것이라'(요 7:15-16)고 한다. 성전 정화 후 마가와 누가에서 대제사장과 서기관들과 백성의 지도자들은 예수를 죽이려고 꾀하는데 백성들이 다 그에게 귀를 기울여 들었다(눅 19:48))고 하고 무리가 다 그의 교훈을 놀랍게 여기므로 그를 두려워하였다(막 11:18)고 한다. 공생애 초기 예수가 가버나움의 회당에서 가르치는데 뭇 사람이 그의 교훈에 놀라고(막 1:22), 권위 있는 새 교훈이라(:27)고 했다. 안나스이거나, 가야바이거나 간에 예수의 교훈에 대해 직접 듣고 싶었을 수 있다.

질문자는 이어서 예수와 그의 제자들에 대해 묻는다. 예수의 제자들에게 관심을 보인 이유는 아무래도 그들의 충성도에 관한 관심일 것이다. 그리고 예수 사후 그들이 얼마나 더 계속해서 예수의 메시지를 전파할 수 있을지의 여부도 궁금해서였을 것이다. 유대교 내에서 있었던 여러 종교 운동처럼 지도자가 사라지면 곧 없어질 것인지 그의 제자들에 대해 알면 예수 체포 이후 이 운동이 어떻게 될지 알 수 있다고 생각했기 때문은 아닐까.

35-6 여기서 요한복음에 엉뚱한 문제가 생긴다. 이것을 해결해야 베드로의 고백이 자연스러워지고 예수의 심문이 누가 한 것인지 분명해진다.

(1) 베드로의 부인에 관한 것이다.

현재의 요한복음 본문 그대로라면 베드로는 첫 번째 예수 부인을 안나스의 집에서 한다(18:15-18). 그런데 안나스가 예수를 결박한 채 그대로 가야바의 집으로 보낸다(:24). 그리고 곧 베드로의 두 번째 부인에 관한 기사(:25-27)가 나온다. 그러면 베드로의 두 번째 부인과 세 번째 부인은 가야바의 집에서 한 것이 된다. 베드로는 이집 저집을 쫓아다니며 예수를 부인했다는 것이 된다.

베드로가 어떻게 얼마나 어렵게 들어간 대제사장의 집인가. 그런데 요한복음은 베드로가 첫 번째 예수를 부인한 곳이 대제사장의 집(18:15)이라고 한다. 안나스의 집이 아니라는 것이다. 그리고 대제사장이 예수에게 심문(18:19)한다. 공관복음은 베드로의 세 번의 예수 부인이 모두 가야바의 집에서 했다고 한다.

(2) 그러면 이 문제를 어떻게 해결할 것인가.

그 해결은 간단하다. 안나스가 예수를 결박한 그대로 대제사장 가야바에게 보냈다는 구절인 18장 24절을 13절과 14절 사이에 옮겨 놓으면 모든 것이 자연스럽고 상식적인 것이 된다. 그렇게 하면 안나스의 집으로 끌려간 예수는 안나스의 심문 없이 곧바로 대제사장인 가야바에 집으로 가고 이어서 14절 즉 가야바를 소개하는 기사가 나오게 된다.

(3) 예수에 대한 심문이 대제사장의 관점에서 대제사장이 한 것이 된다(요 18:19).

18장 24절을 13절과 14절 사이로 옮겨 놓으면 예수가 안나스의 집에서 대제사장 가야바의 집으로 옮겨진 후이기 때문에 예수에 대한 심문이 안나스의 집이 아니고 안나스가 한 것이 아닌 것이 된다. 베드로도 가야바의 집에 들어가고 거기서 첫 번째 예수 부인을 하게 된다. 요한복음에는 예수에 대한 대제사장의 심문 기사의 앞뒤로 베드로의 부인 기사가 놓여있다. 이렇게 한 구절을 옮겨 놓으면 베드로의 세 번의 부인이 모두 가야바의 집에서 일어난 일이 되는 것이다.

35-7 공관복음에서 예수에 대한 첫 질문은 모두 '네가 그리스도냐'는 것이다. 마가에서의 질문은 네가 찬송 받을 이 즉 하나님의 아들 그

리스도냐는 조심스러운 질문에 예수는 직접적으로 긍정한다. '내가 그라'고 한다. 잘 아는 대로 '나는 나', 즉 '에고 에이미'라는 것은 이스라엘의 하나님이 자기 자신을 말할 때 사용한 말(출 3:14)이다. 예수는 이렇게 대답함으로 자신의 신적 정체성을 말하고 있다. 복음서에는 여러 곳에서 예수가 자신을 내가 그라고 한다.

마태에서 성전 모독죄를 적용하려던 대제사장은 예수에게 직접적인 말로 예수에게 네가 하나님의 아들이냐(마 26:63)고 묻는다. 성전 모독이라는 고발 내용과 직접적으로 관련이 없는 질문처럼 보인다. 그러나 하나님의 이름을 위하여 집을 짓는 사람은 하나님의 아들이 될 것(삼하 7:13,14)이며 '하나님의 종'(슥 3:8)에서는 '싹'이 하나님의 집을 지을 것(슥 6:12)이라고 하는데 '성전을 지음'과 '하나님의 아들 됨'은 밀접히 관련되어 있다(민경식)고 하겠다.

누가에서 그들은 예수에게 두 번 묻는다. 처음에는 하나님의 아들과 관계없이 '네가 그리스도이거든 우리에게 말하라'는 것이다. 예수는 '내가 말할지라도 너희가 믿지 아니한다' 즉 '너희가 알지 못한다'고 하며 스스로 자신이 초월적 인자라고 보충해서 말씀한다(눅 22:67-69). 그들이 두 번째로 '그러면 네가 하나님의 아들이냐'고 다시 묻는다. 예수는 타칭적으로 긍정한다. '너희가 내가 그라고 말했다'(:70)고 한다.

누가에서 중요한 것은 예수가 하나님의 아들이냐는 질문을 받기 전에 스스로 초월적 인자를 말함으로 예수의 신성을 나타냈다는 것이다. 이 말을 듣고 나서야 그들은 네가 하나님의 아들이냐고 묻게 된다. 공관복음은 초월적 인자에 대해 '인자가 권능자의 우편에 앉는 것'을 공통으로 말하고 있고 마태, 마가는 여기에 인자의 재림에 대해 '구름을 타고 오는 것을 너희가 보리라'고 추가로 언급한다. 사두개인들이 중요시하는 모세 오경에서 '구름'은 하나님의 임재를 나타낸다. 예수는 '구름'을 언급함으로 〈신적 권위를 가진 예수〉라는 것을 말하고 있다. 여기서 누가는 재림이 늦어지고 있다는 입장이어서 구름 이야기를 넣지 않은 것으로 보인다.

공관복음에서 예수는 첫 번째 수난 예고에서 '천사들과 함께 오겠다'고 한다. 마태, 마가는 인자의 재림에 관한 말씀에서 '인자가 구름을 타고 능력과 큰 영광으로 오는 것을 보리라'(마 24:31, 막 13:26)고 한다. 그러나 예수는 유대인의 심문을 받을 때 천사에 대해서는 말하지 않았다. 공관복음에서 예수는 자기 자신을 일컬어 인자라고 하는데 여기에는 '고난의 종'과 '영광의 주'라는 두 개의 이미지가 들어 있다.

36. 베드로의 세 차례 부인

❦

36-1 베드로는 초기 기독교 공동체에서 매우 중요한 역할을 한다. 오순절 날 유대인들 앞에서 그리스도의 부활을 증언(행 2:32)하고 하나님이 예수를 '주와 그리스도가 되게 하였다'(2:36)고 예수가 메시아임을 선포한다. 또한 공회 앞에 서서 '나사렛 예수 그리스도의 이름'(4:10)을 말하고 기독교 최초의 공의회인 예루살렘 회의에서 사도적인 선포(15:7-8)를 하며 이방인들을 동등하게 받아들이기로(15:9,11) 하는데 중요한 역할을 한다.

베드로는 예수를 세 번 부인했다고 사복음서는 말한다. 그런데 사복음서의 상황이 조금씩 다르다. 배경이 다르고 베드로에게 말을 거는 사람들이 다르고 베드로의 대응이 다르다. 그래서 사복음서를 함께 읽다 보면 흥미 있는 차이가 있는 것을 보게 된다. 세 번의 부인 후 닭이 울고 주께서 베드로를 보시고 베드로는 통곡한다. 베드로는 어떤 사람이었을까. 베드로의 부인하는 방법을 통해 사람들이 부인하는 유형에 대해서도 알아보도록 하자.

36-2 공관복음은 공통으로 베드로가 멀찍이 예수를 따라 대제사장의 집으로 들어갔다고 한다. 금방이라도 뒤돌아서 나올 것 같은 베드로의 모습은 예수를 멀찍이 따르는 현대인들의 신앙생활을 보는 것 같다. 그런데 마태는 베드로가 '그 결말을 보려고 안에 들어갔다'고 하고 누가

는 '예수를 잡아끌고 대제사장의 집으로 들어갈 때', '따라 들어갔다'고
한다. 마태는 집 뜰에까지, 마가는 집 뜰 안까지 들어갔다고 한다. 집 안
에 들어간 베드로는 하인들(마태), 아랫사람들(마가), 사람들(누가)과 함께
있었다.

하인들과 앉아 있었다고 하는 마태를 제외하면 마가, 누가, 요한복음
에는 베드로가 불을 쬐는 이야기가 있다. 마가는 '아랫사람들과 앉아 불
을 쬐더라'고 하고 누가는 '사람들이 뜰 가운데 불을 피우고 함께 앉았
다'고 하며 요한복음은 첫 번째 부인을 하고 '그때가 추운고로 종과 아
랫사람들이 불을 피우고 서서 쬐니 베드로도 함께 서서 쬐더라'고 한다.
요한복음은 두 번째 부인을 하기 전에도 서서 불을 쬐고 있었다고 하는
데 베드로가 불을 쬐는 모습을 상세히 기술함으로써 기사의 사실성을
높여주고 있다.

요한복음은 베드로가 대제사장의 집에 들어가는 모습을 상세히 기술
하고 있다. 시몬 베드로와 또 다른 제자 한 사람이 예수를 따르는데 이
제자는 대제사장과 아는 사람이다. 그때 베드로는 문밖에 서 있었다. 대
제사장을 아는 그 제자가 나가서 문 지키는 여자에게 말하고 베드로를
데리고 들어간다. 전승적으로는 베드로를 데리고 대제사장의 집에 들어
간 '또 다른' 제자가 요한복음의 저자 요한이라고 한다.

36-3 첫 번째 베드로의 부인 이야기에서 복음서들은 베드로가 있는
장소에 대해 그 위치를 지적하고 있다. 아마도 사건의 중대성 때문으로
보인다. 마태, 마가에서 베드로는 처음 들어간 장소 그대로이고 누가에는
언급이 없고 요한복음에는 여자가 베드로를 데리고 들어가는 중에 문
지키는 여종이 베드로에게 말을 건넨다. 처음 부인할 때 말을 거는 사람
은 사복음서 모두 여종이다.

마태는 '한 여종', 마가는 '대제사장의 여종', 누가도 '한 여종', 요한복음은 문 지키는 여종이다. 여기서 마가의 여종은 베드로가 불쬐는 것을 '보고' 있었고 누가의 여종은 베드로가 불빛을 향해 앉아있는 것을 '보고' 있었다고 한다. 그런데 헬라어로 '보다'라는 단어가 다르다. 마가에서는 emblepsasa로 to look 즉 보다의 뜻이다. 그러나 누가에서는 atenisasa로 having looked intently on으로 즉 눈여겨보다, 주목하여 보다의 뜻이다. 누가복음과 사도행전을 쓴 누가는 두 책에서 10여 군데에서 이 단어를 쓰고 있다.

여종들은 베드로에게 '예수와 같이 있었던 사람'이라고 한다. 마태는 베드로를 '갈릴리 사람 예수와 함께 있었다', 마가는 '나사렛 예수와 함께 있었다', 누가는 '이 사람도 그와 함께 있었다'고 여종들이 단정적으로 말하고 요한복음은 '너도 이 사람의 제자가 아니냐'고 질문을 한다.

베드로의 부인하는 모습을 보자. 마태에서 베드로는 여종이 한 말에 대해 모든 사람 앞에서 부인한다. 나는 네가 무슨 말을 하는지 알지 못하겠다고 한다. 자기가 부인하는 것을 다른 사람들에게도 알게 했다는 것이다. 마가에서는 주위 사람들에 대한 설명 없이 '나는 네가 말하는 것을 무엇인지 알지도 못하고 깨닫지도 못한다'고 한다. 마태, 마가 모두 강력하게 부인한다. 누가에서는 '이 여자여 내가 그를 알지 못한다' 하고 요한복음은 '이 사람의 제자가 아니냐'는 여종의 질문에 '나는 아니라'고 한다.

36-4 두 번째 베드로의 부인에서는 그 장소를 지적하고 있다. 마태와 마가는 베드로가 있던 장소를 옮겼다고 하고 누가와 요한복음은 그 자리에 그대로 있었다고 한다. 마태는 '앞문까지 나아갔다'고 하는데 '바깥뜰에서 옮긴' 것이다. 마가는 '앞뜰로 나갈 때'라고 하는데 '아래 뜰에

서 옮긴' 것이다. 그런데 마가에서는 이동하고 있는 베드로에게 말을 건넨다. 누가는 장소에 대한 언급이 없는 것으로 보아 같은 장소로 보인다. 요한복음은 사람들이 불을 쬐고 있는데 베드로가 함께 서 있다고 하는데 움직이지 않고 그대로 있었다는 것이다.

두 번째 베드로가 부인할 때 말을 거는 사람이 마태, 마가는 여종이라 하고 마태는 '다른 여종', 마가는 '여종'이라고 한다. 누가에서는 '조금 후에 다른 사람'이 말을 건네며 요한복음에서는 '사람들'이 질문한다. 같은 여종으로 보이는 마가를 제외하면 마태, 누가, 요한복음에서 베드로에게 말을 건네는 사람이 다른 사람으로 바뀌었다.

마태와 마가에서 여종은 베드로에게 말하는 것이 아니라 '베드로 근처에 있는 사람들에게' 말한다. 마태에서 처음 여종은 '너도 갈릴리 사람 예수와 함께 있었다'고 했으나 두 번째 여종은 '이 사람은 나사렛 예수와 함께 있었다'고 '거기 있는 사람들'에게 베드로의 신원을 폭로한다. 마태에서 처음 부인 때 베드로가 여종이 자기에게 한 말에 대해 모든 사람 앞에서 부인한 것에 대한 대응으로 보인다. 그러나 두 번째 여종은 다른 사람이다.

마가에서 여종은 같은 사람으로 보이는데 처음에는 베드로에게 말했으나 두 번째에는 '곁에 있는 사람들'에게 '이 사람은 그 도당이라'고 신원을 공개한 것이다. 누가는 '조금 후'라고 시간 상황을 말한 다음 여종이 아닌 '다른 사람이 너도 그 도당이라'고 하는데 마가와 누가는 베드로가 예수의 도당이라는 점을 강조하고 있다. 그러나 요한복음은 처음에 문 지키는 여종이 한 질문과 똑같이 두 번째에도 '너도 그 제자가 아니냐'고 한다.

두 번째 부인에서 베드로의 대응은 어떠했을까. 마태에서 베드로는 '맹세하며 또 부인하며 나는 그 사람을 알지 못한다'고 하는데 당연히

네 개의 시선으로 본 예수의 생애

'거기 있는' 사람들에게 했을 것이다. 마가에서는 '또 부인했다'고 한다. 이 말은 베드로가 '곁에 있는 사람들에게' 또 부인했다는 것이고 자기는 '그 도당이 아니라'고 했다는 것이다. '또'라는 말은 마가에서 베드로가 처음 부인 때 한 말 즉 '나는 네가 하는 말이 무엇인지 알지도 깨닫지도 못한다'고 한 말을 반복했다는 것이다. 누가에서의 베드로는 여종이 아닌 '다른 사람'이기 때문에 '이 사람아 나는 아니라'고 한다. 나는 예수의 도당이 아니라고 한 것이다. 요한복음은 처음 부인 때 한 대답과 똑같이 '나는 아니라'고 한다. 요한복음에서 말을 건네는 사람은 바뀌지만 두 번 계속해서 베드로의 신원에 대해 '그의 제자가 아니냐'고 묻고 베드로는 아니라고 한 것이다.

36-5 세 번째 베드로의 부인에서는 장소에 대한 말이 없다. 대신 시간 상황에 대한 언급이 있다. 마태, 마가는 '조금 후'라고 한다. 두 번째에서 '조금 후'라고 말했던 누가는 이번에는 '한 시간쯤 있다가'라고 한다. 요한복음은 시간에 대한 말이 없다.

세 번째 부인에서 베드로에게 말을 거는 사람이 마태, 마가는 '곁에서 있던 사람'이라고 하고 누가는 '또 한 사람'이라고 하며 요한복음은 '베드로에게 귀를 잘린 사람의 친척' 즉 말고의 친척이라는 사람이 말을 건넸다고 한다.

세 번째 베드로의 부인 중 공관복음서에서 그에게 말을 거는 사람들은 모두 베드로의 지역을 문제 삼는다. 물론 처음 부인 때에 말을 건넸던 마태에서 여종은 '너도 갈릴리 사람이라'고 했고 마가에서 여종은 예수를 '나사렛 예수'라고 했다.

그러나 세 번째에는 모두 한결같이 '갈릴리'라는 지명을 콕 집어서 말하고 있다. 마태, 마가는 곁에 서 있던 사람이 베드로에게 '너도 그 도당이라'고 하는데 마태는 '네 말소리가 너를 표명한다'고 하고 마가는 '너도 갈릴리 사람이라'고 한다. 마태는 곁에 섰던 사람이 베드로의 말투에서 갈릴리 사람이라는 것을 알았다고 한다. 탈무드에 의하면 갈릴리 사람들은 히브리어의 에이에 해당하는 '알렙'을 '아인'으로 발음했다고 한다. 말투로 출신 지방을 짐작하거나 말투로 그 지역 집단과 동일시하는 것은 동서고금을 통해서 흔한 일이다.

1923년 9월 1일 일본 관동 지역에서 대지진이 일어났을 때 일본 사람들은 당시 동경에 살고 있던 조선인이 방화를 하고 우물에 독약을 탄다는 유언비어를 퍼트리고 조선인을 색출해서 육천여 명을 학살하였다. 이때 조선인을 구별하는 방법으로 사용한 방법이 발음이 어려운 일본어를 말하게 한 것이다. 그런데 일본은 지금도 매년 이날을 방재의 날로 지키고 있다.

성경에도 이런 이야기가 있다. 사사 입다 시대에 길르앗과 에브라임이 전쟁을 했는데 길르앗이 승전한다. 그들은 요단강 나루터를 장악하고 에브라임 사람들을 색출한다. 그때 길르앗 사람들은 사람들에게 '쉽브렛'라고 발음하게 하여 '십블렛'이라고 발음하는 에브라임 사람들을 찾아내 죽였다(삿 12:5-6). 즉 에브라임 사람들은 히브리어의 sh를 s로 발음했다는 것이다.

누가는 '또 한 사람이 장담하며 참으로 이 사람은 그와 함께 있었다고 하며 이 사람은 갈릴리 사람이니까'라고 한다. 예수도 베드로도 모두 갈릴리 사람이라는 것이다.

요한복음은 말고의 친척이 '네가 그 사람과 함께 동산에 있는 것을 내가 보지 않았냐'고 한다. 요한복음에서 말을 거는 이들은 모두 다 질문을 하고 있다. 말고의 친척은 말고와 함께 예수를 잡으러 가는데 동원된 사람이었다. 베드로는 예수가 잡히는 현장에서 칼로 말고의 귀를 쳤는데 그 자리에 있었던 사람이라면 당연히 베드로를 알아볼 수 있었을 것이다.

세 번째로 부인하는 베드로의 반응은 어떠했을까. 마태와 마가는 '저주하여 맹세하며 너희가 말하는 그 사람을 알지 못한다'고 하니 곧 닭이 울었다고 한다. 베드로는 예수를 부인한 동시에 예수의 제자로서의 자신의 정체성도 부인하고 말았다. 누가에서의 베드로는 '이 사람아 나는 네가 하는 말을 알지 못한다'고 하며 베드로가 말하고 있을 때 닭이 울었다고 한다. 요한복음은 말고의 친척 즉 목격자의 증언에 대해서도 '또 부인하였다'고 하는데 그러자 닭이 울었다고 한다.

36-6 마태, 마가, 요한복음은 베드로가 세 번 부인을 한 후 닭이 울었다고 하는데 누가는 세 번째 부인하는 말을 하고 있을 때 닭이 울었다고 한다. 마가는 마가의 예언대로 베드로가 부인하자 닭이 두 번 울었다고 한다. 이런 표현들은 베드로의 부인이 예수가 예언한 그대로라는 것과 베드로가 부인하고 있는 상황을 사실대로 기록했다는 것을 말하고 있는 것이라 하겠다. 그런데 유대교 규례에 의하면 성내에서는 닭을 치지 못하게 되어 있다고는 하나 이런 규정들이 엄격하게 시행되지는 않았다는 주장도 있다.

로마 군대는 3경 즉 로마시간으로 새벽에 보초가 바뀌며 나팔을 불었다고 하는데 그것을 '갈라시니엄'gallicinium이라고 하며 그 뜻은 '닭이 울다'(라틴어사전)라고 한다. 그래서 베드로의 세 번째 부인 후 닭이 울은 것이 아니라 로마 군대의 나팔 소리가 난 것이라고도 주장한다. 여기서 닭의 울음소리는 예수의 예언을 회생시키는 장치이다. 베드로는 닭의 울음소리를 듣고 예수의 말씀을 기억(막 14:72)하고 통곡을 하게 된다.

누가에만 있는 기사다. 닭이 울고 난 후 그리고 통곡하기 전에 '예수가 돌이켜 베드로를 보셨다'고 한다. 공동번역은 '그때에 주께서 몸을 돌려 베드로를 똑바로 바라보셨다'고 한다. 왜 예수는 베드로를 보았을까. 누가에서의 베드로는 좀 더 굳은 충성 맹세를 한다. '주여 내가 주와 함께 옥에도, 죽는 데에도 가기를 각오하나이다'라고 했는데 호언장담이 되고 말았다. 그래도 베드로는 다른 제자들과 달리 도망가지 않고 예수를 따라 가야바의 관정에까지 들어온 용감한 사람이다. 그러나 적진 한 가운데서 예수의 제자임을 시인할 수는 없었을 것이다. 자발적으로 잡힐 수는 없지 않는가. 자기 부정을 하지 못하고 자기 십자가를 지지 못하는 우리 모두를 예수는 돌아보고 계신 것이다.

베드로의 세 번에 걸친 예수 부인의 끝은 통곡이었다. 마태와 누가는 베드로가 세 번 부인하리라는 말씀이 생각이 나서 밖에 나가서 심히 통곡했다고 한다. 마가 역시 세 번 부인하리라고 한 말씀이 기억이 되어 울었다고 한다. 요한복음에는 베드로가 울었다는 말이 없다.

마태, 누가는 헬라어로 똑같이 eklausen piklos로 심히 통곡한다는 말이다. 그런데 마가는 epibalon eklain으로 '우는데 감정을 주체하지 못하다' 또는 '우는데 감정을 주체하지 못해서 땅이나 바닥에 엎어지다'라는 뜻이 있다. 그래서 마가 14장 72절을 새번역은 '엎드려서 울었다'고 하고 공동번역은 '땅에 쓰러져 슬피 울었다'고 한다. 마가가 말하는 베드로의 통곡을 상상해 보자.

예수도 우셨다. 죽은 나사로를 보시고 울고(요 11:35) 무너질 도성 예루살렘을 보고 우시고(눅 19:41) 또한 '자기를 죽음에서 구원하실 이에게 심한 통곡과 간구와 소원을' 올렸다(히 5:7)고 한다. '울다'는 히브리어로 '바카'인데 구약에 백여 번 나온다. 많이 울었던 왕으로는 다윗이 있고 선지자로는 예레미야가 있다.

닭의 울음소리는 베드로로 하여금 지금 자기가 처한 상황을 깨닫게

네 개의 시선으로 본 예수의 생애

했다. 예수가 베드로를 돌아봄으로 제자로서의 사명을 다시 확인할 수 있었다. 예수는 이 세대를 말하면서 '우리가 슬피 울어도 너희가 가슴을 치지 아니하였다'(마 11:17)고 하고 '우리가 곡하여도 너희가 울지 않았다'(눅 7:32)고도 한다. 예수 자신도 자기를 죽음에서 능히 구원하실 이에게 심히 통곡과 눈물로 간구와 소원을 올렸다고 하지 않았는가(히 5:7). 이사야는 '만군의 여호와께서 명령하기를 통곡하며 애곡하며 머리털을 뜯으며 굵은 베를 띠라'(사 22:12)고 하지만 유대 백성들은 반대로 행동했다. 그러나 베드로는 자기의 잘못을 알고 자책하며 통곡하였다. 우리 민족도 구원받기 위해서는 '통곡의 벽'이 필요할지 모르겠다. 안타까운 것은 통일을 위한 통곡 기도 운동이 2015년 재미 한인 교회 손인식 목사 등이 중심이 되어 전개되어 국내에서도 시작되었으나 지금은 지속 여부조차 알 수 없다고 한다.

36-7 베드로의 부인 유형을 통해 나의 모습을 살펴볼 수 있으면 좋겠다.

• 무조건 회피하거나 막무가내식으로 부인하다(마태, 마가, 누가 각 한 번씩): 베드로는 네가 무슨 말을 하는지 모르겠다(마 26:70, 눅 22:60)고 하고 알지도 깨닫지도 못한다(막 14:68)고 했다.

• 나는 아니라는 식으로 부인하다(요 3회): 요한복음에서 베드로는 이 사람의 제자가 아니냐는 질문에 대해 두 번 나는 아니라고 하고 말고의 친척이 현장에서 보지 않았느냐고 다그칠 때에도 또 부인했다.

• 자신에게 묻지 않는 것에 대해 부인하다(마태, 마가, 누가 각 한 번씩): 베드로는 거기 있는 사람(마 26:71)이나 곁에 서 있는 사람(막 14:69) 그리고 또 한 사람(눅 22:59)에게 부인하고 그 사람을 알지 못한다고 했다.

• 나는 그 사람을 모른다고 부인하다(마태, 마가, 누가 각 한 번씩): 베드

로는 그와 함께 있었다고 했을 때와 그 도당이라고 했을 때 알지 못한다
(눅 22:57)고 하고 저주하며 맹세하며 모른다(마 26:74, 막 14:71)고 했다.

• 나는 그 도당이 아니라고 부인하다(마태와 누가 각 한 번씩, 마가는 두
번): 베드로는 부인(막 14:70)하고, 아니라(눅 22:58)고 하며, 맹세하며 알
지 못한다(마 6:74, 막 14:71)고 했다.

• 나는 그 제자가 아니라고 부인하다(요 두 번): 요한복음에서 베드로
는 두 번이나 그의 제자 중 하나가 아니냐는 질문에 아니라(요 18:17,25)
고 했다.

• 예수와 함께 있었다는 것을 부인하다(마태와 누가는 두 번, 마가는 한
번): 베드로는 그를 알지 못한다(마 26:72, 눅 22:57)고 하고, 무슨 말인지
모르겠다(마 26:70, 눅 22:60)고 하며, 알지도 깨닫지도 못한다(막 14:68)고
했다.

네 개의 시선으로 본 예수의 생애

37. 빌라도와 헤롯의 심문

❧

37-1 복음서 전체를 볼 때 유대인에 의한 세 차례의 심문에 이어 예수를 끌고 빌라도에게 가서 심문을 받는 이야기가 나오는데 예수 수난 기사 중 가장 핵심 되는 기사의 하나라 하겠다. 빌라도의 심문은 유대인들의 고발로 시작된다. 누가는 예수를 심문한 이방인은 빌라도만이 아니라고 하며, 짧은 시간이었기는 하지만 헤롯에게도 끌려갔었다고 한다.

예수의 심문은 크게 두 부분으로 나누어 볼 수 있다. 마태, 마가, 요한복음을 기준으로 하면, 유월절에 죄수 한 사람을 놓아준다는 이야기가 나오기 전까지로 볼 수 있다. 그래서 이 뒤부터의 기사를 후반부 또는 빌라도의 추가 심문이라고 할 수 있다. 계속되는 빌라도의 심문은 '38. 빌라도의 선고'에서 다룰 것이다.

누가를 기준으로 보면, 빌라도가 예수를 심문하다가 헤롯에게 보냈으나 헤롯이 돌려보내고 이어서 누가에서의 빌라도는 두 번째로 예수의 죄를 찾지 못했다고 하는 무죄 선언을 한 것까지를 예수 심문의 전반부라 하겠다.

빌라도의 심문을 자세하게 다룬 복음서는 누가와 요한복음인데 서로 다른 전승을 기반으로 하고 있다. 마태, 마가에는 빌라도의 무죄 선언이라고 할 수 있는 것이 한 번 나오지만 누가와 요한복음에서는 세 번씩 나온다. 후반부 심문에서 사복음서 모두 유대인들이 예수를 십자가에 달라고 한다. 그런데 마태에는 빌라도 아내의 꿈 이야기가 있고 누가에는 예수가 '선고'를 받았다고 한다. 요한복음에는 예수를 때려 피 흘리게 하며 빌라도가 '이 사람을 보라' 소위 '에케 호모'라고 말하는 장면이 있다.

요한복음은 새벽에 예수가 가야바의 집에서 빌라도의 관정에 끌고 갔다고 한다(18:28). 그래서 예수는 관정 안에 있고 유대인들은 관정 밖에서 소리 지른다는 것을 염두에 두어야 한다. 빌라도가 관정을 드나드는 모습이 일곱 번(18:29,33,38, 19:1,4,9,13) 나온다. 유대인들이 관정 안으로 들어가지 않는 이유는 '그들이 더럽힘을 받지 않고 유월 잔치를 먹고자'(요 18:28) 해서다. 빌라도가 밖으로 나와 유대인들과 말하고 예수와 대화하기 위해서 안으로 들어가는 것을 반복한다. 빌라도에 관한 자료로는 요세푸스의 기록과 알렉산더 필로가 언급한 에피소드 정도가 전부이다.

37-2 마태, 마가는 예수의 죄목에 대한 언급이 없이 빌라도에게 끌려간다. 예수는 빌라도 앞에 선다. 마태, 마가에서 빌라도의 첫 심문은 네가 유대인의 왕이냐(마 27:11, 막 15:2)는 것이었다. 누가는 유대인들이 예수를 고발했다고 하며 그 죄목을 열거한 다음에 그 죄목을 들은 빌라도의 첫 질문이 역시 같은 질문 즉 '네가 유대인의 왕이냐'(눅 23:3)고 한다. 빌라도가 한 '네가 유대인의 왕이냐'는 질문에 대해 공관복음에서 예수는 '그것은 네 말이다' 즉 당신이 그렇게 말했다고 한다.

빌라도의 첫 심문이 있은 다음, 비로소 대제사장과 장로들이 예수를 고발했다고 마태, 마가는 말한다. 그런데 구체적인 죄목이 마태, 마가에는 나와 있지 않다. 너무 많은 것을 고발했는지는 몰라도 논리적이지 않거나 합리적이지 않아서 기록되지 않았을 것으로 보인다.

빌라도는 예수에게 그들이 여러 가지로 고발했다고 하지만 예수는 아무 대답도 하지 않는다. 빌라도는 다시 예수에게 묻는다. '왜 아무 답변도 하지 않느냐 그들이 얼마나 많은 것으로 너를 고발하는가 보라'고 한다. 그래도 예수는 한마디도(마태), 아무 말씀도(마가) 하지 않았다. 빌라도는 크게 놀랍게 여겼다고 한다. 대제사장의 심문 때에도 대제사장이 너를 치는 증거에 대해 왜 아무 말이 없느냐고 하지만 예수는 침묵했었다. 일반적으로 볼 때, 남이 나를 고발하는 내용이 부당하다면 본인이 항변하는 것이 상식이기 때문이다. 예수는 침묵한 것이라기보다는 말이 안 되는 고발 내용에 대해 상대하지 않은 것일 수 있다.

빌라도는 이상하게 여겼다고 한다. 그도 그럴 것이 빌라도의 법정에서 피고소인의 항변은 중요한 권리인데 스스로 침묵한다는 것은 무죄입증의 기회를 포기하는 것으로 보이기 때문이다. 사람들이 변호사를 고용하는 것은 법정에 섰을 때 자신의 무죄를 보다 더 설명하고 무죄임을 설득하기 위해서라 하겠다.

37-3 누가에서 예수의 죄목은 첫째, 백성을 미혹하고 둘째, 가이사에게 세금 바치는 것을 금했고 셋째, 자칭 왕 그리스도라는 것이다. 빌라도와 같은 로마의 파견 관리의 가장 큰 의무는 치안의 확보와 세금 징수라 하겠다. 그런데 예수의 세 가지 죄목은 총독인 빌라도가 개입하지 않으면 안 되는 죄목들이었다. 즉 사회 소요의 문제, 납세의 문제, 왕의 사칭 문제. 예수의 죄목은 정치적으로나 사회적으로나 종교적으로 엄청난 죄를 지은 사람이라 말하고 있다. 유대인들은 예수를 종교적인 문제로 심문을 했다. 그런데 거기에 정치적, 사회적인 죄까지 보태서 고발한 것이다.

(1) 누가에서 빌라도의 첫 심문은 세 가지 고발 내용 중의 하나인 '자칭 왕 그리스도'에 대한 것이었다. 빌라도에게 '그리스도'라는 말은 종교

적인 용어라서 자신이 관여할 영역이 아니었다. 그래서 빌라도는 그리스도를 빼고 대뜸 네가 '유대인의 왕이냐'(눅 23:3)고 묻는다. 자칭 '왕'이냐는 것이다. 빌라도는 예수가 세상의 왕이라고 했는지가 중요했다. 예수는 '당신이 그렇게 말했다'고 한다. 즉 내가 그런 말을 한 적이 없다는 것이다. 예수는 자신을 세상의 왕이라고 한 사실이 없기 때문이다. 이 문제는 요한복음에서 빌라도가 좀 더 관심을 갖고 자세히 질문을 하게 된다.

누가에서 빌라도는 예수의 대답을 듣고 대제사장과 무리들에게 한 말이 '나는 이 사람에게서 아무 죄도 찾지 못했다. 그러므로 때려서 놓겠노라'(23:16)는 것이다. 여기서 '때려서'는 헬라어 파이데우오paideuo로 징계하다, 교육하다, 훈련하다는 말이다. KJV는 '징계하고 놓아주리라'고 한다. 또한 '아무 죄도 찾지 못했다'는 것은 누가에서의 첫 번째 무죄 선언이라 하겠다. 그러자 그들은 더욱 강경하게 말한다.

(2) 누가에서 두 번째 고발 내용인 '백성을 미혹하는 자'에 대해 그들은 구체적으로 설명한다. 유대인들은 예수를 소요죄로 고발하면 치안을 담당한 빌라도가 즉각적으로 예수를 사법 처리할 것이라고 생각했을 것이다. '백성을 미혹하다'는 말을 새번역은 '민족을 오도하다' 즉 '잘못 인도하다'라고 하고 공동번역은 '백성에게 소란을 일으키도록 선동하며'라고 의역한다.

그들은 주장한다. '그 사람은 갈릴리에서 이곳에 이르기까지 온 유다를 돌며 백성들을 가르치며 선동했다'는 것이다. 다시 말해 예수는 '온 유다를 돌며 가르친다'고 하면서 백성을 잘못 이끌어 소란을 일으키도록 '선동했다'는 것이다.

누가에서 고발한 자들이 직접 예수에게 이렇게 말했다면 예수의 대답은 요한복음에서 예수가 체포되어 안나스의 집에 끌려갔을 때 안나스에게 한 대답과 같았을 것이다. '내가 드러내 놓고 말하였노라 모든 유대인들이 모이는 회당과 성전에서 항상 가르쳤고 은밀하게 아무것도 말하지 아니하였거늘 내가 무슨 말을 하였는지 들은 자에게 물어보라'(요 18:21).

누가에서 빌라도는 백성을 미혹했다는 것에 대한 판단을 예수가 헤롯에게 끌려갔다가 돌아온 후에 하게 된다. 이 말을 들은 빌라도는 이 사람이 갈릴리 사람이냐고 묻는다. 빌라도는 예수가 헤롯의 관할에 속한 것을 알고 마침 그때 예루살렘에 와 있던 헤롯에게 예수를 넘긴다.

(3) 누가에서 세 번째는 예수가 세금 바치는 것을 금했다는 것인데 빌라도가 이것을 심문했다는 기사는 없다. 유대인들은 조세 징수의 책임을 지고 있는 빌라도에게 이 문제를 제기하면 예수를 즉각 조치할 것으로 기대하고 고소했을 것이다. 그러나 빌라도의 입장에서는 세금을 거두는 데에 별 어려움이 없었기 때문인지 무시해 버린다.

예수가 예루살렘 입성 후 유대 지도자들은 예수의 말씀에 책을 잡으려고 예수의 권위 문제, 바리새인들이 제기한 납세 문제, 사두개인들이 제기한 부활의 문제, 큰 계명 등을 거론한다. 공관복음은 이미 '가이샤에게 세금을 내는 것이 옳으냐 옳지 아니하냐'하는 문제를 다루었는데 누가에서는 이 문제가 고소 내용의 하나가 되었다.

세금 문제는 로마인들과 유대인들 사이에 놓인 아주 민감한 이슈였다. 사도행전(5:37)에는 드다 공동번역은 튜다Theudas의 실패한 반란과 갈릴리의 유다가 호적 할 때 일으켰다는 반란의 기사가 있다. 드다의 반란은 A.D. 44-46년경 강물을 가르겠다는 혹세무민의 반란(요세푸스, 유대 고대사 20:97-98)이었다고 한다. 갈릴리 유다의 반란은 A.D. 6년경 실시한 인구 조사 때로 보는데 유대 전역에서 납세 거부 운동이 일어났다고 한다. 구약에 성전 건축 비용을 위한 인구조사를 한 기록(출 38:25-38)이 있는데

603,550명이었다고 한다.

성격은 다르지만, 우리나라에서도 호적 거부 운동이 경북 청도에서 있었다. 1917년 호적령에 반대하여 김달, 성기운 등이 거부 운동을 하다가 체포되어 고문을 받기도 했다. 시장세를 거부한 세금 불납 운동도 있었다. 1909년 통감부 통치 때 함경도와 평안도 지역에서 일제가 새로 걷기 시작한 시장세를 거부하는 운동이 일어났다. 기독교인들이 주도했는데 유명한 것이 1910년 1월 평남 순천에서 일어난 사건으로 주재소와 일인 상점 습격, 파괴, 방화, 살인, 폭행 등의 혐의로 97명이 체포되고 26명이 기소되었다고 한다(서평일).

하나님의 백성이라는 유대인이 로마에 세금을 낸다는 것은 로마의 지배를 인정하는 것이 된다. 그러나 현실적으로 납세를 거부할 수는 없었다. 그래서 세금 문제는 유대인들에게 피정복자의 고통에 상징이었고 치욕이었다. 예수의 제자 중에는 열심당원 시몬이 있다. 열심당원들은 하나님만이 이스라엘의 주인이라고 하며 납세를 거부하고 황제의 얼굴이 들어있는 동전을 우상으로 보았다.

마태, 마가에서 이 문제를 제기한 사람들은 바리새인들인데 '예수를 말에 올무에 걸리게 하려고, 자기 제자들과 헤롯 당원들을 함께 보낸다'(마 22:15-16, 막 12:13). 그런데 누가만이 '그들이 엿보다가 예수를 총독의 다스림과 권세 아래에 넘기려 하여 정탐들을 보내어 그들은 스스로 의인인 체하며 예수의 말에 책잡게 했다'(눅 20:20)고 한다. 누가는 분명히 예수를 총독에게 넘기려고 문제를 제기했다고 한다. 여기서 '의인인 체했다'는 말은 의로운 사람인 듯이 행세를 했다는 것이다.

공관복음에서 그들은 예수에게서 원하는 답변을 말하도록 예수를 추켜세우는 말을 먼저 한다. '선생님, 우리는 선생님의 말씀과 가르침이 옳다는 것을 압니다. 또 선생님은 사람을 겉모양으로 판단하지 않으실

네 개의 시선으로 본 예수의 생애

뿐더러 하나님의 진리를 참되게 가르치신다는 것도 압니다. 그런데 우리가 가이사에게 세금은 바치는 것이 옳습니까, 옳지 않습니까'(마 22:16-17, 막 12:14, 눅 20:21-22)

세금 문제는 예수에게 던진 '올무'(마 22:15)다. 그때 예수는 '세금 낼 돈을 내게 보이라'(마 22:19, 막 12:15, 눅 20:24)하니 데나리온 하나를 가져온다. 예수는 이 형상과 이 글이 누구의 것이냐고 묻고 '가이사의 것은 가이사에게, 하나님의 것은 하나님에게 바치라'고 한다. 이 말씀을 듣고 마태는 '놀랍게 여겼다'(마 22:22)고 하고 마가는 '매우 놀랍게 여겼다'(막 12:17)고 했다. 그러나 누가만은 '그의 말을 능히 책잡지 못하고 그의 대답을 놀랍게 여겨 침묵했다'(눅 20:26)고 한다. 누가에서 그들은 결코 포기한 것이 아니라 침묵한 것이었다.

세금에 대한 토론을 보면 예수는 '세금 거부 선동혐의자'가 아니라 '세금 납부 독려자'로 보인다. 그런데 바리새인들이 침묵하면서 생각해 보니 예수의 답변이 '가이사의 것은 가이사에게'로에만 끝나지가 않았다. 이어서 '하나님의 것은 하나님에게'라고 한 것이다. 세상 모든 것은 하나님이 만드신 하나님의 것이기 때문에 가이사의 것 즉 데나리온 역시 하나님의 것이라고 할 수 있다. 다른 사람들은 몰라도 하나님의 백성이라는 유대인들은 당연히 하나님에게 드려야 하는 것이 된다. 그들은 예수가 그런 숨은 의미로 말했다고 보고 '세금 거부 선동자'라고 고발한 것은 아닐까.

37-4 요한복음은 예수를 행악자(요 18:30)라서 넘긴다고 한다. 행악자는 악인, 악행자라는 말로 죄목이 구체적이지 않다. 그래서 빌라도가 그러면 '그를 데려다가 너희 법대로 하라'(:31)고 하는데 유대인들은 '우리에게는 사람을 죽이는 권한이 없다'(:32)고 한다.

사람을 죽이는 권한 즉 사형권은 이우스 글라디이$_{Ius\ Gladii}$로 '칼의 권리'라고 한다. 로마법에 따르면 사형까지 내릴 수 있는 모든 사법적 권한을 말한다. 로마 황제는 이 권리를 지역에 있는 총독에게, 그러나 특별한 경우 빌라도 같은 지방 장관에게도 이 권한이 위임된다. 유대 지역 전체는 시리아의 총독에게 속해 있고 유대 지방에는 지방 장관이 있다. 요세푸스에 의하면 초대 유대 총독이었던 코포니우스$_{Coponius}$는 이 권한을 받아가지고 왔다고 한다. 요한복음은 사람을 죽일 수 없는 유대인들의 이런 행동에 대해 '이는 예수께서 자기가 어떠한 죽음으로 죽을 것을 가리켜 하신 말씀을 응하게 함이라'(요 18:32)고 한다.

요한계시록도 이 '칼의 권리'에 대해서 언급하고 있다. '좌우에 날 선 검'이 '그리스도의 입에서 나온다'(1:16)고 한다. 좌우에 날 선 검은 로마의 무기로서 로마 총독을 묘사하지만 여기서는 재판권과 집행권을 가진 그리스도를 말한다. '날 선 검'에 대한 언급은 버가모 교회에 보내는 말씀에서도 반복(계 2:12,16)된다. 예수를 '좌우에 날 선 검을 가지신 이'라고 하고 있다.

요한복음에서 유대인들은 죄목을 분명하게 말하지는 않으나 죽여야 하고 죽이고 싶어서 끌고 왔다는 것이다. 그래서 예수를 행악자(요 18:30)라고 한다. 그런데 여기서 유대인들은 빌라도의 관정에 예수를 끌고 가지만 '더럽힘을 받지 아니하고' 정결한 유월절 음식을 먹기 위해서 들어가지 않는다(18:28). 즉 유월절 전날이라고 하겠다. 현재 예수는 관정 안에 있고 유대인들은 관정 밖에 있다. 그래서 빌라도가 유대인들에게 말을 하기 위해서 밖으로 나오고(18:29) 또한 빌라도는 예수에게 말을 하기 위해서 관정 안으로 들어간다(18:33). 예수와 유대인 사이에서 왔다 갔다 하는 빌라도다.

네 개의 시선으로 본 예수의 생애

37-5 요한복음의 앞부분에서 빌라도의 심문은 세 가지다. 예수에게 네가 유대인의 왕이냐, 네가 무엇을 하였느냐, 진리가 무엇이냐는 것이다.

(1) 첫 번째 질문인 '네가 유대인의 왕이냐'(18:33)에 대해서는 예수는 이미 공관복음에서 한 대답과 달리 거꾸로 빌라도에게 묻는다. '네가 한 말이 네 말이냐 아니면 다른 사람이 들려준 말을 듣고 하는 말이냐'고 반문한다. 이것은 네가 나에 대해 알고 있느냐는 것이다. 그래서 빌라도는 '내가 유대인인 줄 아느냐 네 동족과 대제사장이 너를 넘겼다'고 한다. 즉 고발자들이 그렇게 말해서 나도 그렇게 질문했다는 것이다.

(2) 두 번째 질문은 '너는 무슨 일을 저질렀느냐'는 것이다. 요한복음에서의 예수의 죄목은 '행악자'다. 예수는 대답한다. '내 나라는 이 세상에 속한 것이 아니다. 만일 내 나라가 세상에 속한다면 내 부하들이 싸워서 나를 유대인의 손에 넘어가게 하지 않았을 것이다. 그러나 내 나라는 이 세상에 속한 것이 아니다'라고 말한다. 여기서 내 나라가 두 번 나온다(18:36). 예수가 말하는 내 나라는 종말론적인 나라라 하겠다.

여기서 빌라도는 다시 처음 질문으로 돌아간다. 빌라도는 '그러면 네가 왕이 아니냐'(18:37)고 다시 묻는다. 예수는 '네가 말한 대로 나는 왕이다'라고 하면서 '나는 진리를 증언하러 태어났고 진리를 증언하려고 세상에 왔다. 진리에 속한 사람은 내 말을 귀담아 듣는다'(18:37)고 한다. 예수는 자신을 '진리를 전하는 왕'이라고 한 것이다.

(3) 세 번째 질문은 '진리가 무엇이냐'는 것인데 예수에 대한 질문이라기보다는 거의 독백에 가까운 것이었다. 물론 예수의 대답도 없다. 그러나 요한복음에서 예수는 진리에 대해 여러 번 말했다. '진리를 알지니 진리가 너희를 자유케 하리라'(8:32), '내가 길이요 진리요 생명이라'(14:6), '진리를 따르는 자(3:21)' 등에 대해 말했다.

'희롱하는 빌라도'라는 말이 있다. 영국의 작가인 프란시스코 베이컨은 '진리에 관하여'라는 자신의 글에서 빌라도가 예수에게 진리가 무엇이냐고 묻고 대답도 듣지 않았다고 하며 확고한 신념이나 도덕적 중심이 없는 권력자들을 '희롱하는 빌라도'라고 했다.

세 번째 질문 후 빌라도가 유대인들에게 나가서 '나는 그에게서 아무 죄도 찾지 못했다'고 한다. 요한복음에서 빌라도의 첫 번째 무죄 선언이라 하겠다.

37-6 누가에만 있는 이야기다. 빌라도는 예수가 갈릴리 사람이냐고 묻고 예수를 헤롯 안디바에게 보낸다. 마침 헤롯이 예루살렘에 있었다는 것이다. 시간상으로 헤롯의 심문이 가능했는지에 대해서 의구심이 든다. 마가는 예수가 제 삼시(15:25) 곧 오전 9시에 처형되었다고 하기 때문이다. 그러나 누가에서 새벽에 열린 공회는 길지 않았을 것으로 보여 가능했을 수 있다.

빌라도가 예수를 헤롯에게 보낸 이유는 무엇일까. 어려운 결정을 기피하려고 예수의 고향을 관할하는 헤롯에게 보냈었을 수 있다. 그러면 누가복음과 사도행전을 쓴 누가는 이 일에 대해 어떻게 생각했을까. 빌라도가 헤롯에게 예수를 보낸 이유를 사도행전을 통해서 알 수 있다. '세상의 군왕들이 나서며 관리들이 함께 모여 주와 그의 그리스도를 대적했다'(행 4:26)는 것이고 '헤롯과 본디오 빌라도는 이방인과 이스라엘 백성과 합세하여 하나님께서 기름 부으신 거룩한 종 예수를 대적했다'(행 4:27)는 것이다. 이것은 시편(2:2)의 메시아 왕국에 대한 도전을 다룬 기사와 같다. '세상의 군왕들이 나서며 관원들이 서로 꾀하며 여호와 그 기름 부은 자를 대적한다'.

초기 기독교도들은 예수가 빌라도와 헤롯 모두에게서 고난을 받았다는 믿음이 있었다. 누가가 예수와 헤롯의 심문을 기록한 이유는 빌라도만큼 헤롯 안디바도 나쁘다는 것을 말하려 한 것은 아닐까.

헤롯은 예수를 보고 매우 기뻐했다. 그는 예수의 소문을 들었으므로 오래전부터 예수를 보고자 하였고 또 예수가 행하는 기적을 한번 보고 싶어 했다(눅 23:8). 누가에는 공생애 초기, 헤롯이 예수를 보고자 하였다는 기사가 있다. 헤롯은 '요한은 내가 목을 베었거늘 이제 이런 일이 들리니 이 사람이 누군가 하여 그를 보고자 하였다'(눅 9:9)는 것이다. 그런데 그 예수가 자기 앞에 있는 것이었다. '헤롯은 여러 말로 물으나 예수는 아무 대답도 하지 않았다'(눅 23:9)고 한다. 헤롯은 예수가 일으키는 기적을 보고 싶어 했지만 심문 자체가 되지 않았던 것이다. 그런데 '대제사장들과 서기관들이 서서 예수를 힘써 고발하였다'(눅 23:10))고 한다. 그러나 헬라어 eutonos는 '격렬하게, 악랄하게' 라는 의미라서 대제사장들과 서기관들은 예수를 악랄하게 고발하였다는 것이다.

헤롯은 고발 내용에 대해서는 관심이 없다. 그는 예수의 기적을 보지 못해 실망했을 것이다. 헤롯과 군인들은 예수를 업신여기고 희롱하였다. 그런 다음, 빛나는 옷을 입혀서 빌라도에게 도로 보냈다. '업신여기다'는 예수를 만나보니 대단치 않은 사람이고 정치적으로 중요한 인물이 아니라는 것을 간파했다는 것을 말한다. 헤롯이 희롱하는 의미로 예수에게 화려한 옷을 입혀서 빌라도에게 돌려보내는데 '자칭 왕'에 대한 모욕의 표시라 하겠다.

헤롯과 빌라도가 전에는 원수였으나 당일에 서로 친구가 되었다(눅 23:12)고 한다. 누가에만 있는 기사다. 몇몇 사람이 예수에게 와서 말한다. '빌라도가 갈릴리 사람들을 학살해서 그 피가 그들이 바치려던 희생제물과 뒤섞이게 하였다'(눅 13:1)고 한다. 빌라도가 헤롯이 관할하는 갈릴리 사람들을 학살했다는 것이다. 그러니 그 둘은 원수였을 것이다. 그런데 빌라도가 예수를 헤롯에게 보냄으로 당일에 둘이 친구가 되었다고 누가는 말하고 있다.

누가에서 빌라도는 예수가 헤롯에게서 돌아온 후 대제사장과 관리들과 백성을 불러 모은다. 그리고 그들이 고발한 내용 중 두 번째인 '백성을 미혹하게 하는 자'라는 혐의에 대한 자신의 소견을 밝힌다. '너희가 백성을 미혹하는 자라고 해서 내게 끌고 왔으나 너희 보는 앞에서 직접 심문을 했는데도 당신들이 말한 그런 죄목을 찾지 못했다'(눅 23:13-14)고 말한다. 이것이 누가에 있어서 빌라도의 두 번째 무죄 선언이다.

그리고 헤롯에게 보냈던 일을 말한다. '헤롯도 죄를 찾지 못하고 이 사람을 우리에게 돌려보냈다. 이 사람은 사형받을 일을 하지 않았다'고 한다. 그래서 '나는 이 사람을 매질해서 놓아주겠다'(:15-16)고 한다. 누가에서 빌라도는 '때려서 놓아주겠다'는 선언을 두 번 하는데 두 번째 무죄 선언 때와 세 번째 무죄 선언 때다.

37-7 빌라도의 역사적 행적과 그에 대한 동정론들

1961년 가이사랴 마리티마에서 '빌라도의 돌'The Pilate Stone이라는 것이 발굴되었다. 로마식 고대 극장 뒤쪽에서 발견된 이 돌에는 '거룩한 아우구스투스 티베리에움 황제에게' '유대 지역 장관 폰티우스 빌라도'라고 쓰여 있다. 황제에게 바쳐진 건물에 대한 헌사로 보인다. 총독은 Governor Proconsul로 지역 내 최고 책임자인데 군사권과 사법권을 갖고 있다. 누가에 나오는 구레뇨Quirinius(2:2)는 시리아 총독이었다. 유대는 시리아에 속해 있는 지방이다. 빌라도는 Procurator 지역 장관이다. 그러나 성경은 총독이라고 한다. 그의 관직이라기보다는 '높임 호칭'으로 이해할 수 있다.

아우구스투스 때부터 도미티아누스 황제 때까지의 치적을 기록한 연대기와 역사서를 집필한 타키투스_{Publius Tacitus}(A.D. 55-120)는 디베료 시대에 빌라도가 그리스도를 처형했다고 간단히 서술했다.

필로의 기록에 의하면 디베료 황제는 유대인에게 관대한 정책을 폈다고 한다. 로마는 다신교 국가로서 황제는 신 또는 신의 아들로 불렀다. 로마 제국 내의 속주들의 종교에 대해서는 관용을 보였다. 빌라도의 후견인은 로마 황제 근위대 사령관인 세저누스였다고 하는데 A.D. 31년 그가 황제 살해 음모 사건으로 처형되자 빌라도의 입지가 불안해졌다고 한다.

빌라도는 A.D. 36년 사마리아 사건으로 황제의 소환을 받는다. 사마리아 사건이란 거짓 선지자가 나타나 모세가 그리심산에 숨겼다고 하는 거룩한 성물을 을 볼 수 있다고 했다는 것이다. 그런데 사람들이 무장을 하고 모여 들자 빌라도가 군대를 동원하여 그들을 살육했다고 한다. 이에 사마리아인들이 빌라도의 상관인 시리아의 총독에게 고소하여 본국으로 송환되었다고 한다. 유세비우스가 기록한 전승에 의하면 빌라도는 예수 재판 후 자살했다고 하는데 그러나 그가 송환되는 도중 당시 황제인 디베료가 죽게 되어 황제의 문책을 면했다는 설도 있다.

알렉산더의 필로에 의하면 유대인들은 빌라도를 세금 도용 문제로 황제에게 고발하겠다고 위협했다고 한다. 요세푸스의 기록에 의하면 빌라도가 수로를 건설하기 위해 성전 금고에서 자금을 강탈하였는데 유대인들이 빌라도가 예루살렘을 방문했을 때 분노의 함성을 지르자 이를 무자비하게 진압했다고 한다. 요세푸스는 사마리아 사건이나 성전 금고 탈취 사건 이외에도 황제의 방패 사건을 얘기하고 있다. 빌라도가 헤롯의 궁전에 황제의 이름이 새겨진 봉헌용 금박 방패들을 진열했는데 유대인들이 이를 항의해도 듣지 않았다고 한다. 그래서 디베료 황제에게 편지를 보내니 황제는 아우구스투스 신전으로 옮기라고 했다는 것이다.

초기 기독교 시대에는 빌라도에 대한 동정론이 있었던 것이 사실이다. 예수가 무죄임을 주장하고 명절의 특사로 방면하려 했다는 것이다. 전설에 의하면 그와 그의 아내는 기독교로 개종했다고 한다. 특별히 빌라도의 아내가 재판석에 있던 빌라도에게 전갈을 보냈다고 해서 그의 아내 프로클라를 성인처럼 여기기도 했다. 콥트교에서는 그녀를 성인 반열에 올려놓았다고 한다.

빌라도가 예수를 동정하고 호의를 보인 것은 사실이라 해도 그에게 책임이 없다고 할 수 없다. 그가 손을 씻고 유대인들에게 책임을 전가했다고 해서 그의 책임이 없어지는 것은 아니다. 빌라도가 종국에 예수를 처형했다고 해서 유대인들이 빌라도를 자기편으로 생각하지 않았다. 필로는 빌라도에 대해 '융통성이 없고 완고하고 천성적으로 잔인하며 재판 없이 처형했다'고 하고 '부패, 폭력, 약탈, 살인, 욕설, 끝없는 처형, 끝없이 야만스럽고 잔인함이여'라고 기록하고 있다.

37-8 '빌라도의 편지'라는 가짜 문서가 있다. 빌라도가 예수 처형에 대해 로마 황제에게 보냈다고 하는 이 편지에는 예수의 재판에 대한 빌라도의 갈등과 고뇌를 내용으로 예수를 찬양하고 있다. 이 문서는 마한William Denis Mahan이라는 목사가 바티칸의 어느 사람의 도움을 받아서 1879년에 출판하였다고 한다. 그러나 바티칸은 마한이 지목한 인물의 존재를 부인하였다.

밝혀진 바로는 1837년 요셉 메리라는 사람이 르뷔 드 파리에 발표한 '비엔나의 밀라노 총독'이라는 작품이 있었는데 마한이 그 작품의 일부를 베껴 쓴 것이라고 한다. 마한은 문서 위조로 법정에 고발되기도 했다고 한다.

네 개의 시선으로 본 예수의 생애

38. 세 번에 걸친 빌라도의 무죄 주장

⁂

38-1 복음서들이 전하는 빌라도의 재판의 흐름은 같다고 하겠으나 구체적인 사례들은 각각 다르다. 사복음서 모두 빌라도의 심문 가운데 바라바라는 죄수 이야기가 나온다. 그리고 마태만이 빌라도의 아내가 꿈을 말하고 요한복음만이 심문 중에 빌라도가 예수를 데려다가 채찍질하고 가시관을 씌운다.

공관복음에서 빌라도는 예수의 처리를 묻고 그들은 십자가에 못 박게 하라고 한다. 이때 마태, 마가에서 빌라도는 처음으로 예수를 조심스럽게 변명한다. 그러나 누가에서의 빌라도는 과감하게 죽일 죄를 찾지 못했다고 하며 세 번째 무죄 선언을 한다. 빌라도의 무죄 선언은 마태 1회, 마가 1회, 누가 3회, 요한복음 3회 등 모두 8회다.

요한복음은 두 번째 무죄 선언을 하며 '이 사람을 보라'고 한다. 무리들이 예수를 십자가에 못 박으라고 하자 세 번째 무죄 선언을 한다. 그러자 무리들은 빌라도에게 협박을 하고 가이사를 반역하는 것이라고 을러댄다.

사복음서는 그들이 예수를 십자가에 못 박으라고 독촉하자 빌라도는 그렇게 하라고 한다. 마태는 빌라도가 손을 씻으며 너희가 당하라고 하니 그들은 '그 사람에 대한 책임은 우리와 우리 자손들이 지겠다'(마 27:24-25)고 한다. 마태와 요한복음은 재판석에 앉았다고 한다. 요한복음에서 빌라도는 '너희 왕이다'라고 하니 대제사장들은 '가이사 외에는 우리 왕이 없다'(요 19:15)고 한다. 누가만이 빌라도는 그들이 구하는 대로 '언도'(눅 23:24)하였다고 한다.

38-2 명절에 대한 전례가 있다고 마태, 마가, 요한복음은 말하고 있다. 마태, 마가는 '무리의 청원대로', '백성들이 요구하는 대로' 전례가 있다고 하고 요한복음은 빌라도가 먼저 전례를 말한다. 마태, 마가는 명절 때마다 총독은 사람들이 요구하는 죄수 하나를 놓아주곤 했다고 하며 바라바라는 죄수가 갇혀 있다고 한다. 마태는 유명한 죄수라고 하고 요한복음은 강도라고 한다. 무리는 전례대로 해주기를 요구했다고 마가는 말한다.

그런데 누가는 23:17에 '없음'이라고 했는데, 전례에 대한 언급이 없다. 권위 있는 바티칸 사본에는 없다. 그러나 KJV는 이 자리에 마가 15:6이 대신 들어가 있다.

여기서 문제는 실제로 이런 관례가 있었는지에 대해 회의하는 이들이 있는데 성서 이외에 아무데에서도 그런 기록을 찾을 수가 없다고 한다. 고대 로마에 레크티테른니움Lecrtiternium, 또는 레크티스테르니아Lectisternia 라는 축제가 있었는데 신들을 달래기 위한 이 축제에서 채무자들이나 죄수들을 풀어주었다고 한다. 그 후 이런 관례가 전통이 되었다면 팔레스타인에서도 있을 수 있었을 것이다. 그러나 시행 여부를 주도하는 것은 총독의 권한이라 하겠다. 우리도 국경일에 대통령이 특별사면을 시행하고 있지 않는가. 유월절이라는 유대인들의 최대 명절에 죄수 석방은 있을 수 있었던 일이라 하겠다.

사복음서가 바라바를 언급한 회수(마 27:16,26 막 15:7,15 눅 23:19,25 요 18:40)는 모두 7회이다. 마태는 바라바가 '유명한 죄수'라고 하고 마가는 '민란을 꾸미고 민란 중에 살인하여 체포된 자'라고 한다. 누가는 그를

네 개의 시선으로 본 예수의 생애

'성 중에서 일어난 민란과 살인으로 말미암아 옥에 갇힌 자'라고 하고 요한복음은 '강도'라고 한다.

바라바는 '아버지의 아들'이라는 말로 우리식으로는 '아무개'라고 한다. 그래서 바라바를 가명으로 보는 이들도 있다. 바라바라는 이름이 당시 역사 기록에 등장하지 않기 때문이라고 한다. 예수 당시 크고 작은 민란이 일어났던 당시 사회적 배경을 생각한다면 기록에는 없지만 존재했던 인물이었을 개연성은 높다. 어떤 이들은 바라바를 로마에 저항한 열심당원으로 보기도 한다. 아마도 마가와 누가에서 성내에서 일어난 '민란'에 주목한 것 같다. 그런 주장도 일리는 있을 것이다. 그러나 문제는 로마의 한 낱 지방 장관인 빌라도가 로마 제국에 저항했던 인물을 사면해 주는 것이 가능했을 것인가 하는 것이다. 반역자를 풀어주는 일은 그의 재량을 넘어서는 일이 아닐까. 예수와 함께 십자가에서 처형된 두 사람도 강도라고 한다.

38-3 마태에서 빌라도는 그들이 모였을 때 묻는다. 일부 사본에는 바라바의 이름이 예수라고 한다. 시내수리아 사본과 가이사랴 사본에는 바라바의 이름이 바라바 예수로 되어 있다. 헬라어 성경은 마태에서의 빌라도가 '내가 누구를 놓아주기를 바라냐, 바라바라는 예수냐, 메시아라고 부르는 예수냐'(마 27:17)고 하고 두 번째에는 '둘 중에 누구냐'(:21)고 한다. 다시 한번 거듭해서 묻는 이유가 두 사람의 이름이 예수였기 때문에 빌라도는 신중하게 확인해야 했기 때문일 것이다.

마가는 빌라도가 무리의 요구를 듣고 내가 '유대인의 왕을 놓아주기를 바라느냐'고 한다. 마태, 마가는 빌라도가 대제사장들이 '시기'로 예수를 넘겨준 것을 알았다고 한다. 그래서 마가는 바라바에 대한 언급이 없이 예수에 대해서만 말한 것이다.

마태, 마가에는 예수를 고발한 죄명이 나오지 않는다. 대제사장들은 왜 예수를 시기했을까. 예수가 민중 속에 있었기 때문일 것이다. 하나님만 바라보아야 하는 대제사장들은 오히려 세상 사람들만 바라보고 있었던 것은 아닐까. 그래서 예수의 말에 귀를 기울이고 있는 무리들을 보고 예수에 대한 시기가 생겼을 것이다. 빌라도는 대제사장들이 예수를 고발한 진짜 이유가 '시기'라고 보았다. 구약은 시기에 대해 귀한 격언의 말씀을 하고 있다. '분노가 미련한 자를 죽이고 시기가 어리석은 자를 멸하느니라'(욥 5:2), '시기는 뼈를 깎게 한다'(잠 14:30).

마태에는 이어서 다른 복음서에는 없는 총독 아내의 꿈 이야기(마 27:19)가 나온다. 총독이 재판석에 앉아있는데 그의 아내가 사람을 보내 '저 옳은 사람에게 아무 상관도 하지 말라'고 하며 '지난밤 꿈에 내가 그 사람 때문에 몹시 괴로움을 받았다'고 한다. 그의 아내는 옳은 사람에게 남편이 옳지 않은 일을 할 것을 염려한 것이리라. 성경에는 많은 꿈 이야기가 많다. 요셉의 꿈 해몽, 다니엘의 꿈 해몽, 바로 왕의 꿈, 솔로몬의 꿈뿐 아니라 마태에도 예수의 탄생과 관련한 꿈 이야기가 나온다.

빌라도의 아내에 이름은 클라우디아 프로쿨라라고 한다. 그런데 이 이야기는 시저의 아내인 캄푸르니아가 남편이 암살되고 난 후에 한 이야기와 비슷하다. 시저의 아내는 남편이 살해될 수 있다는 예감이 들어 시저가 원로원에 나가는 것을 막았었다고 한다.

사복음서에서 무리들은 '바라바를 놓아 달라'고 한다. 마태에는 둘 중에 누구냐고 하니 '바라바'라고 한다. 그러나 마가에서 빌라도는 '예수를 놓아주느냐'고 예수의 석방에 대한 가부를 묻는데 그들은 양자택일이 아닌 제 삼의 대답으로 '바라바'라(막 15:11)고 한다. 이런 경우를 역제안이라고 한다. 요한복음에서도 빌라도가 '너희의 왕을 놓아주라'고 하지만 이들은 바라바(18:39-40)라고 한다.

네 개의 시선으로 본 예수의 생애

그런데 그들은 순수하게 자기들의 의견을 말한 것이 아니라고 한다. 마태는 '대제사장들과 장로들이 무리에게 권하여' 즉 '구슬려서' 바라바를 놓아달라고 하고 예수를 죽이라고 했다고 한다. 마가는 '대제사장들이 무리를 충동해서' 바라바를 놓아달라고 시켰다고 한다.

대제사장과 장로들은 무리를 선동하는 자들이다. 군중이나 집단이 자기들이 원하는 방향으로 움직이게 하는 사람을 메니퓰레이터Manipulator 즉 조종자, 또는 조작자라고 하는데 그들은 사람들이 집단으로 모였을 때 개인이었을 때와 다르게 행동하도록 하는 군중심리를 이용한다.

누가에서 빌라도는 처음 무죄 선언(23:4)에서 '이 사람에게 죄가 없다'고 했고 두 번째 무죄 선언에서는 '그가 행한 일에는 죽일 일이 없다'고 하고 전례에 대한 언급이 없이 '때려서 놓겠노라'(23:16-17)고 했다. 그러자 무리들이 '이 사람을 없애고 바라바를 놓아 달라'고 소리 지른다. 누가는 전례를 인정하는 입장이 아닌 것 같다. 요한복음도 '이 사람이 아니라 바라바라'고 소리 지르는데 바라바는 강도라고 한다.

38-4 요한복음은 다른 얘기를 한다. 그때 빌라도가 예수를 데려다가 채찍질을 했다고 한다. 군인들은 가시나무로 왕관을 엮어서 예수의 머리에 씌우고 자색 옷을 입힌 뒤 예수 앞으로 나와서 '유대인의 왕 만세'하고 소리치면서 그의 뺨을 때렸다. 그리고 빌라도는 다시 바깥으로 나와서 유대인들에게 말한다. '그 사람을 너희들 앞에 끌어오겠다. 나는 그에게서 아무 죄도 찾지 못했다. 너희도 이제 보면 알 것이다.' 요한복음에서 빌라도는 처음 '나는 그에게서 아무 죄도 찾지 못했다'(18:16)고 하고 다시 한번 무죄 선언(19:4)을 한 것이다.

예수는 가시관을 쓰고 자색 옷을 입고 밖으로 나왔다. 빌라도는 '자이 사람이다'(요 19:5)라고 한다. 이 말은 라틴어로 '에케 호모'Ecce Homo,

헬라어로는 '이두 호 안트로포스'Idou ho anthropos이다. '호'는 정관사로 이 것을 사용한 때에는 특정한 인물이나 사물을 가리킨다. 그래서 '보라 이 사람이다'라고 번역한다. 이 말은 예수의 고난을 상징하는 말로서 수많 은 미술가의 작품에 주제이었다.

유럽을 여행하던 진젠도르프Nicolaus Zinzendorf 백작은 1719년 독일 뒤 셀도르프의 미술관에서 도미니코 패티가 그린 '에케 호모'라는 작품과 그 밑에 쓰인 글 즉 '나는 너를 위하여 목숨을 버렸건만 너는 나를 위하 여 무엇을 하였느냐'는 글을 읽고 영적 충격을 경험하게 된다. 그는 경 건주의자들인 모라비안 형제단에게 넓은 영지를 정착지로 제공하게 되 는데 그들 신앙공동체의 이름은 '헤른후트'다. 이 공동체는 1731년부터 하루하루 읽을 수 있는 '헤른후트 로중'이라는 묵상집을 중단하지 않고 지금까지 발행하고 있다. 우리나라에서는 '말씀과 하루'라는 이름으로 해마다 연초에 나오고 있다.

채찍질은 형이 확정된 다음에 했다고 마태, 마가는 말한다. 그런데 요 한복음에서 빌라도가 심문 중 예수를 채찍질하여 피 흘리게 하고 가시 관을 씌우고 자색 옷을 입힌 이유는 무엇이었을까. 유대인들이 '이 사 람이 아니라 바라바라'(요 18:40)고 하자, 빌라도는 아니다 '이 사람이 다'(19:5)라는 것을 말하기 위해 그리고 '진짜 이 사람에게서 아무 죄도 찾지 못했다'(19:4)는 것을 강조하기 위해서 이런 행위를 한 것은 아닐 까. 빌라도는 '유대인의 왕'이 볼품이 없고 무력하고 불쌍한 왕이라는 것 을 보여주려 했던 것이리라.

요즘에는 항의 집회나 특별한 행사 때에 대상 인물을 흉내 내 만든 인 형을 들고 조롱하기도 하고 불을 붙이기도 하는 등 여러 가지 퍼포먼스 를 한다. 빌라도는 이처럼 모욕을 당하는 가련하고 불쌍한 예수의 모습 을 보여 주며 '죽일 필요가 없는 예수'(눅 23:4,14,16,22)라고 빌라도는 말

네 개의 시선으로 본 예수의 생애

하고 싶었던 것은 아닐까. 혹여, 빌라도는 유대인들이 예수의 이 모습을 보고 예수를 동정하여 바라바가 아니라 예수를 놓아 달라고 할 것을 기대했던 것은 아닐까.

무리들의 마음이 흔들리는 눈치를 채서였는지 '대제사장과 아랫사람들은 예수를 보고 십자가에 못 박아라, 십자가에 못 박아라'라고 소리지른다(19:6). 그러자 빌라도는 '그러면 데려다가 너희가 십자가에 못 박아라 나는 이 사람에게서 아무 죄를 찾지 못했다'고 세 번째 무죄 선언(19:6)을 한다.

38-5 마태, 마가에서 빌라도가 한 대응의 내용은 같다. 마태에서 빌라도는 그들에게 '그러면 그리스도라 하는 예수를 어떻게 하랴'고 묻는다. 그들 모두 '십자가에 못 박게 하소서'라고 소리 지르고 빌라도는 '도대체 이 사람의 잘못이 무엇이냐'(마 27:23)고 한다. 그들은 더욱 큰 소리로, 악을 써가며(공동번역) '십자가에 못 박게 하소서'라고 한다.

마가에서 빌라도는 '그러면, 유대인의 왕이라 하는 이 사람을 어떻게 하랴'고 묻는다. 그들은 다시 '십자가에 못 박게 하소서'라고 한다. 빌라도는 마태에서와 같이 '도대체 이 사람의 잘못이 무엇이냐'(막 15:14)고 하자 더욱 소리 지르면서 '십자가에 못 박게 하소서'라고 한다.

마태, 마가에서 빌라도는 누가와 요한복음에서 적극적으로 예수의 무죄를 거듭 말하는 것과는 달리 처음으로 예수의 무죄를 소극적으로 언급한다.

누가에서 빌라도는 '예수를 놓아주려고, 놓아주고 싶어서'(공동번역) 다시 그들에게 말한다. 그러나 그들은 '십자가에 못 박게 하소서, 십자가에 못 박게 하소서'라고 소리 지른다. 여기서 누가는 '세 번째'(23:22)라고 하는데 '세 번의 무죄 선언'(23:4,14-15,22)을 말하는 것이다. 빌라도는 '이 사람이 무슨 악한 일을 하였느냐 나는 그에게서는 죽일 죄를 찾지 못했다'고 한다. 그리고 두 번째 무죄 선언에서와 같이 말한다. '그래서 매질이나 해서 놓아주려 한다'(눅 23:16,22)고 한다.

38-6 판결 전 빌라도의 태도는 어떠하였고 그 선고 내용은 무엇이었을까.

마태에서 빌라도는 더이상 말해 보아야 아무런 소용도 없을 뿐 아니라 오히려 폭동이 일어나려는 기세가 보였으므로 무리들 앞에서 물을 가져다가 손을 씻으며 '나는 이 사람의 피에 대하여 책임이 없으니 알아서 하라'고 한다. 그러자 온 백성이 '그 사람의 피는 우리와 우리 자손들에게 돌아올 것이라'(마 27:25)고 한다. 빌라도는 바라바를 놓아주고 예수는 채찍질한 다음에 십자가형에 처하라고 넘겨준다. 빌라도 아내의 요구대로 '그는 관여하지 않았던 것일까'.

마가에서 빌라도는 '무리를 만족시키려고'(막 15:15) 바라바는 놓아주고 예수는 채찍질을 한 후 십자가형에 처하라고 내어준다.

누가에서 빌라도는 예수를 매질해서 놓아주겠다고 하자 그들이 큰 소리로 '십자가에 못 박으라'고 하고 '그들의 소리가 이겼다'(눅 23:23)고 한다. 사복음서에 나타난 무리들의 십자가 요구는 8회(마 27:22,23 막 15:13,14 눅 23:21,23 요 19:6,15)이고 대제사장들을 포함하여 무리들이 소리지른 것은 11회(마 27:20,23, 막 15:13,14, 눅 23:18,21, 요 18:40, 19:6,12,15)다.

로마에서 acclamation은 〈대중의 의사 표현 방식〉에 하나로 환호, 갈채라는 뜻이기도 하지만 〈발성으로 하는 투표〉라고 하겠다. acclamation이라는 방식, 또는 의식을 거쳐 로마의 군인 황제 후보자들은 만장일치 찬성으로 권력을 위임받았다. 로마 사람들은 고함, 야유, 환호 등으로 반대, 동의, 찬성을 표현한다. 콜로세움에서 경기하는 검투사들의 생사여탈권은 황제에게 있으나 황제는 그 권한을 군중들에게 넘겨주기도 한다. 총독이나 지방 장관들이 군중의 요구에 주의를 기울이는 것은 당연한 것이다.

로마 황제들은 여론을 중시하였다. 예수의 아버지 요셉은 헤롯 아켈레오Archelaus가 유대 지방의 왕이 된 것을 듣고 그곳으로 가기를 두려워하여 꿈의 지시에 따라 갈릴리로 간다(마 2:22-23). 헤롯 대왕 사후 유대지역의 분봉왕이 된 아켈라오는 왕이 된 후 끊임없이 폭정을 해서 문제를 일으킨다. 결국 사두개인들이 황제에게 진정을 해서 6년 만에 폐위되어 유배를 가서 거기서 죽었고 그 후 로마는 유대 총독을 파견하기 시작했다.

누가에서의 빌라도는 마침내 '그들의 요구를 들어주는' '언도'를 한다. KJV는 '그들이 요구하는 대로 선고'했다고 한다. 선고는 헬라어 에피크리노epikrino는 give sentence, to decree로 형을 선고하다, 포고하다의 뜻이다.

복음서 기자는'그들의 소리가 이겼다'고 하고 빌라도는 다시 한번 '그들의 요구대로'(눅 23:24,25) 폭동과 살인죄로 감옥에 있던 바라바를 놓아주고 예수를 넘겨준다. 그들의 요구는 헬라어 aitema로 청원, 요구라는 말이다.

38-7 요한복음은 조금 더 자세하게 말하고 있다. 빌라도가 세 번째 무죄 선언(38-4 참조)을 하며 너희들이 이 사람을 데려다가 십자가에 못박아라고 하자 그들은 말한다. '우리에게 율법이 있는데 그 율법에 따르면 그가 자기를 하나님의 아들이라고 했으니 마땅히 죽어야 한다'. 빌라도는 이 말을 듣고 더욱 두려운 마음이 들었다(요 19:8)는 것이다. 그러면 그는 왜 두려운 마음이 생겼을까. 당시 황제는 신 또는 신의 아들이라고

불렸기 때문이다. 로마의 원로원과 민회는 아우구스투스 황제 사후인 A.D. 14년 그를 신으로 선포했다. 예수 당시의 황제인 티베리우스는 그의 동전에 새겨져 있듯이 '신 아우구스투스의 아들 티베리우스 가이사'라고 했다. 티베리우스 자신이 '신의 아들'이라고 한 것이다. 후대에 도미티아누스 황제는 라틴어 Dominus Deus 즉 자신을 '전능한 하나님'이라고 불렀다.

빌라도는 다시 공관 안에 들어가서 예수에게 '너는 어디서 왔느냐'고 묻는데 예수는 아무런 말이 없다(요 19:9). 너의 존재가 무엇이냐는 질문이다. 예수의 권위에 대해 유대 지도자들이 했던 질문과 같은 것이다. 당시 예수는 '요한의 권위는 하늘로부터냐, 사람으로부터냐'(마 21:23-27, 막 11:27-33, 눅 20:1-8)고 그들에게 되물었다.

빌라도는 다시 '내게 말하지 않을 작정이냐'고 하고 '내게는 너를 놓아줄 권한도 있고 십자가형에 처할 권한도 있다는 것을 모르느냐'(19:10)고 한다. 유대인들은 예수에 대한 생사여탈권이 자기들에게 없다(요 18:31)고 했지만 그러나 여기서의 빌라도는 자기가 예수의 생사여탈권(37-4를 참조)을 갖고 있다고 한다. 드디어 예수는 말한다. '네가 하늘에서 권한을 받지 않았다면 나를 어떻게 할 수 없을 것이다. 그러므로 나를 넘겨준 자의 죄는 더 크다'(19:11)고 한다. 예수는 위에서 주지 아니하면 나를 해할 권한이 없다고 한다. 빌라도는 예수를 놓아주려고 애를 쓴다.

유대인들은 '만일 그자를 놓아준다면 가이사의 충신이 아니다. 누구든지 자기를 왕이라 하는 자는 가이사를 반역하는 것이라'(:12)고 소리지른다. 유대인들은 '하나님의 아들이라'고 하는 자는 '자기를 왕이라'고 하는 자이기 때문에 예수는 황제를 사칭했다는 것이고 그런 행위는 가이사를 반역하는 것이라는 주장이다. 빌라도는 이 말을 듣고 예수를 데리고 나와서 히브리말로 가바다(19:13) 즉 '돌을 깐 뜰'에 있는 재판석에

네 개의 시선으로 본 예수의 생애

않는다.

그날은 유월절 준비일이고 때는 육시(:14) 즉 낮 열두 시쯤 되었다. 빌라도는 유대인들에게 '여기 너희의 왕이 있다'라고 말하니 그들은 '없이 하소서' 즉 없애 버리라고 한다. 또 '십자가에 못 박게 하소서'라고 소리 지른다. 빌라도는 '너희 왕을 내가 십자가에 못 박으라는 것이냐'고 하니 대제사장들이 대답한다. '우리의 왕은 가이사밖에 없다'(:15)고 한다.

대제사장들은 정치적이다. 예수는 자칭 왕이므로 로마의 반역 죄인으로 처형되어야 한다는 것이다. 그러나 대제사장들에게 있어서 하나님은 '옛적부터 나의 왕'(시 74:12)이시고 '영원한 왕'(렘 10:10)이시다. 바울은 '하나님은 유일하신 주권자이시고 만왕의 왕이시며 만주의 주'(딤전 6:15)라고 한다.

대제사장들과는 반대로, 많은 유대인들은 로마 황제가 자신들의 왕이 아니라고 생각했다. 그래서 호적 거부나 납세 거부를 하고 폭동이나 반란을 일으켰던 것이다. '가이사 이외에 왕이 없다'고 한 대제사장들은 당연히 율법에 따라 돌에 맞아 죽어야 했다.

요한복음에서 예수는 빌라도와 많은 대화를 나눈다. 대제사장들 앞에서 침묵하던 예수는 빌라도에게 비정치적인 대답으로 자신을 적극적으로 해명했다. 예수는 로마가 정치적인 일이 아닌 종교적인 일에 개입하는 것은 맞지 않는다는 태도다.

빌라도는 처음 심문에서 네가 유대인의 왕이냐고 묻는다. 예수는 '내가 왕이다. 진리를 위해 태어났고 이를 위해 세상에 왔다'(요 18:37)고 했다. 그러나 빌라도는 예수의 변론을 기억하지 못하고 '보라 너희의 왕이라'(요 19:14)고 하고 '너희의 왕을 십자가에 못 박으라'(:15)고 다시 무리들에게 물어본 후 예수를 십자가에 못 박도록 넘겨준다(:16). 예수는 결국 정치적인 재판으로 사형선고를 받은 것이라 하겠다.

빌라도는 유대인들에게 예수의 죄에 대한 중재를 시도하는데 누가에는 4회(23:15,16,20,22), 마태와 요한복음에는 3회씩(마 27:17,21,22 요 18:39, 19:5,12)이고 마가에는 2회(15:9,12)다. 유대인들은 빌라도의 중재를 거부하며 바라바라고 하는데 전체 6회(마 27:20,21 막 15:11,13 눅 23:18 요 18:40)다.

38-8 빌라도는 누구인가.

1887년 우리나라 최초 번역 신약성경인 "예수셩교젼셔'에는 빌라도를 '사또'라고 한다. 그리고 관정은 도관찰사가 집무하던 '선화동', 자색 옷은 '불군표', 사도는 '몸뎨자' 등으로 표기했다. 빌라도는 예수에게 호의를 가졌으나 유대인의 드센 요구로 예수를 십자가에 못 박으라고 넘긴 인물일까.

첫째, 그는 책임을 떠넘기는 보신주의 관료다. 마태, 마가에서의 빌라도는 사무적이다. 전례로서 누구를 놓아주면 좋겠느냐고 하고 그들이 바라바라고 하자 그러면 예수는 어떻게 하면 좋겠느냐고 하고 십자가에 못 박으라고 하니까 무슨 악한 일을 했느냐고 하면서 결국 넘겨준다. 그는 예수가 무죄하다는 것을 알지만 재판석에 앉아 '나는 무죄하니 너희가 당하라'고 하며 예수를 넘긴 전형적인 보신주의 로마 관료의 하나일 뿐이다.

둘째, 그는 예수를 방면하려다가 실패한 로마 관료다. 누가에서의 빌라도는 단호하게 예수를 변명한다. 세 번씩이나 예수에게서 죄를 찾지 못했다고 하고 두 번이나 때려서 놓아주겠다고 한다. 그러나 빌라도는 '그들의 소리가 이겨서'(눅 23:23), '그들이 구하는 대로'(:24), '그들의 뜻대로'(:25) 한 인물이다. 그가 예수의 무죄를 주장하며 무리들과 맞서기는 했으나 결과적으로 실패한 로마 관리라 하겠다.

네 개의 시선으로 본 예수의 생애

셋째, 빌라도는 예수의 비참한 모습을 보여 동정심을 일으키려 하다가 유대인들에게 역공당한 로마 관리다. 요한복음에서의 빌라도는 누가에서처럼 예수의 무죄를 세 번이나 주장한다. 유대인들이 바라바를 놓아주라고 하자 예수에게 가시관을 씌우고 자색 옷을 입히고 채찍질하고 손으로 때리며 이 사람을 보라고 한다. 불쌍하고 우스꽝스러운 예수의 모습을 그들에게 보임으로 그들의 동정심을 유발시키려 했다. 그러나 그들은 돌변하여 이제까지 바라바를 놓아달라고 한 말 대신에 예수를 십자가에 못 박으라고 한다. 예수를 십자가에 못 박으라고 하니까 빌라도는 그러면 너희들이 데려다가 십자가에 못 박으라고 한다. 유대인들은 그가 자기를 '하나님의 아들'이라(요 19:8)고 했다고 하며 '황제를 사칭'하였다고 주장한다. 유대인들은 황제 사칭은 반역죄에 해당한다며 예수를 놓아주면 가이사를 반역하는 것이 된다고 한다. 결국, 빌라도는 '유대인의 왕'이라는 죄목으로 예수를 넘긴다.

빌라도는 기본적으로 유대인을 경멸한 황제숭배 주의자이고 저급한 출세주의자이고 기회주의자이었다고 역사가들은 말하고 있다.

39. 가혹 행위

39-1 예수에 대한 가혹 행위는 크게 유대인에게서 심문받을 때와 헤롯과 빌라도에게서 심문받을 때로 구분할 수 있다. 유대인에게서 받은 가혹 행위는 안나스의 집에서 그리고 가야바의 관정에서 로 구분되고 또한 심문 중일 때와 심문 후 즉 판결 후로 나눌 수 있다.

예수가 당한 가혹 행위와 무시당한 인격권 그리고 모욕죄란 무엇인가. 가혹 행위란 사람에게 심한 수치, 모욕, 고통 등을 주는 행위로써 구타, 조롱, 야유, 고문, 학대 등을 말한다. 또 인격권이란 인격권의 권리자인 일신 전속 권리로서 신체, 자유, 명예를 침해당하지 않는 권리를 말한다. 그리고 모욕죄는 욕이나 조롱, 희롱, 악평 등을 말한다. 예수에게 침을 뱉기도 하는데 길에 뱉으면 경범죄가 되고 남의 얼굴에 뱉으면 폭행죄와 모욕죄가 된다. 예수를 선지자냐고 조롱하는데 명예훼손죄에 해당한다.

여기서 우리는 예수가 당한 가혹 행위에 대해 인간을 비인간적으로 다루는 행태들에 대해 고발하려는 것이다. 바울도 지적했듯이 유대의 법 역시 피의자를 보호하려 하고 있기 때문이다.

39-2 요한복음은 대제사장의 집에서 있었던 가혹 행위에 대해 말하고 있다. 대제사장은 예수의 제자들과 교훈에 대해서 묻지만, 예수는 드러내 놓고 세상에 말하였다고 하며 내가 무슨 말을 했는지 들은 자들에

네 개의 시선으로 본 예수의 생애

게 물어보라고 대답한다. 그러자 곁에 있던 아랫사람 하나가 대제사장에게 불손했다고 하며 어떻게 이렇게 말하느냐고 손으로 예수를 치자 예수는 바른말을 했는데 어찌하여 치느냐(18:23)고 한다. 잡힌 후 예수가 자기 몸에 손대는 자에게 항의하는 곳은 여기뿐으로 예수는 당당하게 대드는 모습을 보인다.

누가는 가야바의 집에 잡혀있을 때 예수가 가혹 행위를 당했다(22:63)고 한다. 누가는 '지키는 사람들이 예수를 때리고 눈을 가리며 선지자 노릇을 하라고 하며 너를 친자가 누구냐고 하며 많은 말로 욕했다'고 한다.

마태는 예수를 '사형에 해당하는 자'라고 하고 나서(26:66), 마가는 '사형에 해당하는 자라고 정죄'하고 나서(14:64) 예수에게 가혹 행위를 한다. 마태, 마가는 예수의 얼굴에 침을 뱉으며 그의 얼굴을 가리고 '어떤 사람'(마태)은 주먹으로 치며 '그리스도야'(마태) 선지자 노릇을 하라고 한다. 이 말의 뜻은 누가에 나와 있듯이 이런 짓을 누가 했는지 알아맞혀 보라는 것이다. 침 뱉음은 폭행죄에 해당된다. 여기서 침을 뱉은 이유는 힐난하고 비난하고 깎아내리기 위해서라 하겠다. 마가는 여기에 덧붙여 하인들이 손바닥으로 쳤다고 한다. 마태, 마가, 누가에서 눈을 가리고 때리며 누구인지 알아맞혀 보라는 것은 사람들이 예수를 선지자라고 알고 있지만 아니라는 것을 보여주기 위한 행동이다.

39-3 헤롯과 빌라도의 심문 중에는 어떤 가혹 행위가 있었나.

누가는 헤롯이 그 군인들과 함께 예수를 업신여겨 희롱하고 그런 다음에 빛난 옷을 입혀 빌라도에게 도로 보냈다고 한다. 헤롯은 빌라도가 헤롯의 관할 구역 출신 사람이라고 해서 보낸 예수에게 직접적인 폭력을 행사하지는 않았다. 그러나 자기가 아는, 자기가 기대한 예수가 아니라고 하여 지독하게 모욕하고 조롱했다. 헤롯이 예수에게 빛난 옷을 입혔다고 하는데 진짜 고급 의상을 입혔을 리는 만무하다. 그러면 헤롯은 무엇을 희화화한 것일까. 군인들에게, 그리고 사람들에게 예수의 어떤 모습을 보여주려 한 것일까. 아마도 의도적으로 예수가 우스꽝스러운 존재라는 것을 풍자한 것은 아닐까. 헤롯은 예수가 강한 모멸감을 갖게 하는 경멸적인 코스프레를 했다.

요한복음은 빌라도가 심문 중에 군인들을 시켜 예수를 데려다가 채찍질한다. 그리고 군인들은 가시나무로 왕관을 엮어 머리에 씌우고 자색 옷을 입힌 뒤 예수 앞에 나와서 '유대인의 왕 만세'라고 하며 그의 뺨을 때렸다. 빌라도는 다시 바깥으로 나와서 유대인들에게 말한다. '그를 너희 앞에 끌어내 오겠다. 내가 그에게서 아무 죄도 찾지 못했다는 것을 너희가 보면 알 것이다.' 예수는 가시관을 쓰시고 자색 옷을 입은 채 밖으로 나왔다. 빌라도는 그들에게 말한다. '이 사람을 보시오'(새번역, 공동번역 요 19:1-5).

빌라도는 예수의 무죄를 확신하고 유대인들에게 유대인의 왕이라는 예수의 비참한 모습을 보여주려고 한 폭행이고 모욕이고 조롱이었다. 그러나 대제사장들과 아랫사람들은 십자가에 못 박으소서, 십자가에 못 박으소서라고 소리 질렀다. 빌라도의 예수에 대한 가혹한 행위는 그의 의도와는 달리 유대인들의 더 강한 반발만 사고 말았다.

39-4 재판에서 선고가 내려진 후 예수는 어떤 가혹 행위를 당했나.

누가와 요한복음은 재판 이후의 가혹 행위에 대한 기사가 없고 마태, 마가만이 기록하고 있다. 누가와 요한복음에 기사가 없는 이유는 무엇일까. 누가와 요한복음은 이미 심문 중에 당한 예수가 가혹 행위를 당했다고 했기 때문에 반복해서 기록하고 싶지 않았던 것은 아닐까. 마태,

네 개의 시선으로 본 예수의 생애

마가가 말한 이야기가 지금까지도 우리들의 마음에 남아 있는 '수난받는 예수의 모습'이다.

예수는 채찍질을 당한 후 끌려갔다. 채찍은 가죽 39개로 땋은 가닥으로 되어 있는데 그 속에는 쇠구슬, 날카로운 뼛조각, 쇳조각, 가시 등을 박아놓았다고 하며 채찍질하기 전에는 물에 담가 두어 무겁게 만든 후 채찍질을 했다고 한다. 요세푸스는 처형 직전에 채찍질하는 것은 그들의 관습이라고 한다. 예수는 형벌에 하나로 채찍질을 당했다.

마태는 총독의 군인들이 총독 관저로 끌고 들어갔다고 하고 마가는 브라이도리온Praetorium이라는 광장으로 끌고 갔다고 하는데 그곳은 총독의 관저가 있는 곳이다. 마태, 마가는 같은 장소를 말하고 있는 것이다. 여기서 온 군대는 당시 예루살렘에 주둔하고 있던 보병대대로 약 600여 명 정도 된다. 군인들은 사형을 집행하기 전에 거칠고 야비한 방법으로 죄수를 희롱하였다.

군인들은 예수를 에워싸고 자칭 왕에 대한 조롱 섞인 예우를 한다. 예수의 옷을 벗기고 '자색 옷'을 입히고, 왕관 대신 '가시관'을 씌우고 왕홀 대신 '갈대'를 오른손에 들게 한다. 그리고 왕에게 인사하듯 무릎을 꿇고 왕에게 하듯 '유대인의 왕 만세'를 외친다. 마가 15:19의 '꿇어 절하다'의 헬라어는 프로스쿠네오proskuneo로서 '높은 분 앞에서 엎드려 땅에 키스하다'라는 의미 또는 꿇는다는 말이다. 여기서 군인들은 부지불식간에 진짜 왕에게 하듯 했다는 것이다.

그리고 나서 이것이 '조롱의 코스프레Cospre', Costume player라는 것을 알리듯 그에게 침을 뱉고 갈대를 빼앗아 예수의 머리를 치고 옷을 벗긴 후 벗겼던 옷을 다시 입힌다. 그리고 십자가에 못 박으러 예수를 끌고 간다.

이 같은 악행은 고대 사회에서 비일비재하였고 오늘날에도 일부 지역에서는 지속되고 있다. 알렉산드리아의 필로는 헤롯 아그립바 왕이 알렉산드리아를 방문했을 때 헤롯을 모욕하기 위해 불쌍한 카라바스라는 천치를 조롱거리로 만든 일(I.B)을 말한다. 헤롯 아그립바는 헤롯 안티파스의 조카이고 어떻게 죽었는지에 대하여 사도행전(12:20-23)에 나오는 인물이다.

예수에 대한 조롱은 앞으로 있을 기독교인에 대한 조롱의 전주곡이었다. 기독교인에 대한 조롱의 흔적이 베스비우스 화산폭발 유적지에서 나왔다. '아낙시네메스가 하나님께 기도합니다'라는 글과, 당나귀 앞에서 절하며 하나님을 조롱하는 벽화가 함께 발견되었다고 한다.

여기서 예수가 썼다는 가시관에 대해 레이몬드 브라운은 예루살렘 부근에는 가시나무가 없다고 하면서 예수를 조롱하기 위해 만든 그 관은 아칸서스 나무 잎사귀로 만들었다고 보았다. 가시의 헬라어 akantha와 아칸사스의 복수형은 마태의 akanthon과 동일하기 때문이라고 한다.

39-5 예수의 수난 예고와 실제로 일어난 수난과는 어떤 차이가 있을까. 1차 수난 예고에서 마태, 마가, 누가 모두 '예루살렘에 끌려와 장로들과 대제사장들과 서기관들에게 많은 고난을 받고 죽임을 당하고 제삼일에 살아날 것'을 제자들에게 말했다. 2차 수난 예고에서는 '사람들 손에 넘겨져 죽임을 당하고 삼일 만에 살아난다'는 것을 강조했다.

3차 수난 예고에서 예수의 수난의 내용은 구체적이었다. 마태는 '대제사장들과 서기관들에게 넘겨지며 그들이 죽이기로 결의하고 이방인에게 넘겨주며 예수를 조롱하고 채찍질하며 십자가에 못 박게' 한다고 했다. 마가는 마태와 같은데 '조롱하며' 대신 '능욕하며 침 뱉으며'로 되어 있다. 누가는 '이방인에게 넘겨져 희롱을 당하고 침 뱉음을 당하며 그들은 채찍질하고 그를 죽일 것'이라고 했다. 예수의 수난 예고가 그대로 실현된 것이라 하겠다.

3차 수난 예고에서 마태만이 예수가 십자가에 못 박힐 것(마 20:19)이라고 하고 또한 '이틀이 지나면 유월절이라 인자가 십자가에 못 박히기 위하여 팔리리라'고 다시 수난 예고를 하면서 십자가 처형(마 26:2)을 반복한다. 그런데 여기서 '이방인에게 넘겨진다'는 것은 로마의 권력 아래 놓이게 된다는 말이다. 특별히 마태는 조롱을, 마가는 능욕을, 누가는 희롱과 능욕을 말하는데 누가의 희롱은 휴브리조$_{hubrizo}$로서 '앙심먹고 거만하게' 또는 '난폭하게 대우하다'의 의미라고 한다.

39-6 속주의 이방 종교에 대해 관대한 로마가 예수를 사형시켰다. 유대교 지도자들이 그들의 기득권을 지키기 위해 종교적 문제를 정치적인 문제로 끌고 갔기 때문이다. 예수의 수난을 통해 폭력과 처형으로는 아무것도 이룰 수 없다는 것을 알아야 한다. 기독교는 후에 로마의 국교가 된다. 예수는 로마에 의해 수난을 받고 죽었지만 로마는 기독교를 국교로 정하게 된다.

40. 골고다로 가는 길

~ᘓᘓᕒᕒᕒ~

40-1 예수가 십자가를 지고 골고다로 가고 있다. 형장으로 가는 예수의 고통스러운 모습이 성경에는 나오지 않는다. 예수는 지쳐있고 그래서 상상으로 읽어야 하는 부분이다. 성지순례 때 예수가 십자가를 지고 가는 길을 비아 돌로로사Via Dolorosa, 슬픔의 길, 고난의 길, 십자가의 길이라고 한다. 이 길에는 열네 개의 처소가 있다.

마태, 마가는 단지 구레네 사람 시몬이 예수의 십자가를 억지로 대신지고 갔다고 할 뿐이다. 그러나 누가복음은 시몬은 물론 슬피 우는 여자의 큰 무리가 따랐다고 하고 예수는 그들 예루살렘의 딸들에게 그날과 그때에 대해 말씀한 후 예수가 두 행악자와 함께 끌려갔다고 한다.

요한복음에는 구레네 사람 시몬 이야기가 없다. 단지 예수는 십자가를 지고 가는데 그곳은 '해골 즉 히브리말로 골고다'라는 곳이라고 한다 (요 19:17). 골고다는 해골이라는 뜻의 아람어 굴굴타에서 온 말로 헬라어 음역이다. 영어의 갈보리Calvary는 라틴어 칼바리아에서 온 말이다.

40-2 예수는 빌라도의 언도 후 채찍질을 당하고 십자가에 못 박으라고 넘겨진다. 십자가형 전에 행하여지는 채찍질은 공포의 체형이다. 죄수의 옷을 벗기고 나무 기둥에 붙들어 맨 다음 집행한다. 가죽끈 속에 쇳조각, 뼛조각, 쇠구슬, 납 등이 들어 있는 이 채찍을 맞으면 살이 찢겨 나가고 뼈도 으스러진다. 실신해서 죽는 이들도 있었다고 한다. 십자가

형을 받은 죄수는 자신이 못 박힐 십자가의 가로 틀을 메고 사형장까지 가야 한다. 예수는 지금 채찍을 맞은 육체적 고통으로 쓰러질 지경이고 정신적으로 무너지기 직전이다. 예수는 지금 십자가의 가로 틀을 메고 비틀거리며 골고다로 가고 있다.

로마 군인들이 예수를 끌고 갈 때 시골에서 올라온 구레네 사람 시몬을 붙들어 그에게 십자가를 지고 예수를 따르게 했다고 한다. 마태, 마가는 '억지로 지워 같이 가게 했다'고 하는데 여기서 '억지로'는 산상수훈에도 나오는 말이다. '누구든지 억지로 오리를 가게 하거든 그 사람과 십 리를 동행하라'(마 5:41).

로마 군인들에게는 징발권이 있다. 그런데 징발권을 부적절하게 사용하는 경우도 많았다고 한다. 군인들이 배, 가축, 사람을 징발하는데 때로는 강탈을 하기도 했다는 것이다. 그래서 적발되는 군인은 엄히 다스렸다고 한다. 세례 요한이 자기를 찾아온 군인들에게 '사람들에게서 강탈하지 말며 거짓으로 고발하지 말고 받는 급료를 족한 줄 알라'(눅 3:14)고 했다. 로마 군인들의 협박이나 갈취는 허다하고 만연하였다.

그러나 지나가는 사람 구레네 사람 시몬에게 예수의 십자가를 대신 지게 한 것은 공무에 해당되는 것이었다. 죄수가 고문이나 매질로 인해 가로대를 지고 갈 수 없는 경우 로마 군인들은 근처 사람을 차출하게 된다. 로마 군인이 창끝으로 어깨를 건드리면 십자가를 대신 지고 가야 했다고 한다. 마가는 시몬이 예수와 '함께 같이' 갔다고 하고 누가는 시몬이 예수를 '따라갔다'고 한다.

40-3 마가, 누가는 시몬이 '시골에서' 왔다고 한다. 그러나 공관복음 모두 시몬은 구레네 사람이라고 한다. 오순절 날 성령강림의 역사가 일어난다. 성령이 각 사람에게 임하더니 서로 말하고 듣게 된다. 이때 방

언의 하나가 구레네어였다(행 2:10). 스데반이 자유민들의 회당이라는 곳에서 논쟁을 하는데 자유민들 중 첫 번째가 구레네인이었다(행 6:9).

키레네cyrene 또는 쿠레네 라고 하는 구레네는 이집트 서쪽 지금의 리비아에 있다. 바닷가지만 고원지대라서 사막의 열기로부터 보호받고 토양이 비옥한 곡창 지대여서 고대에는 그리스 전 지역에 곡물을 수출했다고 한다. 키레네는 아프리카의 아테네라는 별명이 있었다. 소크라테스의 제자인 아리스티포스Aristippos가 여기에서 태어났다. 그는 극단의 쾌락주의 학파를 창시했는데 그의 출생지 이름을 따서 키레네학파라고 한다. 또한, 콥트교 창시자인 성 마르코도 구레네 출신이다. 1982년 키레네는 유네스코 세계 문화유산으로 지정되었다.

유대인들은 프톨레미 통치 시기(B.C. 320-175)에 이 지역에 정착하기 시작했는데 처음에는 유대인 출신 병사와 가족들이었다고 한다. 예수 당시에는 디아스포라 유대인들이 구레네에 많이 살고 있었다. 로마의 영향 아래 있는 곳에서는 어디서나 유대인 공동체를 찾을 수 있었는데 북부 아프리카, 스페인, 프랑스, 동유럽 일대, 지중해 각지로 유대인들이 퍼져나갔다.

시몬은 구레네의 디아스포라 유대인으로 유월절을 지키려고 예루살렘에 온 것으로 보인다. 마가는 시몬이 알렉산더와 루포의 아버지(막 15:21)라고 한다. 마가 공동체 내에서는 잘 알려진 인물인 것 같다. 바울은 로마서 끝에 로마에 있는 기독교인들에게 문안한다. '주 안에서 택하심을 받은 루포와 그의 어머니에게 문안하라 그의 어머니는 내 어머니니라'(롬 16:13). 여기의 루포가 시몬의 아들 '루포'라고 한다면 구레네 사람 시몬은 '택함을 받은 사람'의 아버지가 되고 시몬의 아내는 '바울이 자기 어머니'라고 한 사람이 된다.

예수의 십자가를 대신 진 시몬과 그의 부인 그리고 그의 아들들인 루

네 개의 시선으로 본 예수의 생애

포와 알렉산더는 로마교회에 초석을 쌓았던 사람들이라고 하겠다. 그렇다면 구레네 사람 시몬이 예수의 십자가를 대신 진 것은 우연이 아니고 성령의 역사라고 할 수 있다. 성령은 구레네 사람 시몬의 가족을 통해 로마 제국의 수도에 기독교의 선교기지를 만들게 하시고 또한 로마를 중심으로 하여 기독교가 세계로 뻗어 나가도록 '들어 쓰셨다'고 하겠다.

구레네 사람들은 지중해를 통해 크레타, 키프러스 등을 징검다리 삼아 팔레스타인과 소아시아 지역, 그리고 이탈리아와 그리스를 자유롭게 왕래할 수 있었다. 사도행전은 스데반의 순교로 흩어진 사람들이 베니게와 구브로 즉 페니키니아와 키프로스(사이프러스) 섬 그리고 안디옥까지 이르러 말씀을 전했다(행 11:19)고 하며 그중 구브로와 구레네 몇 사람이 안디옥에 이르러 헬라인에게도 말하여 주 예수를 전파(:20)하였다고 한다. 사도행전에는 구브로 섬 즉 키프러스 섬에서 난 레위족 사람이 나온다. 이름은 요셉이지만 사도들은 그를 바나바라고 불렀다고 한다. 그는 구브로 섬에 있는 밭을 팔아 교회에 드리기도 하였다(행 4:36-37).

키프러스 섬사람들과 구레네 사람들은 코이네 헬라어가 가능했다. 그래서 헬라인들에게 전도했을 수 있다. 사도행전은 안디옥 교회의 지도자 다섯 명을 말하는데 그 중 하나가 구레네 사람 루기오(행 13:1)다. 아마도 그는 안디옥에서 전도를 한 구레네 사람 중의 하나였을 것이다.

40-4 예수가 형장으로 가는 길을 따르는 사람들이 있다. 누가는 사람들이 큰 무리를 이루어 예수를 따랐고 그중에는 여자들도 있었는데 그 여자들은 예수를 보고 가슴을 치며 통곡하였다(23:27)고 한다. 누가는 전에도 여자들이 예수를 따랐다고 했다. 예수가 하나님 나라를 선포하고 복음을 전파할 때에 열두 제자 이외에도 여자들이 자기들의 재산으로 예수를 섬겼다고 하는데 이들 중에는 악령과 질병에서 고침을 받은

몇몇 여자도 있었다고 한다(눅 8:1-3).

사도행전에는 최초의 기독교인들이 스스로 기독교를 '도'라고 했다고 한다. '도'에 복종하다(행 6:7), '도'를 따르는 사람들(9:2), 이 '도'를 비방하다(19:9), 이 '도'로 말미암아 적지 않은 소동이 있었으니(19:23) 등이다. 바울은 "그들이 이단이라 말하는 '도'를 따라 하나님을 섬기고 선지자들의 글을 믿는다"(행 24:14)고 한다. A.D. 52년부터 60년까지 유대 총독이었던 밸릭스Antonius Felix도 이 '도'에 대해 자세히 알고 있었다(행 24:22)고 한다.

이 '도'는 헬라어 pistis 즉 '믿음'(행 6:7), 예수에 대한 믿음이다. 또 이 '도'는 헬라어 hodos 즉 길((행 9:2), 예수의 길이다. 사도행전은 이 〈도〉를 꼭 대문자로 썼다(19:9,23. 24:14,22). 예수의 도를 따르는 자는 예수의 길을 따라야 한다. 예수가 형장으로 가는 그 '길'을 따라가고 있는 사람은 자기 십자가를 지고 예수를 따르는 사람이라 하겠다. 최근에 크리스천이라는 말 대신에 자신들을 '예수를 따르는 사람들'The followers of Jesus라고 칭하는 사람들이 있다.

40-5 누가에 만이 예수는 여자들을 돌아보며 '예루살렘의 딸들아 나를 위하여 울지 말고 너희와 너희 자녀들을 위하여 울어라'(23:28)고 한다. 공관복음에는 예수가 돌아가실 때 '갈릴리에서부터 예수를 따라다닌 여자들'(마 27:55, 막 15:41, 눅 23:49) 이야기가 나온다. 예수가 말씀한 '예루살렘의 여자들'은 '갈릴리 여자들'과 대비가 되는 존재인가. 아니면 예루살렘의 여자들 가운데 갈릴리 여자들도 포함되는 것인가. 아니면 누구인가.

'너와 너의 자녀를 위해 울어야' 하는 이유는 무엇일까. 누가에는 예수가 예루살렘을 보고 우는 기사(19:41)가 있는데 예루살렘의 멸망 때 일어나는 일(19:43-44)들을 말한다. 여기서 너와 너의 자녀가 울어야 하는 이유는 예루살렘 심판의 때가 되어서라고 할 수 있다.

예루살렘의 딸들에게 예수는 '보라 날이 이르면 사람이 아기를 낳지 못하는 여자들과 아기를 낳아 보지 못하고 젖을 물려보지 못한 여자들이 복이 있다'(23:29)고 한다. 이 말씀은 공관복음의 공통기사인 예루살렘의 멸망의 징조의 하나이다. '그 날에는 아이 벤 자와 젖먹이는 자들에게 화가 있으라'(마 24:19 막 13:17 눅 21:23)를 반대로 표현한 같은 말씀이라 하겠다. 예수가 이 말을 한 이유는 무엇일까. 멸망의 때에는 평상시의 축복이 화가 되고 평상시의 화가 복이 되는 것 같이 '모든 것이 역전 된다'고 한다.

예수는 예루살렘의 딸들에게 "그때에 사람이 산에다 대고 '우리 위에 무너져 내려라'하며 언덕에다 대고 '우리를 덮어 버려라'고 할 것이라"(눅 23:30)고 한다. 이 말씀은 호세아서 10장 8절에 나온다. 호세아는 이스라엘의 정치와 종교의 타락에 대한 경고로서 하나님께서 이스라엘의 죄에 대해 심판할 것이라고 한다. 이때 사람들은 견디다 못해 산 더러 묻어 달라 언덕 더러 덮어 달라고 애원한다는 것이다. 이때 무너지는 것은 무엇일까. 모든 것이 무너지겠으나 무엇보다도 윤리와 도덕 그리고 가치, 사회적 기준의 붕괴라 하겠다.

예수는 마지막으로 '푸른 나무에도 이같이 하거든 마른 나무에게는 어떻게 되리오'(23:31)라고 한다. 이 말씀은 에스겔 20장 47절의 말씀 중에 나온 것이다. 하나님께서 에스겔에게 말하기를 '너는 네겝의 숲에 말하라'고 한다. '내가 숲속에 불을 지르겠다. 그 불은 숲속에 있는 모든 푸른 나무와 마른 나무를 태울 것이다'. 예수는 이 말씀에 대해 '생나무가 이런 일을 당하거든 마른 나무야 오죽하겠느냐'고 부언한다. 여기서 생나무를 죄 없는 예수로 본다면 마른나무는 죄 많은 예루살렘이라 하겠다. 때가 되면 모든 나무가 타겠지만 마른나무의 고통이 더 클 것이라고 한다.

40-6 예루살렘의 딸은 누구인가. 구약에는 '딸 시온'(시 9:14, 미 1:13)이 나오는데 시온은 예루살렘을 말한다. '처녀 딸 시온'(왕하 19:21)은 정복되지 않은 '딸 예루살렘'(왕하 19:21)을 말한다. 딸이라는 말은 '도성'(사 1:8, 애 2:13)이나 '도성 주민'을 말하기도 한다. 예수는 예루살렘 멸망 예언 중에서 여자들의 경우를 언급해서 예루살렘 여자들에게 한 말씀으로 이해하기 쉽다. 그러나 계속되는 말씀은 호세아와 에스겔을 인용하여 그때 일어날 비참한 일들을 말하고 있다. 예루살렘의 딸들은 예루살렘에 사는 여자들이라는 말보다는 예루살렘의 백성들 또는 세상 심판에 직면한 사람들을 일컫는 말이라 하겠다. 누가는 이처럼 십자가 도상에 있는 예수가 예루살렘의 멸망에 대해, 그리고 회개하지 않는 유대 백성들에게 그때를 알라고 당부하였다고 한다.

40-7 십자가의 길에 대해 8세기에는 겟세마네에서 출발해서 가야바의 집이 있던 시온산으로 해서 빌라도의 관정을 거쳐 성묘교회에 이르렀다고 한다. 그 후 고난 주간에 있었던 거룩한 행렬은 올리브 산꼭대기에서 출발해서 겟세마네를 거쳐 구시가지로 들어와서 성묘교회에 이르렀다고 한다. 14세기 교황 클레멘토 6세는 프란체스코 수도사들에게 순례단의 안내, 보호, 교육을 맡겼다고 하는데 지금의 순례 경로는 1417년에 정해졌다고 한다.

현재의 비아 돌로로사는 약 사백 미터에 14개의 처소가 있고 매주 금요일 가톨릭 교회가 순례하고 있다.

제 1, 2 처소는 예수가 재판받은 곳과 십자가를 진 곳이라고 하고,

제 3 처소는 처음 넘어진 곳이며, 제 4 처소는 어머니를 보고 멈춘 곳이고, 제 5 처소는 시몬이 십자가를 진 곳이며, 제 6 처소는 전설의 여자 베로니카가 예수에게 손수건을 건네준 곳이라고 한다.

제 7 처소는 두 번째 넘어진 곳이고, 제 8 처소는 심판을 예언한 곳이며, 제 9 처소는 세 번째 넘어진 곳이고, 제 10 처소는 예수의 옷을 벗긴 곳이며, 제 11 처소는 십자가에 못 박힌 곳이고, 제 12 처소는 십자가가 서 있던 곳인 동시에 예수가 숨진 곳이기도 하다. 여기에는 바위에 십자가를 세운 구멍이 있고 예수께서 숨질 때 일어난 지진으로 갈라진 바위도 있다고 한다.

제 13 처소는 십자가에 달린 예수의 시신을 내려 수의를 입힌 바위라고 하는데 예수의 시신에 몰약과 침향을 섞은 것 백 리트라와 세마포로 염습한 곳이다. 제 14 처소는 예수의 무덤이 있는 곳으로 성묘교회 구내에 있다.

각 처소에는 교회 또는 예배당이 있는데 관리하는 주체가 다 다르고 처소의 개방 여부나 시간도 이들이 정한다. 처소를 관리하는 기관들을 보면 가톨릭교회, 아르메니아교회, 성베로니카교회, 콥틱교의 성안토니오 수도원, 에티오피아정교회 수도원, 그리스정교회, 콥틱교회 등이다.

41. 십자가 위에서의 오전

❦

41-1 예수가 십자가에서 죽은 것은 역사적 사실이다. 이것을 말하기 위해 사복음서는 각각 자기 신앙공동체의 전승을 말하고 있다. 십자가 상에서 오전에 있었던 일들은 공관복음에서 십자가에 달린 제삼 시(막 15:25) 즉 오전 아홉 시부터' 제육 시 즉 낮 열두 시'(마 27:45, 막 15:33, 눅 23:44)까지의 일들이다. 사복음서가 전하고 있는 사건, 사고를 모아보면 십자가상에서 예수가 오전 중에 겪은 고난을 전체적으로 볼 수 있게 된다.

예수는 십자가를 지고 골고다에 도착한다. 예수는 두 행악자와 함께 십자가에 못 박힌다. 사복음서는 예수의 죄 패에 대해 말하는데, 요한복음만이 유대인들이 죄 패의 문구에 대해 시비를 거는 모습을 소개하고 있다. 예수의 옷을 제비 뽑는 이야기는 사복음서에 다 나와 있으나, 요한복음이 보다 자세하게 말하고 있다. 공관복음은 강도 둘이 예수의 좌우에 있다고 하고 그들이 예수를 욕했다고 하나, 누가는 그중 하나가 다른 하나를 꾸짖으며 예수를 받아들였고 예수도 그를 받아들여 낙원에 가게 되었다는 이야기를 하고 있다.

공관복음서는 십자가 주위의 군상들에 대해 언급하고 있는데 크게 두 무리다. 하나는 지나가는 자들이나 구경하는 자들이고, 다른 하나는 대제사장들과 서기관들과 장로들과 그 수하 그리고 군인들이다. 십자가 주위의 군상들은 예수를 모욕하고 비웃고 십자가에서 내려오라고 희롱

네 개의 시선으로 본 예수의 생애

한다. 종교 지도자들은 다른 이들과 달리 예수에게 자신을 구원하라고 하며 그러면 우리가 보고 믿겠다고 한다. 군인들은 유대인의 왕이면 너를 구원하라고 한다.

요한복음에는 두 명의 강도 이야기나 십자가 주위의 군상에 대한 언급이 전혀 없다. 그러나 요한복음만이 십자가 곁에 있는 가족들과 예수가 나눈 대화를 상세히 전하고 있다. 요한복음은 전체적으로 십자가 상황에 대해 공관복음보다 자세히 말하고 있다.

41-2 예수가 십자가를 지고 도착한 곳 즉 형장의 이름은 골고다다. 마태, 마가는 골고다 즉 해골이라고 하고 누가는 해골이라고만 한다. 요한복음은 해골, 히브리어로 골고다라고 설명한다. 골고다에 대한 사복음서의 표현을 볼 때 각 공동체의 배경을 짐작할 수 있다. 마태, 마가는 히브리어를 먼저 말한 것으로 보아 유대 기독교인들 이거나 디아스포라 유대인들이 많이 있는 공동체로 볼 수 있다. 누가는 해골이라고만 한 것으로 보아 히브리어를 이해하지 못하는 공동체일 수 있다. 요한복음은 히브리어를 이해하지 못하나 유대적 배경을 가진 공동체로 보인다.

골고다는 처형 장소이므로 성내는 아닐 것이다. 그러나 공개처형으로 사람들에게 공포심을 갖게 할 뿐 아니라 모두 볼 수 있는 도성 근처의 언덕 같은 곳으로 생각해 볼 수 있다. 요한복음은 예수가 못 박힌 곳이 성에서 가깝다(19:20)고 하고 히브리서는 예수가 '성문 밖에서 고난을 받으셨다'(13:12)고 한다. 골고다의 전승적 위치는 현재 성묘교회 구내다.

형장에서 예수는 두 번 포도주를 받는다. 마태, 마가는 형장에 도착해서 한 번, 십자가상에서 한 번 모두 두 번 예수에게 포도주를 드린다. 누가에는 한 번으로 오전에 군인들이 십자가 위에 있는 예수에게 신 포도주를 드린다. 그러나 마태, 마가는 오후에 갈대에 꿰어 신 포도주를 다시 한번 드렸다고 한다.

형장에 도착한 예수에게 쓸개(마태)와 몰약(마가)을 탄 포도주를 마시라고 주지만 예수는 맛을 보고 마시려고 하지 않으셨다(마 27:34)고 한다. 이 포도주는 예루살렘의 경건한 여자들이 사형수를 위해 준비한 것으로 자비의 실천행위라고 한다. 여기서 쓸개나 몰약을 탄 포도주는 시편(69:21)에 나오는 쓸개와 식초를 원용한 것으로 보인다. 그런데 어느 누가 드렸다고 하는 말은 없다.

정죄 받은 사람에게 포도주를 주는 것은 로마의 풍습이 아니고 유대의 풍습(산헤드린 탈무드 43A)이었다. 마태, 마가는 유대 풍습에 따라 포도주를 먼저 드렸다고 하는데 몰약을 탄 포도주나 신 포도주 모두 일종의 마취제였다. 유대인들은 죽음에 대한 공포와 두려움을 줄여주기 위해 사형수에게 포도주를 준 것이다. 겟세마네에서 예수가 하나님께 옮겨 달라고 기도한 잔이 이 포도주를 말하는 것일 수 있다. 예수가 처음에 포도주를 마시지 않은 까닭은 고난을 자처한 예수이기에 고통의 경감을 원하지 않았었을 수 있기 때문이다. 그러나 예수가 모든 포도주를 거부했다고는 하지 않았다. 마태, 마가, 요한복음은 오후에 신 포도주를 마시게 했다고 하는데 요한복음에서 예수는 잡힐 때 이미 '아버지께서 주신 잔을 내가 마시지 않겠느냐'(18:11)고 했다.

41-3 이제 죄수들은 십자가에 못 박힌다. 다른 죄수들에 대해 마태, 마가는 강도 두 사람(마 27:38, 막 15:27)이라고 하고 누가는 두 행악자라 하며 요한복음은 다른 두 사람(18:40에서는 강도)이라고 한다. 여기서 강도(막 15:27)라는 말을 영어 성경은 반역도(NIV) 또는 혁명가(NLT)라고 한다. 예수는 제삼 시(막 15:25) 즉 아침 9시에 십자가에 못 박혔다.

예수가 못 박힐 때 두 강도도 십자가에 못 박았는데 예수를 가운데 두

네 개의 시선으로 본 예수의 생애

고 좌우편에 하나씩 있었다고 한다. 그런데 예수의 좌와 우는 세베대의 아들들이 그토록 원했던 자리였다. 그때 예수는 그들에게 내가 마시는 잔을 마시고 내가 받는 세례를 받겠느냐고 했었다(막 10:38).

예수는 기도한다. 예수의 기도하는 모습을 늘 소개했던 누가는 예수가 십자가 위에서도 기도를 드렸다고 한다. '아버지 저 사람들을 용서하여 주옵소서 자기들이 무엇을 하는지 알지 못하나이다'(눅 23:34). 십자가 위에서 한 첫 번째 말씀이다. 이사야서에는 고난받는 종이 '그가 많은 사람의 죄를 담당하여 범죄자를 위하여 기도하였다'(사 53:12)고 한다. 이사야 예언의 성취라 하겠다. 예수는 많은 사람의 죄를 담당하는 '고난받는 종', '야웨의 종' 즉 메시아로서 저들을 사하여 달라고 기도드린 것이다. 예수는 저 사람들이 '자기들이 하는 일을 알지 못한다'고 한다. 저들은 예수의 죽음과 관련된 자들일 것이다. 지금도 자기가 하는 일이 무엇인지 모르고 살아가는 사람들이 많다.

바티칸 사본 등에는 이 기도가 없다. 그런데 용서의 확장이야말로 누가의 입장과 놀라울 정도로 일치하고 있다고 로버트 브라운은 말한다. 누가는 평지설교에서 '너희를 미워하는 자를 선대하며 너희를 저주하는 자를 축복하며 너희를 모욕하는 자를 위해 기도하라'(눅 6:27-28)고 했다. 누가가 기록한 사도행전에서 스데반은 순교를 당하면서 '주님, 이 죄를 저 사람들에게 돌리지 마옵소서'(행 7:60)라고 기도한다.

예수와 함께 못 박힌 강도들은 십자가 주위의 무리들처럼 예수에게 욕을 한다. 그러나 누가는 다른 이야기를 한다. 함께 달린 죄수 중 하나가 예수를 비방하며 '너는 그리스도가 아니냐 너와 우리를 구원하라'고 한다. 그러자 다른 하나는 그를 꾸짖으며 말한다. '저 사람과 같은 사형선고를 받았으나 너는 하나님이 두렵지 않느냐 우리는 우리가 저지른 짓 때문에 이런 벌을 받아 마땅하나 이 사람은 아무 잘못도 하지 않았다'고 한다. 그런 다음 그는 예수에게 말한다. '예수여 당신의 나라에 임할 때 나를 기억하소서'. 예수는 대답한다. '내가 진정으로 네게 말한다. 너는 오늘 나와 함께 낙원에 있을 것이라'(눅 23:39-41).

이 행악자는 하나님을 두려워하라고 한다. 세상의 기준이 아닌 하나님의 기준에서 판단하라는 것이다. 그리고 예수와 같이 십자가에 달려 있다고 해서 같은 동류 즉 행악자로 보지 말라고 하며 예수는 옳은 일만 했다고 한다. 누가에서 예수는 마지막 만찬을 하고 이사야를 인용(사 53:12)하여 '불법자의 동류로 여김을 받았다고 한 말이 이루어져 간다'(눅 22:37)고 했는데 이사야 본문에 불법자는 히브리어 pasha로 반역자다. 결국 예수는 반역자의 하나로 취급받고 십자가에 못 박힌 것이라 하겠다. 또한, 겟세마네 동산에서 체포될 때 예수는 '너희가 강도를 잡는 것과 같이 나를 잡으러 왔느냐'고 했다.

이 강도는 예수께 '예수여 당신의 나라에 임할 때 나를 기억해 주소서'라고 하는데 죽음을 극복하고 승리하여 그 나라에 임하는 예수임을 확신했던 것이다. 여기서 '당신의 나라'는 마지막 만찬에서 말씀한 '내 나라'(눅 22:30)다. 마지막으로 구원받은 이 행악자는 바울이 한 말 즉 '사람이 믿어 의에 이르고 입으로 시인하면 구원에 이르나니'(롬 10:10), '누구든지 주의 이름을 부르는 자는 구원을 얻으리라'(:13)의 실체적 증거이고 또한 본보기라 하겠다. 이름을 알 수 없는 이 강도를 '참회한 강도', 또는 '구원받은 강도'라고 하는데 그는 바울 말씀처럼 예수의 이름을 부르고 예수의 나라에 가겠다고 함으로서 이 강도는 예수로부터 구원을 받은 것이다.

예수의 대답은 '오늘 네가 나와 함께 낙원에 있을 것이라'고 한다. 누가에서의 '오늘'은 구원의 현재성을 의미한다. '오늘 다윗의 동네에'(2:11), '오늘 우리가 놀라운 일을 보았다'(5:26), '오늘 있다가 내일 아

네 개의 시선으로 본 예수의 생애

궁이에'(12:28), '오늘 구원이 이 집에'(19:9) 등이다. 여기서 '낙원'은 거지 나사로가 죽은 후 천사들에 의해 이끌리어 아브라함의 품에 안긴 그곳(눅 16:22)일 것이다. 오늘에 있어서 낙원은 일반적으로 종말론적인 소망의 장소(계 2:7)를 말한다고 하겠다.

개신교에서 사후 세계에 있는 낙원과 천국은 다른 개념이다. 세상의 종말로 인한 부활이 있기 전까지 장차 천국에 갈 신자들이 머물게 되는 곳이 낙원이라 하겠고, 그리고 장차 지옥에 갈 사람들이 머무는 곳이 음부(눅 16:23)라 하겠다(웨스트민스터 32장).

41-4 예수의 십자가 위에는 죄 패가 있었는데 통상 죄수들의 목에 걸기도 하고 형장에서 읽어 주기도 하고 십자가 위에 붙이기도 하였다. 마태, 마가는 죄 패에 '유대인의 왕'이라고 쓰여 있었다고 한다. 그런데 누가에서 군인들은 '유대인의 왕이여 네가 너를 구원하라'(눅 23:37)고 하는데 예수의 머리 위에는 '유대인의 왕 예수'(:38)라고 쓰여있었다는 것이다. 청각과 시각으로 예수를 유대인의 왕이라는 것을 알게 했다고 한다.

요한복음은 빌라도가 명패에 '나사렛 예수 유대인의 왕'이라고 써서 십자가 위에 붙였다고 한다. 예수가 십자가에 달린 곳이 성에서 가까워서 많은 유대인들이 와서 읽었는데 이 패에는 히브리어와 라틴어와 헬라어로 적혀 있었다(19:20). 유대인의 대제사장들이 빌라도에게 '유대인의 왕'이라 쓰지 말고 '자칭 유대인의 왕'이라고 쓰라고 하지만 빌라도는 '내가 쓸 것을 썼다'(19:22)고 한다. 그는 로마법에 의한 죄명을 쓴 것이다. 십자가를 그린 그림에는 십자가 위에 라틴어로 INRI라고 쓰여 있는데 나사렛 예수 유대인의 왕이라는 말이다.

유대인의 왕은 로마의 반역자라는 말이다. 유대인들은 예수를 종교적인 이유로 죽이지 않고 로마인인 빌라도에게 넘겨 로마법에 따른 정치범으로 죽게 했다. 유대인들은 예수를 죽이기 위해 억지로 유대인의 왕이라는 죄명을 붙였다. 그런데 이 죄 패가 마치도 유대인들이 다시 오시기를 기대하던 다윗과 같은 왕 즉 메시아 같은 왕, 이런 왕을 마가는 '이스라엘의 왕 그리스도'(막 15:32)라고 하는데 그 사람이 '나사렛 예수'라는 것이다. '나사렛 예수 유대인의 왕'이라는 죄 패는 예수가 진짜 유대인의 그리스도가 되는 왕이라고 온 천하에 알려주는 것이 되고 말았다.

예수를 십자가에 못 박고 나서 예수의 옷을 가지고 누가 어느 것을 가질까 제비를 뽑았다고 하는데 십자가에 못 박기 전 예수의 옷을 벗긴 것으로 보인다. 지금의 상식으로는 이해하기 어려운 행동이지만 당시에는 옷감이 매우 귀하고 비쌌다. 요한복음은 옷을 나누는 장면을 잘 묘사하고 있다. 옷을 네 몫으로 나누어서 한 사람이 한몫씩 차지하고 속옷은 호지 아니하고 즉 이음새 없이 통 자로 짠 것이므로 찢어서 나누지 말고 한 사람이 가질 수 있도록 제비를 뽑았다는 것이다.

사형장에 죄수를 끌고 가는 군인은 네 명이다. 사형수의 옷은 사형 집행을 맡은 군인들의 것이 된다. 유대인들이 몸에 걸치는 것이 다섯 가지다. 신, 두건, 허리띠, 겉옷, 속옷이다. 네 명의 군인은 속옷을 제외하고 하나씩 나눠 갖는다. 물론 속옷도 사 등분 할 수 있지만 통으로 짠 것이므로 찢어서 나누기에는 아깝다. 그래서 제비를 뽑는 것이다. 요한복음은 시편 22편 18절, '내 겉옷을 나누며 속옷을 제비 뽑나이다'의 성취로 보았다.

41-5 십자가 주위의 군상들을 살펴보자.

(1) 마태, 마가에서 지나가는 사람들이 머리를 흔드는데 이것은 예수가 비방 거리(시 109:25), 조롱거리(시 22:6-7), 영원한 웃음거리(렘 18:16),

멸시와 조롱의 대상(사 37:22)이라는 것이다. 머리를 흔드는 자들에 대한 시(시편 22편)가 있다. 다윗이 사람들에게서 조롱받는 시로서, 지나가는 사람들이 예수를 조롱하는 것과 같이 시에는 머리를 흔드는 장면이 나온다. '나는 사람도 아닌 벌레요 비방거리요 백성의 조롱거리다. 나를 보는 자는 다 나를 비웃으며 입술을 비쭉거리며 머리를 흔든다. 그가 여호와께 의탁하니 구원하실 걸, 그를 기뻐하시니 건지실 것이라'(시 22:6-8).

(2) 마태에서 지나가는 사람들은 머리를 흔들며 예수를 모욕한다(마 27:39). '성전을 헐고 사흘이면 짓는다던 자여 네가 정말 하나님의 아들이거든 네 목숨이나 건져라. 십자가에서 내려와 봐라'(:40). 여기서 '성전을 헐고 짓는 자'라고 한 것은 예수가 가야바 앞에서 심문받을 때 예수를 죽이려고 한 고소(마 26:61)였다.

마가에서 지나가는 자들은 머리를 흔들며 예수를 모욕하기를 '아하 성전을 헐고 사흘에 짓는 자여'라고 하고 '하나님의 아들이거든 십자가에서 내려오라'고 한다. 시편에는 '내 영혼을 빼앗으려는 자와 나의 상황을 기뻐하는 자들이 수치와 무안과 수모를 당하게 해 달라'고 한다. 그런데 그자들은 '아하, 아하' 하는 자들(시 70:2-3)이라고 한다. 마가는 지나가는 자들이 시편 말씀처럼 '내 영혼을 빼앗으려는 자들이고 내 처지를 기뻐하는 자들'이라고 말한 것이라 하겠다.

(3) 마태, 마가에서 '네가 하나님의 아들이어든'이라고 조롱한다. 이 말은 지혜서에도 있다. "하나님이 자기 아버지라고 자랑한다. 그의 최후가 어떻게 될지 지켜보자. 정녕 하나님의 아들이라면 하나님께서 그를 도우시어 적대자들의 손에서 구해 주실 것이다. 그러니 그를 모욕과 고통으로 시험하자. 자기 말로 하나님께서 돌보신다고 하니 그에게 수치스러운 죽음을 내리자"(지혜서 2:16-18).

마귀의 시험에서 '네가 만일 하나님의 아들이라면'이라고 하는데 마귀가 돌들로 명하여 떡이 되게 하라고 했을 때와 예수를 성전 꼭대기에 세우고 뛰어내리라고 했을 때 두 번 한 말이다. 종교 지도자들의 요구는 마귀를 대행한 요구라 하겠다. '십자가에서 내려오면 믿겠다'고 하는 종교 지도자들의 제안 역시 내게 절하면 천하만국을 주겠다는 마귀의 제안과 다를 바 없다.

(4) 마태, 마가에서 십자가에서 내려오라(마 27:40, 막 15:30)고 하는 말은 지나가는 자들 이외에 대제사장, 서기관, 장로들 같은 종교 지도자들도 한다. 그들은 '그가 남은 구원하였으나 자기는 구원하지 못하는구나'고 하며 '이스라엘의 왕이면 내려오라, 우리가 보고 믿겠노라'(마 27:42, 막 15:32)고 한다. 그러나 누가에는 관리들이 '만일 하나님이 택한 자 그리스도라면 자신을 구원하라'(눅 23:35)고 한다. 누가는 백성들은 서서 구경하고 있었고 관리들은 비웃었다고 하는데 관리들보다는 헬라어로 archon이므로 새번역처럼 '지도자' 즉 종교 지도자로 보는 것이 좋겠다.

(5) 누가에서 군인들 역시 '네가 유대인의 왕이면'(눅 23:37) '너를 구원하라'고 한다. 예수에 대한 호칭이 유대인들은 이스라엘의 왕이라고 하지만 이방인인 로마 군인들은 유대인의 왕이라고 한다. 모두 왕에게 초점이 맞추어져 있다. 마태에서 군인들은 제비를 뽑고 나서 거기 앉았다(마 27:36)고 하는데 누가에서의 군인들도 예수가 죽기를 기다리며 십자가 옆에 있었던 것 같다. 누가에서 군인들은 예수에게 너를 구원하라고 조롱했는데 오전에 한 번 예수에게 신 포도주를 주었었다(눅 23:36).

'자신을 구원하지 못한다'(마 27:42, 막 15:31), '자신을 구원하라'(눅 23:35,37)에서 '구원한다'는 말을 공동번역은 '살린다'라고 번역하고 있다. 그러나 '저가 남을 구원하였다'고 한 말은 예수의 치료 사역을 두고

네 개의 시선으로 본 예수의 생애

한 말일 수 있고 '자신을 구원하라'는 말은 자신을 위해 능력을 발휘하여 무슨 기적을 일으켜 보라는 말(서중석교수)이라고 볼 수 있다.

(6) 마태에서 종교 지도자들은 한 발 더 나가 '그가 하나님을 신뢰하니 하나님이 원하시면 이제 그를 구원하실 것이다. 그는 스스로 말하기를 하나님의 아들이라 하였다'(마 27:43)고 한다. 누가에서 관리들 즉 종교 지도자들은 '하나님이 택하신 자 그리스도'라면 자신도 구원할 것이라(눅 23:35)고 하는데 이 말은 산상에서 변화하실 때 구름 속에서 난 소리, '이는 나의 아들 곧 택함을 받은 자'(눅 9:35)라는 말과 연결된다. 이들은 예수를 비난하기 위해 가정법으로 말했지만 실제로 '예수가 하나님의 아들이고 그리스도'라고 말한 것이다.

광야보다 더 극한 상황인 십자가 위에 있는 예수에게 이들은 이스라엘의 왕, 그리스도, 하나님의 아들 등 여러 가지 이름을 붙여주며 그 이름에 걸맞는 기적을 행하라고 한다. 예수에게 십자가에서 내려오라고 하는 것이야말로 최후의 시험이고 '마지막 유혹'The Last Temptation이라 하겠다.

41-6 요한복음에는 십자가 주위에서 예수를 비난하고 조롱하는 기사가 없고 구원받은 강도 이야기도 없다. 그런데 다른 복음서에는 없는 기사가 있다. 십자가 곁에는 예수의 어머니 마리아와 이모, 글로바의 아내 마리아, 막달라 마리아가 있었다는 것이다. 십자가에 달린 예수는 곁에 있는 자기 어머니와 사랑하는 제자가 있는 것을 본다. 요한복음에서 어머니 마리아의 이야기가 나오는 곳은 가나의 혼인 잔치와 이곳뿐인데 어머니를 '여자여'라고 부른다. 사랑하는 제자는 요한복음에 네 번 나온다. 이 제자는 전승에 의하면 사도 요한이라고 한다.

예수는 어머니에게 '보소서 아들이니이다'라고 하고 사랑하는 제자에게 '네 어머니라'(요 19:26-27)고 한다. 제자는 그때부터 마리아를 자기 집에 모셨다고 한다. 예수의 생전에는 형제들이 예수를 믿지 않은 것으로 보인다. 그래서 예수는 돌아가시면서 어머니를 사랑하는 제자에게 부탁하였을 것이다.

41-7 로마가 식민지 통치 방법으로 십자가형을 택한 것은 BC 1세기경으로 보이고 폐지한 것은 A.D. 337년 콘스탄티누스 대제에 의해서다. 이 형은 B.C. 6세기경 페르시아 지역에서 시작되어 페니키아, 카르타고 등지에서 집행되었다고 한다. B.C. 519년 다리우스 1세가 정치적인 이유로 3천 명을, B.C. 336년 알렉산더 대왕이 티레(Tyre, 두로, 눅 17:13) 전투에서 승리한 후 8천 명을, B.C. 71년 스파르타쿠스 노예 반란 때 8천 명이 십자가형에 처해졌다고 한다.

이 형은 반란, 반역, 살인, 소요죄나 해적, 노예 등에게 해당되고 로마 시민에게는 적용되지 않았다. 이 형은 매질로 시작하는데 사형수는 십자가의 가로대를 지고 간다. 세로대는 고정되어 있었고 세로대를 쉽게 세우기 위해 바닥에 구멍을 파 두기도 하였다. 그런데 이런 구멍의 흔적이 골고다에 있다고 한다. 형장에 도착한 죄수는 가로대에 팔이 묶이고 양손 또는 손목에 못이 박힌다. 그리고 군인들에 의해 세로대의 틀에 맞추어져서 얹혀진다. 발목은 세로 기둥에 고정시키고 못을 박는다.

기독교 초기 교인들도 역시 십자가에 대한 거부감이 있었다. 당시에는 기독교에 대한 탄압이 심해서 은밀한 것 즉 닻, 돛배, 삼지창 같은 것으로 상징을 삼을 수밖에 없었다. 1세기의 닻은 믿는 자들의 상징이었다. 히브리서(6:19)는 '우리가 이 소망이 있는 것은 영혼의 닻 같아서'라고 한다. A.D. 백 년쯤 순교자 클레멘트가 닻에 묶여 바다에 수장된다. 그래서 닻은 순결한 신앙의 상징이 되었다. 러시아 정교회 대주교의 복장에는 앵커 십자가라는 닻의 고리가 달려 있다.

그 후 헬라어로 물고기라는 익투스가 기독교의 상징이었다. 예수는 제자들에게 '사람을 낚는 어부가 되라'고 했다. 익투스는 헬라어 '예수 그리스도 하나님의 아들 구세주'의 앞머리 다섯 자가 들어있는 물고기다. 그러다가 3세기 경에는 예수 그리스도의 헬라어 앞 두 자인 '로' P와 '키' X를 합한 모양으로 십자가에 달린 예수를 상상하다가 로와 키를 단순화시킨 십자가를 사용하였다. 최초의 십자가 형상은 4세기 이후의 것으로 카다콤에서 발견되었고 예배 의식에서 십자가가 사용된 것은 7세기 이후라고 한다.

십자가가 긍정적인 이미지로 바뀌게 된 것은 A.D. 312년 콘스탄티누스가 매부 악센티우스와 전쟁을 할 때였다. 어느 날 하늘에 십자가가 떠 있었고 이 표로 군기를 삼으면 승리하리라는 글자가 보이고 음성도 들렸다고 한다. 그 후 전쟁에 이긴 그는 황제에 오르고 A.D. 313년 기독교를 포함한 여러 종교를 포용하는 밀라노 칙령을 공포한다. 콘스탄티누스는 동전에 십자가를 새기고 나중에는 승리라는 글자도 함께 넣었고 후에 황제의 왕관에서부터 건물 형태에 이르기까지 십자가가 사용된다.

유대인들은 십자가를 극도로 꺼린다. 수학에서 더하기를 'ㅗ'로 표시하고 길에는 십자로가 없고 원형 교차로만 있으며 숫자 '44'를 쓸 때 십자가 모양이 되지 않도록 가로 긋기를 세로 긋기에 맞추어 쓴다. 이스라엘에서 기독교는 메시아닉 교회라고 하고 상징으로 물고기와 십자가를 사용한다.

42. 십자가 위에서의 오후

꧁꧂

42-1 십자가 위에서 오후에 있던 일들은 공관복음에서 '제육 시, 즉 낮 열두 시부터 예수가 돌아가신 제구 시 즉 오후 세 시'(마 27:45, 막 15:33, 눅 23:44)까지의 사건들이다. 예수가 돌아가시기 전에 일어난 기상 이변과 십자가 위에서 고통스러워하고, 신 포도주를 마시고 마지막 말씀을 한 후 예수는 숨을 거둔다. 공관복음 공통기사로 백부장의 이야기가 나오고 구경꾼들의 모습도 보인다. 끝으로 예수의 처형을 바라보고 있는 사람들의 이름이 나온다. 물론 제자들은 보이지 않는다. 이런 일들을 모아보면 예수가 십자가상에서 오후에 겪은 고난과 임종 시 광경을 상상해 볼 수 있다.

42-2 공관복음은 어둠이 온 땅을 덮어서 구 시 즉 오후 3시까지 계속되었다고 한다. 마가는 제삼 시 즉 오전 아홉 시에 예수가 십자가에 못 박혔다고 했다. 십자가에서 이미 세 시간이 지났다. 온 땅이 어두워진 현상에 대해 누가는 '해가 빛을 잃었다'고 한다. 신앙적으로 '빛이신 예수'가 이 세상을 떠나는 모습으로 받아들일 수 있다. 요한복음은 예수를 '참 빛'(요 1:9, 요일 2:8)이라고 하지 않았는가. 그러나 예수가 돌아가시기 전 세 시간이 어둠에 있었다는 것을 구약에 시각에서 보면 하나님이 일으키신 기상 이변이라 하겠다.

아모스는 주님의 날과 심판을 선언하면서 '그날에 내가 해를 대낮에

지게 하여 백주에 땅을 캄캄하게'(암 8:9) 하겠다고 했다. 이사야는 '보라 어두움이 땅을 덮으며 캄캄함이 만민을 가린다'(사 60:2)고 메시아가 오기 전의 상황을 말했다. 어둠에 덮인 세상은 예수가 없는 세상이라 하겠다. 세 시간의 어둠은 출애굽 때 아홉째 재앙인 삼 일간의 어둠(출 10:22)과 같이 하나님의 승리를 위한 징조라고 볼 수 있을 것이다.

제구 시쯤 십자가 위에 있던 예수는 크게 소리 지른다. 제구 시는 유대인들의 기도 시간(행 3:1)이다. 그러므로 이 소리는 지상에서의 예수의 마지막 기도라 하겠다. '엘리 엘리 라마 사막다니', 이를 번역하면 '나의 하나님 나의 하나님 어찌하여 나를 버리시나이까'라고 한다. 누가와 요한복음에는 이 말씀이 없고 마태, 마가에만 있다. 이 기도는 아람어화된 히브리어로 시편 22편 1절로 다윗이 하나님께 드린 의인의 고통을 묘사한 것이다.

'내 하나님이여 어찌하여 나를 버리셨나이까 어찌하여 나를 멀리하여 듣지 아니하시며 내 신음 소리를 듣지 아니하시나이까 내 하나님이여 내가 낮에도 부르짖고 밤에도 잠잠하지 아니하오나 응답하지 아니하시나이다'(시 22:1-2).

예수는 죽기 전 하나님께 시편을 빌어 자신의 심정을 토로하고 있다. 하나님으로부터 버림을 받은 것 같은 상황 속에서의 절대 고통의 외침이라 하겠다. 겟세마네에서 '아빠 아버지'라고 기도한 예수는 여기서는 '나의 하나님 나의 하나님'이라고 한다. 그러나 이 시는 뒤(시 22:22-23)에서 하나님의 도움을 요청하면서 구원을 확신하며 하나님을 찬양한다. 예수는 사람들이 바라는 대로 십자가에서 내려와 자기를 구원하는 것이 아니라 인간적인 고통을 호소하는 기도를 드리고 죽게 되지만 예수는 궁극의 승리를 거두게 된다는 것을 마태, 마가가 말하려 한 것은 아닐까.

거기 섰던 자들은 무리 중 유대인들이나 군인들이었을 것이다. 이들은 '엘리 엘리'라고 한 예수의 기도를 듣고 '엘리야를 부른다'고 했다. 로마 군인들은 아마도 헬리오스Helios, 그리스 신화의 태양신을 부르는 소리로 들었을지도 모른다. 마태, 마가는 그 뒷얘기를 계속한다. 십자가 옆에 남은 사람들이 말한다. '가만두어라. 엘리야가 와서 그를 구원하는지 보자.' 이와 같은 오해를 피하기 위하여 그리고 그 뜻을 모르는 사람들을 위하여 성경은 그 번역도 함께 기록했던 것이다.

물론 당시 유대인들은 '예수의 이름이 드러나자' 예수를 엘리야(마 14:2, 막 6:14, 눅 9:7)로 보기도 하였고 예수가 제자들에게 '사람들이 나를 누구라 하느냐'고 물었을 때(마 16:13, 막 8:27, 눅 9:18)에도 나온다. 예수는 산상에서 변화될 때 모세, 엘리야와 함께 있었다. 예수가 엘리야를 불렀다면 '예루살렘에서 별세할 것을 말한 엘리야'(눅 9:31)는 어떻게 하였을까. 엘리야는 예수를 십자가에서 내려오게 하지 않고 오히려 별세 이후의 일들을 준비하였을 것이다.

요한복음은 '그 후'라고 하는데 십자가 위에서 어머니와 사랑하는 제자를 만난 후다. 예수는 모든 것이 끝났음을 알고 '목마르다'(요 19:28)고 하는데 성경 말씀을 이루려고 한 말씀 즉 성경의 예언이 이루어졌다고 한다. '목이 마르다'고 한 말씀은 시편을 배경으로 하고 있다. '내가 부르짖음으로 피곤하여 나의 목이 마르며 나의 하나님을 바라보는 나의 눈이 쇠하였나이다'(시 69:3). 이 말씀은 예수의 인간적인 고난을 강조하고 있다. 목마름의 가장 처절한 표현은 부자와 거지 나사로의 이야기 가운데 부자가 아브라함에게 나사로를 보내어 그 손가락 끝에 물을 찍어 내혀를 서늘하게 하여 달라는 것이었다(눅 16:24).

42-3 예수에게 신 포도주를 드리는 이야기는 사복음서에 다 있다.

마태, 마가는 형장에 도착했을 때 쓸개 또는 몰약을 탄 포도주를 드렸지만 마시지 않았다고 했다. 그러나 오후에는 신 포도주를 갈대에 꿰어 마시게 했다(마 27:48, 막 15:36)고 한다. 누가는 오전에 군인들이 신 포도주를 드리면서 예수를 희롱했다고 했으나 오후에 신 포도주를 드렸다는 기사는 없다. 요한복음에서는 오후에 한 번 드린다.

요한복음은 '내가 목마르다'고 한 후에 신 포도주를 받는다. 누가처럼 군인들이 희롱하였다는 얘기가 없다. 인간 예수는 정말로 목이 말라서 신 포도주일 망정 받아 마셨을 것이다. '거기에', 아마도 십자가 옆에, 신 포도주를 가득 담긴 그릇이 있었고(요 19:29) 어떤 사람이 해면에 신 포도주를 적셔 갈대에 꿰어 마시게 했다고 하는데 요한복음은 갈대가 아니라 해면을 우슬초에 매서 예수의 입에 대었다고 한다.

우슬초는 가지와 잎이 두껍고 바위틈과 담벼락에서 자라며(왕상 4:33) 조건이 좋으면 0.5에서 0.9m까지 자란다고 한다. 우슬초는 보통의 풀이라서 거기에 해면을 달 수 있었을지 의문이다. 그래서 우슬초라는 말 힛소프ₕᵧₛₛₒₚ는 장창 또는 창이라는 힛소스의 오기라고 보기도 한다. 다시 말해 로마 군인의 창에 해면을 달아 드렸다는 것이다. 그런데 힛소프가 히숍 즉 1.8m까지 자라는 팥수수로 볼 수도 있다고도 한다. 그러나 유월절과 연결해서 생각해 보면 우슬초가 틀린 것이 아닐 수 있다는 주장도 있다. 유월절 제물에 피를 뿌릴 때 우슬초 묶음을 사용(출 12:22)했기 때문이다. 아마도 요한복음은 이 점을 강조하기 위해 우슬초라고 했을 수도 있다. 로마 군인들은 두 개의 해면 sponge을 들고 다녔다고 하는데 하나는 물을 마시기 위한 용도였고 다른 하나는 화장지 대신 닦는 용도였다고 한다. 아무튼 마태, 마가의 기록대로 갈대로 보면 무난할 것 같다.

42-4 예수의 마지막 모습이다. 마태는 말씀 없이 '다시 큰소리를 지르고 영혼이 떠나갔다'(마 27:50)고 하고 마가 또한 예수가 '큰소리를 지르고 마지막 숨을 쉬셨다'(막 15:37)고 한다. 누가는 예수가 다시 한번 아버지를 찾았다고 한다. 처음에는 '아버지 저들을 용서하여 주옵소서, 자기들이 하는 것을 알지 못함이니이다'라고 했으나 이번에는 큰 소리로 '아버지 내 영혼을 아버지 손에 맡깁니다'(눅 23:46)라고 하고 숨을 거두었다고 한다.

이 말씀은 시편 31편 5절에 '아버지'를 한 번 더 한 것으로 아버지가 두 번 나온다. 스데반이 돌에 맞으면서 '이 죄를 그들에게 돌리지 마옵소서'에 이어서 한 기도 '내 영혼을 받으시옵소서'와 같다. 이 구절은 유대의 어머니들이 자녀들을 재울 때 하는 기도라고도 한다. 배드로 전서 (4:19)에는 '하나님의 뜻대로 고난을 받은 자들'은 '그 영혼을 미쁘신 창조주에게 의탁하라'고 했다. 믿는 이들이 운명을 할 때 해야 하는 기도는 '아버지에게 내 영혼을 맡깁니다' 일 것이다.

요한복음에서 예수의 말씀은 신 포도주를 마시고 나서 "'다 이루었다' 하고 머리를 숙이니 영혼이 떠나갔다"(요 19:30)고 한다. 요한복음은 예수가 고별 기도에서 '내게 하라고 주신 일을 내가 이루어 아버지를 이 세상에서 영화롭게 하였다'(요 17:4)고 했다. 예수는 다시 한번 자기 사명을 다 이루었다고 말씀한 것이다. '다 이루었다'의 헬라어의 의미는 '흠 없이 마쳤다', '다 마쳤다'라고 한다. 이사야는 말한다. '여호와께서 그에게 상함을 받게 하기를 원하사 질고를 당하게 하셨은 즉 (중략) 그의 날은 길 것이요 또 그의 손으로 여호와께서 기뻐하시는 뜻을 성취하리로다'(사 53:10).

예수의 죽음에 대해 마태와 요한복음은 '영혼이 떠나갔다'고 하는데 '영혼을 떠나보내셨다'라는 말이다. 영혼이 목적어로 되어 있는 구조는

네 개의 시선으로 본 예수의 생애

예수의 자발적인 죽음을 드러낸다고 하겠다. 마가와 누가는 '숨지시다' 라고 하는데 헬라어로는 '마지막 숨을 쉬다'라는 말이다. 누가는 산에서 변형되는 일이 있을 때 예수의 죽음을 '엑소더스' 즉 '떠나심', '별세'로 보았다. 역시 스스로 떠났다는 의미가 함축되어 있다 하겠다.

42-5 십자가에서의 죽음은 얼마나 고통스러운가. 사형수에게 더 큰 고통을 주고 빨리 숨을 거두게 하려고 무릎 아래 정강이뼈를 부러뜨리 기도 한다. 창으로 옆구리를 찔러서 사망을 확인했을 뿐 아니라 사망을 촉진시키기도 하였다. 그런데 이 방법들은 요한복음에 나오는 방법들이 다. 마가에서 아리마데 요셉은 빌라도에게 예수의 시체를 달라고 하는 데 빌라도는 그렇게 빨리 죽었을까 하고 이상히 여겨 백부장에게 죽은 지 오래되었느냐고 알아보고 시체를 내주는데(막 15:44-45) 어떻게 예수 의 죽음을 확인했는지에 대해 기술은 없다.

십자가에 달린 죄수의 몸이 처지는 것을 막기 위해 세로대 중간에 선 반 같은 가로대를 끼워 몸을 어느 정도 떠받쳤다. 후에는 발밑에도 가로 대가 있었다고 하는데 십자가에 더 오래 매달려 있게 하기 위한 장치들 이었다.

사망의 원인은 최종적으로 고통과 근육경련과 횡경막 압박에 의한 질 식이다. 십자가형은 고문이나 채찍질을 당한 죄수의 상태에 따라 최소 하루 이상 매달려 있어야 했다. 한 연구에 의하면 천 번 이상 기절했다 가 깨어나기를 반복한다고 하는데 죽고 싶어도 죽을 수 없는 상태가 계 속된다고 한다. 십자가에 달린 죄수는 '죽음의 모든 차원을 경험한 후에 야' 죽게 된다고 한다. 십자가형은 가장 가공할 처형이었다.

예수는 자신의 죽음과 부활에 대해 제자들에게 '조금 있으면 너희는 나를 보지 못할 것이다. 그러나 또 조금 있으면 나를 볼 것이다'(요 16:16)

라고 말씀했다. 그리고 이 말을 알아듣지 못하는 제자들을 위해 '너희는 곡하고 애통하겠으나 세상은 기뻐하리라'(요 16:20)고 하며 자신의 죽음을 해산의 고통에 비유한다. '여자가 해산하게 되면 근심하나 아기를 낳으면 세상에 난 기쁨으로 말미암아 그 고통을 다시 기억하지 않는다'(:21)고도 했다. 구약에서의 해산은 이스라엘의 구원이나 메시아의 오심으로 인한 고통으로 묘사하고 있다.

42-6 예수가 돌아가신 후에 어떤 일들이 벌어졌을까. 공관복음은 성전 휘장이 찢어졌다고 한다. 다만 누가는 십자가상에서 오후에 온 땅이 어두워지며 일어난 일이라고 한다. 즉 살아 계실 때 일어났다고 한다. 마태, 마가는 '위로부터 아래로' 찢어졌다고 하고 누가는 '가운데'가 찢어졌다고 한다. 여기서 중요한 것은 예수의 죽음과 성전 휘장이 찢어지는 사건이 직접적인 관계가 있다는 것이다.

성전에서 가장 중요한 곳은 성소와 지성소다. 현관에서 성소로 가는 곳과 성소에서 지성소로 가는 곳에 각각 휘장이 처져있는데 높이는 약 14m 정도라고 한다. 지성소는 하나님이 이 땅에 거하는 매우 거룩한 곳이다. 이곳에는 오직 대제사장만이 일 년에 단 하루(출 30:10, 히 9:7), 이스라엘의 죄를 속하기 위해 휘장을 열고 하나님께 나가는 것이 허락된다(레 16:2). 인간이 하나님께 나아가는 방법은 휘장을 열고 들어가는 것이다. 그런데 그 휘장이 예수의 죽음으로 찢어졌다는 것이다. 그러면 성전 휘장이 찢어진 사건은 무엇을 의미할까.

첫째, 성전 권력자들에 대한 심판이라 하겠다. 유대 지도자들은 예수를 죽이려고 온갖 시비를 다 걸었다. 그들은 하나님의 뜻을 왜곡시키고 백성들을 오도한 자들이었다.

둘째, 성전 휘장이 갈라졌다는 것은 비밀스럽고 신성한 성소가 완전히 노출되었다는 것이다. 이제 더이상 휘장으로 가릴 수 있는 거룩함과 은밀함은 존재하지 않는 것이다.

셋째, 세상과 성소 사이의 휘장이 제거됨으로 사람들이 하나님께 직접 나갈 수 있게 되었다. 유대 종교 지도자들이 서 있던 위치가 사라진 것이다. 그들은 지존자의 은밀한 곳에 거주하며 전능자의 그늘 아래 사는 자들이다. 하나님과 사람들 사이에 있던 자들이다. 성소의 휘장이 갈라짐으로 그들은 할 일이 없어지고 만 것이다. 지금도 그런 사람들이 있다. 하나님과 나 사이에 끼어들려는 자들이 있다.

넷째, 휘장은 예수의 육체다. 예수는 우리를 위하여 휘장 가운데로 새로운 살길을 열어 놓았다(히 10:19-20)고 초기 기독교인들은 고백한다. 예수의 육체는 지성소로 들어가는 휘장이었고 예수의 육체가 찢어지는 사건을 통해서 우리가 장애 없이 막힘없이 하나님께 나아갈 수 있게 되었다는 것이다.

42-7 마태는 말한다. 예수가 운명한 후 땅이 흔들리고 바위가 갈라졌다고 한다. 마태에서 예수가 탄생할 때는 하늘의 징조가 있어 동방박사들이 별을 따라왔다. 그런데 예수가 죽었을 때에는 땅에 징조가 나타난 것이었다. 아직 온 땅이 어둠에 덮여 있을 때 일어난 이 일은 지진으로 보인다. 구약에서 지진은 하나님의 진노하심(삼하 22:8, 사 68:8) 또는 하나님의 개입(왕상 19:17)을 암시한다. 예수의 죽음으로 인한 지진은 기존 질서가 흔들리고 새로운 질서 즉 하나님 나라의 도래, 구원의 시대의 열림을 상징하는 것은 아닐까.

마태는 이어서 무덤이 열리며 자던 성도들이 일어났다고 한다. 예수의 죽음을 에스겔의 마른 뼈의 환상(겔 37:1-12)과 연결시키고 있다. 에스겔은 '내 백성들아 내가 너희 무덤을 열고 너희로 거기서 나오게 하겠다'(겔 37:12)고 한다. 여기서 '자던 성도'는 유대교의 죽은 옛 성인을 말하며 '일어나다'는 '살아나다'라는 말이다.

마태는 예수의 죽음이 죽은 다른 사람들을 살린다는 것을 말하고 싶어 한다. 열왕기(왕하 13:21)에는 장사 지내던 사람들이 도적 떼를 만나 놀라서 시체를 엘리사의 무덤에 던지고 가는데 그때 죽은 이의 뼈가 엘리사의 뼈에 닿자 그 사람이 살아났다고 하는 이야기가 있다. 이사야는 '주의 죽은 자들은 살아나고 그들의 시체는 살아나리라'(사 26:19)고 한다.

마태는 땅이 진동하고 무덤이 열리고 자던 성도들이 일어났다고 하면서 이 성도들은 예수의 부활 후에야 비로소 무덤에서 나와 거룩한 성에 들어가 많은 사람에게 보였다고 한다. 예수의 죽음으로 무덤이 열리고 자던 성도들이 일어나기는 했으나 무덤에서 나온 것은 예수의 부활 후라는 것이다.

자던 성도들은 왜 무덤에 머물러 있어야 했을까. 예수는 '죽은 자들 가운데서 먼저 나신'(골 1:18, 계1:5) 분이고 '잠자는 자들의 첫 열매'(고전 15:20)이기 때문이다. 마태는 당시 기독교인들의 생각을 반영한 기록이라 하겠다. 마태의 이 기사는 많은 논란을 일으키고 있지만 분명한 것은 예수의 죽음으로 새 시대가 열리고 종말에 있을 부활이 시작되었다는 것이다.

42-8 예수의 죽음을 본 이들이 있다. 마태는 백부장과 함께 예수를 지키던 자들이 지진과 그 일어난 일들을 보고 심히 두려워하며 이는 진실로 하나님의 아들이었다(마 27:54)고 한다. 그러나 마가는 예수를 향하여 섰던 백부장이 진실로 하나님의 아들이었다(막 15:39)고 했다는 것이다. 누가는 백부장이 그 된 일을 보고 하나님께 영광을 돌리며 이 사람은 정녕 의인이었다(눅 23:37)고 한다. 가야바의 심문 중 가장 핵심 질문

은 예수가 하나님의 아들이냐는 것이었고 십자가 위의 달려있는 예수에게 하나님의 아들이란 말은 희롱이고 죄목이었다.

마태에서 제자들이 예수를 하나님의 아들이라고 고백한 것은 예수가 물 위를 걸어오실 때의 일이다. 이때 베드로는 물 위를 걸으려다가 물에 빠지고 만다. 예수가 배에 오르자 배 안에 있던 사람들은 그 앞에 엎드려 '참으로 하나님의 아들이시라'(마 14:33)고 한다.

백부장은 예수가 누군지 몰랐다. 그가 처형장에서 심히 두려운 가운데 느끼게 된 것은 인성을 극복한 예수의 신성이었을 것이다. 그래서 그는 예수를 하나님의 아들로 고백하였을 것이다. 누가는 백부장이 이 사람은 정녕 의인이었다고 하는데 공동번역은 '죄 없는 사람이었구나'라고 한다. 의인이라는 말은 헬라어 디카이오스dikaios로 '옳은'의 의미이지만 '법대로 사는', '무죄한', '죄 없는'의 의미도 있다. 백부장은 법을 아는 사람이었기에 법적인 면에서 이 말을 사용했을 수도 있다. 마태는 요셉을 의로운 사람이라고 했고 예수는 아벨을 의인(마 23:35)이라고 했다.

42-9 예수 임종 시 당연히 구경꾼들이 있었을 텐데 누가만이 그것을 기술하고 있다. '구경하러 온 무리들은 가슴을 치며 돌아갔다'고 한다. 예수가 십자가를 지고 골고다로 향할 때에도 백성과 그를 위하여 가슴을 치며 슬피 우는 여자의 큰 무리가 예수를 따랐다고 누가는 말했었다. 가슴을 치는 것은 회개와 애통을 나타낸다(눅 18:13). 구경꾼들이 애통하며 돌아갔다고 한다.

마태, 마가는 예수의 처형을 바라보고 있는 갈릴리 여자들이 누구인지 말하고 있다. 비록 가까이서 지켜볼 수는 없었으나 그 역사적인 현장에 있었던 여자들이 누구인지 기록하고 있다.

마태는 거기에는 많은 여자들이 멀찍이 지켜보고 있었는데 그들은 예수를 섬기려고 갈릴리에서부터 따라온 사람들이라고 하며 그들 가운데 누구누구가 있었다고 한다. 마가는 여자들도 멀찍이서 지켜보았다고 하며 갈릴리에서 있을 때 따르며 섬기던 여자들의 이름을 언급하고 이외에 예루살렘에서 올라온 여자들도 많이 있었다고 한다.

마태가 말한 여자들은 막달라 마리아, 야고보와 요셉의 어머니 마리아, 세베대의 아들들의 어머니 등 세 명이다. 마가는 막달라 마리아, 작은 야고보와 요셉의 어머니 마리아, 살로메 등 세 명이라고 한다. 여기서 마태의 야고보와 요셉의 어머니와 마가의 작은 야고보와 요셉의 어머니는 같은 사람일 것이다. 그러므로 여기에 등장하는 여자들은 마태, 마가 합해서 네 명이다. 즉 막달라 마리아, 야고보와 요셉의 어머니 마리아, 세베대의 두 아들들의 어머니, 살로메 등이다.

누가는 간단히 이름 없이 '예수를 아는 자들과 갈릴리에서 따라온 여자들도 다 멀리 서서 이 일을 보았다'고 말한다. 그런데 누가는 예수 공생애 초기 열두 제자뿐 아니라 여러 여자들이 함께 하여 자기들의 소유로 그들을 섬겼다고 했는데 그 당시 기록된 이름은 막달라 마리아, 헤롯의 청지기 구사의 아내 요안나, 수잔나 등이었다(8:2-3).

이들이야말로 예수의 십자가를 목격한 자들이다. 기독교인들은 이들의 이름을 기억해야 한다. 예수가 체포될 때 도망간 제자들과 비교해 보라. 이 여자들 중에 예수의 장례를 지켜본 자도 있고 부활에 참여한 자도 있다.

42-10 가상 칠언이 있다. 십자가 위에서 예수가 한 말씀들이다. 마태, 마가는 '엘리 엘리 라마 사박다니'(마 27:46, 막 15:34)라고 하고 누가는 예수가 십자가에 달리면서 한 기도 '저들을 사하여 주옵소서'(눅 23:34)로 시작해서 마지막에 '내 영혼을 아버지 손에 부탁하나이다'(눅 23:46)로 기

네 개의 시선으로 본 예수의 생애

도로 끝난다. 그리고 예수는 회개한 강도를 위해 '오늘 네가 나와 함께 낙원에 있으리라'(눅 23:43)고 했다. 누가는 십자가상에서 세 번 말씀한다.

요한복음에서는 인간적인 모습을 나타내고 있는데 '여자여 보소서 아들이니이다'(요 19:26-27) '내가 목 마르다'(요 19:28), '다 이루었다'(요 19:30) 등 세 번 말씀한다.

43. 장사 지내다

⌘

43-1 예수는 금요일 제삼 시(막 15:25) 즉 오전 아홉 시에 십자가에 달리고, 제육 시 즉 낮 열두 시에 온 땅이 어두워지고, 제구 시 즉 오후 세 시에 숨을 거두었다. 해 지는 시간을 오후 여섯 시로 보면 세 시간 안에 장사를 치러야 한다. 유대의 날짜는 해 지는 시간이 기준이다. 해가 지면 다음 날이 되는 것이다. 그런데 다음날이 안식일이고 안식일에 시체를 두고 있지 아니하려 하므로 세 시간 동안에 장례를 끝내야 했다.

장사 지내는 과정은 십자가 위에 달린 예수의 죽음을 확인하는 일부터 시작해서 시신을 인계받고 염을 한 후 마련된 무덤에 안치해야 한다. 마태, 마가는 어떤 이들이 예수의 장례를 치르는 것을 보았는지 말하고 있다. 그리고 마태만이 장사 지낸 후 유대 종교 지도자들이 무슨 일을 했는지 언급하고 있다.

요한복음은 예수의 죽음을 확인한 일을 상세히 말하고 있다. 요한복음만이 '이를 본 자의 증언이니 이 증언이 참이다. 그가 자기 말이 참인 줄 알고, 즉 틀림없는 사실이라는 것을 잘 알고, 너희로 믿게 하려 함이라, 즉 이렇게 증언한다'(19:35)고 한다. 여기서 '이를 본 자'는 현장 목격자다. 성서 기록자는 목격자의 증언이 참이라는 것을 보증한다.

여기서 '참'이 두 번 나온다. 하나는 명사이고 하나는 형용사다. 요한복음은 '참'을 강조하고 있다. 예수를 '참 빛'(1:9), '참으로 세상에 오실 그 선지자'(6:14)라고 하고 예수 스스로 자신을 '참 떡'(6:32), '참된 양식,

네 개의 시선으로 본 예수의 생애

참된 음료'(6:55), '참 포도나무'(15:1)라고 한다.

요한복음에는 예수를 찌른 창(19:34) 이야기가 나온다. 그런데 이 창과 함께 성경에 없는 성배가 기독교 최고의 전승 유물이 된다. 성배란 아리마데 요셉이 창에 찔린 예수의 옆구리에서 나왔다고 하는 피와 물을 받아냈다고 하는 마지막 만찬에서 사용한 은잔을 말한다. 성배는 수많은 이야기의 원천으로 아서왕과 원탁의 기사 이야기뿐 아니라 인디애나 존스 시리즈에도 나온다.

43-2 마태는 장례를 치를 때 날이 저물었다고 하고 마가는 준비일 곧 안식일 전날이고 저물었다고 하며 누가는 준비일이요 안식일이 거의 되었다고 한다. 요한복음은 준비일인데 유대인들에게는 안식일이 큰 날이므로 그 안식일에 시체들을 십자가에 그대로 둘 수 없다고 한다. 신명기에는 '시체를 나무 위에 밤새도록 두지 말라'(21:23)고 했다.

이날은 준비일이라고 마가, 누가, 요한복음은 말한다. 마가는 안식일 전날이라고 하는데 금요일이라는 것이다. 예수는 유월절이 시작되는 밤에 체포되어 재판받고 그날 즉 유월절에 처형되고 그날에 장사 지낸다. 그런데 그날은 안식일 전날 즉 안식일 준비일이라고 한다. 공관복음에서 예수 일행은 유월절 음식을 마지막 만찬으로 들었다. 그러나 요한복음에서 그들은 '더럽힘을 받지 아니하고 유월절 잔치를 먹고자 빌라도의 관정에 들어가지 않는다'(18:28)고 하는데 아직 유월절 음식을 먹지 않았다는 것이다. 요한복음은 빌라도가 재판정의 재판석에 앉은 때가 '유월절 준비일 제육 시'(요 19:14) 즉 낮 열두 시라고 한다. 공관복음과 요한복음은 예수가 처형되고 장사한 날이 다르다. 공관복음은 유월절이라고 하고 요한복음은 그 전날이라고 한다.

요한복음은 처음에는 '준비일'(19:31)이라고 하고 다시 '이날은 유대인의 준비일이라'(19:42)고 반복해서 강조하고 있다. 그러므로 '다음 날'은 '큰 날' 즉 대축제일인 '유월절'로 볼 수 있다. 그래서 공동번역은 그 날이 안식일과 겹치게 되었다고 한다.

그러나 공관복음과 요한복음 모두 다음 날이 안식일이라고 한다. 요한복음에서 다음 날은 유월절이 되고 안식일이 되는 날이다. 그래서 더욱 시체를 방치할 수 없다는 것이다. 그런데 십자가에 달린 사람이 죽는데 대게 열두 시간이 걸린다고 한다. 예수와 두 강도가 십자가에 달린지 벌써 여섯 시간이 지났다.

유대인들은 빌라도에게 시체의 다리를 꺾어 치워 달라고 한다. 그래서 군인들은 가서 예수와 함께 달린 첫째 사람의 다리와 또 한 사람의 다리를 꺾는다. 그러고 나서 예수에게 오니 이미 숨을 거둔 것을 보고 다리를 꺾지 않고 그중 한 군인이 창으로 옆구리를 찌르니 곧 피와 물이 나왔다고 한다. 그런데 여기서 '피와 물'이 나왔다고 한 것 때문에 이 전승이 의심을 받는다.

일반적으로 시체에서는 출혈이 안 된다고 한다. 그렇지만 심장 파열 등의 경우는 예외라고 한다. 요한일서(5:6)에 '그는 물로 세례를 받고 수난의 피를 흘렸다'고 하고 '성령과 물과 피는 일치한다'(:8)는 것을 뒷받침하는 것으로 볼 수 있다. 그러나 여기에는 예수가 골육을 입은 사람이라는 것을 강조하고 당시 그리스도의 가현설을 반대하려는 의도를 명백히 밝힌 것으로 보인다. 가현설은 도케티즘이라고 하는데 '처럼 보인다'는 헬라어에서 나온 말이다. 이들은 예수의 신성을 강조하여 예수는 참 인간의 육체를 가질 수 없다고 주장하는 이단이다.

초막절에 상경한 예수는 '나를 믿는 자는 그 배에서 생수의 강이 흘러 나오리라'(요 7:8)고 했다. 게리 윌스Garry Wills는 생명의 물이라는 이미지를 강화하기 위해 피가 덧붙여졌다고 하고 물과 피는 예수가 죽음으로

부터 소생한 생명을 상징한다고 한다.

옆구리를 찔린 예수에 대해 성 어거스틴은 창세기에서 자신의 배우자인 이브를 위해 옆구리를 연 첫 번째 아담과 자신을 믿는 자를 위해 옆구리를 연 두 번째 아담인 예수와의 관계에 유사성이 있다고 보았다.

요한복음은 '일이 이렇게 된 것은 그의 뼈가 하나도 꺾이지 않을 것이라'는 성경 말씀을 이루게 하려는 것이라고 한다. 예수의 다리가 꺾이지 않았다는 것은 예수가 유월절 어린 양이어서라는 것이다. 모세 오경의 유월절 어린 양에 대한 규례는 민수기(9:12)에 '그 뼈를 하나도 꺾지 말라'고 했고 출애굽기(12:46)에도 '뼈를 하나도 꺾어서는 안 된다'고 했다. 시편(34:19-20)에도 '의인은 고난이 많으나 여호와께서 그의 모든 고난에서 건지시는도다. 그의 모든 뼈를 보호하심이여 그중에서 하나도 꺾이지 아니하도다'라고 했다. 예수는 모세 오경의 관점에서는 유월절 어린 양이고 시편의 관점에서는 의인이라 하겠다. 요한복음은 일찍이 요한이 예수를 '세상 죄를 지고 가는 하나님의 어린 양'(1:29)이라고 했고 바울은 '유월절 양'(고전 5:7)이라고 했다.

요한복음은 '그들이 그 찌른 자를 보리라'(요 19:37)고 하면서 다른 성경에 있다고 하는데 스가랴의 인용(슥 12:10)이다. 스가랴는 '내가 다윗 가문과 예루살렘 성민들에게 용서를 빌 마음을 품게 하겠다'고 하며 '그러면 그들은 나 곧 그들이 찔러 죽인 그를 바라본다'고 했다. 요한복음은 스가랴의 예언이 성취되었다고 한다.

43-3 마태, 누가, 요한복음은 아리마데 요셉이 빌라도에게 예수의 시체를 달라고(마태, 마가, 누가), 가져가겠다고 하니(요한복음) 빌라도가 허락하고, 내주라고 명령했다고 한다. 마가는 아리마데 요셉이라는 사람

이 빌라도에게 '당돌하게' 예수의 시체를 달라고 하는데 빌라도는 예수가 벌써 죽었을까 하고 이상히 여겨 백부장을 불러 죽은 지가 오래냐고 묻고 알아본 후, 즉 사망 확인 과정을 거친 후 요셉에게 시체를 내어주었다고 한다.

요한복음에서 시체를 치워달라고 한 것은 유대인들이었다(요 19:30). 그러나 빌라도는 유대인들에게 시신을 주지 않았다. 그 유대인들이 어떤 자들인지 알 수 없었다. 시신을 잘못 인도하면 죽은 자를 영웅시하거나 순교자로 내세울 수 있다. 시신의 인도는 명령(마 27:58)의 사항이고 허락(요 19:38)의 사항이었다. 로마인들은 시신을 계속 매달아 둠으로 사람들에게 공포심과 두려움을 갖게 하였다. 요세푸스에 의하면 십자가에 처형된 범죄자라 하더라도 장사를 허락하는 경우가 있었다고는 하나 실제로는 매장하지 않고 방치해 두었다고 한다.

빌라도는 다른 지역과 달리 유대에서는 시체를 나무에 두지 않고 그날에 장사해야 한다는 법(신 21:23)이 있음을 알고 있었을 것이다. 그런데 신원이 확실하고 존경받는 공회의 의원(마가, 누가)인 아리마데 요셉이 예수의 시체를 달라고 하자 그에게 시체를 내주었을 것이다. 유대인의 토비트서는 객사하는 경우에라도 장사 지내 주는 것을 좋은 풍습으로 권장하였다.

예수와 아리마데 요셉은 겉으로는 아무 관계도 아니지만, 성경은 그가 예수의 제자(마태, 요한복음)이고 하나님 나라를 기다리는 자(마가, 누가)라고 한다. 그가 하나님의 나라를 기다리는 자라고 했는데 누가에서 예수의 정결례에 참석한 시므온(눅 2:28)과 선지자 안나(:39)를 연상하게 한다.

아리마데 요셉에 대해 마태는 '부자이고 예수의 제자라'(마 27:57)고 하고 마가는 '존경받는 공회의 의원이고 하나님 나라를 기다리는 자

네 개의 시선으로 본 예수의 생애

라'(막 15:43)고 한다. 이사야는 '그가 죽은 후에 부자와 함께 있었다'(사 53:9)고 하는데 마태는 예언의 성취라고 본 것이다.

누가는 '유대인의 동네 아리마데라는 지역 사람으로 공회의 의원이고 선하고 의로운 사람이라'고 하며 '하나님 나라를 기다리는 자라'(눅 23:51)고 한다. 아리마데 지역은 사마리아의 경계인 라마다임 소빔이라는 동네(삼상 1:1)로 보인다. 누가가 '유대인의 동네'라고 한 것은 유대인들이 아닌 사람들에게 그를 소개하기 위해서 한 말인 것으로 보인다. 요한복음은 그는 '유대인이 두려워 예수의 제자인 것을 숨겼다'(요 19:38)고 한다. 그런데 누가만이 아리마데 요셉이 '그들의 결의와 행사에 찬성하지 아니한 자라'(눅 23:50)고 하는데 ( )안에 들어 있다. 공회의 의원이면 예수의 죽음에 책임을 져야 하는 자이지만 예수의 죽음을 찬성하지 않은 '선하고 의로운 자'라는 것을 부연 설명한 것이리라.

43-4 요한복음은 니고데모가 몰약과 침향 섞은 것을 백 리트라 쯤 가지고 왔다고 하며 일찍이 예수에게 밤에 찾아왔던 자(요 19:39)라고 소개한다. 공관복음은 아리마데 요셉이 예수를 십자가에 내려(마가, 누가) 시체를 가져다가(마태), 싼(마가), 깨끗한(마태), 세마포로 쌌다(사복음서)고 하고 요한복음은 예수의 시체를 가져다가 유대인의 장례법대로 니고데모가 가져온 그 향품과 함께 세마포로 쌌다(요 19:40)고 한다.

니고데모는 요한복음에 세 번 등장한다. 첫 번째는 밤에 예수에게 찾아온다. 유대인의 지도자(3:1) 헬라어로 archon 즉 유대 공회원인 니고데모는 예수로부터 거듭나지 않으면 하나님 나라를 볼 수 없다(3:3)는 말을 듣는다. 두 번째는 대제사장들과 바리새인들이 예수를 잡으려 할 때 '우리 율법은 사람의 말을 듣고 그 행한 것을 알기 전에 심판하느냐'고 조용히 예수를 변호하자 잡으러 온 사람들이 '다 각각 집으로' 갔다고 한다(7:50-53).

세 번째는 니고데모가 시신의 향품을 가져왔다고 한 것이다. 그리스 정교회에서는 니고데모를 성인으로 받드는데 전승에 의하면 순교하였다고 한다. 유대 백과사전에 의하면 니고데모는 '니고데모 벤 구리온으로 예루살렘에서 존경받는 부자 중 하나로서 자선 사업을 한 부자로도 유명했다'고 한다.

십자가상에 있는 예수는 옷이 없었다. 그래서 십자가에서 내리자마자 몸을 감싸야 했다. 사복음서 모두 세마포로 썼다고 하는데 마태는 깨끗한 세마포라고 하고 마가는 새로 구입한 것이라고 한다. 세마포라고 하는 헬라어 신도나sindona는 종종 수의를 말하기도 한다. 요한복음은 향품과 함께 세마포로 썼다고 한다. 세마포로 싼 시체는 다른 정결 절차 없이 무덤에 넣는다.

마태, 마가에서 향유 도유 때 예수는 내 몸에 향유를 부어 내 장례를 준비하였다(마 26:12, 막 14:8))고 했는데 이미 향유 부음을 받은 것이라 하겠다. 요한복음에서는 내 장례할 날을 위해 그것을 간직하라(요 12:7)고 한다. 니고데모는 몰약과 침향 섞은 것을 백 리트라 쯤 가져왔다고 하는데 약 21.8kg이라고 한다. 몰약은 시체 방부 처리용이고 침향은 시체 썩는 냄새 제거용이라고 한다.

43-5 예수의 무덤에 대해 공관복음은 '바위 속에 판 무덤'이라고 하는데 무덤 소유자의 신분이 높다는 것을 말한다. 마태는 '요셉의 새 무덤'(마 27:60)이라고 하고 누가는 '아직 사람을 장사를 한 일이 없는 무덤'(눅 23:53)이라고 한다. 요셉이 자기 가족을 위해 준비해 둔 무덤일 수 있다. 요한복음은 무덤의 위치부터 말한다. '예수가 못 박힌 곳에 동산이 있고 동산 안에 아직 사람을 장사한 일이 없는 새 무덤이라'(요 19:41)

네 개의 시선으로 본 예수의 생애

고 한다. 사형수는 조상의 무덤에 묻힐 수 없다. 그리고 누구도 사형수가 묻힌 곳에 묻히기를 원하지 않는다. 마태, 마가는 큰 돌을 굴려 무덤 문에 놓았다고 하고 누가는 바위를 판 무덤에 넣었다고만 한다. 그런데 예수의 부활 기사에서는 사복음서 모두 무덤의 돌이 굴러 옮겨졌다고 한다.

43-6 장사를 지켜본 이들이 있다. 예수가 처형될 때 멀리서 보던 여자들 셋 중의 두 여자다. 이 여자들은 예수를 따라와서 예수가 십자가에 달리는 광경과 임종하는 모습을 지켜보았을 뿐 아니라 '무덤을 향하여 앉아서'(마태) '예수 둔 곳을 보더라'(마가)고 한다.

마태, 마가는 구체적으로 누구인지 밝히고 있다. 마태는 막달라 마리아와 다른 마리아라고 하고 마가는 막달라 마리아와 요셉의 어머니 마리아(공동번역, 개역개정은 요세의 어머니)라고 한다. 마태의 다른 마리아는 마가의 야고보와 요셉의 어머니 마리아를 말하는 것으로 보인다.

누가는 여자들의 이름은 언급하지 않는다. 그러나 갈릴리에서 예수를 따라 함께 온 여자들이 '뒤를 따라 그 무덤과 그의 시체를 어떻게 두었는지를 보고 돌아가 향품과 향유를 준비했다'고 한다. 누가에는 예수의 마지막을 지켜본 여자들의 이름이 없고 장례를 지켜본 여자들의 이름도 없다. 누가는 두 곳에서 모두 갈릴리로부터 따라온 여자들이라고만 하는데 갈릴리 여자들 전체가 예수의 죽음과 장례의 증인이라고 말하고 있다.

여자들은 향유와 향품을 준비하러 돌아갔다고 하는데 이미 안식일이 시작되는 시간이라서 사러 간 것으로 보이지는 않는다. 향유와 향품은 니고데모가 준비한 몰약과 침향처럼 예수의 시체를 위한 방부와 방향 용품이다. 누가는 계명에 따라 안식일에 쉬었다고 한다. 누가는 이어지는 기사에서 안식 후 첫날 이 여자들이 준비한 향품을 가지고 무덤에 갔다고 한다.

43-7 마태에만 있는 기사다. 이튿날 곧 준비일 다음 날에 대제사장들과 바리새인들이 함께 빌라도에게 가서 말한다. "그 속이던 자가 살아 있을 때 사흘 후에 자기가 다시 살아난다고 말한 것을 우리가 기억하고 있으니 그러므로 명령하여 사흘이 되는 날까지는 무덤을 단단히 지키게 하고 혹시 그의 제자들이 와서 시체를 도둑질하여 가고는 백성들에게 '그가 죽은 자들 가운데서 살아났다'고 할지도 모르는데 그렇게 되면 이번 속임수는 전보다 영향이, 혼란이 더 클 것 같다"(마 27:62-64)고 한다.

빌라도는 개역개정에서 '너희에게 경비병이 있으니'라고 한다. 새번역은 '경비병을 내줄 터이니 힘대로 굳게 지키라'고 한다. 여기서 경비병은 성전 경비대가 아니라 빌라도가 내준 로마 군인이다. 뒤에 경비병의 보고를 보면 '군인'(마 28:12)이라고 한다. 그들은 물러가서 그 돌을 봉인하고 군인 경비병을 두어서 무덤을 단단히 지키게 하였다(:65-66).

마태는 유대 종교 지도자들이 빌라도를 찾아간 이유와 경비병들이 예수의 무덤을 지키게 된 경위를 말하고 있다. 마태가 이 이야기를 말하고 있는 이유는 '예수의 제자들이 스승의 시체를 훔쳐 가서 예수가 부활했다고 한다'는 유대인들의 흑색선전을 반박하기 위해서라 하겠다. 다시 말해 우리는 예수의 시체를 훔쳐 가지 않았을 뿐 아니라 훔쳐 갈 수도 없었다는 것이다. 예수 사망 이후에 실제로 이런 소문이 있었던 것 같다.

마태는 이어지는 기사에서 경비병들의 보고도 소개한다. 유대 지도자들이 경비병들을 매수(28:12-13,15)하여 제자들이 밤에 그를 도둑질하여 갔다는 소문을 퍼트리게 했다고 한다. 유대 지도자들은 예수를 '속이는

네 개의 시선으로 본 예수의 생애

자'라고 했는데 그들이야말로 진짜로 '세상을 속이는 자'였다.

바리새인들은 예수가 사흘 후에 살아난다고 말했다고 한다. 예수의 세 차례의 수난 예고를 어디선가 들었을 수도 있다. 그런데 바리새인들과 서기관들(마 12:38)이 예수에게 표적을 보여 달라고 한 적이 있다. 그 때 예수는 '악하고 음란한 세대가 표적을 구하나 요나의 표적밖에는 보여줄 것이 없다'(마 12:39, 막 8:12, 눅 11:29)고 한다. 그런데 마태만이 '요나와 같이 인자도 밤낮 사흘 동안 땅속에 있으리라'(마 12:40)고 말한 적이 있다. 부활도 천사도 있다고 믿었던 바리새인들(행 23:8, 막 8:11))은 이 말을 예수가 죽었다가 살아난다는 것으로 이해했을 수 있다.

여기서 재미있는 광경은 사두개인인 대제사장들이 바리새인들과 함께 빌라도를 만나 예수의 부활을 염려하여 시체 도난 방지 대책을 세웠다는 것이다. 사두개인들은 부활이나 천사를 믿지 않는 자들이고 바리새인들은 그 반대다. 그런 그들이 함께 빌라도를 찾아간 것이다. 거룩한 안식일임에도 불구하고 이방인인 빌라도를 만나고 군인들을 데리고 가서 지키게 하고 무덤에 봉인하러 간 것이다.

사도행전은 예수께서 '고난받으신 후에 또한 그들에게 확실한 많은 증거로 친히 살아 계심을 나타냈다'(행 1:3)고 한다. 바울은 다시 살아난 예수께서 '게바에게 보이시고 후에 열두 제자와 그 후에 오백의 형제에게 일시에 보이셨다'(고전 15:5-6)고 한다.

44. 죽은 자를 살린 예수

⚬⚭⚬

44-1 예수가 죽은 자를 살린 기사가 복음서 세 곳에 있다. 공관복음 공통으로 회당장 야이로의 딸을 살린 이야기가 있고, 누가에만 있는 나인성 과부의 아들을 살린 기사가 있고, 요한복음은 예수가 죽은 나사로를 살렸다고 한다. 예수가 죽은 자를 살린 것은 모두 세 번이지만 여기서는 공관복음에 있는 두 가지 이야기를 다루도록 하겠다. 이 밖에 제자들이 사람을 살린 이야기로는 베드로가 다비다라는 여자 제자를 살리고 (행 9:36-42) 바울이 삼 층에서 떨어져 죽은 유두고(행 20:7-12)를 살렸다는 기사가 있다.

우리는 죽은 자를 살린 것을 부활이라고 말하지 않는다. 이것은 예수가 공생애에서 일으킨 표적에 하나다. 죽은 사람을 살리는 것은 살아 있는 병자들을 고치신 것과는 구별되지만 모두 예수의 사역을 위해 일으킨 기적의 하나다. 죽은 사람을 인위적으로 일으켜 세우는 것은 누구나할 수 있는 일이 아니다. 오직 예수만이 할 수 있는 일이다. 예수는 심정지가 된 사람을 소생시키는 심폐소생술을 행한 것이 아니다. 죽을 수밖에 없는 존재를 회복시켜 준 것이다. 죽은 나사로의 경우처럼 사흘이 지나 냄새가 나는 데도 무덤에서 걸어 나오게 했다.

예수가 죽은 자를 살리는 일은 구원 사역에 있어서 꼭 그때그때 해야 할 일이었다. 믿음을 말씀하기 위해 병을 고치기도 하고 사람을 살리기도 한다. 때로는 예수가 어떤 능력을 가졌는지, 그리고 어떤 분인지를 나타내기 위해 사람을 살린다. 나인성에서는 사람을 살리는 예수를 보고 하나님의 방문이라고 한다. 이렇듯 예수가 사람을 살리는 여러 이유들이 있지만 그럼에도 불구하고 죽은 자를 살리신 예수를 통해서 우리는 부활의 빛을 볼 수 있을 것이다.

44-2 공관복음에는 예수가 야이로의 딸을 살리는 이야기(마 9:18-26, 막 5:21-43, 눅 8:40-56)와 함께 혈루병 걸린 여자 이야기(마 9:20-22, 막5:25-34, 눅 8:43-48)가 있는데 이야기 속에 이야기가 들어있는 구조다. 즉 혈루병 걸린 여자의 이야기가 야이로의 딸을 살리는 이야기 속에 들어있는 것이다. 야이로의 딸의 이야기로 시작되지만 곧 혈루병 걸린 여자 이야기가 나오고 야이로의 딸을 살린 이야기로 끝난다. 사람을 회복시키기 위해서 병을 고치는 일과 사람을 살리는 사역을 구분하지 않고 행하는 예수의 모습을 볼 수 있다.

예수가 배를 타고 호수 맞은편으로 다시 건너간다. 큰 무리가 예수께 모여들었다. 누가는 예수를 환영하며 기다리던 무리라고 한다. 예수가 물가에 있는데 회당장 야이로라는 사람이 찾아와서 뵙고 그 발아래 엎드려 자기 딸이 죽게 되었다고 하며 오셔서 '손을 얹어 구원을 받게', 즉 살게 해달라고 간곡히 구한다. 그래서 예수는 그들을 따라나섰다.

예수가 야이로를 따라가는 것을 보고 큰 무리가 무슨 일이 일어날지 궁금해서 예수를 에워싸고 밀며 함께 따라간다. 유명 연예인 주위나 선거 유세장에서 볼 수 있는 광경이다. 그런데 그중에 열두 해 동안 혈루병을 앓아 온 여자가 있었다. 혈루병이란 만성 자궁 출혈을 말한다. 혈루병은 월경하는 여인의 부정함과 동일하게 부정한 것으로 간주하여 사람들과의 접촉이 금지되었다(레 15:25-30). 열두 해란 병의 심각성과 함께 장기간 고생하였다는 말이다. 그런데 야이로의 딸의 나이가 열두 살이라고 한다. 여기서 열둘이라는 숫자는 충분히 고생한 여자, 충분히 성장한 여자를 대비한 것은 아닐까.

그 여자는 여러 의사에게 보이느라 고생도 많이 하고 재산도 다 없앴으나 아무 효험이 없고 상태는 더 악화하였다고 한다. 병을 고치려다가 의사들에게 많은 괴로움을 당하고 재산까지 탕진하였으나 아무 효과도 보지 못하고 오히려 병이 더 중해졌다는 것이다. 탈무드에는 혈루병 치료 방법이 있다. 타조알을 태운 재를 헝겊에 싸서 몸에 지니거나 당나귀 똥에서 꺼낸 보리를 몸에 지니라고 한다.

이 여자는 월경 때와 같이 부정(레 15:25)하고 유출이 계속되는 한 정화될 수가 없었다. 병을 고치려다가 경제적 고통, 신체적 불편함, 부정하다는 시선에 따른 정신적 고통, 그리고 사람들과의 접촉 금지로 인한 사회적 고립으로 인한 고통을 겪고 있었다.

그런데 이 여자가 예수의 소문을 들었다는 것이다. 마태는 앞의 기사에서 예수가 중풍 병자를 고쳤다(마 9:1-8)고 하고 마가와 누가는 거라사 군대 귀신 들린 자를 고쳤다(막 5:15, 눅 8:26-39)고 한다. 여자는 자신도 고침을 받을 수 있다고 생각할 수 있었을 것이다.

이 여자는 예수를 능력자, 기적을 행하는 분, 열여덟 해 동안 꼬부라져 조금도 펴지 못한 여자(눅 13:10)와 그리고 베데스다 못가에 있던 서른여덟 해 된 병자(요 5:5)를 고쳐주셨듯이 자신같이 불치의 병을 가진 사람을 낫게 해 주는 분으로 생각했음에 틀림없다. 그래서 여자는 그 옷에 손을 대기만 해도 구원을 받으리라고 믿고 예수의 옷에 손을 댄다. 이 여자가 무리에 끼어들어 뒤에서 예수의 옷에 손을 대었다고 하는데 마태와 누가는 겉옷 가에 손을 대었다고 한다. 마태는 이것을 뒤에서 옷술(마 23:5)이라고 한다. 유대인들은 겉옷 옷자락 끝에 장식으로 여러 가닥의 실로 청색의 술(민 15:38-39)을 매단다. 경건한 유대인들은 겉옷의 네 귀에 술(신 22:12)을 달아 스스로 하나님의 선민임을 나타내고 또한 남에게도 보였다.

그러자 곧 출혈이 그치고 그 여자는 몸이 나은 것을 느낄 수 있었다. 마태,마가에는 게네사렛에서 예수가 병자를 고치는 이야기가 있다. 병자들은 예수의 옷자락만이라도 만지게 해달라고 간청하는데 손을 대는 자는 다 고침을 받아 나았다(마 14:36, 막 6:56). 또한 바울의 몸에 닿았던 수건이나 앞치마를 병자에게 대기만 하여도 병이 낫고 악령들이 쫓겨 나갔다(행 19:12)고도 한다.

예수는 곧 자기에게서 능력 곧 치유의 능력, 기적의 힘이 나간 것을 알고 무리를 돌아보며 '누가 내 옷에 손을 대었느냐'고 한다. '내게 손을 댄 자'(눅 8:45)란 예수의 능력을 경험한 자이고 예수의 능력을 간절히 바라는 자라는 말이 된다. 예수의 제자들은 예수의 말을 이해하지 못한다. 제자들은 '이렇게 무리가 에워싸고 떠밀고 있는데 누가 손을 대다니요' 라고 한다.

제자들은 이런 상황에서 여러 사람이 예수에게 손을 댔을 수 있고 또한 그가 누구인지 어떻게 알겠느냐(막 5:31)고 한다. 실제로 이런 와중에 예수에게 손을 댄 자가 많았을 것이다. 병이 없는 자들도 있었을 것이고 장기 불치병으로 고생하는 이들도 혹 있었을 것이다. 그러면 왜 이 여자만 치유를 받았을까.

예수는 옷에 손을 댄 여자를 보려고 둘러보았다(막 5:32). 그 여자는 스스로 숨기지 못할 것을 알고(눅 8:47) 자기에게 일어난 일을 알고 두려워 떨며(막 5:33) 예수 앞에 엎드려(마가, 누가) 모든 사실(마가)을 모든 사람들 앞에서(누가) 다 말했다. 그러자 예수는 '딸아 네 믿음이 너를 구원하였다. 병이 나았으니 안심하고 가라'(마 9:22, 막 5:34, 눅 8:48)고 말한다. 예수는 너의 믿음이 너를 살렸다고 한다. 공관복음은 예수가 믿는 자들에게는 구원자이심을 말하고 있다. 예수에 대한 믿음이 없는 사람들은 예수의 옷 술을 만져도 병이 낫지 않았고 예수의 몸에 부딪쳐도 그들에게는 아무런 기적도 일어나지 않았다.

공관복음에서 예수는 이 여자를 '딸'이라고 부른다. 누가에는 예수가 열여덟 해 동안 꼬부라져 펴지 못하던 여자를 고쳐주면서 '아브라함의 딸'이라고 하며 '안식일에 이 매임에서 푸는 것이 합당하지 않느냐'(눅 13:16)고 한다. 회당장의 죽어가는 아이도 '딸'이고 '열두 살'이다. 예수는 '딸'인 이 여자가 '열두 해' 동안 겪은 혈루병과 함께 경제적, 심리적, 정신적 고통의 매임에서 풀어주는 것이 합당하다고 한다. 예수는 '평안히 가라(마가. 누가) 네 병에서 벗어나서 건강하여라'(마가)고 한다. 마태는 너를 구원하였다고 하자 여자가 그 즉시 구원을 받았다(마 9:22)고 한다. 이 이야기가 끝나면서 야이로의 딸 이야기로 넘어간다.

44-3 예수가 아직 말씀하고 있는데 회당장의 집에서 사람들이 와서 '딸이 죽었다'고 하며 '이제 더이상 선생님을 괴롭혀서는 안된다'고 한다. 예수는 이 말을 곁에서 듣고 회당장에게 '두려워하지 말고 믿기만 하라'고 하고 베드로, 야고보, 야고보의 동생 요한 외에는 아무도 따라오지 못하게 하고 회당장의 집에 함께 들어간다.

야이로는 '그는 깨우치신다', '빛나게 하신다'의 뜻이라고 한다. 마태는 '관리'라고 하고 누가는 '회당장'이라고 하지만 마가는 '회당장 중 하나'라고 한다. 즉, 세 명의 회당장 중 한 명이라는 것이다. 마태가 말한 관리, 아르콘은 여러 가지의 직책을 말하는데 여기서는 한 지방의 행정 책임자 또는 장로 가운데 한 사람을 말하는 것일 수 있다. 새번역은 '지도자 중 한 사람'이라고 한다. 마태가 '관리'라고 한 것은 그가 회당장과 같은 유대 사회의 유지이고 지도자라는 것을 말한 것으로 볼 수 있다.

야이로는 예수를 뵙고 그 발아래 엎드린다. 초기 기독교 신자들에게는 당연하면서도 놀라운 일이었다. 마가와 누가는 큰 무리가 있었다고 하는데 회당장 야이로는 체면 불고하고 예수의 발아래 엎드린 것이다. 그는 자신의 자존심이나 인사를 차리기에는 너무나 급박한 처지였다. 마태는 방금 죽었다고 한다. 마가는 '죽게 되었으니'라고 하는데 긴급함을 강조한 것으로 보인다. 사람이 죽었는데 병 고치는 사람이 무슨 소용이 있겠는가. 누가는 야이로의 열두 살 외딸이 죽어가고 있다고 한다.

야이로는 예수가 병을 고치는 능력을 가진 사람이라는 절대적인 믿음이 있었다. 성경은 바로 앞에서 예수가 거라사에서 군대 귀신 들린 자를 치유하는 것을 본 사람들은 예수를 크게 두려워하였다(눅 8:35,37)고 한다. 그러나 회당장은 예수가 두려운 존재이기는 하나 지금은 그의 능력이 필요했다. 그래서 예수의 발아래 엎드린 것이다.

마태, 마가에서 야이로는 예수에게 '그의 몸에 손을 얹어 고쳐 주시고 살려달라'고 한다. 손을 얹는 것은 치유의 방법이기도 하고 축복하는 행위이기도 하다. 예수가 맹인에게 안수(막 8:23)하는데 새번역과 공동번역은 '손을 얹었다'라고 한다. 마가의 추가 기사로 알려진 16장 후반부에는 식사하는 열두 제자에게 나타난 예수가 믿는 자들이 일으킬 기적의 하나로 '병든 사람에게 손을 얹으면 나으리라'(막 16:18)고 했다.

혈루병 걸린 여자를 고쳐주는 일로 야이로의 집에 가는 길이 지체되었다. 예수가 아직 혈루병 걸린 여자와 말씀하고 있는데 야이로의 집에서 사람이 와서 딸이 죽었다고 한다. 치유의 타이밍을 놓치고 만 것이다. 이렇게 늦어진 것은 어쩌면 예수의 의도였을지 모른다. 나사로를 살린 이야기에서 예수는 베다니로 가기 전 이틀을 더 유하였던 것을 보면 그럴 수 있다.

44-4 예수는 야이로의 딸이 죽었다는 전갈이 왔을 때 '두려워하지 말고 믿기만 하라'(막 5:36, 눅 8:50)고 말한다. 회당장의 집에서 온 사람은 딸이 죽었으니, 선생을 괴롭게 할 일이 무엇이냐고 한다. 더이상 폐를 끼칠 필요가 있겠느냐고 한 것이다. 이 말을 곁에서 들은 예수는 '두려워하지 말고 믿기만 하라'고 한다. 야이로 딸을 살리는 이유가 혈루병 여자의 경우처럼 믿음에 관한 것임을 알 수 있다. 두려워하지 말라는 것은 딸의 죽음에 관한 것이리라. 누가는 '그리하면 딸이 구원을 받으리라'(8:50)고 한다. 믿기만 하면 산다는 것이다. 누가는 예수를 믿기만 하면 살 수 있는 존재, 살아날 수 있는 존재가 인간이라고 말하고 있다.

예수가 회당장의 집에 들어간다. 그런데 제자 중 베드로, 야고보, 요한 이 셋을 데리고 간다. 산상에서의 변화 때에도 이 셋만 데리고 높은 산에 올랐고, 겟세마네에서 제자들과 기도할 때에도 이 셋을 따로 데리고 갔다.

예수 일행은 야이로의 집안에 들어갔다. 마태는 '피리 부는 자들과 떠드는 무리를', 마가는 '떠드는 것과 사람들이 울며 심히 통곡하는 것을', 누가는 '아이를 위하여 울고 통곡하는 것을' 보았다고 한다. 비록 가난한 사람들이라 하더라도 장례를 위해서 두 명의 피리 부는 사람과 한 명의 여자 곡장이를 썼다고 한다. 피리 부는 자는 잔칫집에서도 피리를 불었다(마 11:17). 여기서 '떠드는 것'은 소동이나 요란함을 말한다. 이런 광경은 유대인들이 죽은 자를 위해 해온 관습으로 보인다.

마태는 예수가 '다 물러가라'고 하고 누가는 '울지 말라'고 하고 마가는 '어찌하여 떠들며 울고 있느냐'고 한다. 예수는 초상집 분위기를 걷어낸다. 이어서 '이 아이가 죽은 것이 아니라 자는 것이라'(마 9:24, 막 5:40, 눅 8:52)고 하니 그들은 죽은 것을 아는고로(눅 8:53) 비웃는다. 그들은 죽음을 부정하는 예수를 비웃었다. 예수에게 죽음은 마지막이 아니다. 예수에게 사람들의 죽음은 잠이었다. 잠자는 자를 깨울 수 있듯이 죽음을 맞이한 사람을 깨워 일으킬 수 있는 것이다. 나사로를 살리는 기사에서도 '우리 친구 나사로가 잠들었다'(요 11:14)고 했다.

예수는 그들을 다 내보낸 후에야 자기 일행과 함께 아이 부모를 데리고 아이 있는 곳으로 들어간다. 예수는 믿지 않는 자들, 믿음이 없는 자들을 다 내보냈다. 믿음과 관계없는 이들이 불필요한 오해를 하게 하지 않으려고 다 내보냈을 것이다. 예수는 아이의 손을 잡고 '달리다굼'이라고 했는데 번역하면 '소녀야 일어나라'라는 말이라고 한다. 예수가 죽은 자의 손을 잡았다고 하는데 율법적으로는 죽은 사람과 접촉하는 것은 안되는 것이다. 민수기는 '주검으로 부정하게 된 자'에 대해 '다 진영 밖으로 내 보내라'(민 5:2)고 하고 '시체를 만진 자는 이레 동안 부정하다'(민 19:11)고 했다. 그러나 예수는 야이로의 딸을 죽은 사람이 아니라 자는 사람이라고 했다.

예수가 손을 잡고 말씀을 했다고 하는데 혈루병 여자가 예수의 옷 술을 잡았을 때와 같은 현상이 일어났을 것으로 보인다. 예수의 능력이 옮겨 갔을 것이다. 베드로의 장모를 고칠 때에도 마가는 손을 잡고 일으켰다(막1:31)고 한다. 예수의 능력은 '죽음을 초월하는 능력', '죽음 그 이상의 능력'이며 '생명을 얻게 하고 더 풍성히 얻게 하는'(요 10:10) 능력이라 하겠다.

'일어나라'고 하니 곧 일어났다고 한다. 마가는 '달리다굼'talithakoum이라고 했다고 한다. 아람어인 달리다굼은 주문이 아니다. 마가는 이 말을 이해할 수 있는 마가 공동체에게 역사적인 현장감을 주기 위해 사용하였을 것이다(서중석). 누가는 그 영이 돌아와 곧 일어났다고 한다. 영은 헬라어 '프뉴마'로서 히브리어 '네테쉬'가 함의하고 있는 뜻에 따라 생명력을 의미한다. 그러므로 영이 돌아왔다는 것은 생명이 돌아왔다는 것이다(김호경).

마가는 '사람들이 곧 크게 놀라고 놀랐다'(막 5:42)고 하고 누가는 '그 부모가 놀랐다'(눅 8:56)고 한다. 마가의 표현은 상가에 있던 사람들이 크게 놀랐다는 것이고 누가는 그 부모가 놀랐다고 한다. 예수의 신적 권능이 구현되는 것을 직접 목격했기 때문일 것이다. 소녀가 걷는다는 것은 완전히 다시 살아났다는 실체적 증거인 셈이다. 마가와 누가에서 예수는 먹을 것을 주라고 명한다. 이것 역시 다시 살아났다는 것을 증명하는 것이라 하겠다. 또한 예수는 이 일을 아무도 알지 못하게 하라고 엄하게 명했다고 한다.

44-5 누가에만 있는 이야기다. 나인성 과부의 아들을 살리는 기사(눅 7:11-17)는 백부장의 종을 고친 이야기에 이어서 나온다. 치유에 이어 사람을 살린 기적 이야기가 계속 된 것이다. 이 두 이야기의 차이란 백부장의 종에 경우, 백부장이 죽게 된 자기 종을 구하기 위해 간절히 원했고 나인성 과부의 아들에 경우는 누구의 부탁을 받고 한 것이 아니라 성문 가까이에서 마주친 장사 행렬을 보고 예수가 한 일이다. 그런데 나인성 과부의 아들을 살린 기사에는 백부장의 믿음과 같은 내용이 없다. 그러나 나인성 과부의 아들은 독자(눅 7:12)이고 야이로의 딸은 외딸(눅 8:42)이고 예수가 고쳐준 귀신 들린 아이는 외아들(눅 9:38)이다. 누가는 자식이 하나밖에 없는 경우 예수가 더 안타까워했다고 한다.

연상되는 구약의 기사가 두 개 있다. 하나는 숨이 끊어진 사르밧 과부의 아들을 엘리야가 다시 살린 일(왕상 17:6-24)이고 다른 하나는 남편이 있는 수넴 여자의 아들을 엘리사가 다시 살린 일(왕하 4:32-37)이다. 나인성 과부의 아들을 살린 예수 이야기의 목적은 예수가 엘리야나 엘리사와 같은 능력을 가진 분이라는 것이다.

예수가 나인이라는 마을로 가는데 제자와 큰 무리들이 동행하였다. 나인성은 나사렛 동남쪽에 있는 갈릴리의 한 성읍으로 보인다. 또는 엔돌과 수넴 사이에 나인이 있다고도 하는데 수넴은 엘리사가 한 여자의 아들을 살린 곳이다.

예수가 성문 가까이 이르렀을 때 상여가 나오고 있었는데 그 동네 많은 사람들이 상여를 따르고 있었다. 예수와 동행하던 무리도 큰 무리고 상여를 따르는 무리도 큰 무리다. 예수는 이들 두 큰 무리 앞에서 기적을 행한다.

죽은 사람은 어떤 여자의 외아들이고 그 어머니는 과부였다. 주께서 과부를 보시고 불쌍히 여기시어 '울지 말라'고 하고 가까이 가서 관에 손을 대시니 메고 가는 자들이 멈추어 섰다. '불쌍히 여기다'의 헬라어 스플라그치니조마이splagchnizomai는 사마리아인의 비유에서 사마리아인이 강도를 만난 자를 보고 품었던 마음(눅 10:33)이고 집을 나간 방탕한 아들을 맞이하는 아버지의 마음(눅 15:20)이다(김호경).

예수는 과부를 불쌍히 여기는 마음에서 행렬을 잠시 멈추라는 신호로 관에 손을 대었다. 여기서 관이란 표현 때문에 장례에 관을 사용하지 않는 유대 풍습과 맞지 않는다고 보는 견해가 있다. 그런데 관은 헬라어 sorou, 영어로 bier로 관이라는 말이기도 하지만, 관대 즉 시체를 매장지로 옮기기 위해 사용하는 관대를 말하기도 한다.

예수는 '청년아 내가 네게 말하노니 일어나라'(눅 7:14)고 한다. 그런데 죽었던 자, 죽은 과부의 외아들이 일어나 앉아 말하기 시작하니 예수는 그를 어머니에게 돌려준다. 엘리야는 사르밧 과부의 아들을 살려서 그 어머니에게 준다(왕상 17:23). 사람들은 예수가 누구인지 알게 되었다. 예수는 말 한마디로 죽은 사람을 살리는 분이었다. 그런데 이런 일은 하나님이 계획하고 능력을 주지 않으면 안 되는 일이다.

거기에 있던 모든 사람들 즉 두 무리의 사람들은 두려워하며 하나님께 영광을 돌렸다(눅 7:16). 예수가 중풍 병자를 고쳤을 때에도 모든 사람이 놀라 하나님께 영광을 돌렸다(눅 5:25-26). 누가는 영광을 돌리는 사람들을 자주 소개하고 있다. 기적을 체험한 사람들이 하나님께 영광을 돌리는 것은 자연스러운 일이라 하겠다.

그들은 말한다. '우리에게 큰 선지자가 나타났다. 하나님께서 자기 백성을 도우시러 오셨다'. 그들은 예수를 당연히 엘리야 같은 큰 선지자로 알았다고 하고 또한 이 같은 선지자가 나타난 것이야말로 하나님이 자기 백성을 잊지 않았다는 증거라고 한다.

'돌보셨다', '도우러 오셨다' 말 대신 공동번역은 하나님이 '방문하셨다'고 한다. 헬라어 episkeptomai는 '가다', '가서 보다', '방문하다'의 뜻이 있다. 그러므로 하나님이 자기 백성을 방문하였다는 말이 된다. 처음에는 사람으로서 할 수 없는 일을 하는 예수를 하나님의 대리인으로 생각했을 그들이다. 그러다가 대리인이 아니라 하나님 자신이 자기들을 도우러 예수의 모습으로 온 것이라는 생각을 하게 되지 않았을까. 그래서 '하나님이 오셨다'(7:16)고 한 것이리라. 두 개의 큰 무리들은 예수를 '하나님의 방문'으로 경험했다는 것이다. 놀라운 일이 아니라 할 수 없다.

빌립보 가이사랴에서 베드로가 '주는 그리스도요 살아 계신 하나님의 아들이라'고 했을 때 예수는 '이를 네게 알게 한 이는 혈육이 아니요 하늘에 계신 내 아버지시니라'(마 16:17)고 했던 것처럼 무리들이 예수를 하나님의 방문으로 알게 한 것도 하늘에 계신 하나님이다.

요한복음은 서두에 '본래 하나님을 본 사람이 없으되 아버지 품속에 있는 독생하신 하나님이 나타내셨느니라'(1:18)고 한다. 예수가 독생하신 하나님이라는 말이다. 또 예수는 스스로 '나와 아버지는 하나'(요

네 개의 시선으로 본 예수의 생애

10:30)라고 한다. 빌립이 예수에게 '아버지를 우리에게 보여 주옵소서'
라고 하자 예수는 빌립에게 '네가 나를 알지 못하느냐 나를 본 사람
은 아버지를 본 사람이다. 그런데 어찌하여 아버지를 보여달라고 하느
냐'(14:8-9)고 한다.

나인성 과부의 외아들을 살렸다는 예수에 대한 소문은 온 유대와 사
방에 두루 퍼졌다고 한다.

45. 빈 무덤

❦

45-1 예수의 부활 이야기다. 사도행전은 '고난을 받은 후 확실한 많은 증거로 친히 살아계심을 나타내사 사십 일 동안 그들에게 보이시며 하나님 나라의 일을 말씀했다'(행 1:3)고 한다. 베드로는 오순절 설교에서 그리스도의 부활에 대해 말하면서 우리가 다 부활의 증인(행 2:32)이라고 한다. 부활의 증인 된 우리는 빈 무덤에 대해 누구보다도 잘 설명할 수 있어야 할 것이다.

사복음서 모두 여자들이 무덤을 찾아갔으나 시신을 보지 못했다고 한다. 마태에서 여자들은 시신은 보지 못했으나 천사도 만나고 부활하신 예수를 직접 만나 경배하고 마가에서 여자들은 흰옷 입은 천사를 만나고 그의 말을 듣지만 너무 무서워서 도망했다고 한다. 누가에서 여자들은 예수 생전 갈릴리에서 한 말씀을 기억하라는 천사의 말을 듣고 제자들에게 알리는데 베드로만이 무덤으로 달려가서 빈 무덤을 보고 집으로 갔다고 한다. 요한복음은 막달라 마리아가 무덤에 갔다가 시체가 없는 것을 보고 달려가서 베드로와 사랑하는 제자에게 말하자 그들은 달음질해서 가서 무덤이 비어 있고 세마포만 놓여있는 것을 보고 놀랍게 여기며 역시 집으로 돌아갔다고 한다.

마태는 무덤에 간 여자들이 무덤가에서 예수를 직접 만났다고 하고, 마가에는 본문 기사에는 없고 추가 기사에 막달라 마리아에게 보이셨다고 하며, 누가에는 없고 요한복음은 막달라 마리아가 부활한 예수를 만났다고 한다.

사복음서는 그 후 각각 다른 전승을 말하고 있다. 마태는 앞에서 대제사장들과 바리새인들이 빌라도에게 얘기해서 무덤을 경비병들이 지키게 했다고 했다.그런데 열린 무덤에 대한 보고를 받은 종교 지도자들은 경비병들에게 돈을 주며 거짓말을 하게 했다고 한다. 마가의 추가 기사에서 제자들은 믿지 않았다고 하고, 누가에서는 엠마오로 가는 두 제자 이야기를 하고, 요한복음은 막달라 마리아가 예수를 만나 나눈 대화를 소개한다.

마가가 직접 쓰지 않았다고 보이는 마가 16장 9절 이하를 편의상 마가의 '추가 기사'라고 하고 요한복음 기사 뒤에 첨가된 것으로 보이는 요한복음 21장을 요한복음의 '후기'라고 부르도록 하겠다.

45-2 예수의 죽음과 관련해서 여자들의 이름이 복음서에 나온다.

첫 번째는 예수의 십자가 죽음을 지켜본 여자들이다(마태, 마가, 요한복음).

두 번째는 예수의 장례를 지켜본 여자들이다(마태, 마가).

세 번째는 무덤에 찾아간 여자들이다(마태, 마가, 누가, 요한복음)

누가에는 첫 번째와 두 번째 경우 이름이 안 나오고 요한복음에는 두 번째 경우에는 언급이 없다.

첫 번째, 예수의 십자가 죽음을 지켜본 이들은, 마태에는 막달라 마리아, 야고보와 요셉의 어머니, 세베대의 아들들의 어머니 등 세 명이다. 마가에도 막달라 마리아, 작은 야고보와 요셉의 어머니, 살로메 등 셋이다. 요한복음에서 십자가 주위에 마지막까지 있던 사람들은 막달라 마리아, 이모, 글로바의 아내 마리아, 사랑하는 제자 등 네 명이다.

두 번째, 예수의 장례를 지켜본 이들이다. 마태, 마가에는 무덤에 간 여자들의 이름이 앞에 나오고 누가에는 여자들 이름이 뒤에 나오는데 요한복음은 없다. 마태는 두 명으로 막달라 마리아와 다른 마리아라고 하는데 마태에서 '장례를 지켜본 여자들'인 이들이 후에 '무덤에 간 여자들'(마 27:61)이기도 하다. 마가는 막달라 마리아, 야고보의 어머니 마리아, 살로메 등 셋이라고 한다. 예수의 제자 중에는 야고보가 둘이 있다. 하나는 세베대의 아들 중의 하나인 야고보 다른 하나는 알페오의 아들 야고보인데 두 야고보를 구분하기 위해 알페오의 아들을 '작은 야고보'라고 불렀고 그 형제는 예수의 제자는 아니지만, 요셉이라고 불렀던 것으로 보인다. 마가에서 야고보의 어머니 마리아(16:1)가 마태에서 야고보와 요셉의 어머니 마리아(27:56)라고 한다면 이 셋은 마가에서 '예수의 십자가 죽음을 지켜본 여자들'(막 15:40)이고 동시에 '무덤에 간 여자들'이다.

누가는 무덤에서 돌아와 제자들에게 알린 여자들이라고 하며 무덤에 간 여자들의 이름이 나온다. 막달라 마리아, 요안나, 야고보의 모친 마리아, 또 이름은 나와 있지 않으나 그들과 함께 한 다른 여자들이 있다고 한다. 요안나는 갈릴리에서부터 예수를 섬긴 여자 중 하나로 헤롯의 청지기 구사의 아내(눅 8:3)다.

45-3 복음서 별로 살펴보자. 마태에는 십자가 옆에 있던 여자가 셋, 장사를 지켜본 여자가 둘, 무덤에 간 여자가 둘이다. 십자가 옆에 있던 여자들은 막달라와 야고보와 요셉의 어머니 마리아, 세베대의 아들들의 어머니 등 셋이다. 마태에서 장사를 지켜본 여자들과 무덤에 간 여자들은 막달라 마리아와 다른 마리아로서 같은 사람들이다.

마가는 십자가 옆에 있던 여자들이 셋, 장사를 지켜본 여자가 둘, 무덤에 간 여자가 셋이다. 십자가 옆에 있던 여자들은 막달라 마리아, 작은 야고보와 요셉의 어머니 마리아, 예수의 이모로 보이는 살로메다. 장사를 지켜본 여자들은 막달라 마리아와 요셉의 어머니 마리아다. 무덤에 간 여자들은 막달라 마리아와 야고보의 어머니 마리아, 살로메다.

누가에는 이름이 없을 뿐이지 사람들이 없는 것이 아니었다. 예수가 형장으로 갈 때 가슴을 치며 슬피 우는 여자의 큰 무리가 있었다(23:27), 그리고 예수의 십자가 죽음을 지켜본 사람들은 '예수를 아는 자들과 갈릴리로부터 따라온 여자들'이었다(23:49). 예수의 장사를 지켜본 이들은 '갈릴리에서 예수와 함께 온 여자들인데 예수의 시신에 뒤를 따라 그 무덤과 시체를 어떻게 두었는지 보고 돌아갔다(23:55-56). 무덤에 간 여자들은 셋으로 막달라 마리아와 요안나, 야고보의 모친 마리아다.

이밖에 예수의 죽음과 관련해서 언급된 여자들은 막달라 마리아, 야고보와 요셉의 어머니 마리아, 살로메, 요안나 이외에도 이름이 나오지 않은 세베대의 어머니(마태), 글로바의 아내 마리아(요한복음)가 더 있어서 모두 여섯 명이다. 누가는 무덤에 간 다른 여자들이 더 있다고 했는데 그 수는 나와 있지 않다.

복음서에서 무덤에 간 여자들은 막달라 마리아(마태, 마가, 누가), 야고보의 어머니 마리아(마태, 마가, 누가), 그리고 예수의 이모로 보이는 살로메(마가), 요안나(누가) 등 네 명이다.

45-4 여자들은 언제 무덤에 갔는가. 마태는 안식일이 다 지나고 '안식 후 첫날'이라고 한다. 마가는 안식일이 지나매(16:1), 안식 후 첫날(:2), 안식 후 첫날 이른 새벽에(:19) 등 세 번 안식일을 강조하고 있다. 누가는 '계명에 따라 안식일에 쉬었다'고 한다. 이날은 기독교인들에게는 십자가에서 죽은 예수가 부활한 날로서 새 언약의 신도인 우리에게는 주님의 날, 주일이다.

여자들은 새벽(마태, 누가), 해 돋을 때(마가), 아직 어두울 때(요한복음) 무덤에 간다. 모두 어두움이 끝나가는 시간이다. 이 시간 때는 예수의 부활이 '어둠의 세력인 죄와 악과 죽음의 패배', '빛의 회복', '승리', '생명', '새로움'을 의미하게 된다.

마태는 '안식 후 첫날이 되려는' 이라고 했다. 안식일은 금요일 저녁에 시작해서 토요일 저녁에 끝났다. '안식 후 첫날'은 이미 토요일 밤에 시작된 것이다. 아마도 로마 시간에 익숙한 사람들에게 말하다가 그런 표현을 한 것 같다.

마가는 예수께 '바르기 위해 사둔' 향품을 가지고 갔다고 한다. 누가 역시 예수의 무덤과 그의 시체를 어떻게 두었는지를 보고 향품과 향유를 준비했던(23:55-56) 여자들이 그 향품을 가지고 갔다고 한다.

마가는 예수에게 '바르기' 위한 향품이라고 하는데 민수기는 사람의 시체를 만지면 이레 동안 부정하다(민 19:11)고 했다. '바르다'라고 번역된 헬라어 aleipho, 영어 anoint로 바르다는 말이기는 하나 성경에서는 주로 '기름 붓다'는 말로 사용된다. 이 말은 '하나님의 특별한 소유로 구별하다'(라이프성경사전)의 의미가 있다고 한다. 우리말 성경에 예수에게 '바를' 향품이라고 되어 있으나 예수의 시체에 '부을' 향품으로 보아도 좋을 것이다. 아무튼, 예수를 위해 무언가 하지 않으면 안될 것 같은 심정에서 준비한 향품이라 하겠다.

여자들이 무덤에 찾아간 날은 삼 일째가 되는 날이다. 예수는 세 번에 걸친 수난 예고에서 제삼일(마태, 누가), 삼일 만(마가)에 살아난다고 했다. 호세아는 '여호와께서 이틀 후에 우리를 살리시며 셋째 날에 우리를 일으키시리니 우리가 그의 앞에서 살리라'(6:2)고 했다. 예수의 무덤은 돌로 입구가 막혀 있다. 돌을 굴려 무덤을 막았다는 기사는 마태, 마가에만 있으나 돌이 무덤에서 굴려졌다는 기사는 사복음서에 다 있다.

네 개의 시선으로 본 예수의 생애

45-5 마태는 돌이 어떻게 굴려졌는지 확실히 말하고 있다. 큰 지진이 나며 주의 천사가 하늘로부터 내려와 돌을 굴려 놓고 그 위에 앉아있었다고 한다. 마태는 천사의 형상이 번개와 같고 그 옷은 눈같이 희었는데 무덤을 지키던 자들이 무서워 떨며 죽은 사람처럼 되었다고 한다. 마태는 예수가 운명할 때는 땅이 진동하여 바위가 터졌다(27:51)고 했고 예수가 부활했을 때는 지진이 났다고 한다.

마태에서 천사는 여자들에게 "무서워 말라. 십자가에 못 박힌 예수를 너희가 찾는 줄 내가 안다. 그는 여기 안 계시다. 그는 말씀대로 살아났다. 와서 그가 누워 있던 곳을 보라. 빨리 가서 그의 제자들에게 그가 죽은 자 가운데서 살아나셔서 너희보다 먼저 갈릴리로 가리니 거기서 너희가 뵐 것이라"(28:5-7)고 한다. 마태는 천사가 돌을 굴려 놓았고 돌 위에 천사가 앉아 있어서(28:2) 여자들이 무덤에 들어가지 못하였을 수 있다. 그래서 천사는 여자들에게 무덤 안에 들어와서 '예수의 시신이 놓였던 곳을 보라'고 하였을 것이다.

마태만이 무덤에 간 여자들이 예수를 만났다고 한다. 천사의 말을 들은 여자들이 천사가 시킨 대로 빨리 가서 제자들에게 예수가 살아났다는 것과 먼저 갈릴리로 가셨다는 말을 전하기 위해 무서우면서도 기쁨에 넘쳐 무덤을 급하게 떠나갔다. 그런데 갑자기 예수가 여자들을 향하여 걸어와서 '평안하느냐'고 하니 여자들이 다가가서 예수의 두 발을 붙잡고 엎드려 절을 했다. 그러자 예수께서 여자들에게 천사가 했던 말처럼 '두려워하지 말라. 가서 내 형제들에게 갈릴리로 가라고 전하라. 그러면 거기서 나를 만날 것이라'(마 28:9-10)고 한다. 마태에는 여자들이 제자들에게 말을 전했다는 말이 없으나 갈릴리산에서 예수를 만난다.

마태는 여자들이 간 후 경비병 중 몇이 성안에 들어가 일어난 일들을 대제사장들에게 보고하니 대제사장들은 장로들과 함께 모여 의논하고 나서 병사들에게 돈을 집어주고 '밤중에 우리가 잠든 사이에 예수의 제자들이 와서 시체를 도둑질해 갔다 하라'고 한다. 그리고 이 소문이 총독의 귀에 들어가게 되더라도 우리가 잘 말해서 너희에게 아무 해도 미치지 않게 해주겠다(마 28:11-14)고 한다. 경비병들은 돈을 받고 시키는 대로 했다. 그런데 이 말이 마태가 복음서를 쓰고 있을 당시에도 유대인들 가운데 널리 퍼져 있었다고 한다.

45-6 마가에서 여자들은 무덤으로 가면서 서로 말하기를 '누가 우리를 위해 돌을 굴려 주리오'라고 걱정했는데 눈을 들어보니 벌써 돌이 굴려져 있었다는 것이다. 또한 여자들은 무덤에 들어가서 흰옷을 입은 한 청년이 우편에 앉아 있는 것을 보고 놀랐다고 한다.

마가는 한 청년이 '놀라지 말라. 너희가 십자가에 못 박힌 예수를 찾고 있는데 그는 살아나셔서 여기 계시지 않는다. 보라 그가 누우셨던 곳이다. 가서 제자들과 베드로에게 예수는 말씀하신 대로 먼저 갈릴리로 가리니 너희가 거기서 뵐 것이라'고 한다. 마태에서 천사가 부탁한 내용과 같은 것이다. 여자들은 겁에 질려 벌벌 떨면서 무덤에서 도망하였고 너무나 무서워서 아무에게 아무 말도 못 하였다(막 16:8)고 한다. 천사의 말을 베드로와 제자들에게 전하지 못했다는 것이다. 마가를 기록한 사람은 여기서 쓰기를 그쳤다. 뒤에 기사는 문체나 사용한 단어 등을 볼 때 다른 사람이 추가한 것으로 보인다.

마가의 추가 기사에는 이레의 첫날 새벽, 그러니까 안식일 다음 날 즉 부활의 아침에 예수가 살아나셔서 일곱 귀신을 쫓아 준 막달라 마리아에게 나타났다고 한다. 마리아는 예수와 함께 지내던 사람들이 슬퍼하며 울고 있는 곳에 가서 그들에게 이 소식을 전했으나 그들은 예수가 살아 있다는 것과 마리아에게 나타나셨다는 것을 믿지 않았다(막 6:9-11)고

네 개의 시선으로 본 예수의 생애

한다.

이어서 마가의 추가 기사에는 누가에 나오는 엠마오로 가는 두 제자 이야기를 축약해서 기록하고 있다. 즉 그들 가운데 두 사람이 걸어서 시골로 가는데 예수께서 다른 모양으로 그들에게 나타났다는 것이다. 두 사람이 되돌아가서 남은 제자들에게 알렸으나 그들은 믿지 않았다(막 16:12-13)고 한다.

45-7 누가는 여자들이 무덤에 들어갔는데 시체가 보이지 않아 근심할 때 문득 찬란한 옷을 입은 두 사람이 곁에 섰다고 한다. 누가는 여자들이 겁에 질려 얼굴을 땅에 대었다고 하는데 두 천사가 "어찌하여 살아 있는 분을 죽은 자 가운데서 찾고 있느냐. 여기 계시지 않고 살아나셨다. 전에 갈릴리에 계실 때 무어라고 말씀하셨느냐. '인자는 반드시 죄인들의 손에 넘어가 십자가에 못 박히고 사흘째 되는 날에 살아나리라' 하지 않았느냐"(눅 24:3-7)고 말한다. 여자들은 예수의 말씀을 기억했다. 그들은 무덤에서 돌아와 열한 제자와 그 밖의 모든 사람에게 이 일을 알렸으나 그들은 허탄한 듯이 들려 믿지 아니하였다(:8-11)고 한다. 그런데 베드로만이 일어나 무덤에 달려가서 구부려 무덤 안을 들여다보니 세마포만 보였다고 한다. 베드로는 '구부려 들여다보기만' 했고 그 된 일을 놀랍게 여기며 집으로 돌아갔다(:12)고 한다. 베드로는 무덤에 들어가지 않고 밖에서 본 것이다.

누가에서의 두 천사는 여자들에게 예수가 '갈릴리로 간다'는 말을 하지 않았고 '그가 누웠던 곳을 보라'는 말도 하지 않았다. 단지 갈릴리에서 한 말씀을 기억하게 하였다. 그러나 여자들의 말을 들은 제자들은 이 말을 '어처구니없는 말'(새번역)로, 그리고 '부질없는 헛소리'(공동번역)로 들었다. 그러나 엠마오로 가던 두 제자는 예수에게 '무덤에 다녀온 여자들이 우리를 놀라게 하였다'고 한다.

45-8 요한복음은 안식일 다음 날 이른 새벽에 막달라 마리아가 무덤에 가서 돌이 이미 옮겨져 있는 것을 보고 시몬 베드로와 사랑하시던 제자에게 달려가서 '누가 주님을 가져다가 어디에 두었는지 모르겠다'고 한다. 막달라 마리아는 빈 무덤을 예수 부활의 증거로 보지 못했다. 마리아는 혹시 있었을지 모르는 예수 시신의 도난을 걱정한 것 같다.

베드로와 다른 제자는 곧 무덤으로 달음박질하여 가는데 다른 제자가 베드로보다 더 빨리 달려가 먼저 무덤에 다다랐다. 다른 제자는 몸을 굽혀 수의가 흩어져 있는 것을 보지만 들어가지는 않았다. 시몬 베드로가 따라와서 무덤 안에 곧바로 들어가서 보는데 세마포가 그대로 놓여있고 머리를 쌌던 수건은 세마포와 함께 놓여있지 않고 따로 한곳에 있었다. 그제야 무덤에 먼저 갔던 다른 제자도 무덤에 들어와 보고 믿었다고 한다.

그런데 다른 제자가 '믿었다'(요 20:8)는 기사 뒤에 '그들이 그때까지도 예수께서 죽었다가 반드시 살아날 것이라고 한 말씀을 아직 알지 못했다'(:9)고 하고 이어서 무덤에 갔던 두 제자인 베드로와 다른 제자는 자기 집으로 돌아갔다(:10)고 한다. 그들이 믿은 것은 예수의 부활이 아니었다. 이때까지 요한복음에는 예수의 부활을 믿은 사람이 없다.

요한복음은 마리아가 무덤 밖에 서서 울다가 몸을 구부려 무덤 속을 들여다보니 흰옷을 입은 두 천사가 앉아있었는데 예수의 시신이 놓여있던 자리의 머리맡에 한 천사가, 발치에 또 다른 천사가 있었다고 한다. 천사들이 마리아에게 '왜 우느냐'고 물으니 마리아는 '누군가가 주님을 가져갔다'고 한다. 이렇게 말하고 뒤를 돌아다보니 예수께서 거기 서 있었으나 그분이 예수인 줄은 알지 못했다. 예수께서 '여자여 왜 울고 있

느냐. 누구를 찾느냐'고 하니 마리아는 동산지기인 줄 알고 ' 당신이 그
분을 옮겼거든 어디에다 두었는지 말해 준다면 내가 모시고 가겠다'(:11-
14)고 한다.

예수께서 '마리아야'하고 부르시니 마리아도 '라부니'라고 하는데 히
브리말로 선생이라고 한다. 예수께서 말씀하기를 "내게 손대지 마라. 내
가 아직 아버지께 올라가지 않았다. 이제 너는 네 형제들에게 가서 내
아버지 곧 너희 아버지, 내 하나님 곧 너희 하나님께로 내가 올라간다고
말하라"(:15-17)고 한다. 막달라 마리아는 제자들에게 가서 자기가 주님
을 뵌 것과 주께서 자기에게 일러준 말씀을 전한다.

부활하신 날에 부활하신 예수를 만난 이들은 마태에서 무덤에 다녀온
여자들이고, 마가의 추가 기사와 요한복음에서는 막달라 마리아가, 누
가에서는 엠마오로 가는 두 제자들이다. 그런데 마태와 요한복음에서는
여자들의 말을 들은 제자들이 믿었다던가 안 믿었다던가 하는 말이 없
다. 그러나 마가의 추가 기사와 누가에서는 안 믿었다고 분명히 말한다.

45-9 빈 무덤에 대해 사복음서는 말한다. 마태, 마가에서 천사는 '너
희가 십자가에 못 박힌 예수를 찾느냐. 예수는 여기 계시지 않는다. 살
아나셨다'고 말해 준다. 그리고 무덤에 찾아온 여자들에게 '그가 누우셨
던' 즉 시체가 안치되어 있던 '곳을 보라'고 한다. 무덤이 비어 있다는 것
이다.

누가는 '무덤에 간 여자들이' '시체가 보이지 아니한다'고 말하고 '이
로 인해 근심하였다'(눅 24:3-4)고 한다. 복음서 중 유일하게 빈 무덤에 대
한 직접적인 표현이다. 요한복음은 천사들의 말이 아니고 막달라 마리
아가 무덤에 가서 확인하고 '주님을 누가 가져갔다'고 두 번 말한다. 처
음에는 베드로와 다른 제자들에게 말할 때(요 20:2)였고 두 번째는 두 천

사에게 말할 때(요 20:13)였다. 빈 무덤이었다는 것이다. 무덤에 다녀온 여자들이 빈 무덤에 대해 제자들에게 말했으나 제자들은 믿지 않았다.

세마포만 보았다고 한다. 세마포는 예수께서 고난을 받고 죽어서 장례까지 치렀다는 증거다. 그리고 사람들이 시체를 옮겼다고 한다면 세마포를 벗기고 가져갔을 리는 없을 것이다. 누가는 여자들의 말을 듣고 베드로가 무덤에 달려가 구부려 들여다보는데 세마포만 보았다고 한다. 요한복음은 막달라 마리아의 말을 듣고 베드로와 다른 제자가 무덤으로 달려가 무덤에 들어가는데 세마포와 머리에 쌌던 수건만 본다. 그런데 세마포를 본 두 사람이 예수의 부활을 믿었다는 기사는 없다.

45-10 천사들을 만나는 이야기가 있다. 마태는 여자들의 반응은 없고 경비병들이 무서워 떨며 죽은 자와 같이 되었다고 한다. 마가는 보고 놀랐다고 하고 누가는 두려워 얼굴을 땅에 대었다고 한다. 마태, 마가에서 천사는 너희가 예수를 찾느냐고 하지만 누가에서는 살아 있는 자를 죽은 자 가운데서 찾느냐고 질책한다.

천사는 왜 나타났을까. 복음서에서 천사는 사람들이 믿을 수 없는 일이 현실이 된다고 말하고 있다. 마태에서 천사는 꿈을 통해 예수의 성령 잉태를 말했고 누가에서 천사는 자신을 가브리엘이라고 하며 사가랴와 마리아에게 직접 나타나서 요한의 수태와 예수의 성령 잉태를 말했다. 구약에 천사가 둘이 나오는데 가브리엘(단 8:16,21)과 미가엘(단 10:13)이다.

공관복음에서 천사는 예수가 살아났다고 선포한다. 마태에서 천사는 '그가 말씀대로 살아나셨다'(28:6)고 하고 한 번 더, '죽은 자 가운데서 살아났다'(28:7)고 두 번 선포한다. 마가에서 천사는 '그가 살아나셨고 여기 계시지 아니한다'(막 16:6)고 한다. 누가에서는 '여기 계시지 않고 살아나셨다'고 하며 '갈릴리에서 너희에게 어떻게 말씀하셨는지를 기억하라'(눅 24:6)고 하는데 '인자가 죄인의 손에 넘겨져 십자가에 못 박히고 제삼 일에 다시 살아난다'(눅 24:7)고 한 말씀이다. 여자들은 이 말씀을 기억하고 무덤에서 돌아와 열한 사도와 다른 모든 이에게 알린다.

요한복음은 마리아가 천사 둘과 말하고 있을 때 예수가 뒤에 서 있었다고 한다. 예수가 살아났다고 하는 선언이 필요 없었을 것이다. 천사들이 나타난 이유가 요한복음에서는 확실하지 않다.

마태, 마가에서 천사들의 부탁은 예수가 살아났다는 것을 빨리 가서 베드로(마가)와 제자들(마태, 마가)에게 알리라는 것이었다. 마태는 여자들에게 제자들을 '내 형제'라고 하고 요한복음에서도 역시 '내 형제'라고 한다. 천사들은 예수가 먼저 갈릴리로 간다고 한다. 갈릴리는 예수가 공생애를 시작한 곳 즉 '때가 찼고 하나님 나라가 가까이 왔으니 회개하고 복음을 믿으라'(막 1:14-15)고 한 곳이다.

45-11 빈 무덤으로 인해 지금도 예수의 죽음과 부활을 거부하는 말도 안 되는 주장들이 계속되고 있다.

첫째, 기절설: 십자가상에서 기절했거나 정신을 잃었던 예수를 무덤에 안치했는데 시간이 흘러 소생하여 무덤을 빠져나와 제자들에게 갔다는 것이다. 혼수상태에서 깨어났다 하더라도 채찍질과 출혈로 목숨만 붙어 있는 예수가 어떻게 무덤 앞에 돌을 치우고 경비병을 제압할 수 있었겠는가.

둘째, 무덤 오인설: 무덤에 찾아간 여자들이 무덤을 혼동하여 빈 무덤에 갔다는 것이다. 아리마대 요셉의 무덤은 공동묘지가 아니라 개인 묘지이다. 마태는 여자들이 '무덤을 향하여 앉았다'(27:61)고 하고 마가는 '예수 둔 곳을 보았다'(15:47)고 하고 누가는 '갈릴리에서 온 여자들이 그곳까지 여자들이 따라가 그 무덤과 그의 시체를 어떻게 두었는지 보았다'(23:55)고 한다. 이처럼 공관복음은 여자들이 무덤을 착각할 수 있을 가능성을 철저히 배제하고 있다. 무덤을 오인했다면 예수의 대적자들이 예수의 진짜 무덤을 밝히면 되지 않는가.

셋째, 시신 절도설: 예수의 제자들이 예수의 시신을 훔쳤다는 주장인데 마태가 복음서를 기록할 당시에도 이런 이야기가 유대에 널리 퍼져 있다고 했다.

넷째, 환상설: 사람들이 체험했던 환상이 전설로 발전하였다는 것이다. 게르트 뤼데만이라는 학자는 환상가설을 말하고 있다. 그러나 바울은 '게바에게 보이시고 후에 열두 제자에게, 그다음에는 오백 명이 넘는 형제들에게 나타나셨는데 그중에 더러는 죽었으나 대다수는 지금까지 살아 있고 다음에 야고보에게, 그다음에 모든 사도에게 나타나시고 맨 나중에는 만삭되지 못한 팔삭둥이 같은 나에게도 나타나셨느니라'(고전 15:5-8)고 했다.

45-12 부활은 하나님의 절대성과 영원성을 말하는 하나님의 행위로서 세상을 창조하시고 만유의 주재이신 하나님의 주권적인 역사이다. 예수의 부활은 예수의 무고뿐 아니라 예수를 죽인 자들의 불의가 밝혀지게 하는 하나님의 사건이고 또한 불의와 잘못을 바로잡는 하나님의 방법이다. 하나님이 사랑하는 아들을 수난과 죽음, 그리고 다시 살아나게 하시어(행 2:24,32) 예수로 승리하게 한 사건이다.

부활은 육신의 생명을 되살리는 것에 그치지 않고 새로운 존재(고전 15:52)로 변화하게 하는 것이다. 또한, 인간존재의 소멸을 의미하는 죽음(사 25:8)을 극복하게 하는 하나님의 능력이다. 그리고 인간의 죽음으로 끝나는 세상이 아니고 하나님의 역사가 계속되는 것을 믿는 신앙이다.

부활은 실패로 끝나고 완성되지 못하고 악과 불의가 이기는 이 세상을 역전시켜 최종적으로 진리와 영과 생명이 승리한다는 것을 믿게 하는 하나님의 선언이다.

부활의 신앙은 하나님에게 전적으로 의존하게 하고 하나님의 질서에 따르도록 하며 하나님이 주관하는 역사에 참여하도록 결단하게 한다.

칼 바르트의 유언이다. '그래 세상은 여전히 어둡고 고통으로 차 있다네. 하지만 우리 주님은 부활하셨네'.

46. 엠마오로 가는 두 사람

ꗍꗍꗍ

46-1 누가에만 있는 이야기다. 누가에는 부활한 예수가 세 번 나타 난다. 처음은 엠마오로 가는 두 제자에게, 두 번째는 제자들이 모여 있 는 곳에, 세 번째는 베다니에서 승천하실 때다. 엠마오 도상의 두 사람 의 이야기는 여자들이 말한 빈 무덤(24:3,24)이 그냥 빈 무덤이 아니라 예 수가 부활하심으로 빈 무덤이라는 것을 말해 주고 있다. 마가의 추가 기 사에 시골로 가는 두 제자에게 예수는 '다른 모양으로'(막 16:12) 나타난 다. 그러나 두 사람이 다른 제자들에게 알리지만 믿지 않는다. 누가는 예루살렘 중심이다. 엠마오 도상의 두 제자도 예루살렘으로 돌아오고, 제자들은 예루살렘에 숨어 있었고, 예수 승천 후 제자들은 다시 예루살 렘으로 돌아온다. 사도행전은 초기 교회가 예루살렘에서 시작되었다고 한다.

엠마오로 가는 두 제자 이야기의 주제 중 하나는 '네가 어디에서 와서 어디로 가느냐'이다. 창세기에는 여호와의 사자가 사래의 여종 하갈에 게 나타나 '네가 어디서 왔으며 어디로 가느냐'(16:8)고 묻는다. 사래가 하갈을 학대하자 하갈이 도망하여 광야의 샘물 곁에 있었을 때의 일이 다. 여호와의 사자는 하갈에게 '네 씨를 크게 번성하여 그 수가 많아 셀 수 없게 하리라'고 한다. 예수가 돌아가신 후 예루살렘을 떠나 길을 가 는 두 사람은 예수를 만난 후 예루살렘으로 돌아간다. 두 사람이 엠마오 로 떠났던 길은 오후에 떠난 길이고 슬픈 빛을 띠고 가는 길이었으나 예루살렘으로 오는 길은 비록 어두운 밤 길이지만 새로 시작하는 길이요 희망과 기쁨의 길이었다고 하겠다.

헹켈은 누가의 엠마오로 가는 두 사람의 이야기가 마카비서의 영향을 받았다고 하며 '엠마오'(마상 4:1), '서로 주고 받고'(마하 11:13), '보이지 아니하다'(마하 3:34) 등을 예로 들고 있다.

46-2 그날에 두 사람이 엠마오로 간다. 그날은 안식 후 첫째 날이다. 그러나 새벽은 아니다. 무덤에서 돌아온 여자들이 제자들에게 말한 이후이다. '그들 중 둘'이라고 하였는데 그들이란 여자들로부터 일어난 일을 전해 들은 '다른 모든 이'(24:9)들 중에 '둘'이라 하겠다. 본문에 둘 중 한 사람은 '글로바'이고 다른 하나는 그 친구라고 한다.

'글로바의 아내 마리아'(19:25)는 요한복음에서 십자가 곁에 있던 여자 중에 하나다. 그러면 그 마리아의 남편이 글로바인가? 한글로는 같은 사람이지만 헬라어 이름은 조금 다르다. 요한복음에 나오는 글로바는 헬라어 Klopa, 영어로 Clopas이고 누가의 엠마오 도상에 나오는 글로바는 헬라어 Kleopas, 영어로는 Cleopas다.

두 사람은 말씀 중에 '여자들이 우리를 놀라게 하였는데 새벽에 그들이 무덤에 가서 예수의 시체는 보지 못하고 그분이 살아 있다고 천사들이 말한 것을 들었다'고 예수에게 말한다. 그러니까 무덤에 다녀온 여자들의 증언은 들었으나 예수의 부활을 '허탄한 듯이'(24:11) 들었던 사람들이었다. 그런데 두 사람은 슬픈 빛을 띠고 있었고 엠마오라는 마을로 가면서 이 모든 된 일을 서로 이야기했다고 한다.

엠마오는 온천, 따뜻한 샘이라는 말이다. 마카비서는 유다 마카비가 시리아 군대와 싸워 이겼다(마상 4:1-22)고 하는데 그 지명이 엠마오다. 그 위치가 개역개정은 예루살렘에서 이십오 리 떨어져 있다고 하는데 헬라어 본문에는 육십 스타디온이라고 하며 새번역과 공동번역은 삼십 리라고 한다. 예루살렘에서 그 정도 떨어져 있는 부합되는 곳으로 엘크베베가 있다. 비잔틴 시대부터 순례자들이 이곳을 찾기 시작하였는데 프란치스코 교회가 1901년 기념 성전을 지었다. 팔레스타인지역이라고 한다.

46-3 두 사람은 서로 이야기하며 '문의'하였다고 하는데 새번역과 공동번역은 '토의'라고 한다. 즉 대화하며 토의했다는 것이다. 그들이 한 대화는 앞 절에 나왔듯이 '이 모든 일'로서 예수의 수난과 십자가 처형, 그리고 빈 무덤이라고 하는 일련의 사건들이다.

이때 예수께서 그들 가까이 이르러 그들과 동행하는데 눈이 가리어져 그들은 그인 줄 모른다. 예수는 두 사람에게 무슨 이야기를 하는지 궁금해한다. 그들은 예수의 음성을 알지 못한다. 두 사람은 길을 가는 내내 예수를 알아보지 못한 채 예수와 대화한다. 여기에서 예수를 '알아봄'과 '알아보지 못함'이라는 현상이 나오게 된다.

무주의 맹시inattentional blindness라는 현상이 있다. 크리스토퍼 차브리스와 대니얼 사이언스라는 두 심리학자가 1997년 '보이지 않는 고릴라'라는 실험을 통해 사람은 자신이 보고 싶어 하는 것만 본다는 것을 증명하였다.

예수는 '너희가 길을 가면서 서로 주고받은 이야기가 무엇이냐'고 묻는다. 그때 두 사람은 슬픈 빛을 띠고, 침통한 표정으로 걸음을 멈추었다.

그 때에 그들 가운데 하나인 글로바라는 사람이 '예루살렘에 머물러 있던 사람으로 요새 며칠 동안에 거기서 일어난 일을 혼자만 알지 못하느냐'고 말한다. 글로바는 어떻게 그럴 수 있느냐, 이렇게 큰 사건을 모르느냐고 한 것이다. 바울은 아그립 왕 앞에서 증언하는 가운데 그리스

네 개의 시선으로 본 예수의 생애

도가 고난을 받고 가장 먼저 부활했다고 하는데 베스도가 바울에게 네가 미쳤다고 하자 '이것은 어느 한구석에서 일어난 일이 아니므로 그 사실을 모를 리가 없다'(행 26:26)고 대꾸한다. 글로바는 시골 어느 동네에서 일어난 일이 아니지 않느냐고 한 것이다.

예수가 '무슨 일이냐'고 되물으니 '나사렛 예수의 일'이라고 한다. '나사렛 예수'란 예수 스스로 사용한 호칭이기도 하다. 다메섹으로 가는 사울에게 나타난 예수는 '나는 네가 박해하는 나사렛 예수라'(행 22:9) 한다. 베드로(행 2:22,4:10)도, 바울(행 26:9)도, 예수를 '나사렛 예수'라 하고 스데반을 고발한 사람들도 '나사렛 예수'(행 6:14)라고 부른다. 베드로는 '나사렛 예수 그리스도의 이름으로' 날 때부터 걷지 못하고 구걸하던 이를 걷게 한다(행 3:6). 이 호칭은 당시 예수에 대한 일반적인 호칭이었다.

46-4 글로바는 나사렛 예수의 일이라고 하며 '그는 하나님과 모든 백성 앞에서 말과 일에 능한 선지자'라고 전제한다. 기독교 초기에는 예수를 선지자라고 고백했고 예수도 자신을 선지자라고 했다. 선지자가 고향에서 환영받지 못한다든가(막 6:4 등) 선지자는 예루살렘 밖에서 죽지 않는다(눅 13:33)고 했다. 나인성 과부의 아들을 살렸을 때 사람들은 하나님께 영광을 돌리며 '우리 가운데 큰 선지자가 나타났다'(눅 7:16)고 하고 수가성 여자도 '선지자'(요 4:19)라고 하며, 오천 명을 먹인 예수에게 그들은 '참으로 오실 그 선지자'(요 6:14)하고 성전에서 가르침을 받은 무리 중에 어떤 이는 '참으로 그 선지자'(요 7:40)라고 한다. 그런데 예루살렘 입성 시 무리들은 '갈릴리 나사렛에서 나온 선지자 예수'(마 21:11)라고 한다.

글로바는 나사렛 예수에게 일어난 일을 설명하면서 '이스라엘을 속량'할 자(24:21)라고 한다. 탄생 후 정결 예식을 위해 상경했을 때 선지자 안나가 '예루살렘의 속량'을 바라는 사람들에게 예수에 대해 말한다 (2:38). 안나는 예수가 예루살렘을 속량할 자라는 것이다. 속량이란 '구원, 해방'을 의미한다.

두 사람은 예수가 이스라엘을 속량하지 못했다고 한다. 갈라디아서는 예수가 십자가에 달림으로 '우리를 속량'하였다(갈 3:13)고 했다. 이들은 예수의 죽음으로 속량이 이루어진 것을 아직 깨닫지 못하고 있다. 두 사람은 예수에게 일어난 일을 잘 알고 있었으나 그 사건을 통해 이루어진 하나님의 일에 대해서는 모르고 있었다.

46-5 두 사람은 나사렛 예수에게 일어난 일들을 말하는데 예수의 죽음과 부활에 관한 객관적 사건의 열거에 그치고 그 사건을 통해서 갖게 된 자신들의 믿음에 대한 고백은 없다.

• 우리 대제사장들과 관리들이 사형 판결에 넘겨주어: 누가 23:1-25의 축약

• 십자가에 못 박았느니라: 누가 23:26-49의 축약

• 이 일이 일어난 지 사흘이라: 누가 23:50-56의 축약

• 여자들이 무덤에 갔다가 그의 시체는 보지 못하고 와서 그가 살아나셨다고 하는 천사들의 나타남을 보았다: 누가 24:1-10의 축약

• 우리와 함께 한 자 중 두어 사람이 무덤에 가 과연 여자들이 말한 바와 같음을 보았으나 예수는 보지 못하였다고 한다: 누가 24:11-12

누가에서 무덤에 간 사람은 베드로뿐이다. 두어 사람이 간 경우는 요한복음의 경우다. 그러나 두어 사람이라고 한 것은 그 숫자를 말하려는 것이 아니라 예수의 무덤에 간 사람도 있다는 말이라 하겠다.

이렇게 예수에 관한 일을 순서대로 정리한 이유는 예루살렘 사정에 대해 무지해 보이는 동행자를 위한 배려에서라고 하겠다. 은연중에 두

네 개의 시선으로 본 예수의 생애

사람은 죽은 지 사흘이 지나 예수가 살아났다는 말은 들었으나 부활한 예수를 보았다는 이는 없다는 것을 강조하고 있다.

46-6 예수는 이렇게 말하는 두 제자를 질책하며 가르친다.

첫 번째로, 예수는 이들을 미련하고 선지자들이 말한 것을 더디 믿는 자라고 질책한다. 공동번역은 '너희는 어리석기도 하다. 예언자들이 말한 모든 것을 그렇게도 믿기가 어려우냐'고 한다. 이들은 예수를 선지자라고 했다. 예수는 자기를 비롯한 구약의 선지자들이 한 말을 두 사람이 믿지 않고 있다는 것이다. 구약의 메시아에 고난에 관한 것은 차치하고서라도 예수 자신이 수차례에 걸쳐 수난 예고를 하였고 더구나 변화 산에서(눅 9:31), 그리고 예루살렘 멸망 예언 때(눅 13:33) 예루살렘에서 죽게 될 것을 말씀했던 것을 믿지 못하느냐고 한 것이다.

두 번째로, 그리스도가 이런 고난을 받고 자기의 영광에 들어가야 할 것 아니냐는 것이다. 여기서 예수는 제자들처럼 자신을 객관화시켜서 '인자'라는 말을 쓰지 않고 '그리스도'에 관해 말한다. 그리스도가 이런 고난을 받고 자기의 영광에 들어가야 하는 것은 당연하고도 필연적인 일이며 하나님의 섭리라는 것이다. 예수가 광야에서 마귀의 시험을 받을 때 마귀는 내게 절하기만 하면 '모든 권위와 그 영광을 주겠다'고 했으나 예수는 거부했다. 예수는 고난을 받고 자기 영광에 들어간 것이다. 여기서 영광은 하늘의 영광(눅 2:14)이요 가장 높은 곳에 있는 영광(눅 19:38)일 것이다.

세 번째로, 예수는 두 사람을 질책만 하지는 않았다. 모세와 모든 선지자의 글로 시작하여 모든 성경에 쓰여있는 그리스도에 관한 것을 자세히 설명해 준다. 여기서 설명하다는 해석하다의 의미다. 누가에서 예수의 공생애는 여러 회당에서 가르치는 사역(눅 4:15)으로 시작했다. 예수가 예루살렘으로 올라가는 이유에 대해 '인자에 관해 선지자들이 기록된 모든 일이 이루어질 것이라'(눅 18:31)고 한 바 있다.

46-7 두 사람은 자기들이 가려고 하는 마을 가까이 이르렀는데 예수는 더 가려는 듯하였다. 그러자 그들은 강권하며, 예수를 억지로 붙들었다. 그들은 '우리와 함께 묵어가십시오. 날도 저물어 저녁이 다 되었습니다'라고 하자 예수는 그들과 함께 묵으려고 집에 들어간다(눅 24:28-29). 예수는 자기를 알아보지 못하는 두 사람과 유하시려고 들어간 것이다.

요한복음에도 예수가 제자들과 유숙한 이야기가 있다. 처음 보는 두 사람과 유하였다고 한다. 요한의 제자 두 명이 예수를 따라가서 어디에 묵고 계시냐고 여쭈니 예수는 '와서 보라'고 하자 그들은 그날 그분과 함께 지냈다고 한다.

예수는 엠마오 도상에서 만난 두 제자와 함께 식탁에 앉아서 '떡을 들어 축사하시고 떼어 그들에게 주었다'(:30)고 한다. 이런 기사가 복음서 여러 곳에 있다. 오병이어 이야기에서도 '하늘을 우러러 축사하시고 떡을 나누어 주었다'(마 14:18, 막 6:41, 눅 9:16, 요 6:11)고 하고 마지막 만찬에서도 '그들이 먹을 때에 떡을 가지사 축복하시고 떼어 주었다'(마 26:26, 막 14:22, 눅 22:19)고 한다. 평범한 식사이었겠으나 예수의 축사로 분위기는 엄숙했을 것이다. 우리는 이 장면에서 초기 교회의 성찬 예식을 연상할 수 있다.

두 사람의 눈이 밝아졌다(:31). 식사 자리에서 일어난 일이다. 예수인 줄 알았다는 것이다. 그런데 예수가 그들에게 보이지 않았다. '눈이 가리어졌다'와 '눈이 밝아졌다'는 수동태로서 그렇게 한 것은 예수라는 것이다. 눈이 '가리어진' 그들에게 '그리스도'에 대해 자세히 설명한 후 그들의 '눈이 밝아지게' 하고 예수 자신은 보이지 않게 한 것이다. 그들은

네 개의 시선으로 본 예수의 생애

눈이 밝아지면서 믿음의 눈이 열린 것이다.

예수가 '보이지 아니한다'는 헬라어 아판토스aphantos는 숨겨진, 은폐된 의미이다. 그런데 그들은 눈이 밝아져 자기들과 함께 동행한 사람이 누구인 줄 알게 되었다. 구약에도 눈이 열린 이야기가 있다. 아람 왕의 군대가 성읍을 에워싸는 것을 엘리사의 사환이 보고 이를 걱정하자 엘리사는 사환의 눈을 열어 보게 해 달라고 기도(왕하 6:17)한다. 여호와께서 사환의 눈을 여니 그는 불 말과 불 병거가 산에 가득한 것을 보게 된다.

누가에는 아직까지 부활하신 예수를 본 사람이 없다. 무덤에 간 여자들이나 베드로 또는 두어 사람은 빈 무덤만 보았다. 그러나 엠마오로 가던 두 사람은 예수와 함께 길을 걸었고 꾸중도 듣고 가르침을 받았고 함께 식사하였다. 이들은 다른 누구도 겪어보지 못한 부활하신 예수를 체험한 것이다.

그들은 예수가 보이지 않게 되자 서로 말한다. '길에서 그가 우리에게 말씀하시고 성경을 설명해 주실 때 우리가 얼마나 뜨거운 감동을 느꼈던가'. 여기서 '뜨겁다'는 말은 '불탄다, 불사르다'라는 동사의 현재 수동태 분사로서 불붙은 심정을 표현한다. 시편(39:3)과 예레미야에 이런 표현이 나온다. 그런데 두 사람의 심정은 예레미야의 표현에서 '여호와' 대신 '부활하신 예수를 선포하지 아니하면'를 넣으면 금상첨화가 될 것 같다.

'내가 다시는 여호와를 선포하지 아니하며 그의 이름으로 말하지 아니하리라 하면 나의 마음이 불붙는 것 같아서 골수에 사무치니 답답하여 견딜 수 없나이다'(렘 20:9).

46-8 두 사람은 그때 일어나 예루살렘으로 간다. 밤길이라 시간이 꽤 걸렸을 것이다. 그런데 열한 제자와 그들과 함께 있던 자들이 모여서 '예수께서 살아나고 시몬에게 보이셨다'(24:33)고 한다. 여기서 문제는

무덤에 갔다 온 여자들이 열한 제자와 그 밖의 모든 사람들에게 이 모든 일을 알렸으나 이 말이 '어처구니없는 말'(새번역)로 들려서 여자들의 말을 믿지 않았다(24:9-11)고 했는데 어떻게 두 제자가 말을 하기도 전에 예수가 살아났다고 할 수 있는가.

여기서 핵심은 예수가 살아났다고 하는 천사의 말을 들은 자들만이, 예수의 빈 무덤을 본 자만이, 그리고 길에서 예수와 함께했던 이들만이 예수의 부활을 말할 수 있느냐는 것이다. 무덤에 가보지도 않고 천사의 말을 듣지도 못했으나 무덤에 다녀온 여자들의 증언으로 예수의 부활을 믿을 수 있다는 것이다. 무덤에서 천사들은 여자들에게 '어찌하여 살아 있는 자를 죽은 자 가운데서 찾느냐'고 하며 '여기 계시지 않고 살아나셨느니라'(24:5-6)고 부활을 선포했던 것이다. 다시 말해 예수가 부재한 시대에 사는 사람들은 어떻게 예수의 부활을 믿을 수 있느냐는 것이다.

누가 24:9에서 '열한 제자와 그 밖의 모든 사람'과 24:33의 '열한 제자와 함께 있던 자들'은 같은 무리가 아니다. 엠마오에서 돌아온 두 제자가 만난 무리에는 24:33의 무리다. 무덤에 다녀온 여자들의 말을 들은 24:9의 무리는 '부질없는 헛소리'(공동번역)로 들었다. 그러나 24:33의 무리 중에는 당연히 무덤에 다녀온 여자들이 있었을 것이다. 여자들은 늘 열한 제자와 함께 했었기 때문이다. 여자들은 예수가 갈릴리에서 한 말씀 즉 '인자가 십자가에 못 박히고 제삼 일에 다시 살아난다'고 한 말씀(눅 24:7)을 그들도 기억나게 했을 것이다. 그래서 '24:33의 그들은 예수가 살아났다'는 것을 믿게 된 것이라 하겠다.

살아났다는 헬라어 에게르테egerthe는 단순과거 수동태의 형태로 예수는 '죽임을 당했지만 일으킴을 받았고 죽인 자와 그를 일으킨 자는 다르다는 것'이다. 예수는 하나님의 변호를 받았다. 부활은 예수에게 새로운 정체성을 부여하는 것이 아니라 지금까지 예수가 주장해 온 것이 옳다

네 개의 시선으로 본 예수의 생애

는 것을 인정한 하나님의 행위다(김호경). 그 두 사람은 비로소 길에서 겪은 일과 떡을 떼실 때 알게 된 일을 이야기한다.

46-9 두 사람은 어떤 사람일까.

첫째, 두 사람은 예수가 죽은 지 사흘째(24:21) 되는 날 예루살렘을 떠난다. 예수는 '죽임을 당하고 제삼 일에 살아나리라'(눅 9:22, 18:33)고 했다. 예수를 믿었다면 시골에 있다가도 올라왔어야 했었다. 그런데 그들은 반대로 행동했다. 아마도 유대인들이 두려워 예루살렘을 떠났을 수 있다. 요한복음에서 제자들은 유대인들을 두려워하여 모인 곳에 문들을 닫았다(20:19)고 한다. 아마도 예수의 제자들이 시체를 훔쳐 갔다고 생각한 유대인들은 예수의 제자들을 잡으려 했을 수도 있다. 시골로 가는 것이 안전하다고 생각하고 떠났을 것이다.

둘째, 두 사람은 듣고도 믿지 않은 자들 중 둘이다. 무덤에 있던 두 천사가 무덤에 온 여자들에게 예수가 갈릴리에서 한 말을 기억하라고 했고 여자들은 제자들에게 가서 전했으나 그들은 허탄하게 들었는데 두 사람 역시 허탄하게 들었을 것이고 예수의 말을 기억하지 못했을 것이다. 그러나 그동안에 일어난 일에 대해서는 소상히 알고 있는 사람들이다. 예수는 이들을 질책하며 말씀하기를 '미련하고 더디 믿는 자들'이라고 했다.

셋째, 두 사람은 제삼자적 입장을 취하고 있다. 예수와 자기들은 관계가 없는 듯이 '그는', '이 사람이'라고 한다. 그리고 예루살렘에서 일어난 일이 '나사렛 예수'의 일이라고 한다. 랍비라던가 주라는 표현이 없다. 그 두 사람은 예수가 이스라엘을 속량할 수 있었을 것으로 보았는데 죽었다고 한다. 그들은 슬픈 빛을 띠었다고 한다. 현대인들은 삼자적 입장에서, 객관적 입장에서, 중도적 입장에서 지성적으로, 냉정하게 예수를 믿으려 하지만 그들의 얼굴은 슬픈 빛을 띨 수밖에 없다. 예수의 말씀을 들을 때 우리의 마음이 뜨거워지지 않으면 예수를 볼 수 없고 예수의 임재를 경험할 수 없는 것이다.

46-10 엠마오 도상의 두 사람과 같은 우리들

• 동행하시는 예수를 알지 못하는 우리: 우리 역시 우리의 삶에 동행하고 계신 예수를 보지 못한다.

• 그날에 엠마오로 가는 우리: 우리는 꼭 하필 그날에 엠마오로 간다. 그날은 시골에 내려가 있었더라도 올라와야 하는 날이다. 그날은 죽음에서 승리하는 날이고 새로운 희망으로 출발하는 날이다. 그런데 그날에 패배의 길, 실망의 길, 좌절의 길로 나선다.

• 예수의 일을 남 얘기하듯 하는 우리: 믿음에 관한 일이라도 객관적, 사실적으로 보려 하다가 하나님의 섭리를 깨닫지 못하고 하나님의 계시를 받지 못한다.

• 예수가 누구인지 모르는 우리: 두 제자는 예수를 몰랐다. 성경 속에 좋은 구절만 뽑아 읽는 사람들이 있다. 예수를 위대한 도덕 교사나 거룩한 성자, 현인, 군자, 위인으로 알고 있다.

• 예수에 대한 고백이 없는 우리: 예수와 나의 관계가 무엇인지 모른다. 성경은 예수를 구세주, 주, 그리스도, 말씀, 선지자, 선생, 하나님의 아들, 죄인의 친구, 길, 진리 등으로 부르지만 내가 부르는 예수의 호칭은 없다.

• 미련하고 더디 믿는 우리: 엠마오로 가는 제자들만 이런 꾸중을 듣는 것이 아니다. 현대를 살아가는 우리는 우리의 경험과 지식을 내 세운다. 더 잘 믿겠다고 하다가 미련하게 믿게 되고 더디 믿게 된다.

• 우리를 축복하는 예수를 통해 예수를 알게 되는 우리: 우리와 동행

네 개의 시선으로 본 예수의 생애

하는 예수를 알지 못하다가 우리를 축복하는 예수를 보고 예수를 알게 된다. 우리 삶에 깊이 개입하시는 예수를 깨닫는 순간 우리는 예수를 볼 수 있다.

- 예수가 부재해도 예수를 믿게 된 우리: 마음이 뜨거워지고 눈이 열리면 우리는 예수의 부재에도 예수를 믿을 수 있다. 예수가 보이지 않아도 무관하다. 우리 일에 개입하고 있고 함께 하고 있다는 믿음만으로 충분하다.

- 부활의 증인인 우리: 엠마오 도상의 두 제자는 특별한 사람들이 아니다. 무덤에 다녀온 여자들의 말을 믿지 않고 성경에 대한 지식도 없고 예수의 말씀도 기억하지 못하고 시골로 도피하려던 사람들이다. 그런 사람을 들어 써서 부활의 증인으로 삼으셨다. 우리는 최소한 그들보다 믿음이 있는 사람들이다. 예수는 우리에게 부활의 증인이 되라고 한다.

47. 제자들에게 나타나다

☙❧

47-1 부활한 예수가 제자들을 만났다고 사복음서는 말한다. 마태는 열한 제자가 갈릴리에 가서 예수께서 지시한 산에 이르러 예수를 뵙고 경배를 한다. 그러나 그 전에 무덤가에서 예수를 만나 예수의 발을 붙잡고 절했던 여자들이 있다. 마태에서의 예수는 두 번 나타난 셈이다. 마가에서의 예수는 추가 기사에서 막달라 마리아에게 보이시고, 시골로 가던 두 사람에게 다른 모양으로 나타나셨고, 세 번째로 식사하는 제자들에게 나타나서 꾸지람도 하시지만 대위 명령을 한다.

누가 역시 부활한 예수가 세 번 나타났다고 하는데 엠마오 도상에 이어 두 번째로 제자들이 모여 있는 자리에 나타났고 세 번째는 승천할 때다. 엠마오로 갔다가 온 두 제자가 모두 모인 자리에서 보고 하고 있을 때 예수는 나타나서 자신의 부활을 스스로 증명하였는데 이때 엠마오 도상의 제자들에게 했던 가르침을 다시 한번 반복한다.

요한복음은 예수가 제자들에게 네 번 나타났다고 한다. 처음에는 막달라 마리아에게, 두 번째는 도마가 없을 때이고 세 번째는 도마가 있을 때다. 요한복음은 도마가 예수의 '상흔'Scar을 확인하는 과정에서 '성흔'Stigmata을 보게 되었다고 말한다. 요한복음에서 예수는 네 번째로 디베랴 호숫가에서 나타난다. 소위 '후기'라고 하는 21장에서 고기잡이하는 제자들에게 예수는 그물을 배 오른쪽에 던지라(21:5)고 한다. 예수는 베드로에게 '네가 나를 사랑하느냐'고 세 번 묻고 '내 양을 먹이라'고 세

네 개의 시선으로 본 예수의 생애

번 말씀한다.

누가에서 예수는 제자들에게 '손과 발'을 보이고 요한복음에서 예수는 '손과 옆구리'를 보이는데 두 공동체의 전승에 차이라 하겠다.

47-2 부활한 예수와 제자들의 모습을 살펴보자.

(1) 예수를 만나고도 의심했다.

마태는 열한 제자가 갈릴리에 가서 예수께서 일러준 산으로 갔다고 한다. 그들은 예수를 뵙고 엎드려 경배한다. 그러나 '의심하는 사람들도 있었다'(마 28:17)고 한다. 마태는 부활한 예수를 만나고도 그 존재를 의심하고 믿지 못하는 제자들이 있었다는 것을 왜 기록하였을까. 누가에서도 예수를 만난 제자들은 선뜻 믿지 못한다.

(2) 세마포만 보고 돌아온다.

누가에서 제자들은 처음 무덤에 다녀온 여자들이 전하는 말을 허탄하게 듣고 믿지 않았다. 그러나 베드로는 일어나 무덤에 달려가서 구부려 들여다보지만 세마포만 보고 '놀랍게 여기고' 집으로 돌아갔다. 요한복음 역시 막달라 마리아의 말을 듣고 베드로와 사랑하는 제자가 무덤에 들어가 보지만 '아직 말씀을 알지 못하고' 집으로 돌아갔다. 백문이 불여일견이라고 하지만 보고도 믿지 못하고 보았다고 해서 깨닫는 것도 아니다.

(3) 부활한 예수는 여자들과 제자들에게 인사까지 한다.

마태에서 무덤에서 천사를 만나 부탁을 받은 여자들은 무서움과 큰 기쁨으로 제자들에게 달려가다가 예수와 조우한다. 예수는 그들에게 '평안하냐'고 했고 여자들은 '예수의 발을 붙들고 경배했다'고 한다. 누가는 제자들을 만난 예수가 '너희에게 평강이 있을지어다'라고 인사하지만 제자들은 영으로 생각한다. 요한복음은 예수가 마리아에게 '마리아야'라고 직접 이름을 부른다. 그리고 제자들을 만났을 때는 누가에서처럼 두 번 다 '너희에게 평강이 있을지어다'라고 인사하고 디베랴 호수에서는 '너희에게 물고기가 있느냐'고 말을 건넨다.

(4) 부활한 예수와 식사 이야기가 있다.

마태에는 없다. 마가의 추가 기사에서 예수는 열한 제자가 식사하는 데에 나타난다. 누가에서 엠마오 도상의 두 제자는 식탁에서 예수께서 축사하시고 떡을 떼어 그들에게 주는데 그들의 눈이 밝아져 예수를 알아보게 된다. 누가에는 제자들을 찾아온 예수가 여기 먹을 것이 있느냐고 물으니 제자들이 생선 한 토막을 드렸는데 그들 앞에서 잡수셨다고 한다. 요한복음은 부활한 예수가 디베랴 호수에서 제자들에게 '지금 잡은 생선을 가져오라'고 한다. 그리고 숯불 위에 생선과 떡을 준비해 놓고는 '와서 조반을 먹으라'고 하니 그제야 제자들은 주님이신 줄 알았다고 한다.

47-3 무덤에 간 여자들과 천사들을 살펴보자.

마태는 무덤에 간 여자들에게 천사는 무서워하지 말라고 하고 천사의 부탁을 받은 여자들은 무서워하고 크게 기뻐하며 제자들에게 달려간다. 그런데 가는 길에 예수를 만나게 되고 예수도 무서워하지 말라고 한다.

마가는 무덤에 간 여자들도 천사를 보고 놀라고 천사의 전언을 들은 후 몹시 놀라 떨며 나와 도망하고 무서워서 '아무에게 아무 말도 못 했다'고 한다. 즉 흰옷 입은 청년의 메시지를 전하지 못했다는 것이다. 청년에게서 예수가 다시 살아났다는 선언을 듣고 예수를 두었던 자리를 보았으나 무덤에 간 여자들은 맡겨진 임무를 다하지 못했다.

그런데 그 이유가 너무 무섭고 두려워서였다고 한다. 여자들이 무서워서 아무 말도 하지 못한 것은 누미노제numinose 즉 '거룩한 것과의 만

네 개의 시선으로 본 예수의 생애

남'(루돌프 오토의 용어, 서중석)의 순간에 그랬다는 것이다. 마가는 '보고 놀라'(16:5), '놀라 떨며'(16:8), '무서워했다'(16:8)고 한다. 예수를 만난 여자들은 인간이 초월적인 존재를 만났을 때 피조물로서 느끼는 감정적 신비 체험을 겪었다는 것이다. 마가는 왜 인간의 실패를 기록하고 복음서를 끝내려 했을까. 혹시 공포의 단계를 지나 새로운 힘을 얻고 성스러운 의무를 감당하지는 않았을까.

마가에서 천사의 부탁을 받은 여자들은 아무에게 아무 말도 하지 못했다고 하는데 그러면 여자들에게서 전달받지 못한 제자들은 갈릴리로 가지 못했을까. 예수는 마지막 만찬에서 '내가 너희보다 먼저 갈릴리로 가리라'고 했기 때문에 제자들은 부활 후 예수의 갈릴리 출현을 당연히 알고 있었을 것이다. 마가는 부활한 예수와 함께 마가 공동체가 갈릴리에서 새로운 사역을 하려 한다는 것을 말하려고 한 것은 아닐까.

누가에서 천사들을 만난 여자들은 두려워 땅에 얼굴을 대고 있었다고 했는데 그들은 천사들이 한 말을 전한다.

47-4 누가는 예수를 만나고도 선뜻 믿지 못하는 제자들의 이야기를 자세히 하고 있다. 부활한 예수가 제자들에게 나타난 때는 엠마오로 가던 제자들이 묵어가려다가 예루살렘으로 올라와서 제자들과 이야기하던 때이므로 밤으로 보인다. 안식일 후 첫날, 일요일의 밤이므로 유대인의 시간으로는 이미 다음날이 되었고 장소는 예루살렘이다.

누가만이 마태, 마가 그리고 요한복음과 달리 부활한 예수를 보고 제자들이 '놀라고 무서워했다'고 한다. 그들이 모여 엠마오 도상에서 두 제자들이 겪은 이야기를 듣고 있을 때 예수가 친히 그들 가운데 나타나서 '평강이 있으라'고 인사한다. 부활한 예수를 보고 무서워하고 놀라는 제자들에게 예수는 '어찌하여 두려워하느냐, 마음에 의심을 품느냐'고 한다. 새번역은 '어찌하여 당황하느냐. 어찌하여 마음에 의심을 품느냐'고 하고 공동번역은 '왜 안절부절못하고 의심을 품느냐'고 한다.

제자들은 놀라고 무서워서 자기들이 본 것을 영으로 생각한다. 영을 귀신이라고도 하는데 새번역과 공동번역도 유령이라고 한다. 귀신 또는 유령이란 보이기도 하고 체감으로 알 수도 있으나 실체는 없는 존재라 하겠다.

예수는 '내 손과 발을 보라. 바로 나다. 자, 만져 보아라. 유령은 살과 뼈가 없지만 너희가 보다시피 나에게는 있다'고 하며 자신의 손과 발을 보여준다. 본문은 제자들이 너무 기쁘고 놀라서 믿지 못했다(눅 24:39-40) 한다.

예수의 적극적인 자기 증명이 오히려 의심을 품게 되고, 믿지 못하고 주저하는 상태를 만든 것은 아닐까? 믿지 못한다는 헬라어 apisteo는 믿을 수 없는, 신뢰할 수 없는, 증명에 실패한 등의 의미다. 헬라어 본문은 믿지 못하는 이유가 '기쁘고'chara '경이로워서'thaumazo인데 경이롭다에는 불가사의하다는 뜻도 있다.

부활한 예수의 출현에 제자들은 당황하여 예수의 존재에 대해 긴가민가했다. 예수는 '성흔'이 있는 손과 발을 내밀며 유령이 아니라고 한다. 제자들은 더 기쁘고 놀라워하지만, 아직도 믿지 못하고 있다. '상흔'scar, 상처의 자리가 '성흔'stigmata, 즉 거룩한 상처가 되지 못한 것이다.

그런데 바울은 자신의 몸에 이런 예수의 낙인이 찍혀 있다고 한다. '내 몸에 예수의 흔적stigmata을 지니고 있다'(갈 6:17). 아시시의 성자 프란체스코의 초상을 보면 가지런히 모은 손의 등에 못 박힌 자국이 있는 것을 볼 수 있다.

예수는 상황을 파악하였는지 곧바로 '여기 먹을 것이 있느냐'고 하고 제자들은 구운 물고기 한 토막을 드린다. 예수는 받아서 그들 앞에서 잡수셨다. 그 후 제자들에 대한 반응은 없다. 예수께서 살린 야이로의 딸의 경우 예수는 소녀에게 먹을 것을 주라고 했다. 죽었다가 살아난 사람이 음식을 들었다는 것은 그 사람이 다른 형체 즉 귀신이나 유령이 아니라는 것을 말하는 것이리라. 이제는 제자들도 믿었을 것이다.

47-5 부활하신 예수가 친히 그들 가운데 나타났다. 그런데 자신들에게 나타난 그 예수를 보고 유령인가 생각하고 의심하고 예수가 내미는 성혼이 있는 손과 발을 보고는 더 기쁘고 놀랐으나 믿지 못하다가 예수가 음식을 먹는 것까지 보게 된다. 마태는 갈릴리에서 부활한 예수가 직접 제자들에게 나타났어도 아직도 의심하는 사람들이 있다고 했다.

부활한 예수가 현대인들에게 나타난다고 상상해 보자. 먼저 천사들을 통해 말씀대로 부활한다고 전하고 믿음이 좋은 종교 지도자들과 신자들에게 평안하냐고 인사하며 나타난다. 그러면 마태에서 무덤에 갔던 여자들처럼 '무섭기는 하지만 예수의 발을 붙잡고 경배를 드릴까.' 아니면, 누가에서의 제자들처럼 '의심하고 믿지 못하다가' 우여곡절 끝에 믿게 될 것인지 아니면, 끝까지 반신반의하다가 말 것인지 궁금하다.

누가에서 제자들에게 나타난 부활하신 예수는 말씀한다. '내가 전에 너희와 함께 있을 때 모세의 율법과 선지자의 글과 시편에 나를 두고 기록한 일이 반드시 이루어져야 한다고 하였다'고 하며 '그들의 마음을 열어 성경을 깨닫게 하였다'고 한다. 이 말씀은 이미 엠마오 도상에서 두 제자에게 한 말씀과 같은 것으로 그때는 '모세와 선지자들의 글로 시작해서 모든 성경에 쓴바 자기에 관한 것을 자세히 설명하였다.' 그런데 이렇게 말씀한 이유에 대해 예수는 여기서도 마찬가지지만, '그리스도가 이런 고난을 받고 자기의 영광에 들어가야 한다'는 것이었다. 즉 그리스도 수난의 당위성에 대해 성서적 근거를 설명하고 깨닫게 했다는 것이다.

47-6 요한복음은 안식 후 첫날 저녁때(요 20:19) 라고 하는데 예루살렘으로 짐작된다. 예수의 제자들은 유대인들이 두려워 모인 곳의 문을 모두 닫았다고 한다. 그때 예수가 오시어 '평강이 있으라'고 인사한다. 예수는 인사를 한 후 곧바로 손과 옆구리를 보이니 제자들이 기뻐하였다(:20)고 한다. 안식 후 첫날 아침 일찍이 무덤에서 막달라 마리아를 만난 예수는 그날 저녁 제자들이 문 닫고 있는 데에 온 것이다. 문 닫은 방에 들어온 방법에 대한 설명은 없다.

부활하신 예수는 스스로 자신의 부활을 증거한다. 마태에서는 갈릴리 산에서 직접 제자들과 만나 대위 명령을 한다. 마가는 추가 기사에서 식사하는 제자들에게 나타나서 그들을 꾸짖을 뿐 아니라 자신의 부활한 모습을 직접 보인다. 누가에서는 손과 발을 보이고 구운 생선 한 토막을 드신다. 요한복음에서는 손과 옆구리를 보인다.

네 개의 시선으로 본 예수의 생애

48. 도마의 믿음

✂︎

48-1 요한복음에만 예수의 제자 중 디두모 도마Didymus Tomas가 부활하신 예수를 만나는 이야기가 있다. 디두모는 쌍둥이란 말로 아람어 혹은 고대 시리아어에서 유래한 말로 보인다. 영어 관용어로 '의심 많은 도마'라는 말이 있다. 예수 제자의 명단에는 빌립이 통솔하고 있는 두 번째 그룹에 바들로메, 세리 마태와 함께 도마가 있다. 디베랴 호수 가에서 부활한 예수가 만난 제자 중에는 베드로, 도마, 바들로메와 동일인이라고 하는 나다나엘이 나온다. 사도행전에는 다락방에 있던 제자들의 이름(1:13)이 나오는데 빌립, 도마, 바돌로매, 마태가 있다.

요한복음은 부활하신 예수가 제자들을 만났다고 간략하게 말하면서도 도마를 만난 이야기는 길게 소개하고 있다. 예수는 도마가 없을 때 제자들을 만났었다. 그래서 도마는 예수를 보았다는 다른 제자들의 말을 믿지 않고 자기가 직접 예수의 상흔을 확인해야만 믿을 수 있다고 한다. 여드레 후 예수가 다시 제자들을 찾아와서 도마에게 상흔을 직접 확인하라고 하며 믿는 자가 되라고 한다. 예수는 앞으로 나를 보지 못하고 믿는 자들은 복되다고 한다.

요한복음의 주제 중의 하나가 믿음이다. 그런데 도마는 예수에 대한 믿음을 강화하는 역할을 하는 제자다. 나사로가 병들었다는 소식을 듣고 예수는 '나사로는 죽었다. 내가 거기에 있지 않은 것은 너희에게 도리어 잘된 일이므로 기쁘게 생각한다. 이 일로 말미암아 너희가 믿게 될 것이다'(11:14-15)라고 한다. 그때 쌍둥이라고 불리던 도마가 다른 제자들에게 '우리도 함께 죽으러 가자'(11:16)고 말한다. 예수와 함께 운명을 같이 하자고 한 것뿐 아니라 '예수를 믿게 하는 일'에 적극 나서서 제자들을 독려한 것이다.

고별 강화에서 예수는 '너희는 마음에 근심하지 말라. 하나님을 믿고 또 나를 믿어라'(14:1)고 말씀한다. 이어서 '내가 가서 너희가 있을 곳을 마련하면 다시 와서 너희를 나에게로 데려다가 내가 있는 곳에 같이 있게 하겠다. 내가 가는 길을 너희가 알고 있다'(14:2-4)고 한다. 그러자 도마는 '어디로 가시는지 알지 못하는데 어떻게 그 길을 알겠느냐'(14:5)고 한다. 도마는 믿음의 길에 대해 질문한 것이다. 이때 예수는 그 유명한 말씀 '내가 길이요 진리요 생명이라'(14:6)고 한다.

예수의 제자 중에 도마만큼 그의 이름이 붙은 문서가 많은 이도 없다. 도마복음서, 도마의 유년기 복음서, 도마 행전, 도마 묵시록 등이 있다. 그리고 도마만큼 전도에 관한 전승이 많은 제자도 없다고 하겠다.

48-2 요한복음에서 부활하신 예수가 마리아를 만났을 때 예수가 먼저 마리아야라고 부르시고 마리아는 랍오니, 선생님이라고 대답한다. 목자가 양의 이름을 알고 부르고 양은 목자의 음성을 듣고 그를 아는 장면이다. 요한복음 10장을 연상하게 하는 기사다. 마리아를 만난 예수의 첫 마디는 '나를 붙들지 말라 내가 아직 아버지께로 올라가지 아니하였노라'고 한다. 마태에는 무덤에서 돌아오던 여자들을 예수가 만나 평안하냐고 인사를 하니 여자들은 예수의 발을 잡고 경배하였었다. 이것은 마태에서 무덤에 간 여자들이 예수의 발을 붙잡는다(28:9)든지 누가에서 예수가 제자들에게 나를 만져 보라(24:39)고 한 것과는 반대되는 말씀을 한다. 어떤 이는 나를 만지지 말라는 것은 '두려워 말라'는 의미라고 하

고 해석한다. 그런데 요한복음은 부활과 승천을 하나로 보는 경향이 있어서 이 말씀은 아버지께로 가는 도중에 있는 '나를 막지 말라'는 뜻으로 보아야 한다는 것이다.

마리아는 부활한 예수를 잘못 이해하고 있다. 부활한 예수는 단순히 '죽음'에서 돌아온 지난날의 랍비는 아니었다. 예수는 지난날의 관계로 회복하는 것에 대해 응하지 않고 있는 것이라고도 볼 수 있겠다.

요한복음에서 부활한 예수는 마리아에게 '너는 내 형제들에게 가라 내가 곧 하나님께로 올라간다'(요 20:17)고 한다. 마태에서 천사는 여자들에게 '너희보다 먼저 갈릴리로 가시니 거기서 만날 것이라'(마 28:7)하고 무덤에서 돌아오는 여자들과 마주친 부활하신 예수도 '내 형제들에게 갈릴리로 가라 하라'(28:10)고 하지만 요한복음에서는 갈릴리라는 말은 없다. 그러나 마태에서 처럼 제자를 형제라고 부른다. 형제는 초기 교회의 용어이다.

요한복음에서 마리아에게 한 예수의 부탁은 '내 아버지 곧 너희 아버지, 내 하나님 곧 너희 하나님에게로 내가 올라간다고 하라'는 것이었다. 여기서 예수는 '우리의 아버지' 또는 '우리 하나님'이라고 하지 않고 '나의 아버지', '나의 하나님'이라고 한다. 부활한 예수는 내 아버지, 내 하나님이라고 한다. 예수가 아버지께 감으로 말미암아 그를 믿는 사람들은 예수의 아버지가 '나의 아버지'가 되고 예수의 하나님이 '나의 하나님'이 되는 것이다. 요한복음에서 막달라 마리아의 임무는 이런 사실을 제자들에게 전하는 것이다.

48-3 요한복음은 누가에서처럼 제자들이 무서워했다거나 예수를 유령으로 생각했다는 말이 없다. 예수가 손과 발을 보이며 유령은 살과 뼈가 없지만 나는 살과 뼈가 있다고 말하지 않는다. 그리고 구운 생선을

잡수시지도 않는다.

도마가 없을 때 왔던 예수는 여드레를 지나서 도마가 있을 때 다시 온다. 처음 왔을 때 말한 그대로 제자들에게 평강이 있으라고 인사하는데 제자들도 처음과 같이 집 안에 있었다. 그때 같이 유대인들이 무서워 문을 닫고 있었을 것이다. 예수가 제자들에게 처음 왔을 때 손과 옆구리를 보였고 제자들은 그런 주를 보고 기뻐하였다고 한다. 그러나 도마는 부활하신 예수를 보았다는 말을 듣고 예수를 직접 만져 보지 않고는 믿지 않겠다고 한다. '내가 그의 손에의 못 자국을 보며 내 손가락을 그 못 자국에 넣으며 내 손을 그 옆구리에 넣어보지 않고는 믿지 아니하겠노라'(요 20:25).

공관복음은 예수가 십자가에 못 박혔다고는 하지만 구체적으로 손과 발이라는 표현은 없다. 그런데 누가에서 부활하신 예수는 제자들에게 나타나서 '내 손과 발을 보고 나인 줄 알라'고 하고 또 '나를 만져 보라'고 한다. 요한복음은 예수의 죽음을 확인하는 과정에서 다리를 꺾지 않고 한 군인이 옆구리를 창으로 찔렀다(19:34)고 한다. 본문은 이를 본 자가 증언하였으니 그 증언이 참이라고 했다. 요한복음에서 처음으로 제자들을 만난 예수는 손과 옆구리를 보인다. 십자가에 달렸다가 부활한 예수라는 것이다.

누가에서 예수는 '만져 보라'고 하지만 요한복음에서 예수는 '네 손가락을 이리 내밀어 내 손을 보고 네 손을 내밀어 내 옆구리에 넣어보라'고 구체적으로 말씀한다. 예수는 도마에게 네가 말했던 방법으로 부활한 내 육체를 확인하라고 한 것이다. '네 손가락으로 내 손을 만져 보고 또 네 손을 내 옆구리에 넣어보아라. 그리고 의심을 버리고 믿어라'(요 20:27)고 한다.

48-4 요한복음에는 솔직하게 예수에 대해 말함으로 예수에게 인정받는 사람이 있다. 예수는 빌립을 만나서 '나를 따르라'고 한다. 빌립은 나다나엘을 만나서 예수를 만난 이야기를 하지만 나다나엘은 '나사렛에서 무슨 선한 것이 나올 수 있느냐'고 한다. 예수는 나다나엘이 오는 것을 보고 '이 사람이야말로 참 이스라엘 사람이다. 그에게는 거짓이 없다'고 한다.

믿어지지 않는 것을 믿지 못하는 것은 당연하다. 부활을 이성적으로 받아들이기는 힘들다. 도마는 무조건 믿지 않겠다는 것이 아니라 믿으려 하는 조건을 제시한 것이다. 도마는 믿음에 대한 의문을 가장 육체적인 방법으로 육감적인 수단으로 풀겠다고 한다. 보고 듣고 만져 보아야 하겠다는 것이다. 믿음을 가장할 필요는 없다. 믿지 못하는 것을 믿지 못하겠다고 고백할 때 예수께서 응답할 것이다. 한경직 목사는 '정직한 의심은 언제나 주님께서 해결해 주시고 더 큰 믿음으로 바꾸어 주신다'(1988.4.10.)고 설교했다.

다시 제자들에게 나타난 예수는 정직한 의심을 갖고 있는 도마를 포기하지 않았다는 것을 의미한다. 나다나엘을 칭찬했던 예수는 도마에게 '믿음 없는 자가 되지 말고 믿는 자가 되라'고 한다. 여기서 믿음 없는 자라는 헬라어 아피스토스$_{apistos}$는 기독교인이 아닌 사람을 가리킨다(고전 6:6 등). 예수를 믿는다고 하면서 부활을 믿지 못하겠다고 한다면 그것은 기독교인이 아니라는 것이다. '믿는 자가 되라'는 것은 '믿음으로 세상을 이기는 자, 승리하는 자'(요일 5:4-5)가 되라는 것이다.

도마는 예수를 직접 뵌 것만으로도 충분했다. 그는 반신반의하지 않았다. 그의 의심은 확신을 얻기 위한 의심이었던 것이다. 도마가 예수를 만졌다는 이야기는 없다. 도마가 진심으로 신체적 증거를 원했다면 예수를 만졌을 것이고 예수의 손과 옆구리뿐 아니라 발의 못자국이라든지 등에 있을 채찍 자국 같은 또 다른 부활의 육체적 증거도 보고 싶어 했을 것이다. 불신에서 시작된 육감으로 부활의 증거를 찾으려고 한다면 종래에는 의심의 늪에 빠지고 말 것이다.

확신을 갖게 된 도마는 예수에게 '나의 주요, 나의 하나님'이라고 고백한다. 요한복음에는 예수에 대한 다양한 신앙고백이 나온다. 요한은 예수를 '하나님의 아들'(1:34), '세상 죄를 지고 가는 하나님의 어린 양'(1:29), 또는 '하나님의 어린 양(1:36)'이라고 한다. 처음에는 예수를 메시아로 인정하지 않았던 나다나엘은 '랍비여 당신은 하나님의 아들이요 이스라엘의 왕'(1:49)이라고 고백한다. 나사로의 누이 마르다는 '주는 그리스도시요 세상에 오시는 하나님의 아들이신 줄 내가 믿나이다'(11:17)라고 한다.

48-5 도마는 '나의 주님, 나의 하나님'(요 20:28)이라고 고백한다. 예수는 자신을 하나님과 동일시하여 예수 자신이 하나님과 동등하다는 말을 여러 번 하였다. 아버지께서 일하시니 나도 일한다고 하나님을 자기의 친아버지(요 5:18)라고 했고 수전절에는 아버지와 나는 하나다(10:30)라고 했으며 자신을 본 것이 하나님을 본 것(12:44, 14:9)이라고 거듭 말했다.

그런데 예수를 자신의 하나님으로 고백한 것은 도마가 처음이다. 도마는 예수를 '주'라고 불렀다. '주'와 함께 죽으러 가자거나 '주'께서 어디로 가시는지 모른다고 했다. 도마의 고백은 무덤가에서 예수께서 막달라 마리아에게 한 말씀 즉 '나의 하나님 즉 너의 하나님에게로 간다(요 20:17)고 했는데 도마는 그 말씀대로 고백을 한 것이다. '예수의 하나님'이 '도마의 하나님'이 된 것이다.

요한복음은 하나님과 예수의 관계에 대한 말씀 즉 '예수를 독생하신

네 개의 시선으로 본 예수의 생애

하나님'으로 시작하여 도마가 예수와 자신과의 관계를 나의 주요 나의 하나님이라고 고백함으로 끝이 난다. 도마의 고백은 요한복음의 결론이고 요한복음의 완성이며 요한복음의 목적이라 하겠다.

예수께서 제자들의 발을 씻기시는데 베드로는 내 발은 절대 안 된다고 하자 예수는 '내가 너를 씻어주지 아니하면 네가 나와 상관이 없다'(1:8)고 한다. 마틴 부버Martin Buber는 저서인 '나와 너'에서 세상에는 '나와 너의 관계'와 '나와 그것과의 관계'가 있다고 하면서 '나와 너의 관계'는 순수하고 진실하게 만나는 상호적인 관계로서 관념에 의해 조작되지 않으며 상대방이 객체화되지 않고 너와의 대면으로 참된 '나'가 될 수 있다고 한다. 또한, 관계란 택함을 받는 것인 동시에 택하는 것이며 피동인 동시에 능동이라고 한다. 도마는 예수와 자신과의 관계를 '나와 너의 관계'라고 본 것이라 하겠다.

48-6 예수는 '나를 본 고로 믿느냐 보지 못하고 믿는 자들은 복되도다'(요 20:29)라고 한다. 예수는 신앙고백을 한 도마에게 먼저 '너는 나를 본 고로 믿느냐'고 묻는다. 믿음에 대한 근본적인 질문이라 하겠다. 도마는 예수와 만남으로 믿었다. 그러나 마태에서 예수는 갈릴리산 위에서 직접 제자들을 만나지만 그래도 의심하는 자들도 있었다고 했다. 누가에서 제자들은 예수를 영으로 생각하여 의심하기도 했다고 한다. 예수는 보지 못하고 믿는 것이 복이 있다고 한다. 예수는 다음 세대에게 믿음의 본질에 대해 말하고 있는 것이다. 누가에서 예수는 '나로 말미암아 실족하지 아니하는 자는 복이 있다'(7:23)고 했는데 예수에게 '의심을 품지 않는 사람은 복이 있다'(새번역, 공동번역)는 말이다. 여기서 '복되도다'의 헬라어 마카리오이makarioi는 단순히 행복한 상태가 아니라 하나님께 받아들여진 상태를 말한다.

예수는 가나에서 왕의 신하의 아들을 고쳐주기 전에 '너희는 표적과 기사를 보지 않고는 도무지 믿으려고 하지 않는다'(요 4:48)고 책망한다. 부활 신앙을 기적이나 신기한 일의 현상으로 보고 믿으려 한다면 그것은 잘못된 것이라는 말씀이 된다. 예수의 말씀처럼 오늘날 우리는 예수를 직접 보고 믿는 것이 아니다. '믿음은 바라는 것들의 실상이요 보이지 않는 것들의 증거'(히 11:1)라고 하고 또한, '믿음은 들음에서 나며 들음은 그리스도의 말씀에서 비롯된다'(롬 10:17)고 했다.

보지 않고 믿는다는 말씀은 믿음과 경험은 직접적인 관계는 없고 믿음은 경험을 요구하지 않는다는 것이다. 또한 이 말씀은 예수를 직접 보지 못하고 믿는 미래의 신자들을 축복하는 것이라 하겠다. 요한복음에 있는 고별 기도에서 예수는 세상에 남겨지는 제자들뿐 아니라 미래에 믿게 될 신자들을 위해서도 기도하고 있다. 여기서 예수를 보지 못하고 믿는 자들을 축복하는 것은 당연한 것이다.

48-7 도마의 이름이 붙은 문서들을 살펴보자.

• 도마복음: 정경 이외에 가장 관심을 끌고 있는 외경이다. 그 이유는 공관복음과 공통된 내용이 있고 독자적으로 초기 복음 전승들을 보존하고 있다는 주장 때문이다. 도마복음의 콥트어 역본이 1945년에 발견된 나그 함마디Nag Hammadi 사본 중에 있었다. 이 문서는 예수의 말씀 모음집 즉 어록집으로 그 연대는 사용한 용어들로 보아 1세기 말이나 2세기 초반으로 보여지는데 학자들이 114개의 절로 구분해 놓았다. 도마복음은 이야기가 없고 부활 후의 상황이 나오지 않으며 공관복음에 나오는 병행구가 있으나 말씀의 순서는 다르다.

• 도마의 유년기 복음: 어린 예수가 12세까지 행한 기적들을 소개하는 문서다. 예수가 진흙으로 참새를 만들어 날려보냈다는 기적 이야기

는 후에 이슬람 경전 코란에도 들어갔다. 예수는 다친 사람을 고치고 죽은 자를 살리며 자신의 적을 저주하여 죽게 하는데 어린 예수는 만나는 이에게 초인적인 모습을 보인다.

• 도마행전: 3 세기경 에데사에서 시리아어로 작성된 것으로 보인다. 이 문서는 이레니우스와 아타나시우스에 의해 금서로 지정되었다. 도마가 목수로 인도에 팔려 가서 마지막에는 그곳 왕과 왕비를 개종시켰다는 이야기라고 한다. 전승에 의하면 A.D. 52년 도마는 인도로 가던 중 아라비아의 소꼬뜨라 성에서 기독교를 전파하였다고 한다. 일본에 천주교를 전한 예수회의 사비에르 신부는 소꼬뜨라에서 그리고 인도 남부 말라바르 지역에서 도마파 기독교인을 만났다.

• 도마 묵시록: 요한 계시록처럼 세상 종말에 관한 것으로 15개의 징조에 대해 쓰여 있다고 한다. 헬라어 본문은 2-4세기의 것으로 추정된다.

• 우리나라 경북 영주에 '왕유동 도마 바위'라는 것이 있다. 여기에 새겨진 글자를 히브리어라고 보고 도마의 한국 방문설을 펴기도 하는데 부처상이라고 한다.

49. 예수의 마지막 명령

꧁꧂

49-1 예수의 마지막 명령을 대위 명령Commendment, 위대한 위임The Great Commission, 또는 계명이라고 한다. 예수는 공생애 기간 중 수훈이나 제자도, 파송 명령, 권면 등으로 우리에게 말씀했다. 존 파이퍼는 회개하라, 거듭나라 등 마음의 명령 19가지와 의롭다함을 입으라, 내 아버지의 뜻을 행하라 등 행동 명령 31가지 등 모두 50개의 예수의 지상 명령이 있다고 한다. 공관복음에는 한 율법사가 예수에게 와서 율법 중 어느 계명이 크냐고 묻는다. 예수는 '네 마음을 다하고 목숨을 다하고 뜻을 다하여 주 너의 하나님을 사랑하라'고 하고 '네 이웃을 네 몸과 같이 사랑하라'(마 22:34-39, 막 12:28-31, 눅 10:25-27)고 하는데 이것을 대계명이라고 한다.

예수의 마지막 명령은 선교의 명령이다. 마태는 '모든 족속으로 제자를 삼으라'고 하고 마가는 추가 기사에서 '만민에게 복음을 전파하라'고 하며 누가는 '모든 족속에게 회개가 전파되는 일에 증인이라'고 하고 하나님 나라가 가까이 왔다 하라고 한다. 요한복음은 아버지께서 나를 보낸 것같이 '내가 너희를 보낸다'고 한다. 예수는 마지막 명령과 함께 제자들에게 여러 가지 능력을 준다. 마지막 명령은 유언과 같은 것이다. 예수의 명령 중 우선적으로 행해야 하는 것이라고 하겠다.

49-2 마지막 명령을 하는 시기와 장소를 살펴보자.

마태에서 제자들은 지시한 산에 이르러 예수를 뵙고 경배를 하나 아직도 의심하는 사람들이 있었다. 마태에서 산은 계시의 장소다. 이사야는 마지막 때에 모든 민족이 주의 성전이 서 있는 산으로 물밀듯이 모여든다(사 2:2)고 했다. 마태에서 '의심하는 자들'은 마태의 '믿음이 작은 자들'(6:30, 8:26, 14:31 등)이기는 하다. 그러나 예수는 그들에게도 마지막 명령을 한다.

마가, 누가, 요한복음에서 제자들은 아직 예루살렘에 남아 있었고 유대인들을 두려워하며 모여 있었던 것(요 20:19)으로 보인다. 마가의 추가기사에서 예수는 제자들에게 먼저 믿음이 없는 것과 마음이 완악한 것을 꾸짖지만 그래도 그들에게 복음 선포를 위임한다.

누가에서 예수는 먼저 '내가 너희와 함께 있을 때 너희에게 말했다'고 하는데 그 내용은 예수의 죽음과 부활에 대한 말씀이다. 예수는 엠마오 도상에서 한 말씀(눅 24:27)을 제자들에게 나타나서도 똑같이(눅 24:44) 하는데 제자들에게 나타나서는 '율법과 선지자'에 더해 '시편'을 언급한다. 누가는 메시아를 말하는 문서로서 시편이 중요하다는 것을 알고 있었다. 수난 시편은 22편, 69편이고 부활 시편은 2편, 16편, 110편이라 하겠다. 누가는 예수가 구약의 완성자라고 말하고 있는 것이다. 예수는 제자들에게 구약에서의 그리스도에 관한 내용을 거듭 설명함으로 그들의 마음을 열어 깨닫게 한다. 예수가 이렇게 한 이유는 제자들이 그리스도에 대해 제대로 알지 못하고 믿지 못하기 때문이었다. 그럼에도 불구하고 예수는 그들에게 그리스도의 부활과 복음 전파의 증인이 되라고 한다.

요한복음에서 예수는 두 번 마지막 명령을 하는데 도마가 없을 때 처음 제자들에게 나타나서 너희를 보낸다고 하고 두 번째는 디베랴 호숫가에서 베드로에게 내 양을 먹이라고 한다.

49-3 예수는 제자들에게 마지막 명령을 하는 동시에 그들에게 능력을 준다.

마태에서 예수는 마지막 명령을 하기 전 자신이 '하늘과 땅의 모든 권세를 받았다'(마 28:18)고 하는데 이 권세는 신적 수동태로서 하나님께서 부여하였음을 드러낸다. 예수가 받은 권세는 한계와 제한이 없는 우주적 권세이다. 주기도문에서 '하늘에서 이루어진 것 같이 땅에서도'(마 6:10)와 같이 하늘과 땅의 연합에 대한 공동체의 소망을 반영한 것이기도 하다(민경식).

다니엘서도 '그에게 모든 권세와 영광과 나라를 준다'(단 7:14)고 하고 이 권세에 대해 '민족과 언어가 다른 뭇 백성이 그를 섬긴다고 하면서 소멸되지 않는 영원한 권세'라고 한다. 빌립보서는 '하나님이 그를 지극히 높여 하늘에 있는 자들과 땅 아래에 있는 자들로 예수의 이름에 모든 무릎을 꿇게 한다'(빌 2:10)고 했다. 제자들은 예수가 받은 권세로 인해 민족과 언어가 다른 백성들에게 예수를 전파할 수 있는 것이다.

마가의 추가 기사는 제자들에게 큰 사명을 준 다음에 믿는 자에게 따르는 표적에 대해 말한다. "그들은 내 이름으로 귀신을 쫓으며 새 방언으로 말하며 손으로 뱀을 집어 들며 독약을 마실지라도 절대로 해를 입지 않으며 아픈 사람에게 손을 얹으면 나을 것이다"(막 16:17-18)라고 한다. 마가는 하나님께서 너희를 보호해 주시기 때문에 세상에 악한 것과 독한 것이 너희를 해치지 못할 뿐 아니라 그들을 대적할 '방언과 축귀와 치유의 능력을' 주겠다고 한다. 누가에서 예수는 칠십 인의 보고를 받으며 '내가 너희에게 뱀과 전갈을 밟고 원수의 모든 세력을 누를 권세를 주었으니 너희를 해칠 자는 결코 없다'(눅 10:19)고 했고 시편에도 '네가 사자와 독사를 밟으며 발로 누르리라'(시 91:13)고 했다.

마가의 추가 기사 중에 축귀, 치유 이외에 새 방언은 오순절 방언 소동(행 2:1-12)을, 뱀과 독은 바울이 독사에게 손을 물린 일(행 28:1-6)을 연상하게 하는 그런 능력들이다.

누가에서 예수는 '내가 내 아버지께서 약속하신 것을 너희에게 보내겠다'고 하며 '너희는 위로부터 능력으로 입혀질 때까지 이 성에 머물라'고 한다. 사도행전은 제자들이 예수의 말씀에 따라 예루살렘 성에 대기(행 1:4)했다고 한다. 여기서 능력이란 제자들이 사명을 감당하게 할 수 있는 능력으로서 하나님에게서 예수에게로 다시 예수에게서 제자들에게 전해진 능력이다. 이 능력을 통해 하나님, 예수, 제자들이 연결된다. 이 능력에 대해 구체적인 언급은 없으나 사도행전에 나오는 '성령'(행 1:8)으로 볼 수 있고 이 능력이 입혀질 때까지 기다리라고 했는데 오순절 성령강림 때(2:4)라고 할 수 있다.

요한복음은 마지막 명령을 하면서 어떤 능력을 부여한다는 말씀이 따로 없으나 제자들에게 죄 사함의 권세를 준다. '너희가 누구의 죄든지 사하여 주면 사하여질 것이요 누구의 죄든지 그대로 두면 그대로 있으리라'(요 20:23). 공관복음은 중풍 병자를 고치는 이야기에서 예수가 '세상에서 죄를 사하는 권세'(마 9:6, 막 2:10, 눅 5:24)가 내게 있는 줄 너희에게 알게 하겠노라고 했다. 누가는 향유를 부은 죄 많은 여자 이야기에서 예수가 그 여자의 죄를 사하여 주는데 사람들은 '이가 누구이기에 죄도 사하는가'(눅 7:47-49)라고 생각한다. 요한복음에서 예수는 마지막 명령과 함께 제자들에게 '죄 사함의 허락과 유지'의 권한을 준 것이다.

49-4 예수의 마지막 명령은 사복음 모두 제자를 파송하는 말씀이라 하겠다.

마태는 하늘과 땅의 권세를 받은 예수가 '너희는 가서 모든 민족을 제자 삼으라'고 한다. '가라'는 하나님이 아브라함과 관계를 맺으면서 한 명령(창 12:1)이고 모세에게 한 명령이다(출 3:10). 마태에서 '모든 민족'이 란 온 세상의 모든 사람을 가리킨다(마 24:15, 25:32). 민족에 상관없이, 차 별 없이 제자 삼으라는 개방 명령이라 하겠다.

마태에서 마지막 명령과 제자 파송 명령이 다르다. 제자 파송 시는 '이방인의 길로도 가지 말고 사마리아인의 고을에도 들어가지 말고 오 히려 이스라엘의 집에 잃어버린 양에게로 가라'(10:5-6)고 했다. 예수는 가나안 여자(마가의 수로보니게 여자)가 자기 딸이 귀신 들렸다고 하자 한마 디 말씀도 하지 않다가 '나는 이스라엘 집의 잃어버린 양 외에는 다른 데로 보내심을 받지 아니하였다'(마 15:24)고 하고 사마리아 수가성 여자 에게 '구원이 유대인에게서 난다'(요 4:22)고 했다.

그런데 예수는 왜 모든 민족을 제자 삼으라고 했을까. 회개하지 않는 이스라엘에 대한 실망에서일까. 이 말씀은 복음에 대한 새로운 비전 제 시라고 하겠다. 여기서 모든 민족은 복음을 모르는 세상을 말한다. 마태 는 종말 강화로 예수가 '이 천국 복음이 모든 민족에게 증언되기 위해서 온 세상에 전파되어야 하리니 그제야 끝이 난다'(마 24:14)고 한다.

마태는 '가서' 해야 할 구체적인 방법으로 '아버지와 아들과 성령의 이름으로 세례를 주고 너희에게 분부한 모든 것을 지키게 하라'(마 28:19- 20)고 한다. 바울이 에베소에서 전도할 때 어떤 제자들을 만났는데 그들 은 요한의 세례를 받았다고 하자 바울은 요한의 세례를 설명한 뒤 주 예 수의 이름으로 세례를 준다(행 19:1-7). 초기 교회의 세례는 '예수 그리스 도의 이름'(행 2:38, 8:16, 10:48)으로 행하여졌다. 그런데 마태는 '성부, 성 자, 성령의 이름'으로 세례를 주라고 한다. 초기 기독교의 후대 형태를 반영하고 있다고 하겠다.

여기서 '분부한 모든 것'은 어떤 특정한 가르침을 말하는 것이 아니고 가르침 전체를 말하며 말씀뿐 아니라 예수가 행동으로 보여 준 가르침까지도 말한다. 마태는 예수의 주요 사역을 교육, 선포, 치유로 이해했는데(4:23, 9:35) 이 중 선포와 치유는 제자 파송 시 위임(10:7-10)하였으며 '교육'은 마지막 명령으로 위임한 것이다. 마태 공동체는 예수의 가르침을 통해 예수의 선교를 연장했다고 한다(민경식).

마태는 끝으로 '내가 세상 끝날까지 항상 너희와 함께 있을 것이라'(28:20)고 한다. '세상 끝날까지'는 종말을 의미한다. 그리고 이 약속은 이미 예수 탄생 시 한 약속이다. '그의 이름을 임마누엘이라고 하라'고 하며 그 뜻이 '하나님께서 우리와 함께 계시다'(마 1:23)라고 했다. 이처럼 마태는 임마누엘로 시작해서 임마누엘로 끝이 났다고 하겠다. 그런데 이 약속은 유대교는 물론 초기 기독교의 깊은 전통이기도 하다. 예수는 '두세 사람이라도 내 이름으로 모이는 자리에는 내가 그들과 함께 있겠다'(마 18:20)고 했다. 마태에는 예수 승천에 관한 기사가 없는데 아마도 그들과 함께한다고 강조한 약속 때문일 것이다.

마가는 추가 기사에서 예수는 마지막 명령으로 '너희는 온 천하에 다니며 만민에게 복음을 전파하라'고 하며 '믿고 세례를 받는 사람은 구원을 얻을 것이요 믿지 않는 사람은 정죄를 받으리라'고 한다. 그런데 예수는 이미 올리브산에서 성전을 마주 대하고 앉아서 재난의 징조를 말할 때 먼저 복음이 '만국'에 전파되어야 한다(막 13:10)고 하는데 새번역과 공동번역은 '모든 민족'이라고 한다. 또한, 마가에서 예수는 성전 정화를 할 때 '이 집은 만민이 기도하는 집이라'고 했다. 마가는 끝까지 '만민'을 강조하고 있다. 이사야는 이방인을 포함한 만민을 염두에 두고 내 백성과 내 나라를 말하고 있는데 마가가 이를 이어받고 있다. 누가에는 70인, 또는 72인(새번역, 공동번역)의 제자가 등장(10:1,17)하는데 세계의 민족들을 상징하는 숫자로 보기도 한다.

49-5 누가는 마지막 명령에서 증인이 되라는 것을 강조하고 있다. 누가는 성경이 예수에 관한 일들(눅 24:45-46)을 예언했고 또한 앞으로 있을 일들 즉 죄 사함의 회개가 전파되는 일들(:47)이 있는데 이 모든 일에 너희가 증인이라(:48)고 한다. 사도행전에서 예수는 승천하기 전에 제자들에게 '오직 성령이 너희에게 임하시면 너희가 권능을 받고 예루살렘과 온 유다와 사마리아와 땅끝까지 이르러 내 증인이 되라'(행 1:8)고 한다. 그리고 베드로와 사도 자신들도 하나님께서 십자가에 죽은 예수를 살리고 예수를 임금과 구주로 삼았는데 이 일에 증인이라(행 5:29-32)고 한다. 누가와 사도행전에서 제자들의 임무는 예수의 증인이 되는 것이라 하겠다.

먼저 예수에 관한 일이란 그리스도가 고난을 받고 제삼 일에 죽은 자 가운데서 살아난 일 즉 예수가 그리스도라는 것과 그가 부활하였다는 것이다. 또한, 앞으로 있을 일들은 '죄 사함의 회개가 예루살렘에서 시작하여 온 족속에게 전파되는 일'(눅 24:47)이라고 한다. 죄 사함의 세례는 세례 요한이 요단강 근처에서 한 일(눅 3:3)이다. 사도행전에서 베드로는 세례를 받고 죄 사함을 받으라(행 2:38)고 하고 설교에서도 예수의 이름을 힘입어 죄 사함을 받는다(행 10:4)고 하였다. 이처럼 누가는 누가복음과 사도행전을 통해 죄 사함의 운동을 강조하고 있다. 여기서 온 족속에게 전파된다는 것은 예수가 시작한 '회개와 하나님 나라의 복음'(막 1:15)이 온 세상에 전파된다는 것으로 세계 선교에 대한 비전을 제시하고 있는 것이다.

요한복음에서 예수는 부활 후 처음 제자들을 만났을 때 마지막 명령을 한다. '아버지께서 나를 보낸 것과 같이 나도 너희를 보낸다'고 한다. 이렇게 말씀하신 뒤, 그들에게 숨을 내쉬시며 '성령을 받으라'고 한다. 여기서 '보낸 것 같이'는 예수가 받은 '모든 권세'(마 28:18)나 예수가 갖

490   네 개의 시선으로 본 예수의 생애

고 있는 '권위와 능력'(눅 4:36)을 주는 것일 수도 있고 또한 예수가 세상에서 겪은 고난과 죽음일 수도 있다. 예수가 그들에게 숨을 내쉬었다고 하는데 하나님이 땅의 흙으로 만든 아담에게 생기를 그 코에 불어 넣어 주시는(창2:7) 모습이 연상된다. 요한복음에서 예수는 '성령을 받으라'고 하지만 사도행전에서 '성령이 너희에게 내리시면 권능을 받아'(행 1:8)라고 한다.

49-6 요한복음 21장을 후기라고 한다. 후기에는 추가 명령이라고 할 수 있는 부분이 있다. 요한복음 20장 30-31절은 요한복음을 기록한 목적을 말했는데 21장 24-25절에서 다시 기록한 목적을 말하고 있다. 21장은 저자가 아닌 다른 사람이 쓴 것으로 보인다. 21장 24-25절을 보면 교회가 공식적으로 예수의 사랑하는 그 제자의 증언을 인정하여 다른 사람이 기록하는 것을 허락한 것처럼 보이기 때문이다. 후기 기사를 쓴 목적은 예수를 목격한 증인들이 세상에서 사라지기 시작하자 부활하신 예수에 대해 하나라도 더 기록을 남기려는 의도에서라 하겠다. 또한, 예수를 부인했던 베드로와 예수가 사랑하던 그 제자에 대해 언급해야 할 필요가 있었던 것으로 보인다.

요한복음은 디베랴 호수에서 부활하신 예수의 말씀대로 그물을 배 오른편에 던져 153마리의 고기를 잡는데 그물이 찢어지지 않았다고 한다.

예수는 베드로에게 '이 사람들이 나를 사랑하는 것보다 더 나를 사랑하느냐'고 묻는다. 이렇게 물은 이유는 예수가 베드로의 부인을 예언하자 베드로는 '다 버릴지라도 나는 그리하지 않겠나이다'(마 26:33, 막 14:29)라고 했기 때문이다. 즉. 마태, 마가에서 베드로는 남들과 비교하여 자신의 충성심을 말했는데 요한복음에서 예수는 베드로를 남들과 비교해서 물은 것이다. 여기서 베드로는 남들과 비교하지 않고 자신의 이야기를 한다. '주님 그러하나이다. 내가 주님을 사랑하는 줄 주님께서 아시나이다' 하니 예수는 내 양을 먹이라고 한다.

베드로는 예수의 두 번째 같은 질문에 역시 같은 대답을 하고 예수는 똑같이 내 양을 치라고 한다. 그러나 세 번째 예수께서 물을 때 베드로의 마음은 슬퍼졌다. 그래서 그는 '주님, 주님께서는 모든 일을 다 알고 계십니다. 그러니 제가 주님을 사랑한다는 것을 모르실 리가 없습니다'(공동번역 21:17)라고 하니 예수는 세 번째로 내 양을 먹이라고 한다. 베드로의 마음이 슬퍼졌다는 것은 자신이 예수를 세 번 부인한 것이 생각나서였을 것이다.

이렇게 예수는 나를 사랑하느냐고 세 번 물음으로 자신을 세 번 부인했던 베드로를 회복시키고 동시에 목자의 사역을 위임하여 내 양을 먹이라고 세 번 반복한다.

시편은 '여호와는 나의 목자'(23:1)라고 찬양하며 '우리는 주의 양'이라(79:13)고 고백하고 있다. 에스겔은 목자인 여호와가 자기 양을 '찾고 찾는다'(34:11)고 했다. 예수 역시 '길 잃은 양 한 마리'에 대해 말씀(마 18:12-14)하고 자신을 선한 목자(요 10:14)라고 하며 나를 따르라(요 10:27)고 한다.

요한복음 후기에서 예수는 베드로에게 '내 양을 먹이라'고 사목의 권한을 주면서 '나를 따르라'는 명령을 반복(요 21:19,22)한다. '나를 따르라'는 말씀은 베드로와 안드레, 야고보와 요한, 세리 마태, 빌립 등 제자들을 부르실 때(마 4:19, 막 1:17, 2:14, 요 1:43)에, 그리고 첫 번째 수난 예고를 한 후에 제자도(마 16:24, 막 8:34, 눅 9:23)로서 가르친 첫 번째 명령이었고 계속해서 한 말씀(마 8:22, 요 12:26 등)이며 요한복음에서 마지막으로 반복해서 한 명령이다.

네 개의 시선으로 본 예수의 생애

50. 승천

❧

50-1 승천은 하늘에 오르는 것을 말한다. 승천은 종교적으로 매우 신성한 상징이라 하겠다. 로마가 세운 국립신전인 카피톨리움에는 여러 신들뿐 아니라 사후에 추앙된 황제들이 있는데 이들은 모두 승천했다고 한다. 이슬람교의 창시자인 마호메트는 예루살렘 통곡의 벽 위에 있는 성전산에서 승천했다고 하는데 그 자리에 알 아크사 모스크가 있다.

예수의 승천은 믿음이다. "하나님이 예수를 죽은 자 가운데서 살리고, 하늘에서 자기 우편에 앉히고, 모든 통치와 권세와 능력과 주권 위에, 그리고 이 세상뿐 아니라 오는 세상에서 불릴 이름 위에, 뛰어나게 하였다"(엡 1:20-21)는 것을 믿는 믿음이다. 예수의 승천은 예수가 이 세상뿐 아니라 우주까지도, 그리고 지금은 물론 미래까지도 지배하는 분이고 모든 통치, 권세, 능력, 주권 위에 계신 분 즉 복종하게 하는 분이라는 신앙고백이다. 예수의 승천으로 말미암아 우리는 세상 어느 권력이나 세력에게도 복종하지 않는 자유로운 믿음의 삶을 살 수 있게 된 것이다.

예수의 승천 역시 구속 사건이다. 십자가에 못 박히심과 부활과 같은 것이다. 예수의 부활과 승천을 구분할 수 없는 한 움직임의 두 단계로 보는 시각이 있다. 초기 교회에서 중요한 두 가지 사건은 예수의 부활과 오순절 성령강림이었다. 그들은 예수의 부활과 승천을 적극적으로 구분하지 않았는데 예수와의 사귐이 완결되는 것을 꺼렸기 때문이라고 한다. 부활과 승천이 구분된 것은 사도행전에서 예수가 사십 일 동안 지상에 있었기 때문이라 하겠다.

승천은 예수 그리스도의 우주적 지배권자로서의 서임식이라 할 수 있다. 예수의 승천으로 성령의 시대, 교회의 시대가 시작되었고 예수 이후에 일어나는 일들이 시작되었다. 승천 이야기로는 구약에 에녹의 승천(창 5:24)과 엘리야의 승천(왕하 2:11)이 있다. 이사야는 천하를 제패한 바빌론 왕이 '스스로 가장 높은 구름에 올라가 지극히 높은 이와 같아지리라'(14:14)고 하지만 스올에 떨어지고 만다고 했다. 아마도 바빌론 왕이 승천하여 즉 최고의 권력을 갖고 하나님과 같아지려 했다는 것으로 읽혀지는 구절이다.

승천이 부활과 구분됨으로써 우주적인 사건으로 권위를 지니게 되었고 '하늘에 오르사 하나님 우편에 앉아 계시다가'라는 구절이 사도신경이 되게 하였다. 바울은 예수의 나타나심(고전 15:1-8)에 대해서는 자세히 말하고 있으나 부활하신 예수가 '영광 받으신 몸', '영적 몸'이기 때문에 예수의 승천에 대해서는 말하지 않고 있다. 바울이 회심할 때에 부활하신 예수의 음성Bat Kol을 들었기 때문이리라. 그래서 바울에게 승천은 '영광 받으시다, 들리어 올라가다'와 같은 의미이다(I.B).

예수의 승천 기사는 마태와 요한복음에는 없고 마가의 추가 기사와 누가, 그리고 사도행전에 있다. 마태에서 예수는 세상 끝날까지 너희와 함께 있겠다고 했기 때문에 승천 이야기를 할 수 없었던 것은 아닐까. 요한복음에서는 부활과 승천이 구분되기 어려운데 그 이유는 승천이 곧 승귀이기 때문이다. 부활하신 예수는 막달라 마리아에게 '나를 붙들지 말라, 내가 아직 아버지께로 올라가지 아니하였다'고 한다. 요한복음에서 부활하신 예수는 직접 자신의 승귀에 대해서 직접 말씀도 했으나 승천했다는 기사는 없다. 요한복음에서 예수는 하늘로 돌아가야 한다는

네 개의 시선으로 본 예수의 생애

말씀을 여러 번 함으로서 하늘에 계신 아버지께 돌아가는 예수 즉 예수의 승귀를 특별히 강조하고 있다. 예수는 '내가 조금 더 있다가 나를 보내신 이에게 돌아간다'(7:33)고 하고 유월절에 제자들의 발을 씻기기 전 '세상을 떠나 아버지께로 돌아가실 때가 이른 줄 안다'(13:1,3)고 거듭 말했다. 또한 '내가 아버지 집에 가서'(14:23) 너희를 위하여 거처를 예비하겠다, 나를 보내신 이에게 즉 내 아버지에게로 간다(16:5,7,28)고 했다, 고별 기도에서도 '내가 아버지께로 간다'(17:13)고 했다.

마태와 요한복음은 예수의 승천을 말하지 않더라도 부활만으로도 모든 것을 이기고 승리한 새로운 예수를 설명할 수 있기 때문에 승천을 말하지 않았을 수 있다. 부활과 승천은 예수를 죽인 자들의 패배와, 죽임 당한 예수의 승리를 확증시켜 주고 있기 때문이라 하겠다. 마가의 추가 기사, 누가, 사도행전은 예수가 '하늘로 올려졌다'고 예수의 승천을 말하고 있다.

50-2 마가는 추가 기사에서 예수가 제자들에게 만민에게 복음을 전하라는 마지막 명령을 한 후 하늘로 올려져 하나님 우편에 앉았다(막 16:19)고 한다. 그리고 예수 승천 후 제자들은 사방으로 나가 복음을 전했는데 '주께서는 그들과 함께 여러 가지 기적을 행하게 함으로써 그들이 전한 말씀이 참되다는 것을 증명해 주었다'(막 16:20)고 한다. 마가의 추가 기사는 예수가 승천하였음에도 불구하고 제자들의 선교활동을 위해 간섭하고 주장하고 있다고 말하고 있다.

마가는 추가 기사에서 사복음서 중 유일하게 하늘에 올라간 예수는 하나님 우편에 앉았다고 한다. 하나님 우편이란 하나님과의 관계에서 비롯한 권위 또는 정점에 이른 예수의 권위를 말하는 것이라 하겠다. 이것은 신적 존재로서의 예수의 모습이라 하겠다. 예수는 대제사장의 심문 때 부활 승천 후의 자기 모습에 대해 인자가 권능(마 26:64)의 우편에, 권능자의 우편(막 14:62)에, 하나님 우편(눅 22:69)에 앉아있을 것이라고 했다. 스데반은 순교하기 전 예수께서 하나님 우편에 서신 것을 보고 '보라 하늘이 열려 있고 인자가 하나님 오른편에 서 계시다'라고 말하였으나 사람들은 귀를 막는다(행 7:55,56).

신약의 서신들은 '다시 살아나신 이는 그리스도 예수니 그는 하나님 우편에 계시다'(롬 8:34, 골 3:1, 히 12:2)라고 하고 베드로전서도 '저는 하늘에 오르사 하나님 우편에 계시다'(3:22)고 한다.

50-3 예수의 승천을 다룬 기사는 누가복음과 사도행전에 있는데 두 개 모두 누가의 저작이다. 누가는 산상에서의 변화 때 모세와 엘리야가 나타나서 예수가 예루살렘에서 별세할 것을 말했다(9:31)고 하며 예루살렘을 향하여 올라가는데 '예수께서 승천할 기약이 찼다'(9:51)고 한다. 누가에서 승천은 예수의 지상 사역의 목표이고 별세와 승천은 예수의 지상 사역을 끝내는 완성의 의미를 가진다(김호경). 누가에서 먼저 예수의 승천에 대해 언급했고 사도행전에서 조금 더 자세히 예수의 승천을 말하고 있다.

누가는 예수가 제자들에게 위로부터 능력을 받을 때까지 이 성에 머물라고 한 후 예수는 제자들을 데리고 베다니 근처로 데리고 가서 두 손을 들어 축복하고 축복하면서 그들을 떠난다. 이어지는 기사는 ( )안에 있는데 '하늘로 올라가셨다'고 한다. 여기서 그들을 '떠나다'(24:51)의 헬라어 diistemi는 아주 사이를 두고 떨어지는 것으로 초자연적인 인물의 떠남을 나타내는 데 사용된다. 그런데 여기서 예수의 축복이 두 번 반복(24:50,51) 된다. 예수가 열한 제자를 축복하는 모습은 창세기에서 야곱이 열두 아들에게 하는 축복(창 49:28)을 생각하게 한다. 예수는 정결 예식 때 시므온의 축복(눅 2:34)을 받았다. 평지설교에서 예수는 너희를 저주하는 자를 위하여 축복하라(눅 6:28)고 하며 자주 무리를 축복(막 8:7)해 주었다.

누가는 '아버지께서 약속하신 것을 너희에게 보내리니 이 성에 머물라'(눅 24:49)고 하고 사도행전은 '예루살렘을 떠나지 말고 내게서 들은 대로 아버지께서 약속하신 것을 기다리라'(행 1:4)고 한다. 여기서 '내게서 들은 대로'라고 하는 것은 예수 생존 시의 가르침을 말한다. 누가나 사도행전에서의 제자들은 예루살렘에서 기다리고 있다. 그 이유는 누가에서 예수가 말한 '아버지께서 약속한 위로부터의 능력을 입기'(눅 24:49) 위해서인데 사도행전은 '성령을 통해 권능을 받는 것'(행 1:8)이라고 한다. 오순절은 무교절로부터 오십 일째 되는 날이다. 이날 '위로부터의 능력'을 기다리던 제자들에게 성령의 역사가 일어난다. 오순절 성령강림의 능력으로 인해 대위 명령을 실천하게 된다. 제자들은 땅끝까지 전도하러 나가게 되고 예루살렘 교회가 태어나게 된다.

누가와 사도행전에서 예수는 자신이 성령을 주지 않고 기다리라고 한다. 이와 대조적으로 요한복음은 부활 후 처음 제자들에게 나타난 예수가 '나도 너희를 보낸다'고 하며 그들을 향해 숨을 내쉬며 '성령을 받으라'고 한다. 사도행전에서의 베드로는 '예수 그리스도의 이름으로 세례를 받고 죄 사함을 받으라 그리하면 성령의 선물을 받을 것이라'(행 2:38)고 한다. 마태에서 세상 끝날까지 너희와 함께 있으리라(28:20)고 한 예수의 약속이 누가, 요한복음, 사도행전에서는 '성령'으로 대치되었다.

50-4 사도행전은 예수가 '고난을 받으신 후 확실한 증거로 친히 살아 계심을 나타내었다'(1:3)고 한다. 여기서 고난을 받았다는 것은 전체적인 수난을 말하는 것이고, 확실한 증거란 막으려야 막을 수 없는 증

표들을 말한다. 예수가 친히 살아 계심을 나타냈다고 하는데 그 자신을 드러내는 것은 구약에서 여호와가 나타날 때 사용한 표현(민 14:14)이다. 다시 말해 예수는 '부활하심, 살아나심'이 아니라 '살아 계심, 살아 있음'을 나타냈다는 것이다. '하나님의 자기 계시'를 의미한다. 여기서 '나타내다'는 고린도 전서(15:5-7)에 나오는 '보이시고, 보이시고'와 같은 의미다.

사도행전은 부활하신 예수가 사십일 동안 그들에게 보이시고 하나님 나라의 일을 말씀했다고 한다. 누가복음은 부활과 승천 사이의 기간을 말하고 있지 않았다. 사십이란 하나님이 주관하는 역사의 성공을 의미하는 수이고 계시의 기간이다. 예수가 부활 후 이 세상에 있었던 사십일은 제자들이 선교를 위해 준비하고 훈련하는 기간이었을 것이다.

사도행전에서 예수는 하나님 나라를 두고 여러 가지 일을 말씀했다(행 1:3)고 하는데 승천 전까지도 하나님 나라를 말해야 하는 이유는 무엇이었을까. 제자들은 부활하신 예수에게 주님께서 이스라엘 왕국을 다시 세울 때가 바로 지금이냐(행1:6)고 질문한다. 예수는 '하나님의 나라'Kingdom of God의 일을 말하는데 제자들은 '이스라엘에 대한 왕국'Kingdom to Israel 즉 이스라엘을 위한 왕국의 재건을, 신정정치의 회복을 질문하고 있다. 예수의 재판에서 예수는 빌라도에게 내 나라는 이 세상에 속한 것이 아니라(요 18:33-36)고 했다.

예수는 '그때와 시기는 아버지께서 당신의 권능으로 정하신 것이니 너희가 알 바가 아니다'라고 대답하고 '그러나 성령이 너희에게 임하면 너희가 권능을 받고 예루살렘과 온 유다와 사마리아와 땅끝까지 이르러 내 증인이 될 것이라'고 한다. 마태의 대위 명령에서 언급했듯이 예수가 제자들에게 한 선교 명령의 대상은 처음에는 '이스라엘의 잃은 자들'이었는데 그것은 구속사의 순서였다고 보아야 하겠다.

예수는 누가에서 한 대위 명령 즉 증인이 되라는 말씀을 여기 사도행전에서 다시 한번 하는데 '그러나'가 앞에 붙어 있다. 개역개정에는 정확하게 표현되어 있지 않으나 헬라어 alla는 '그러나, 그렇지 않으면, 다른 방법으로, 반면에'의 뜻이 있다. 예수는 우리가 그때와 시기는 알 수 없다고 했다. '그러나' 성령의 권능으로 너희가 땅끝까지 이르러 내 증인이 된다면 이 땅에 하나님의 나라가 가능할 수도 있다는 의미로 말한 것으로 이해해도 되지 않을까. 누가와 사도행전에서 제자들의 가장 큰 사명은 증인의 역할을 하는 것인데 마태에서 '모든 민족을 제자 삼는' 사람은 바로 누가와 사도행전에서의 증인들이다.

누가에서 선교의 포부는 예루살렘에서 시작하여 세상 끝까지라고 한다. 여기서 '예루살렘'은 신앙공동체의 발상지이고, '온 유다'는 이스라엘 민족의 거주 지역이며, '사마리아'는 이스라엘의 잃어버린 열두 지파의 지역이고, 땅끝까지는 이사야가 꿈꾼 선교의 최종 목적지(사 49:6)다. 또한 증인은 사도행전에서 13번 나오는데 목격자라는 뜻으로 사실대로 말하다, 증거하다, 그리고 진실을 말하고 신앙을 고백함으로 죽임을 당하다(행 22:20), 즉 순교하다의 의미까지도 포함하고 있다.

하나님 나라는 '이미'와 '아직'의 사이에 있다. 예수께서 가르쳐 준 기도에는 '나라가 임하옵시며 뜻이 하늘에서 이루어진 것같이 땅에서도 이루어지이다'(마 6:10)라고 하였다. 다시 말해 하나님 나라의 일(행 1:3)이란 이 땅에 하나님 나라가 임하는 것이고 또한 하나님의 뜻이 땅에서도 이루어지는 것을 말하는 것이라 하겠다. 예수는 '그 일을 땅끝까지 가서' 하라는 것이다. 요한복음에는 '무리들이 우리가 어떻게 하여야 하나님의 일을 할 수 있겠느냐'고 물으니 예수는 '하나님께서 보낸 자를 믿는 것이라'(6:30-31)고 한다.

50-5 사도행전은 예수가 '이 말씀을 하고 제자들이 보는 앞에서 들려 올라가는데 구름에 싸여서 보이지 않게 되었다'고 한다. 구름에 싸이는 모습에서 구름 덮임의 영광, 하나님 임재의 영광 즉 쉐키나Shekinah를 볼 수 있다. 예수가 하늘로 올라가는 모습은 엘리야의 승천(왕하 2:11)이나 산상에서의 변화(막 9:7) 등을 연상하게 한다. 사도행전의 승천 이야기에는 '하늘로'라는 말이 여러 번 나온다. 이 말로 누가복음의 마지막과 연결된다. 예수가 올라간 하늘은 하나님이 천지를 창조하실 때 '궁창을 하늘이라 부르고' 거기에 해, 달, 별을 만들어 있게 한 곳이다. 하늘은 하나님이 계신 곳, 아버지 집, 봉향, 낙원, 영원한 집 등으로 묘사되며 비유적으로 하나님(마 3:17, 막 1:10)이나 하나님의 통치(마 16:19, 23:22)를 말한다.

요한복음에서 예수는 니고데모와의 대화에서 '하늘에서 내려온 자 인자 외에는 하늘에 올라갈 자가 없다'(3:13)고 하고 생명의 떡에서는 '인자가 이전에 있던 곳으로 올라가는 것을 본다면 어떻게 하겠느냐'(6:62)고 했다. 그러나 '땅에서 들려 올린다'(3:14, 12:32-33)는 표현은 예수의 수난을 의미하기도 한다.

사도행전과 누가에서 예수의 승천하는 모습이 대조적이다. 누가에서는 예수가 손을 들어 그들을 축복하시고 그들을 떠나 하늘로 올려졌다고 한다. 사도행전은 그들이 보는 앞에서 들려 올라가시니 구름에 싸여서 보이지 않게 되었다고 한다. 예수께서 올라가실 때에 그들이 하늘을 쳐다보고 있는데 갑자기 흰옷 입은 두 사람이 곁에 섰다. 그리고 '갈릴리 사람들아 어찌하여 하늘만 쳐다보고 있느냐 너희를 떠나 하늘로 올라가신 이 예수는 너희가 본 그대로 다시 오실 것이다'(행 1:11)라고 한다. 갈릴리 사람들이란 예수의 제자들을 통칭한 말이다. 예수가 본 그대로 다시 오신다고 하는데 공관복음에 나오는 '인자가 오는 광경'(마

24:30, 막 13:26, 눅 21:27)이나 다니엘서에서 '인자가 오는 모습'(단 7:13)을 상상하게 한다. 그런데 이 두 사람은 누가에서 무덤에 있던 찬란한 옷을 입은 두 사람(24:4) 또는 요한복음에서 예수의 시체 두었던 곳의 머리 편과 발 편에 앉아있던 두 천사(요 20:12)를 연상하게 된다.

50-6 마가의 추가 기사는 예수로부터 온 천하에 다니며 만민에게 복음을 전파하라는 예수의 마지막 명령을 받은 제자들이 예수의 승천 후 사방에 나가 복음을 전한다. 주께서는 '그들과 함께 일하시어' 여러 가지 기적을 행하게 하심으로써 그들이 전한 말씀이 참되다는 것을 확증해 주셨다(막 16:20)고 한다. 마가에서 제자들은 예수의 말씀을 항상 제대로 알아듣지 못했었다. 마가의 추가 기사에는 승천하고 나서도 예수가 제자들과 함께 일하고 기적을 행하게 했다고 한다.

누가에서 제자들은 승천하는 예수에게 경배를 드리고 큰 기쁨으로 예루살렘에 돌아가 늘 성전에서 하나님을 찬송하였다(24:52-53)고 한다. 예수는 이제 예배의 대상이 된다. 여기서 경배하다는 헬라어 proskuneo는 pros와 kuneo의 합성어로 '누구와' '입 맞추다'인데 엎드려 절하다, 굽히다의 의미다. 발에 입 맞추고 무릎 꿇고 땅에 엎드리는 고대 풍습에서 유래한 것으로 보이는데 종이 주인에게, 신하가 임금에게 존경과 절대복종의 뜻으로 하는 행위다. 여기서는 예배하는 자의 참된 마음 자세를 강조하는 표현(라이프성경사전)이라 하겠다. 이 단어는 동방박사가 예수께 경배드릴 때(마 2:2,8,11)에도 거듭 나왔다. 바울은 '모든 자들로 모든 무릎을 예수의 이름으로 꿇게 하였다'(빌 2:10)고 한다.

제자들은 큰 기쁨으로 돌아갔다고 한다. 누가에서 제자들은 부활하신 예수가 찾아와서 손과 발을 보일 때도 '너무 기뻐 아직 믿지 못하고 놀랍게 여겼다'(24:39-41)고 했는데 승천하는 예수를 배웅하는 제자들은 의심이나 놀라움 없이 기뻐한다. 제자들은 이 성에 머물며 기다리라는 예수의 말씀(눅 24:49, 행 1:4)에 따라 예루살렘으로 돌아간다. 사도행전은 올리브산에서 예루살렘이 가까워 안식일에도 걸어갈 수 있을 만큼 가까운 거리(1:12)라고 한다. 안식일 규례를 근거(출 16:29, 민 35:5)로 하여 만든 규정에 200 규빗 이상은 걷지 말라고 하는데 이 거리는 로마 척수로 6스타디온, 약 1km 정도라고 한다. 이 말은 올리브산과 예루살렘이 1km 정도라는 것이다.

50-7 승천 이야기에는 두 가지 관점이 있는데 하나는 그것의 사실 여부이고 다른 하나는 그것의 가치 여부이다. 예수의 승천을 시각적인 사건으로 받아들이려고 하거나 사실 여부에만 관심을 가져서는 안되는 것이다. 이 이야기는 고대인들의 우주관에 충실하였다는 것을 전제로 해야 하기 때문이다. 비록 유치한 우주관을 담고 있다고 해도 그 당시 세계관에 의존한 기록이라고 보아야 한다. 우리는 초기 기독교인들에게 인식된, 그들에게 임한 하나님의 계시를 충분히 그리고 최대한 이해하고 존중하려 해야 한다. 초기 기독교는 승천을 신앙적으로 받아들였다. 우리는 그들이 그들의 믿음을 초월적인 방식으로 표현했다고 보아야 할 것이다.

네 개의 시선으로 본 예수의 생애